Herbert Schwarzwälder

BERÜHMTE BREMER

Paul List Verlag

Umschlagentwurf von Wolfgang Taube

ISBN 3 471 78718 6

© *1972 Paul List Verlag KG, München. Alle Rechte vorbehalten.*
Printed in Germany. Schrift: Garamond Antiqua
Gesamtherstellung: R. Oldenbourg GmbH, München

Inhalt

Vorwort

Will man eine Galerie unter dem Titel »Berühmte Bremer« zusammenstellen, so stößt man auf viele Probleme. Zunächst einmal: Wer war ein »Bremer«? Einer, der in der Hansestadt geboren wurde und aufwuchs? Einer, der hier längere Zeit wirkte, ein Amt bekleidete, einem Beruf nachging? Oder einer, der sich als »Bremer« fühlte, sich zu Bremen bekannte? Bei unserer Auswahl soll nicht so sehr auf Geburt und Bekenntnis geachtet werden, sondern auf eine Tätigkeit in (oder für) Bremen im Guten wie im Bösen – eine Tätigkeit in verschiedenen Epochen und Bereichen, der Politik, Kultur, Wirtschaft usw.

Und wer war (oder ist) berühmt? Nur jemand, der das uneingeschränkte und dauerhafte Lob der Mit- und Nachwelt genoß? (Wer wäre dann überhaupt berühmt?); oder sind auch solche Bremer eingeschlossen, die zwar durch ihre Taten ins Gerede kamen, zu denen man aber wie Paulus im ersten Korintherbrief sagen könnte: »Euer Ruhm ist nicht fein!«? Wir wollen gar nicht erst versuchen, die berüchtigten von den berühmten Bremern abzusondern, denn auch in der Hansestadt kam es vor, daß auf Verehrung Schimpf und Schande oder tödliches Schweigen folgte, daß Denkmäler gestürzt und Namen von Straßenschildern getilgt wurden. Umgekehrt haben wir es aber auch erlebt, daß die gemeine Giftmörderin Gesche Gottfried durch einen Poeten gegen jede historische Wahrheit zur Bremer Freiheitskämpferin hochstilisiert wurde (sie erhielt dennoch in unserer Galerie wegen ihrer rein kriminellen Berühmtheit keinen Platz). Ob berühmt oder berüchtigt – die Entscheidung ist oft Ansichtssache.

Die Porträts sollen so wahr wie möglich sein – ungeglättet, mit Narben und Rissen. Es konnte nur eine kleine Zahl in diesem Buch vereinigt werden. Die Auswahl war nicht leicht; sie mag zunächst willkürlich erscheinen – und eigentlich ist sie es auch. Sie ergab sich – leider – nicht nur aus einer Einschätzung des historischen Gewichts.

Zunächst einmal schieden jene Personen aus, über die immer und immer wieder Biographien geschrieben wurden. Es blieben vor allem jene »Köpfe«, die von den Historikern bisher etwas vernachlässigt wurden, ohne daß sie es verdient hätten; auch wurde jenen Bremern Aufmerksamkeit geschenkt, die bisher etwas schief gesehen wurden.

Es hat sich dann aber auch gezeigt, daß die Abfassung möglichst objektiver und zugleich plastischer Biographien nicht immer ganz leicht ist. Am mühelosesten lassen sich die Köpfe früherer Jahrhunderte modellieren, wenn auch die Quellen manchmal etwas spärlich fließen. Niemand erregt sich, wenn das Lebensbild im ganzen negativ ausfällt. Bei den Bremern unserer Tage sieht es anders aus, bei ihnen sind jene am leichtesten zu porträtieren, die hübsch gerade und friedfertig ihren Lebensweg gingen, viele Freunde und keine Feinde hatten. Jeder erzählt gerne über sie, stellt Briefe, Tagebücher, Bilder und anderes zur Verfügung. Bei allen anderen aber stößt der Historiker auf mancherlei Hindernisse. Es zeigt sich dann mit aller Deutlichkeit, daß die oft zitierte Notwendigkeit einer »Bewältigung« der jüngsten Vergangenheit bisweilen eine Phrase ist. Für manchen besteht diese »Bewältigung« nur im Verfassen von Lobhudeleien für Freunde und Verwandte oder aber im denunziatorischen Aufstöbern brauner, roter und auch anders gefärbter Worte und Taten in der Vergangenheit des politischen Gegners. Oft versuchen gerade jene Personen, die am lautesten nach einer »Bewältigung« rufen, am eifrigsten die Vergangenheit zu vernebeln und zu verdecken. Der Historiker findet im allgemeinen nur dann volle Unterstützung, wenn er Freunde nur lobt und Feinde nur schmäht. Erklärt er jedoch, sein Bestreben sei es, objektiv zu sein, so schließen sich viele Türen, oder es werden Auflagen gemacht, die eine freie wissenschaftliche Darstellung behindern oder gar unmöglich machen. Es fehlt auch nicht an Versuchen, so etwas wie eine Zensur durchzusetzen. Bisweilen stößt der Historiker aus diesem und jenem Grunde auch auf völlige Ablehnung. Die Witwe eines bremischen Zeitungsherausgebers und Journalisten drohte sogar mit dem Gericht für den Fall, daß über ihren Mann überhaupt etwas erscheine, als ob es ein Gesetz gebe, nach dem zwar Journalisten über andere Personen, Historiker aber nicht über Journalisten schreiben dürfen (die Biographie wurde nicht aufgenommen, weil sie zu viele Unsicherheiten und Lücken enthalten hätte). Eine Familie war entsetzt, als sie hörte, daß eine Person aus ihrem Kreis neben dem NS-Gauleiter Röver plaziert werden könnte, als ob nicht auch Gegensätze manchmal ganz lehrreich sein könnten.

So stehen denn nun recht ungleiche Bremer aus alter und neuer Zeit sowie aus verschiedenen Lebensbereichen der Stadt nebeneinander. Sie wurden nach »bestem Wissen und Gewissen« porträtiert. Die Arbeit war begleitet von viel freundlicher Unterstützung und manchen Widerständen. Es entstand kein Walhalla mit glatten Marmorköpfen, eher eine kleine Sammlung naturalistischer Porträts, wobei jedes einzelne umgeben ist vom Leben seiner Zeit.

Willehad

(geb. um 735, gest. 789)

Erster Bischof in Bremen – Missionar und Asket

An der Orgelbrüstung im Bremer Dom, auf einem riesigen Fresko im alten Rathaussaal, auf dem ältesten Stadtsiegel und auf dem in Eiche geschnitzten Ratsgestühl ist er neben Karl dem Großen dargestellt; das Modell des Domes, ein Krummstab und die hohe Bischofsmitra sind seine Attribute: Willehad, erster Bischof von Bremen.

In den Geschichtsdarstellungen bleibt seine Persönlichkeit blaß; sie stand im Schatten von Größeren: der Erzbischöfe Ansgar und Adalbert. Während Ansgar der Patron einer der großen Bremer Kirchen war, blieb Willehad eine kleine, zwischen verwinkelten Gassen verborgene Kapelle vorbehalten. Das Wilhadikapitel zog schließlich St. Stephanus als Titelheiligen seiner Kirche vor. Und doch stand Willehad am Anfang der bremischen Geschichte; das ist auch der Grund dafür, daß er oft an repräsentativer Stelle dargestellt wurde, freilich ganz ohne porträthafte Ähnlichkeit als Kirchenfürst, nicht als Mönchsbischof, der er in Wirklichkeit war.

Vom Leben Willehads gibt es eine jener typisch mittelalterlichen Schilderungen, die einen Kirchenmann als Heiligen zu erweisen suchten, wobei Dichtung und Wahrheit oft unentwirrbar miteinander verschlungen wurden. Obwohl wir nun also diese bereits im 9. Jahrhundert (nach 838) geschriebene Biographie Willehads besitzen, wissen wir über sein tatsächliches Leben und über seine Persönlichkeit recht wenig. Es ist allerdings genug, um ihn als bedeutende historische Figur hervortreten zu lassen.

Willehad war Angelsachse und stammte aus jener nordenglischen Heidelandschaft Northumbria, die um die Mitte des 7. Jahrhunderts durch schottisch-irische Mönche christianisiert worden war. Das Fehlen zuverlässiger Angaben über sein Elternhaus, seine Kindheit und seine Ausbildung wird in der Lebensbeschreibung von allgemeinen Redensarten überdeckt. Er soll von Anfang an das Ideal eines frommen Gottesmannes gewesen sein, er habe sich immer mit religiösen Fragen beschäftigt und sich mit Eifer dem Dienst Gottes geweiht, Tag und Nacht habe er gefastet, gewacht und gebetet. Willehad wurde wahrscheinlich um 735 geboren, vielleicht wurde er in der Schule in York erzogen. Früh erhielt er die Priesterweihe und entschied sich für eine Tätigkeit in der Heidenmission. Er erbat von König Alachrad von Northumberland (765–774) »unter einem Strom von Tränen« den Einsatz in Friesland und Sachsen. Der König soll dann eine Kirchensynode einberufen haben, die Willehad zum Festland abordnete.

Zunächst kam er nach Dokkum in West-Friesland, wo zwei Jahrzehnte vorher Bonifatius erschlagen worden war. Hier soll er als menschliches Vorbild und durch missionarischen Eifer längere Zeit erfolgreich gewirkt haben. Offenbar zog er dann über die Lauwers in die Gegend von Groningen, wo er auf besonders verstockte Heiden stieß. Voller Wut sollen diese nach seinem Leben getrachtet haben; aber nun vollzog sich eines jener Wunder, die häufig in den Heiligengeschichten alles zum Guten wenden. Einige verständige Friesen sollen vorgeschlagen haben, man möge die Entscheidung der Götter durch das Werfen von Losen anrufen. Dabei wurde ein Gegenstand – etwa eine Münze – hochgeworfen und man deutete dann eine bestimmte Art des Niederfallens als einen göttlichen Wink. Kaum nötig zu sagen, der Christengott half Willehad, wie er einst den Bonifatius beim Fällen der Donareiche unterstützt hatte und wie er später Erzbischof Ansgar beim Werfen des Loses in Birka (Schweden) beisprang.

Die Friesen ließen Willehad nun ungeschoren von dannen ziehen; die meisten von ihnen blieben jedoch trotz des Wunders Heiden. Weiter ging es in südlicher Richtung in die Landschaft Drenthe. Hier waren er und seine Begleiter mit großem Eifer tätig, und sie begannen auch, heidnische Heiligtümer zu zerstören. Das weckte den Zorn der Drenther Bauern, und sie verprügelten den Gottesmann. Der Versuch ihn zu erschlagen, scheiterte wiederum an einem Wunder. Willehad trug am Hals eine Kapsel mit Reliquien, und so zerschnitt der Schwertstreich zwar das Halsband, konnte jedoch dem Missionar nichts anhaben.

Willehad war jetzt etwa 45 Jahre alt. Sein Missionseinsatz wurde inzwischen am Hof Karls des Großen bekannt. Längst hatte sich aus den traditionellen Scharmützeln an der Grenze zwischen Franken und Sachsen ein harter Krieg entwickelt, der von Karl dem Großen mit einer oftmals recht gewaltsamen Missionierung verbunden wurde. Nach wechselvollen Kämpfen brach 778 nach der Niederlage der Franken in Spanien der gefährliche Sachsenaufstand unter Widukind los. Erst nach schwerem blutigem Ringen gewannen die Heere Karls des Großen die Oberhand. In ihrem Gefolge kamen Priester ins Land, darunter im Jahre 780 auch der Angelsachse Willehad, der bisher in Friesland tätig gewesen war. Ihm wurde jetzt der Gau Wigmodien an der unteren Weser mit Bremen als Tätigkeitsfeld zugewiesen. Hier wirkte der Gottesmann zunächst unter dem Schutz fränkischer Waffen gegen den hartnäckigen passiven Widerstand der bäuerlichen Bevölkerung. Pflichttreu und eifrig zog er im Lande umher, predigte und ließ hier und da kleine Holzkirchen errichten; eine davon stand in Bremen auf der Dünenhöhe. Das war der Ursprung des Doms.

782 brach unter Widukinds Führung ein erneuter Sachsenaufstand aus. Der Biograph Willehads betont, daß dieser nach dem Bibelwort Matthäus 10 Vers 23 gehandelt habe: »Wenn sie euch aber in einer Stadt verjagen, so fliehet in die andere.« Damit wird begründet und entschuldigt, daß Willehad nicht zur Märtyrerkrone griff, die er leicht hätte haben können. Er floh – wohl auf einem Weserkahn – von Wigmodien nach Rüstringen am Jadebusen. Dort bestieg er ein seetüchtiges Schiff und gelangte zurück nach Friesland. Einige seiner Mitarbeiter blieben jedoch in Feindesland zurück und wurden erschlagen: Gerwal in Bremen, Folcard im Lerigau (bei Wildeshausen), Benjamin in Rüstringen und Atreban in Dithmarschen.

Willehad begab sich sodann auf eine mühsame Pilgerfahrt nach

Rom, wo er den ehrgeizigen Papst Hadrian I. (772–795) aufsuchte. Ihm empfahl er »sich und die ganze Schar der Gläubigen« und erbat »andachtsvoll die Gnade des Herrn«. Vom Papst »getröstet und gestärkt« zog er »freudigen Herzens« ins Frankenreich zurück. Auf dieser Reise trug sich wiederum ein Wunder zu, das kennzeichnend ist für das Niveau der ganzen Lebensbeschreibung. Willehads Diener Aldo hatte eine hölzerne Eßschüssel zerbrochen und mußte – »mit Recht«, behauptet der Biograph – eine Züchtigung erwarten. Gott aber fügte die Scherben zusammen und alles war wieder gut.

Nach der Romfahrt ging Willehad für etwa zwei Jahre ins Kloster Echternach bei Trier, mit dessen Abt Beornrad er verwandt war. Dort versammelte er seine Mitarbeiter um sich, soweit sie den Sachsensturm überlebt hatten. Er hielt sich streng an die Lebensregeln der Benediktinermönche und schrieb auch Bücher, darunter eine Sammlung der Briefe des Paulus. Noch sehr viel später dürfte die Erinnerung an Willehad in diesem Kloster weitergelebt haben, denn es spricht einiges dafür, daß seine Lebensbeschreibung dort nach 838 verfaßt wurde.

Inzwischen war in den Jahren 782 der Aufstand der Sachsen mit Waffengewalt niedergeschlagen worden. In diese Jahre fiel das Blutgericht bei Verden, und es folgte eine Zeit grausamen Standrechts. Es kam nun aber auch wieder die Stunde der Missionare. Willehad suchte daher Ende 784 Karl den Großen auf der Eresburg (Marsberg im Sauerland) auf und bot ihm seine Dienste an. Karl war gnädig, überließ dem Gottesmann und seinen Gehilfen zu ihrem Unterhalt die Kirche Justina in Gallien, deren genaue Lage unbekannt ist, und setzte ihn wiederum im Missionssprengel Wigmodien an der Unterweser als Organisator der Kirche ein. Willehad hatte in dieser Zeit offenbar einigen Erfolg; vermutlich entstand auch in Bremen ein neues Holzkirchlein. Als Anerkennung seiner Arbeit ließ Karl der Große Willehad am 13. Juli 787 in Worms zum Bischof weihen.

Die Bedeutung dieses Aktes ist umstritten. Es spricht manches dafür, daß die Bischofswürde persönlich und nicht für eine bestimmte Diözese gedacht war. Willehad sollte als Missionsleiter in der Lage sein, jene Amtshandlungen vorzunehmen, die einem Bischof vorbehalten waren. Sein Missionssprengel umfaßte Ostfriesland und die Gebiete beiderseits der unteren Weser. Es ist nicht nachzuweisen, daß in Bremen bereits ein Bischofssitz eingerichtet wurde (die entsprechende »Urkunde« vom 14. Juli 788 ist eine Fälschung!). Das schließt freilich nicht aus, daß Willehad sich zeitweilig in dem damals gewiß noch recht unbedeutenden Ort aufhielt. Glaubhaft ist auch der Bericht der Biographie über die Weihe des »Doms« am 1. November 789. In der gleichen Quelle wird behauptet, Willehad wäre gewiß schon vorher zum Bischof erhoben worden, wenn nicht das sächsische Volk einen solchen »Kirchenfürsten« abgelehnt hätte, zumal es doch kaum einfache Priester unter sich dulden wollte.

Über die kurze Zeit des Wirkens als Bischof weiß die Biographie kaum etwas zu sagen. Sie schiebt einige anschauliche Bemerkungen über die Lebensweise Willehads ein, die das Bild eines mönchischen Asketen skizzieren. Der Gottesmann war in allen leiblichen Dingen »mäßig«, er mied Wein und Met, seine Nahrung bestand aus Brot, Honig, Gemüse und Obst. Die »Mäßigkeit« drückte sich auch in seiner konsequent vegetarischen Tafel aus, er nahm weder Fleisch noch Milch noch Fisch zu sich. Fische verzehrte er erst, nachdem Papst Hadrian I. sie ihm gegen körperliche Hinfälligkeit verordnet hatte.

Die Messen las er mit Tränen und »zerknirschtem Herzen«; täglich sang er einen oder mehrere Psalmen, auch las er viel in der Bibel. In seinem missionarischen Eifer war er viel auf Reisen. Auf einer seiner Reisen ereilte ihn auch der Tod.

Er befand sich auf dem Wege von Bremen, wo er am 1. November 789 den »Dom« geweiht hatte, nach Butjadingen, als ihn ein Fieber ergriff. Er war vom Tode gezeichnet; die Schüler jammerten über den bevorstehenden Verlust. Er aber legte das Schicksal seiner Begleiter und aller Gläubigen getrost in die Hände Gottes, und starb am 8. November 789. Daß er den Märtyrertod erlitten hätte, wie das große Gedicht an der Nordwand der Bremer Rathaushalle behauptet, ist eine fromme Mär. Willehads Leichnam wurde – wohl auf einem Schiff – nach Bremen gebracht und in dem soeben vom Bischof geweihten »Dom« beigesetzt. Einige Jahrzehnte später überführte man seine Gebeine in eine neu gegründete Wilhadikapelle (auf dem heutigen Grundstück des Bürgerschaftsgebäudes); 860 kamen sie jedoch auf Veranlassung des Erzbischofs Ansgar in den nunmehr aus Stein errichteten Dom zurück. Vor allem dieser Erzbischof war es dann, der seinen Vorgänger als einen Heiligen auszuweisen suchte. Er registrierte 34 Wunder, die sich an seinem Grabe zugetragen haben sollten. Auch trug er offenbar manches zusammen, was Willehad einst hinterlassen hatte, Krummstab, Becher, Rock, Meßbuch und Handschriften. Reliquien des Körpers wurden später in einem silbernen Schrein im Dom, aber auch in mehreren anderen Kirchen zwischen Mosel (Echternach), Westfalen, Holland und Dänemark verwahrt.

Willehad hat als Missionar in Friesland und als Begründer der christlichen Kirche in Nordwestdeutschland seinen historischen Platz. Er tat sein Werk in enger Verbindung mit König und Papst; er war jedoch keiner jener herrschsüchtigen Kirchenfürsten, die es auch zur Zeit Karls des Großen bereits gab. Er blieb ein Mann, der durch seinen frommen asketischen Lebenswandel als Vorbild wirken wollte, ein Mann auch, der engen Kontakt mit den Leuten auf dem flachen Lande suchte, wenngleich ihm die praktischen Erfordernisse einer Kirchenorganisation nicht fremd gewesen sein mögen. Die Geschichtsdarstellungen unterschätzen im allgemeinen diese unermüdlichen Arbeiter im stillen; so übersehen sie auch im Falle des Bischofs Willehad, daß er und seinesgleichen durch mühsame Christianisierung die militärische Eroberung Sachsens erst zu einem dauerhaften Besitz machten.

Emma von Lesum

(gest. 1038)

Wahrheit – Sage – Dichtung

Dieses Porträt ist kein Lebensabriß. Wollten wir eine Biographie der Emma von Lesum nach den uns bekannten historischen Tatsachen schreiben, wären wir nach zehn Zeilen bereits am Ende. Es gibt Bilder, die durch zahlreiche Übermalungen stark verändert wurden – so sehr, daß schließlich von den ursprünglichen Konturen kaum noch ein Rest übrigblieb. Auch den Lebensbildern bedeutender Persönlichkeiten kann es ähnlich ergehen. Sie werden vereinfacht oder ausgeschmückt, aufgehellt und verdunkelt, verherrlicht und verteufelt. Das Ergebnis ist dann ein Gemisch von Wahrheit, Sage und Dichtung. Am Beispiel der Emma von Lesum kann eine solche Entwicklung über fast ein Jahrtausend verfolgt werden.

Fast jedem Bremer Schulkind ist die »Sage« von der Gräfin Emma und dem Krüppel, die Geschichte über die Entstehung der Bürgerweide, geläufig, aus Lesebüchern, aus der Erzählung des Lehrers, von der steinernen »Emmabank« im Bürgerpark und vom »Emmaberg« in Lesum. Die »Sage« hat etwa folgende Handlung:
Die fromme Gräfin Emma, Witwe des Billungers Lüdger, teilte mit vollen Händen ihr Gut an die Armen und die Kirche aus – aber nicht nur an sie; auch die Bremer Bürger erhofften sich von ihrer Freigiebigkeit bedeutenden Vorteil und näherten sich ihr 1032, als sie mit ihrem Schwager Benno, dem Herzog von Sachsen, auf der Reise nach Lesum auch Bremen berührte, mit der

Bitte um Weideland. Sofort sagte sie zu, sie wolle so viel Grund und Boden schenken wie ein Mann in einer Stunde umgehen könne. Mit Stirnrunzeln vernahm das der Schwager, der eine Schmälerung seines Erbteils befürchtete. Er sagte höhnisch: »Ihr solltet lieber die Frist auf einen ganzen Tag ausdehnen!« Sogleich nahm ihn die Gräfin beim Wort und antwortete mit sanfter Stimme: »Es mag Euer Wort gelten!« Das war nun keineswegs im Sinne Bennos, und er versuchte das Zugeständnis mit List und Tücke rückgängig zu machen. Nachdem er sich die weitere Erledigung der Angelegenheit hatte übertragen lassen, bestimmte er einen erbärmlichen Krüppel zur Umwandlung des Weidegrundes, worauf die Bürger laut jammerten. Emma aber stieg von ihrem Zelter, legte segnend die Hand auf den Scheitel des Krüppels und betete mit leiser Stimme. Und siehe da! Es geschah ein Wunder; der arme Bettler, der überhaupt nicht laufen konnte, kroch ohne Pause mit unerwarteter Geschwindigkeit auf der Erde entlang, freudig beobachtet von vielen Bürgern. Alle hundert Schritt wurde ein Pfahl eingeschlagen; und als die Sonne unterging, war der Ausgangspunkt wieder erreicht. Die Weide war viel größer geworden, als es selbst die kühnsten Erwartungen erhoffen konnten. Der Krüppel wurde zeitlebens in Ehren gehalten und sein Bildnis zu Füßen der Rolandsäule verewigt. Es folgt dann noch die Bemerkung, daß Emma ihren Gemahl 40 Jahre überlebte und im Dom unter einem viereckigen blauen Stein begraben wurde. Ihr Erbe hatte sie milden Stiftungen vermacht, und die Grafschaft fiel an Kaiser Konrad, so daß Herzog Benno leer ausging.

So etwa wird die Geschichte erzählt, und so findet sie sich zuerst 1845 in den »Bremer Volkssagen« von Friedrich Wagenfeld. Der Herausgeber war ein unsteter Mensch mit sehr viel Fantasie; er hatte bereits vorher die Wissenschaft mit einem frei erfundenen phönikischen Geschichtswerk irritiert. War die Geschichte von der Gräfin Emma und dem Krüppel vielleicht ebenfalls eine »Dichtung« Wagenfelds? Wie sah das Bild der »Gräfin« gegebenenfalls vorher aus?

Zuerst berichtete der Bremer Domscholaster Adam in seinem etwa 30 Jahre nach Emmas Tod (1038) verfaßten Werk über sie. Sie sei die Gemahlin des Grafen Liudger, des Bruders Herzog Ben-

nos (Bernhards I.) von Sachsen und die Schwester Bischof Mein-
werks von Paderborn gewesen; sie sei nach 40 Witwenjahren gestorben und im Bremer Dom begraben. Weiterhin betonte
Adam immer wieder, sie habe der Kirche viele Wohltaten erwiesen, die dann auch näher bezeichnet wurden; sie gab ihren ganzen Schatz, vor allem Kirchengeräte, aber auch den Hof Stiepel
am Rhein, wogegen Lesum selbst für ein Vergehen ihrer Tochter
an Kaiser Konrad II. gefallen sei und erst später an die Bremer
Kirche kam. Als Titel wurde ihr unter Anlehnung an antiken
Wortgebrauch der einer »Senatorin« beigelegt, womit wohl nur
ihre vornehme Herkunft angedeutet werden sollte. Als Gräfin
wurde sie nicht bezeichnet. Aus anderen alten Quellen erfahren
wir den Todestag; zudem hören wir, daß sie dem Domkapitel
den Hof Bockhorn bei Blumenthal (Bremen) geschenkt habe.
Die älteste Überlieferung zeichnet also das Bild einer frommen
Witwe, die der bremischen Kirche reiche Schenkungen zukommen ließ. Von der Bürgerweide ist jedoch nicht die Rede. Im
großen und ganzen sind die Angaben glaubhaft, doch ist einiges
bereits falsch dargestellt. Emma starb nach 28 Witwenjahren,
und Stiepel lag nicht am Rhein, sondern an der Ruhr.
Seit dem Anfang des 14. Jahrhunderts begann nun in Bremen
eine neue Blüte der Geschichtsschreibung, die in entsprechender
zeitlicher Einordnung auch die Verdienste der »Gräfin« Emma
von Lesum berücksichtigte. Neue Kenntnisse über sie hatte man
nicht gewonnen; was man vom Magister Adam überliefert fand,
war mager und reizte zur Ergänzung und auch zur Veränderung. So wurde nach der lateinischen Geschichte der Bremer
Erzbischöfe der Hof Lesum nicht mehr vom Kaiser wegen einer
Verfehlung der Tochter Emmas konfisziert, sondern er kam
durch direkte Schenkung der frommen Frau an Konrad II. Die
Absicht ist deutlich, es sollte ein Flecken von Emmas Familie ge-
waschen werden.
Die um 1405 entstandene Stadtchronik der beiden Geistlichen
Rinesberch und Schene übernahm dieses Bild in fast allen Einzelheiten; nur in einem Punkt zeigt sich eine Ergänzung: es ist
zum ersten Mal von der »heiligen Emma« die Rede. Wie kam es
zu dieser Heiligsprechung? Vielleicht ergab sie sich aus einer älteren Volksverehrung, die in den Chroniken des 14. Jahrhunderts

noch keinen Niederschlag gefunden hatte. Von einer Kanonisierung durch den Papst, wie sie seit etwa 1200 vorgeschrieben war, aber nicht immer durchgeführt wurde, ist bisher nichts bekannt. Emma wird bis in die heutige Zeit in den Listen der Heiligen der katholischen Kirche geführt.

Zu Heiligen gehören Reliquien und Wunder. Ein Reliquienverzeichnis des Bremer Doms aus dem Anfang des 15. Jahrhunderts deutete zum ersten Mal ein von Emma bewirktes Wunder an. Sie soll der Bremer Kirche eine Weide vor der Stadt Bremen geschenkt haben, auf der das Vieh durch die »Verdienste« der heiligen Emma in Ewigkeit vor Ungeziefer bewahrt blieb. Genaueres über die Lage der Weide erfahren wir nicht. Es lag freilich nahe, an die Bürgerweide zu denken, auf der ja seit alten Zeiten das Bremer Domkapitel Weiderechte hatte.

Auch von Reliquien der heiligen Emma ist nunmehr die Rede; sie werden in einem Inventar des Doms um 1415/1420 verzeichnet, ohne daß wir erfahren, wo sie verwahrt wurden. Eine seltsame Nachricht der Jesuitenliteratur des 17. Jahrhunderts berichtet, daß im Kloster Werden an der Ruhr eine unverweste Hand verwahrt werde, der ein Pergamentzettel beigelegt sei mit dem Hinweis, es handle sich um eine Reliquie der heiligen Emma. Genaueres ist nicht zu ermitteln. Adam von Bremen hatte um 1070 berichtet, daß Emma im Bremer Dom bestattet sei. Es ist nicht überliefert, ob die Gebeine später dem Grabe entnommen wurden. Vom Grab selbst, das im Ostteil der Kirche (wohl in der Ostkrypta) von einem großen gelben Stein bedeckt war, erfahren wir auch noch in späterer Zeit, so durch den bremischen Geschichtsschreiber Heinrich Wolter 1451. Es dürfte sich bis in die Reformationszeit erhalten haben und wurde dann beseitigt. Der Chronist Johann Renner, der es 1583 beschreiben wollte, fand es offenbar nicht mehr vor und mußte den in seiner Handschrift für die Darstellung vorgesehenen Raum freilassen. Spätere Chronik-Handschriften erfanden dann eine Inschrift des Grabes mit genealogischen Angaben. Der Text war jedoch frei erdichtet.

Inzwischen war Emma nun auch mit der Bürgerweide in Verbindung gebracht worden. Zum ersten Mal geschah das, soweit bisher bekannt, in der »Saxonia« des Hamburger Domherrn

Albert Krantz um 1504 (der älteste Druck erfolgte erst 1520). Wiederum wurde Emma als Wohltäterin der Kirche dargestellt; dann aber hieß es, daß sie den Bürgern die Benutzung einer fruchtbaren Weide unweit Bremens gestattet habe und daß es ihrem »Verdienst« zuzuschreiben sei, daß das Vieh durch keine Fliegen, Hornissen und Wespen geplagt werde.

Das hiermit angedeutete Eigentum der Bürger an der Weide entsprach ihren Ansprüchen in dieser Zeit – Ansprüchen, die von der Kirche bestritten wurden. Seit 1476 zeigt die Urkunden-überlieferung, daß die Stadt alle fremden Weiderechte, besonders die des Domkapitols, zu verdrängen sucht und ihre Ansprüche fälschlich mit einer Schenkung der Gräfin Emma an die Bürger begründet. Seit dem 16. Jahrhundert gehörte diese »Schenkung« nun zum festen Bestandteil der bremischen Geschichtsschreibung. Seit etwa 1532 wurde sie – wiederum völlig willkürlich – auf 1032 datiert. Dem genealogischen Interesse der Zeit kam es entgegen, daß die Rennersche Chronik (1583) Emma zur Tochter des Grafen von Stotel machte.

Es fehlte nun in der Entwicklung der Sage immer noch die Geschichte mit dem Krüppel, der das Weideland umkrochen haben soll. Sie ist erst im 18. Jahrhundert nachweisbar und hat zunächst eigentlich nur durch einen Zufall schriftlichen Niederschlag gefunden. Johann Karl August Musäus, Professor am Gymnasium in Weimar, erwähnt 1786 in seinen »Volksmärchen der Deutschen«, daß Gräfin Emma den Bremern scherzweise versprochen habe, ihnen so viel Land zu schenken, wie ein Krüppel, der soeben um ein Almosen bat, an einem Tage umkriechen könne. Sie hielt dann auch Wort, als der Krüppel die große Bürgerweide umkroch. Musäus hatte diese Erzählung von seiner Nichte Amalie Kotzebue, der Frau des bremischen Syndikus Johann Friedrich Gildemeister. Auch Roller spricht 1799 in seinem »Versuch einer Geschichte der Stadt Bremen« von diesem Ereignis, fügt aber hinzu, daß es eine »Fabel« bzw. eine »gemeine Volkssage« sei. Um diese Zeit wurde dann auch der Krüppel mit der merkwürdigen Gestalt zu Rolands Füßen in Verbindung gebracht.

Damit war also durch ältere »Sagen« bereits der Grundstoff für die Erzählung in Wagenfelds »Bremer Volkssagen« 1845 gegeben. Diese war anschaulich und sentimental; sie traf den Volksgeschmack und war sehr beliebt. Die Historiker stellten sich nun aber endlich einmal die kritische Frage, welchen echten Kern denn nun die ganze Überlieferung von der Schenkung der Bürgerweide habe. Die Beteiligung des Krüppels wurde seit Rollers Skepsis allgemein als ungeschichtlich angesehen. Die Schenkung der Bürgerweide durch die Gräfin Emma jedoch war längst in Rechtsgutachten eingegangen, die das Eigentum der Bürger begründeten. Bis 1845 wurde die Schenkung als historisches Faktum hingenommen. Der erste Wissenschaftler, der Zweifel anmeldete und diese mit (recht unsicheren) Indizien begründete, war Franz Buchenau, der 1862 seine erste Auflage der »Freien Hansestadt Bremen« herausgab. Die Entwicklung der Sage von den Anfängen bzw. vom historischen Kern bis auf seine Tage konnte er noch nicht aufdecken.

Ganz unbelastet von der Skepsis der Historiker haben dann einige Poeten das Bild der Gräfin Emma weiterentwickelt. In den »Sagen der alten Brema« von Marie Mindermann gewinnt der Krüppel seine Kraft nicht durch ein Wunder der heiligen Emma, sondern durch Wein und gute Speisen. 1890 schrieb Ernst Albert (wohl ein Pseudonym) den »Krüppel von Bremen«, ein »Volks-Epos« in sechs »Gesängen«, für das sich der Poet »das Recht der Dramatisierung sowie alle anderen Rechte« vorbehielt.

Es war ein weiter Weg von der knappen Notiz des Magisters Adam über die freigiebige »Senatorin« Emma bis zum liebevoll ausgemalten Bild der Wundertäterin, das lokale Poeten im 19. Jahrhundert malten. Ein Einzelfall? Gewiß, in dieser Form waren die Wandlungen einer Biographie wohl einmalig, aber ein wenig Dichtung ist wohl in jedem Lebensbild, das uns die Geschichte überliefert hat.

Gerd Rinesberch und Herbord Schene

(geb. um 1315, gest. 1406)   (geb. um 1330, gest. 1413)

Geistliche, Geschichtsschreiber und bremische Patrioten

Große Geschichtswerke entstehen oft nach großen Ereignissen. Es war sicher kein Zufall, daß der Bremer Scholaster Adam zur Zeit des bedeutenden Erzbischofs Adalbert (1043–1072) an seiner Bischofsgeschichte arbeitete und daß fast unmittelbar auf den Schluß der glanzvollen Regierung Erzbischof Giselberts (1274 bis 1306) die Niederschrift der »Historia archiepiscoporum Bremensium« folgte.

In der zweiten Hälfte des 14. Jahrhunderts raffte sich die Stadt Bremen zu politischem und militärischem Handeln auf wie nie zuvor. Unter verzweifelten Anstrengungen wurde 1366 der Einfluß des Erzbischofs in ihrem Gebiet fast völlig beseitigt und dem Anspruch der Zünfte eine enge Grenze gesetzt. 1381 gingen zahlreiche Burgen des stadtfeindlichen Stiftsadels in Flammen auf; in den folgenden Jahren gewann Bremen Einfluß in der Herrschaft Bederkesa und unterwarf sich das Stadland und Butjadingen. Fast Jahr für Jahr zogen die Gewalthaufen der Bremer Bürger, Söldner und verbündeten Herren aus, um die bremische Unterweserherrschaft zu erweitern und zu festigen. Leidenschaftlicher Patriotismus opferte Gut und Blut; begeisterter Jubel begrüßte jeden Erfolg. Lag es in solcher Zeit nicht nahe, die Geschichte der Stadt zu schreiben, die so großes leistete? Mußte man nicht auf den Gedanken kommen, die Taten der Gegenwart für künftige Geschlechter aufzuzeichnen?

Lübeck, das in dieser Zeit das beneidete Vorbild Bremens war, hatte schon seit dem Anfang des 14. Jahrhunderts seine Stadtchronik in niederdeutscher Sprache. In Bremen gab es nichts dergleichen; erst am Ende des 14. Jahrhunderts, mitten in jenem großen Ringen um die Gebiete an der Wesermündung, machte man hier den ersten Versuch, aber nicht – wie in der Stadt an der Trave – von Amts wegen, sondern aus privater Initiative; es entstand die Chronik von Rinesberch und Schene, das erste bremische Geschichtswerk in niederdeutscher Sprache und insofern eine Pionierleistung.

Was die Chronisten mit ihrem Werk beabsichtigten, sagten sie in einem Vorwort. Sie schildern Kriege, Unruhe und Fährnisse zum allgemeinen Besten und zur Lehre für künftige Geschlechter. Chroniken, Privilegien und verschiedene Bücher dienten als Quelle; bei genauerer Betrachtung erkennen wir aber, daß die benutzte Literatur sehr viel dürftiger war als einst bei Adam von Bremen. Zur Entstehungsgeschichte wird im Vorwort nur kurz bemerkt, daß eine Übersetzung aus dem Lateinischen – sicher der »Historia archiepiscoporum« – den Anfang machte. Ein guter Freund der Chronisten bat diese dann, das Werk fortzusetzen, und zwar aus der eigenen Erinnerung. Es wird angenommen, daß es vor allem Bürgermeister Johann Hemeling der Jüngere war, der den Chronisten als Augenzeuge und Helfer zur Seite stand. Er war es wohl auch, der die Benutzung des Ratsarchivs ermöglichte.

Zwei Behauptungen des Vorworts der Chronik müssen wir einschränken: daß sich die Verfasser kurz faßten und nach der vollen Wahrheit strebten. Es ist demgegenüber festzustellen, daß die Erzählung an manchen Stellen sehr in die Breite geht, während viele andere Dinge – und oft sind es sehr wichtige – nur kurz erwähnt werden. Die Verfasser haben kein Gefühl dafür, daß die Wichtigkeit von Ereignissen ein Gradmesser für die Ausführlichkeit sein sollte. Noch schlimmer steht es mit der Wahrheit; sie wird oft bewußt mißachtet zugunsten einer parteiischen Verfälschung, von der noch zu sprechen sein wird.

Was zunächst unter der Feder der Chronisten entstand, war wohl im wesentlichen eine recht fehlerhafte Übersetzung der »Historia archiepiscoporum« aus dem Lateinischen ins Niederdeutsche. Dieser Abschnitt reichte bis etwa 1344. Wahrscheinlich waren schon einige Ergänzungen aus der Lübecker »Stadeschronik« und vielleicht auch aus der »Sächsischen Weltchronik« eingestreut. Es blieb aber doch im ganzen der Eindruck einer Bischofschronik. Eine durchgreifende Bearbeitung unter tendenziösen Gesichtspunkten mit Fortsetzung der Ereignisse bis 1404 unter Ergänzung eines Vorwortes war wohl vornehmlich das Werk des jüngeren Chronisten, Herbord Schenes. Sie erfolgte aber unter reger Anteilnahme des Bürgermeisters Johann Hemeling. Dadurch wurde nun aus der niederdeutschen Bischofschronik eine Stadtchronik. Auch diese Fassung hat sich in keiner Handschrift erhalten, sie ließe sich aber in den wesentlichen Teilen aus späteren Bearbeitungen herauslösen.

Wer waren nun die Verfasser der Chronik? Nach dem Inhalt ihres Werkes könnte man vermuten, sie seien Bürger gewesen. Das wäre aber ein Irrtum. Beide waren Geistliche Bremer Stifter; sie stammten jedoch aus bürgerlichen Familien, und sie waren durchaus auch bürgerlichen Sinnes.

Gerd Rinesberch ist der ältere der beiden. Aus dem Vorwort zur Chronik erfahren wir, daß er am 23. Februar 1406 im Alter von über 90 Jahren starb. Er müßte also etwa 1315 geboren sein und hätte daher ein Gutteil der unruhigen Jahrzehnte um die Mitte des 14. Jahrhunderts als reifer Mann selbst miterlebt. Seine Vorfahren waren vielleicht Ministeriale – Dienstmannen – des Erzbischofs, die auf dem Hause Riensberg in der Gemarkung Schwachhausen saßen. Ein Reiner Rinesberch erwarb 1307 das Bürgerrecht in Bremen, und ihm gelang es, 1330 bei einer revolutionären Zunftbewegung in den Rat zu kommen. Er muß frei und ehelich geborener Bürger mit freiem Grundbesitz im Werte von wenigstens 24 Mark und Eigentümer eines Hauses in der Stadt gewesen sein. Handwerker war er nicht, sondern er lebte von Grundrenten oder vom Handel. Er hatte Grund und Boden im Dorf Grambke bei Bremen und ein Haus in der Nähe der Stephanikirche in der Stadt. 1342 wird er zuletzt im Rat genannt; vermutlich starb er 1344/45. Ein Verwandtschaftsverhältnis zwischen diesem Reiner Rinesberch und unserem Chronisten ist sicher, es ist aber unbekannt, ob er der Oheim oder Vater war.

Gerd Rinesberch, der Chronist, tritt erst in vorgerücktem Alter in unseren Gesichtskreis. 1365, also mit 50 Jahren, finden wir ihn als Vikar am Dom in einigen Urkunden. Als solcher hatte er in Vertretung der Domherren, die oftmals nur die niederen Weihen besaßen oder sich nicht in Bremen aufhielten, Messen zu lesen. Da es am Dom 41 Vikare gab, war Gerd Rinesberch dort einer von vielen. Er scheint aber doch besonderes Ansehen genossen zu haben, denn wir finden ihn zwischen 1366 und 1401 mehrfach als Zeugen bei verschiedenen Ereignissen, als Kollektor der Dompropstei und als Schiedsrichter bei einem Streit der Domvikare untereinander.

Zu dem Vikariat am Dom erhielt er 1365 noch einen Altar in der Stephanikirche, über den ein Verwandter Patronatsrechte hatte. Wenn auch damit seine finanzielle Lage etwas gebessert wurde, dürfte sein Einkommen doch weiterhin recht bescheiden geblieben sein. Er besaß keine reichen Pfründen, auch sein privates Grundeigentum war sicher nicht groß; wir wissen nur, daß er Güter auf dem Sesenthom (Stadtwerder) hatte.

Im ganzen wird sein Leben recht geruhsam, auch ohne große geistige Anstrengungen verlaufen sein. Von höheren Ansprüchen findet sich keine Spur, auch nicht in der Chronik. Wenn ihm in einem Zusatz zum Vorwort nachgesagt wird, er sei gottesfürchtig, weise und milde gewesen und habe alle Tugenden lieb gehabt, so mag das stimmen – nachzuprüfen ist es nicht. 1406 verlosch dieses lange Leben.

Rinesberchs enge Verbindung mit Herbord Schene datiert wohl aus der Zeit, in der sie beide Vikare am Dom waren. Schon 1366 wurde er als Zeuge bei der Beurkundung von Schenes erstem Testament herangezogen. Näheres wissen wir über ihr Verhältnis nicht.

Doch sind wir über Schenes Leben ausgezeichnet unterrichtet; ja, wir dürfen wohl sagen, daß wir im mittelalterlichen Bremen keinen Menschen besser kennen als gerade ihn. Nicht nur sein öffentliches Leben liegt klar und übersichtlich ausgebreitet da, sondern wir können sogar einen Blick in sein Privatleben werfen und sind auch über seine geistigen Interessen gut unterrichtet. Hier müssen wir uns jedoch kurz fassen, obwohl eine ausführliche Darstellung recht reizvoll wäre.

Der Lebensbeginn Schenes liegt freilich im Dunkel, sein Geburtsjahr ist unbekannt. Es muß jedoch vor 1336 liegen. Auch die

Herkunft der Familie Schene ist ein noch ungelöstes Rätsel. Ihre Beziehungen weisen schon sehr früh ins Oldenburgische und später auch nach Hamburg. An beiden Orten haben sich die Schenes bisher jedoch nicht weiter zurückverfolgen lassen. Von Herbords Vater hören wir zuerst 1336, als er zusammen mit Verwandten einen Altar in der Hasberger Kirche stiftete und ausstattete. Nachdem die Pest 1350 arge Lücken in den Rat gerissen hatte, wurde Gottfried Schene 1351 Ratsherr; er war es zehn Jahre lang. Aus unbekannten Gründen schied er dann aber aus. Er lebte noch 1366, dürfte aber wohl im gleichen Jahr gestorben sein. Wir kennen sechs Kinder Gottfrieds; sie wurden allesamt für den geistlichen Beruf bestimmt, so daß die Familie in Bremen mit der Generation des Chronisten bereits ausstarb. Vier Schwestern, von denen es eine zur Äbtissin und eine andere zur Priorin brachte, waren im Zisterzienserinnenkloster Lilienthal, einen Bruder finden wir als Domvikar. Herbord hat alle seine Geschwister überlebt und schließlich das ganze große Familienvermögen in seiner Hand vereinigt.

Die geistliche Laufbahn führte Herbord Schene zudem in Ämter mit reichen Einkünften. Das Vikariat an einem Domaltar war seine erste sicher nicht sehr ergiebige Pfründe. Dann finden wir ihn seit 1373 als Chorherrn im St.-Ansgarii-Kapitel. Diesem Stift widmete er in den nächsten Jahren seine Arbeitskraft und sein Geld. Bedeutende Summen verwandte er für Käufe von Ländereien, die er sofort oder auch für den Fall seines Todes dem Kapitel schenkte. Zudem wurden nicht weniger als drei Altäre in der St.-Ansgarii-Kirche von ihm gestiftet und ausgestattet. In einer Urkunde wird Schene daher mit Recht als Wohltäter des Kapitels bezeichnet. Nebenher erscheint er seit 1377 auch als Domcellerar. Er vereinigte nun also zwei reiche Pfründen in seiner Hand, und zwar bis an sein Lebensende.

Abgesehen von seinen großen Einkünften besaß Schene auch hohes Ansehen. Seine erste uns bekannte diplomatische Rolle spielte er 1376/1377, als er in Lübeck mit dem Domherrn Rembert von Münchhausen die Bremer Geistlichkeit und vor allem das Ansgariikapitel vor einem päpstlichen Gesandten zu rechtfertigen suchte.

Besonders wichtig ist für uns, daß Schene seinen prallen Geldbeutel auch für Stiftungen an die Stadt öffnete; 1398 bestimmte er nämlich eine jährliche Rente von vier Mark für die Verbesserung der Wege, die zur Stadt führten; er opferte dafür immerhin das damals beträchtliche Grundkapital von 80 Mark! 1401 folgte eine jährliche Rente von zwei Mark, die er für 30 Mark zum gleichen Zweck kaufte. Und hier wird betont, daß die Stiftung aus »sonderlicher Liebe zur Stadt« erfolge. Den Vermögensverhältnissen entsprach auch seine Lebenshaltung in einer geräumigen Kurie des Ansgariikapitels. Eine Magd führte ihm den Haushalt und hatte das Kommando über die Dienerschaft. Die letzte Magd stand dem alternden Mann so nahe, daß sie ihm eine Tochter namens Hillegunde schenkte, die der geistliche Vater zärtlich liebte. Sie wurde im Testament mit großen Geldsummen und einer Unmenge von Hausrat bedacht. Außerdem lebte in den letzten Jahren in seinem Hause ein Verwandter, der auch den Namen Herbord Schene trug – ein junger Mann, der zunächst als Schüler, dann als Hausgeistlicher bezeichnet wird. Wahrscheinlich versuchte der alte Herbord, dem Jungen eine größere Pfründe in Bremen zu verschaffen. Das scheint ihm aber trotz seiner vielen Beziehungen nicht gelungen zu sein. Aus den Einzelheiten des Testaments von 1412 können wir uns eine recht gute Vorstellung von der Wohnlichkeit der Kurie des alten Schene machen: Betten mit Federkissen und Sessel mit weichen Kissen sorgten für Behaglichkeit; Bronzekandelaber spendeten Licht; in Regalen oder Schränken lagen mehrere Bücher, deren Titel wir leider nicht kennen. Wir dürfen annehmen, daß darunter auch eine Handschrift der Chronik war. An den Wänden standen schön geschnitzte Holztruhen und eiserne Dreifüße; auf den mit Decken belegten Tischen glänzten silberne und bronzene Schüsseln. In der Küche fand man Kupferkessel, Pfannen und Bratspieße, Mörser und Silberlöffel sowie silberverzierte Messer und Krüge, Teller aus Zinn usw. Die Speisekammer war reichlich ausgestattet. Zur Kleidung Schenes gehörten u. a. ein vergoldeter Gürtel und Pelzmäntel für den Winter. Für körperliche Reinlichkeit sorgten eine Badewanne und Badelaken sowie ein bronzenes Waschbecken mit einem Löwenkopf. Man sieht, es war ein behaglicher und wohlhabender Haushalt, den der alte Geistliche sich eingerichtet hatte.

Am 23. März 1412 machte Herbord Schene sein Testament. Freunde, Verwandte, Dienerschaft und zahlreiche Kirchen wurden in reichem Maße bedacht. Wir erkennen deutlich, der alte Mann hatte weite und einflußreiche Verbindungen zur Geistlichkeit und zum Bürgertum Bremens. An einem 21. Juni ist er gestorben; das Todesjahr kennen wir nicht. Es war 1413 oder später, jedenfalls vor 1418; er erreichte also wie Rinesberch ein hohes Alter.

Das sind nun die beiden Verfasser der ersten Bremer Stadtchronik: zwei Geistliche, die ein langes und geruhsames Leben hinter sich brachten – der eine in recht bescheidenen, der andere in sehr wohlhabenden Verhältnissen. Nichts ist daran ungewöhnlich; es war ein Dasein, wie es auch viele andere führten.

Was sie nun in ihren sicher reich bemessenen Mußestunden vollbrachten, war eben jene Chronik. Die Literatur des letzten Jahrhunderts über sie erschöpft sich im wesentlichen in Versuchen, die verwickelte Textgeschichte aufzudecken. Damit können wir uns hier nicht beschäftigen; hier soll nur noch eine knappe Würdigung der Chronik als mittelalterliches Geschichtswerk versucht werden.

Die äußere Form war ja durch die Gliederung in Bischofsleben durch die »Historia archiepiscoporum« gegeben. Die Chronisten nahmen auf sie jedoch wenig Rücksicht; die zahlreichen und oft recht umfangreichen Ergänzungen sowie die Fortsetzung, die sie selbständig verfaßten, betrafen vornehmlich städtische Belange. Besonders in der zweiten Hälfte der Chronik forderte das Schicksal der Stadt immer breiteren Raum, wogegen von den Bischöfen immer weniger die Rede ist. Auch der politische Standpunkt ist überall städtisch und nie erzbischöflich. So stehen denn Gliederung und Inhalt in einem Mißverhältnis zueinander.

Durchweg haben die mittelalterlichen Chroniken einen Ablauf der Ereignisse nach Jahren und sind nicht in Sachkapitel eingeteilt wie moderne Geschichtswerke. Im allgemeinen hält sich auch die Bremer Chronik an den Jahresablauf; wenn gelegentlich wirres Durcheinander herrscht, so wird die Textkritik das manchmal als Schuld späterer Ergänzungen nachweisen können, wenn auch nicht immer. Der Abschnitt über den Erzbischof Johann Grant etwa ist so aufgebaut, daß zunächst die gereimte Lebensbeschreibung aus der »Historia archiepiscoporum« übertragen wird; dann erst werden alle anderen Ereignisse in zeitlicher Abfolge nachgetragen. Damit wird die Regierungszeit des Erzbischofs zweimal unterbrochen. Das ist eine grobe Nachlässigkeit, die sich in sorgfältig gearbeiteten Chroniken nicht findet. Überhaupt haben sich die Verfasser nur sehr wenig um eine glatte Form bemüht. Einiges – oft sehr Wichtiges – ist in kurzem trockenen Annalenstil gebracht, anderes wiederum ist breit und anekdotisch ausgeschmückt. Das ist zwar für die Chronistik des Spätmittelalters nicht besonders auffällig; aber die Bremer Chronik ist in dieser Hinsicht ganz besonders nachlässig. Sie bemüht sich überhaupt nicht um die Abstimmung auf einen einheitlichen Stil.

Die Sprache ist recht schlicht; sie ist die der durchschnittlich gebildeten Menschen jener Zeit. Im älteren Teil steht sie unter dem Einfluß der lateinischen Vorlage. Da die Chronisten das Latein nicht besonders gut beherrschten, unterliefen ihnen viele Übersetzungsfehler. Der Wortschatz ist nicht reich und daher voller Formeln und Gemeinplätze. Wie wenig künstlerischen Geschmack etwa Schene hatte, das zeigen seine jämmerlichen Reimereien von 1404 über Karl den Großen und Bischof Willehad sowie über die Taten der Bremer im ersten Kreuzzug, die vor einigen Jahren entdeckt wurden. Die Zeit war ja allgemein bei Gedichten nicht mehr besonders anspruchsvoll; aber die Produkte Schenes übertreffen doch fast alles an Geschmacklosigkeit. Ein Kunstwerk ist also die Chronik nicht; das sollte sie wohl auch nicht sein.

Eins gelingt ihr allerdings bisweilen, nämlich die lebendige Schilderung von Ereignissen – etwa durch das Einschalten direkter Rede – und eine leidenschaftliche Behandlung politischer Probleme jener Zeit. Man spürt dabei sehr deutlich die persönliche Anteilnahme am Dargestellten. Das ist naturgemäß besonders deutlich im letzten selbsterlebten Teil der Chronik. Aber überall dort, wo die Darstellung am eindrucksvollsten ist, wittert der strenge Historiker einen Zug von Parteilichkeit, der gegen die politischen Opponenten der Stadt und ihrer Oberschicht gerichtet ist, nämlich gegen die Ansprüche des Erzbischofs und der Zünfte in der Stadt sowie Lübecks und Hamburgs in der Hanse. Es ist klar und deutlich der Ratsstandpunkt, der hier verfochten wird. Dafür werden Urkunden benutzt, von denen wenigstens Schene wohl wußte, daß sie gefälscht waren; ja, es werden sogar Ereignisse und Gespräche erfunden. Anderes wird verschwiegen, verzerrt oder sonst irgendwie unrichtig dargestellt, ganz zu schweigen von irreführenden Übersetzungsfehlern.

Da dem nun so ist, wird das Gesamturteil über das Werk als Versuch einer Geschichtsdarstellung im ganzen nicht günstig ausfallen können. Man darf aber nicht übersehen, daß ja auch eine Parteischrift für die Forschung einen Wert hat; zudem muß man zugeben, daß uns die Chronisten trotz aller Verfärbungen zahlreiche wertvolle und zutreffende Nachrichten überliefert haben. Dadurch wird das Werk für die norddeutsche Geschichte des Spätmittelalters unentbehrlich.

So war denn auch der Einfluß der Rinesberch-Schene-Chronik von Anfang an sehr groß – unverdient groß, möchte man meinen. Zunächst einmal besaß Schene sicher ein Exemplar der Chronik. Er versah es wohl noch selbst vor seinem Tode mit einigen Randnotizen und Verbesserungen, nicht aber mit einer Fortsetzung. Seine Bücher wurden zwar an den Vikar des Ansgariikapitels Hermann de Molendino durch Testamentsverfügung vererbt; die Chronikhandschrift aber machte wohl eine Ausnahme, sie kam an Johann Hemeling den Jüngeren, der ja schon vor 1404 an der Entstehung des Werkes lebhaften Anteil genommen hatte. Dieser scheint nun um 1420 eine Reihe von Veränderungen vorgenommen und dann eine Fortsetzung bis etwa 1424 angefügt zu haben. Vier Jahre darauf starb Hemeling; die Handschrift verblieb aber wohl in Ratskreisen, vielleicht wurde sie sogar vom Rat selbst übernommen. Im Laufe der Zeit wurde sie durch viele Randnotizen ergänzt. Zwischen 1424 und 1430 wurde dann eine Abschrift genommen, die umfangreiche Veränderungen und wichtige Erweiterungen aufwies. 1430 entstand eine weitere Fortsetzung der Chronik und kurz darauf eine Kopie dieser Fassung, die noch in einer alten Hamburger Handschrift erhalten ist. Eine erneute Fortsetzung der Chronik erfolgte 1446. In diesem Zustand wurde sie vom Chronisten Heinrich Wolters 1451 für sein lateinisches Geschichtswerk benutzt.

Das klingt alles sehr kompliziert, ist aber dennoch bereits eine grobe Vereinfachung des Schicksals der Handschriften. Eine Chronik war im Mittelalter etwas Lebendes, fast jeder Eigentümer eines Exemplars fügte einige Randnotizen hinzu oder legte beschriebene Zettel bei. Gute und schlechte Abschriften wurden gemacht und von ihnen wieder weitere Abschriften. Der Forscher steht zunächst vor einer heillosen Textverwirrung, und erst allmählich, nachdem er die erhaltenen Handschriften Wort für Wort verglichen hat, kommt manchmal Licht in die Zusammenhänge.

Erzbischof Albert II.

(gest. 1395)

Zwischen Machtpolitik und Lebensgenuß
Zwitter oder ganzer Mann?

Die Jahrzehnte um die Mitte des 14. Jahrhunderts waren in mancherlei Beziehung für die Entwicklung der Stadt Bremen von großer Bedeutung, der Fernhandel blühte und das wirtschaftliche Gewicht nahm zu. Doch mußte sich die Stadt zugleich mit vielen Gegenkräften auseinandersetzen: mit den friesischen Häuptlingen am Ufer der Unterweser, mit mehreren Grafen der engeren Umgebung und mit der Hanse, die Bremen 1358 zwang, sich ihren Regeln zu unterwerfen. Eine Katastrophe brachte 1350 der Schwarze Tod, der etwa ein Drittel der Einwohner dahinraffte. Hart und für die künftige Entwicklung von entscheidender Bedeutung waren die Auseinandersetzungen mit den Erzbischöfen, die die Stadt Bremen in Abhängigkeit zu halten suchten.

Nun waren die Kirchenfürsten von unterschiedlichem Format, die Zeit der anspruchslosen Mönche und Missionare auf dem Bischofsstuhl war längst vorbei. Jetzt saßen »Fürsten« darauf; es gab unter ihnen ehrgeizige Herzogs- und Grafensöhne, aber auch hilflose Abkömmlinge des niederen Adels, forsche Jünglinge und gutmütige Greise. Im großen und ganzen waren die finanziellen Hilfsquellen des Erzstifts gering. Die Einkünfte aus Lehen, Regalien und der verstreuten Grundherrschaft flossen zäh und waren zum Teil ohnehin verpfändet; die Burgen waren verfallen oder vielfach in fremden Händen. Gelegentlich gab es zwei Erzbischöfe, die sich bekämpften. Dann kam es für die

Stadt Bremen darauf an, sich auf die richtige Seite zu stellen; oft genug war es dann aber doch die falsche. An wirkliche Machtpolitik – etwa auch gegenüber der selbstbewußten Stadt Bremen – konnten die Erzbischöfe eigentlich nur denken, wenn sie selbst aus mächtigen Familien stammten.

In der großen Fehde der beiden gewählten Erzbischöfe Gottfried von Arnsberg und Moritz von Oldenburg, 1349–1350, kam die Stadt durch ihre schwankende Haltung in arge Bedrängnis. Der Streit spaltete die Bürger in zwei Parteien. Rat und Oberschicht standen auf der Seite von Moritz, die Zunftmeister aber hielten es zum größten Teil mit Gottfried. Die anderen Einwohner hatten ohnehin keine Möglichkeit, ihre Meinung zur Geltung zu bringen.

1350 vertrugen sich beide Erzbischöfe in der Form, daß Gottfried zwar die erzbischöfliche Würde behielt, Moritz aber als Administrator des Erzstifts im Besitz der Burgen blieb und damit die eigentliche Macht hatte. Es war ein fauler Friede, der die eigentlichen Ursachen des Streites nicht beseitigte.

So wurde das Erzbistum 1358 wieder einmal zum Spielball der Politik. Gerhard von Hoya, Herr einer Grafschaft oberhalb Bremens an der Weser, befand sich in einer schweren Fehde mit der Stadt Bremen und ihrem Verbündeten Moritz von Oldenburg. Der Hoyaer suchte nach mächtigen Verbündeten. Der alte Gegner des Administrators Moritz, Erzbischof Gottfried, war zwar der gegebene Alliierte; jedoch war er ein kranker Greis und ließ sich zu keiner militärischen oder gar politischen Aktion bewegen. Gerhard wandte sich daher an den ehrgeizigen Herzog Magnus I. Pius von Braunschweig-Wolfenbüttel. Der verlangte nun einen Preis, der eigentlich überhaupt nicht zur Verfügung stand, die Erzbischofswürde für seinen jugendlichen Sohn Albert.

Dieser empfahl sich für dieses Amt nur durch seine mächtige Verwandschaft und durch sonst nichts. Er war bereits mit den Pfründen eines Domherrn in Magdeburg und der Propstei zu St. Pauli in Halberstadt ausgestattet und dürfte bei mäßiger Intelligenz in einer Klosterschule nur ein bescheidenes Bildungsniveau erreicht haben. Jedenfalls finden sich in seinem späteren Leben nur geringe Spuren einer geistigen Potenz. Für seine

Karriere war entscheidend, daß er als Herzogssohn geboren wurde.

Graf Gerhard von Hoya und Herzog Magnus von Braunschweig vereinbarten nun, man wolle den alten Erzbischof Gottfried von Arnsberg zum Verzicht auf sein Kirchenamt bewegen und an seine Stelle den Herzogssohn Albert setzen. Die Sache wurde an den Papst Innozenz VI. herangetragen. Die Entscheidung zog sich jedoch hin, inzwischen aber machte der Graf von Hoya 1359 seinen Frieden mit der Stadt Bremen. Diese und Moritz von Oldenburg versuchten natürlich, den für sie gefährlichen Erzbischofsplan zu hintertreiben.

Herzog Magnus I. bemühte sich daraufhin, zunächst ohne die päpstliche Entscheidung zum Ziel zu kommen. Vor allem warb er um die Wahlstimmen der Domherren, die ja eine Rolle spielten, wenn der alte Erzbischof Gottfried starb. So wurden denn zwei Domherren an den Herzogshof geladen, und dort lernten sie zum ersten Mal jenen Jüngling kennen, der sich um die erzbischöfliche Würde bemühte: Albert, den mittelmäßigen Sohn von Herzog Magnus I. und seiner Gemahlin Sophie, Tochter Heinrichs I. von Brandenburg-Landsberg. Die beiden Bremer Geistlichen wurden gut bewirtet und stark umworben; es sollen auch ein paar kostbare Geschenke für sie abgefallen sein. Der junge Erzbischofskandidat sprach mit ihnen in lateinischer Sprache, so gut er konnte. Er gelobte auch, daß er als künftiger Kirchenfürst sein Bestes tun wolle. Man konnte noch nicht wissen, daß das nicht eben viel sein werde. Nach ihrer Rückkehr waren die beiden Domherren in Bremen voll des Lobes; doch das machte den Welfenprinzen Albert noch nicht zum neuen Erzbischof, zumal der Erzbischof Gottfried von Arnsberg noch lebte. Auch blieben die meisten Domherren skeptisch; sie fürchteten im Herzogssohn einen zu starken Herrn.

Im Sommer 1360 lud nun Herzog Magnus I. das gesamte Domkapitel und den Rat der Stadt Bremen zu einer Besprechung nach Walsrode ein. Drei Bürgermeister, vier Ratsherren und ein Schreiber machten sich in golddurchwirkten und mit Pelz verbrämten Gewändern auf den Weg. Sie waren von 40 Reisigen und mehreren berittenen jungen Bürgersöhnen begleitet. Selbst Spezereien, Wein und Bier nahm man für ein Gelage mit. Die Gespräche verliefen zwar äußerlich in aller Freundschaft, und auch gegen den Herzogssohn Albert gab es eigentlich nichts einzuwenden. Doch die Bremer wollten keine festen Zusagen machen, auch nicht, als der Stadt eine Bestätigung aller ihrer Rechte versprochen wurde. In dieser Zeit wurde die Urkunde des Papstes Innozenz VI. vom 17. Juli 1360 bekanntgemacht, nach der dem jungen Albert die Erzbischofswürde übertragen wurde. Der Papst war in Avignon weit weg, und die Urkunde blieb zunächst einmal nur ein Stück Pergament.

Am wenigsten Schwierigkeiten machte der abgesetzte Erzbischof Gottfried von Arnsberg; vielleicht wurde er vom Grafen von Hoya in seine Burg aufgenommen. Er starb am 3. Dezember 1363 und wurde im St.-Georgs-Kloster zu Stade begraben. Doch gab es andere Probleme. Moritz von Oldenburg blieb im Besitz der erzbischöflichen Burgen, und die Stadt Bremen war sehr mißtrauisch; sie hatte starke Mauern.

Herzog Magnus I. wollte die Dinge nun nicht diplomatisch, sondern nach seiner üblichen Methode gewaltsam lösen. Er erschien am 15. Januar 1362, als Wasserläufe und Moore gefroren waren, begleitet von seinen Söhnen, darunter Erzbischof Albert, sowie von Herzog Wilhelm von Lüneburg mit Heeresmacht vor der Hauptburg des Erzstifts, Bremervörde. Hier residierte der Administrator, Graf Moritz. Es kam nach kurzen Kämpfen zu einer Einigung zwischen den Kontrahenten, nach der Moritz auf alle Ansprüche verzichtete und sich auf die kleine Burg Hagen südlich vom heutigen Bremerhaven zurückzog. Er tat es grollend und wartete auf neue Chancen, die es für ihn jedoch nicht mehr gab.

Für die Stadt Bremen wurde die Lage jetzt sehr gefährlich. Herzog Magnus I., sein Sohn Erzbischof Albert und Graf Gerhard von Hoya hatten eine erdrückende Koalition gebildet. Es wurde auch sogleich das Ansinnen an den Rat gestellt, er möge dem jungen Erzbischof huldigen. Dieser Forderung verlieh man dadurch Nachdruck, daß die Braunschweiger Herzöge mit ihrem Heer beim Paulskloster vor dem Ostertor erschienen, während der junge Erzbischof sich noch in der Burg Langwedel aufhielt. Am 29. April 1362 bestätigte er der Stadt ihre alten Rechte und zog sogleich gen Bremen. Offenbar erschienen dann die beiden Kämmerer des Rates im Paulskloster vor dem Erzbischof und schworen bei Gott und allen Heiligen im Namen der Stadt Treue. Der Kirchenfürst stellte nunmehr eine Urkunde aus, die der Stadt den erzbischöflichen Schutz, vor allem auch gegen den ehemaligen Administrator Moritz von Oldenburg versprach. Zudem erklärte er sich bereit, alle vom Domkapitel der Stadt ausgestellten Urkunden als gültig anzuerkennen. Das bezog sich vor allem auch auf die erzbischöflichen Burgen Stotel und Thedinghausen, die als Pfand für Kredite in die Hand der Bürger geraten waren.

Der Erzbischof und sein Gefolge wurden daraufhin von Geistlichkeit und Bürgern am Herdentor empfangen, eine lange glänzende Prozession zog in die Stadt ein. Großzügig streuten die Braunschweiger Herzöge Silbermünzen aus; die Gäste wurden in Bürgerquartier gelegt, der Erzbischof und seine engere Begleitung bezogen wahrscheinlich das gotische Palatium neben dem Rathaus.

Damit hatte sich zunächst einmal der Erzbischof Albert mit Hilfe seiner mächtigen Familie durchgesetzt. Offenbar zeigte er sich auch entgegenkommend. Am 5. Mai 1363 präsidierte er in der Burg Bremervörde bei einer Schlichtung zwischen der Stadt und ihrem alten Kontrahenten, dem Grafen Gerhard von Hoya; über die Ergebnisse wurde eine 2,58 Meter lange Pergamenturkunde mit dem Siegel des Erzbischofs ausgestellt. Im Sommer desselben Jahres, am 8. August, erschien der Erzbischof mit den Grafen Gerhard und Johann von Hoya wieder im Paulskloster vor Bremen, und hier wurde nun ein Vertrag geschlossen, der sehr bald eine große Rolle spielen sollte: das Landfriedensbündnis mit einer Geltungsdauer von vier Jahren. Jeder Teilnehmer leistete einen feierlichen Eid über einem Reliquienkasten. Man versprach sich gegenseitig, Rechtsbrecher gemeinsam zu verfolgen und scharf zu bestrafen. Falls von einer Burg aus Gewalttaten verübt wurden, sollte ein gemeinsames Heer aufgestellt und die Burg gebrochen werden. Acht Landvögte sollten den Frieden überwachen.

Einen Monat später war der Erzbischof wieder im Paulskloster, das offenbar in dieser Zeit bevorzugtes Quartier bei seinen Besuchen in Bremen war. Diese dienten der Visitation von Kirchen, die auch die Unkosten tragen mußten.

Im großen und ganzen ließ sich also die Regierungszeit Erzbischof Alberts ganz gut an; es schien, als ob seine Hauptbemühungen dem Frieden dienten. Doch blieb unsicher, wie weit er sich auf die Dauer gegenüber der Stadt, dem Domkapitel und dem Adel durchsetzen konnte. Bald ergab sich für ihn die Möglichkeit, aus einer revolutionären Bewegung unter den Bremer Bürgern Nutzen zu ziehen. Grob gesehen standen bei diesen Unruhen die in Zünften organisierten Handwerker gegen die Oberschicht. Erzbischof Albert unterhielt offenbar Kontakte mit den Handwerkern.

Der Aufstand entzündete sich an der Frage einer Sondersteuer zum Auslösen von Bürgern aus der Gefangenschaft der Grafen von Hoya. Er brach mit dem »Bannerlauf« der »Großen Kompanie« im Sommer 1365 los, wurde aber zunächst vom Rat blutig unterdrückt. Einige Aufrührer konnten jedoch fliehen und wandten sich an Erzbischof Albert um Hilfe. Dieser sah seine Stunde gekommen, die durch Unruhen erschütterte Stadt vollständig in die Knie zu zwingen. Er unterstützte die Emigranten mit Kriegsknechten, und so gelang es in der Nacht zum 22. Mai 1366 von Booten aus die Stadt zu überrumpeln. Der Erzbischof ließ verkünden, er wolle das alte Recht wiederherstellen und wahren. Wahrscheinlich erschien er zunächst nicht selbst in der Stadt, sondern schickte einige Reisige unter dem Kommando seiner Vögte. Doch darf man annehmen, daß Erzbischof Albert sehr bald seinen Einzug nahm. Er soll sich aber nur acht Tage in der Stadt aufgehalten haben, die Lage war ihm offenbar zu unsicher.

Die Frage war nun, ob auf die Dauer gesehen der Erzbischof, die Zünfte oder auch die emigrierten Ratsherren Sieger sein würden. Über die Frage der Abhängigkeit der Stadt waren sich die siegreichen Bundesgenossen – die Bremer Zünfte und der Erzbischof – keineswegs einig. Der Erzbischof zeigte von Anfang an, was er wollte; er ließ den damals noch hölzernen Roland als Symbol städtischer Freiheit verbrennen und einige mißliebige Bürger einkerkern. Dem Stadtarchiv wurden einige wichtige Urkunden entnommen. Zudem ließ der Erzbischof in der Stadt zwei Zwingburgen einrichten: das Ostertor und das Steinhaus des Johann Hollemann an der Langenstraße. Um die Versorgung der erzbischöflichen Besatzung zu sichern, wurden überall in der Stadt Lebensmittel beschlagnahmt, zudem forderte der Erzbischof hohe Tributzahlungen. Nur auf diese Weise war er überhaupt in der Lage, längere Zeit hindurch Kriegsknechte zu unterhalten. Es schien endgültig vorbei zu sein mit der städtischen Freiheit. Doch zeigte sich sehr bald, wie brüchig die Herrschaft des Erzbischofs trotz der äußeren Erfolge war.

Der vorwiegend von Handwerkerzünften gestellte neue Rat war von Anfang an mit dem Odium des Verrats an der Stadt und der Erfüllungspolitik gegenüber dem Erzbischof belastet. Die Unzufriedenheit wuchs, und die neuen Herren saßen sehr bald auf einem Vulkan. Einigen Angehörigen der Oberschicht war es gelungen, während des nächtlichen Überfalls die Stadt zu verlassen. Ein Ratsherr hatte bei seiner Flucht die Landfriedensurkunde Erzbischof Alberts aus dem Ratsarchiv mitgenommen. Sie wurde den norddeutschen Fürsten und Städten zum Beweis des Rechtsbruchs durch den Erzbischof vorgelegt. Die Emigranten beklagten sich bei allen Menschen, denen das Recht lieb und das Unrecht leid war, über die Verletzung des Landfriedens, über Leichenfledderei, über Plünderung der Stadt mit einem angeblichen Riesenschaden von 60 000 Bremer Mark. Sie setzten sich mit den Hauptgegnern der Braunschweiger Partei, den Oldenburger Grafen, in Verbindung. Man rüstete zum Gegenschlag, die Hauptentscheidung über das künftige Schicksal Bremens nahte.

Am 27. Juni 1366 gelang die Eroberung der Stadt. Die erzbischöfliche Besatzung im Ostertor, unter dem Kommando des Ritters Hans von Vreden, erhielt freien Abzug. Viele Angehörige der Handwerkerpartei wurden aber als Verräter im ersten Zorn erschlagen oder in den nächsten Tagen nach einem Gerichtsverfahren hingerichtet. Zwar schloß sich eine Fehde mit dem Erzbischof an, doch dieser war kaum in der Lage, militärische Mittel einzusetzen, und so kam denn sehr bald, am 26. September 1366, ein Friedensschluß zustande, zu dem der Erzbischof offenbar auch von seinem Bruder, Ludwig von Braunschweig (gest. 1367), und seinem Verwandten, Herzog Wilhelm von Lüneburg (gest. 1369), gedrängt wurde. Es lag ihnen daran, wenigstens den letzten Rest welfischen Einflusses im Erzstift zu retten. Doch der Erzbischof mußte seine totale Niederlage eingestehen, die Burgen Stotel und Thedinghausen an die Stadt zurückgeben, Schadenersatz und Einhaltung des Landfriedens versprechen. Daß er auf alle von der Stadt erzwungenen Zahlungsverpflichtungen verzichten mußte, war unter diesen Umständen fast eine Selbstverständlichkeit. In seiner Finanznot mußte der Erzbischof einige Tage später eine seiner wichtigsten Burgen, den Langwedel, an die Stadt verpfänden.

Im September 1366 also fiel die Entscheidung über die Geschichte Bremens in den folgenden Jahrhunderten, die Stellung als freie Stadt war gesichert.

Selbst im Bereich der Kirche blieb der Erzbischof angesichts der Ansprüche des Domkapitels nur noch eine Marionette. Einige Herren des Kapitels rückten in dieser Zeit eindeutig von ihm ab. Der Domdekan Johann von Zesterfleth war sein erklärter Feind, der Sangmeister verklagte ihn bei der Kurie in Rom auf die Erstattung des Schadens, der während der Besetzung Bremens an seinem Hause entstanden war. Erzbischof Albert wurde verpflichtet, die damals sehr große Summe von 700 Mark zu zahlen, wahrscheinlich war damit der Bankerott vollkommen. Der Erzbischof war verschuldet, sein Einfluß in Bremen vertan, die meisten Burgen waren verpfändet. Überall schlug ihm Verachtung, Mißtrauen und sogar Haß entgegen.

Inzwischen war die ganze Braunschweiger Partei in arge Bedrängnis geraten. Der Bruder des Erzbischofs, Herzog Magnus II., wurde 1367 in eine heftige Fehde mit dem Bischof von Hildesheim verwickelt. Bei einer Niederlage am 3. September geriet er in Gefangenschaft. Um das Lösegeld zahlen zu können, mußte er sich hoch verschulden. Kurze Zeit später ließ er sich in eine Auseinandersetzung mit der reichen Salzstadt Lüneburg ein – ein Streit, der wieder mit einer schweren Niederlage des Herzogs endete. So kam es denn, daß Erzbischof Albert in diesen Jahren weitgehend auf sich allein gestellt war. Allerdings erlitt auch die Oldenburger Gegenpartei zusammen mit den verbündeten Bremern 1368 eine schwere Niederlage in Friesland. Unter den Gefallenen war auch Erzbischof Alberts alter Gegner, der ehemalige

Administrator Moritz von Oldenburg. Allgemeine Erschöpfung breitete sich in dieser Zeit über Nordwestdeutschland aus. Der völlig machtlose, aber doch recht lebenslustige Erzbischof trat in den nächsten Jahren kaum noch in Erscheinung. Er lebte auf den wenigen ihm noch verbliebenen Burgen und Gütern, vor allem in der inmitten von Mooren gelegenen Burg Bremervörde, und mußte es mit ansehen, wie die Landstände des Erzstifts – Geistlichkeit, Ritterschaft und Städte – sich als Körperschaft formierten und selbst den bescheidensten Ansprüchen des Erzbischofs entgegentraten.

Das Jahr 1376 brachte ihm eine eigenartige Demütigung. Seine Gegner griffen zum Mittel persönlicher Verleumdung – einer Waffe, die sich bis heute im politischen Leben als äußerst wirkungsvoll erwiesen hat. Es hieß, Erzbischof Albert sei »sowohl Mann als auch Frau«, also ein Zwitter und daher unwürdig, sein geistliches Amt zu bekleiden. Das Gerücht wurde vor allem von einem alten Feind des Erzbischofs, dem Domdekan Johann von Zesterfleth, eifrig und schadenfroh verbreitet. Es ist nicht mehr nachprüfbar, warum es überall geglaubt wurde. Als Grundursache muß man wohl die Verachtung gegenüber dem unfähigen, trägen und launenhaften Erzbischof ansehen. Doch mögen auch körperliche Eigentümlichkeiten wie geringer Bartwuchs, hohe Stimme und Fettleibigkeit eine Rolle gespielt haben, wir wissen nichts Genaueres darüber. Nun ist es ja an sich ganz leicht, eine Behauptung, jemand sei ein Zwitter, auf den Wahrheitsgehalt zu prüfen. Doch war die damit verbundene Prozedur recht peinlich. Zudem konnte man kaum damit rechnen, daß Gerücht werde bereits verstummen, wenn der erzbischöfliche Leibarzt erklärte, mit dem Kirchenfürsten sei alles in Ordnung. Man kann verstehen, daß sich der stolze Herzogssohn vor solch einer würdelosen Prozedur scheute.

Doch das Gerücht verbreitete sich wie ein Lauffeuer durch das ganze Erzstift und verursachte überall Hohn und Gelächter, der Erzbischof mußte dagegen etwas unternehmen. Er lud zunächst eine Abordnung des Bremer Rates zu einer Besprechung im Kloster Osterholz nördlich von Bremen. Dort trafen die Bürger auf einen empörten Kirchenfürsten, mußten notgedrungen ein ernstes Gesicht machen, obgleich sie das »Mißgeschick« des Erzbischofs gewiß mit Schadenfreude verfolgten. Albert bot an, er wolle das Gerücht durch Vorzeigen seiner männlichen Attribute widerlegen und bat den Rat, er wolle den Dekan Johann von Zesterfleth nicht unterstützen. Dafür bestand für die Stadt auch keine Veranlassung.

In Bremen bat der Dekan nun seinerseits den Rat um Schutz; aber dieser wollte wegen des Zwitterproblems keine Fehde mit dem Erzbischof riskieren und winkte ab. Allerdings wollte man auch nicht gewaltsam gegen Johann von Zesterfleth vorgehen, dessen Opposition gegen den Erzbischof von der Stadt sogar mit Wohlwollen beobachtet wurde. Der Dekan war jedoch gewarnt und wußte auch, daß der Erzbischof sogleich Kriegsknechte schicken werde, um ihn zu fangen. Er bestieg einen Wagen und fuhr so schnell er konnte in Richtung auf den etwa 40 km entfernten Bischofssitz Verden, wo Erzbischof Albert keine Macht hatte.

Kaum war er fort, da kam der Vogt von Bremervörde im Auftrag des Erzbischofs mit einigen Reisigen nach Bremen. Doch sie fanden die Kurie des Dekans an der Domsheide leer vor. Sie ritten Johann von Zesterfleth nach und konnten noch gerade sehen, wie er auf seinem Wagen im Stadttor von Verden verschwand.

Das Gerücht über die Zwitterhaftigkeit des Erzbischofs ging weiter um. Es ließ sich nicht ohne öffentliche Demonstration widerlegen. Erzbischof Albert erschien nun in Bremen und lud Geistliche, Ritter und Ratsherren in die St. Viktors-Badestube am Stavendamm ein. Hier trat er dann bei Dämmerlicht zwischen Bänken und Bottichen im Adamskostüm vor die Herren, und diese stellten nach genauer Betrachtung fest, daß er mit allem ausgestattet war, was ihn zum Mann machte (die Chronik sagt diskret, »daß er dazu genug hatte«).

Das Gerücht verstummte jedoch immer noch nicht, und so zog der Erzbischof auch nach Hamburg, wo er sich von mehr als 500 Geistlichen, Rittern und Bürgern beschauen ließ. So erzählt wenigstens die Bremer Chronik von Rinesberch und Schene. Hier war nun die Beschau von einem üppigen Gastmahl begleitet. Auf dem Gebiet der Schlemmerei war der Erzbischof offenbar ein Kenner und führte wohl auch trotz aller Finanzschwierigkeiten in Bremervörde eine üppige Tafel. Doch das Hamburger Bankett soll alles bisher Dagewesene übertroffen haben. Der Koch hatte vier Wochen zur Vorbereitung gebraucht. Die Zahl der Gänge war nach den Ständen abgestuft: die »Herren« – und damit waren wohl die Ritter gemeint – erhielten dreifache Gerichte je 20 Gänge, zusammen also 60 Gänge; den Knappen wurden 40, den Knechten 20 Gänge serviert. Überall blitzten Gold und Silber; auf den Tellern lagen vergoldete und versilberte Lachse; ganze Wasserburgen waren aufgebaut, in deren Gräben lebendige Fische schwammen und aus deren Fensterluken Vögel herausflogen. Es gab vielerlei Getier zu essen: Schwäne, Kraniche und Pfauen, von denen viele vergoldet und versilbert waren. Da sah man auch Gerichte in Menschenform. Dazu wurden allerlei Getränke kredenzt. Im ganzen soll das Gastmahl 500 (nach einigen Handschriften der Chronik sogar 1000) Lübische Mark gekostet haben. Das war eine Summe, für die man damals ein ganzes Dorf kaufen konnte. Selbst wenn nicht alles genau stimmen sollte, so ist doch immerhin bezeichnend, was man sich über die Verschwendungssucht des Erzbischofs erzählte.

Von Hamburg aus zog er dann noch an die Ostsee, wo er sich am Strande beschauen ließ. Wahrscheinlich verstummte das Gerücht allmählich; es nutzte sich ab und interessierte dann niemanden mehr. Doch war der Erzbischof auch weiterhin Gegenstand allgemeiner Verachtung. Dem Domdechanten tat es keinen Schaden, daß der Erzbischof zumindest im körperlichen Bereich seine männlichen Qualitäten nachweisen konnte. Johann von Zesterfleth hatte im erzstiftischen Adel seine Verwandten und Freunde; so kam er denn sehr bald wieder zurück. Schließlich erfolgte unter Vermittlung des Grafen Christian von Oldenburg eine Schlichtung. Der Domdekan gab seinen Irrtum zu und bat den Erzbischof um Verzeihung, dabei blieb es. 1381 wurde er sogar Bischof von Verden.

In den folgenden Jahren hatten im Erzstift nur noch Adelsgruppen und Städte politisches Gewicht. Es gab manche schwere Fehden, doch der machtlose Erzbischof konnte nicht mehr an ihnen teilnehmen; man hörte überhaupt kaum noch etwas von ihm. Bei der Verpfändung der wenigen noch verbliebenen erzbischöflichen Rechte spielte er eine hilflose Rolle. Seit 1375 kam es zum Ausverkauf der Kirchspiele rechts der Elbe an den Grafen von Holstein, dessen Verwandter, der Hamburger Propst Bernhard von Schaumburg, schließlich zum Administrator des Erzstiftes eingesetzt werden mußte. Ihm wurde auch die Hauptburg Bremervörde verpfändet. Die erzbischöflichen Rechte in Stedingen mußten 1377 an den Grafen von Oldenburg überlassen werden.

Es wurde deutlich: Auf den Ruinen des Erzstifts formierten sich neue Machtgruppen – eine Entwicklung, die Bremen natürlich mit großer Aufmerksamkeit verfolgte. Die Stadt versuchte ihren Einfluß auszubauen. Es gelang ihr, die Herrschaft Bederkesa in ihre Hand zu bekommen, sie hielt einige erzbischöfliche Burgen in Pfandbesitz. 1389 übernahmen Bremen, Stade und Buxtehude vom Hamburger Propst Bernhard von Schaumburg u. a. die erzbischöfliche Residenz Bremervörde, indem sie die Pfandeinlösung finanzierten. Der Erzbischof residierte also in einem Ort, der ihm überhaupt nicht mehr gehörte. Hin und wieder reiste er auch noch im Erzstift umher, kam nach Bremen, Buxtehude, Stade und Wildeshausen. Seine Kanzlei stellte auch eine größere Zahl von Urkunden aus, die mit dem erzbischöflichen Siegel versehen wurden. Doch handelte es sich im allgemeinen um die Beglaubigung von Rechtsakten, die andere miteinander geschlossen hatten.

Seinen Tod registrierte man am 14. April 1395 mit Gleichgültigkeit, sein Leichnam wurde nach Bremen übergeführt und im Dom bestattet. Wieder einmal wurden nun vom Domkapitel zwei Erzbischöfe gewählt, von denen sich dann der Neffe Alberts, ein Sohn Herzog Magnus' II. von Braunschweig-Wolfenbüttel namens Otto, durchsetzen konnte. Das Amt des Erzbischofs war in dieser Zeit nicht sehr begehrt; es war kaum möglich, durch Einlösung der verpfändeten Rechte wieder politisches Gewicht zu gewinnen.

Es gibt hin und wieder Persönlichkeiten, die durch ihre Unfähigkeit Geschichte machten. Man zählt zu ihnen im allgemeinen Ludwig den Frommen, den Sohn Karls des Großen, den Französenkönig Ludwig XVI., den Zaren Nikolaus II. von Rußland

usw. Oftmals war der Fehlschlag weniger bedingt durch die Unfähigkeit an sich, sondern eher durch das Unvermögen, auf die
politischen Forderungen der Zeit angemessen zu reagieren.
Erzbischof Albert II. aus dem Hause Braunschweig-Wolfenbüttel
war träge und verschwenderisch; er überschätzte auch seine Möglichkeiten und war sehr unsicher in seinen Entscheidungen. Das
zeigt sich u. a. an einigen Urkunden von 1370 mit erschrecken-
der Deutlichkeit. Am 30. April exkommunizierte er die Kapitel
von St. Stephani und Ansgarii in Bremen bei einem Streit mit
dem Dom. Am 15. Mai widerrief er die Exkommunikation aufgrund besserer Belehrung; am 31. Oktober widerrief er dann
aufgrund abermaliger besserer Belehrung den Widerruf. Niemand wußte eigentlich mehr, wie die Dinge denn nun tatsächlich
standen. So machte der Erzbischof am 21. März 1374 einen
Schlußstrich, er widerrief alle gegen das Stephani- und das
Ansgariikapitel gerichteten Urkunden. Man bekommt den Eindruck, daß immer *der* Recht bekam, der mehr bezahlte.
Es ist fast eine Ironie der Geschichte, daß dieser unfähige Erzbischof zum letzten Mal für Bremen die Gefahr heraufbeschwor,
in den Zustand einer erzbischöflichen Landstadt zurückversetzt
zu werden. Albert unterschätzte das wirtschaftliche und damit
politische Gewicht des Bürgertums und ließ sich daher auf eine
Machtprobe ein, die er nicht bestand. Der Versuch, sich mit der
Stadt Bremen zu arrangieren, wurde erst nach der totalen
Niederlage unternommen und konnte nichts mehr retten. Der
Rest war totaler Ausverkauf, Trägheit und sinnlose
Schlemmerei.
Die Sieger waren die Stände des Erzstifts, der Adel und vor
allem die Städte, an der Spitze Bremen, das in der nächsten
Zeit nicht nur regionale, sondern sogar europäische Politik trei-
ben konnte. Bremen durfte sich nun als freie Stadt fühlen, dem
Roland einen Schild mit dem Reichswappen umhängen und das
neue Rathaus mit den steinernen Standbildern des Kaisers und
der sieben Kurfürsten zieren. Der Bankerott Erzbischof Alberts II. hatte das ermöglicht.

Gredje von Essen - Dr. Johann von Ewich
(gest. 1565)   (1525–1588)

Hexe und Kritiker der Hexenverfolgung

Bis ins 17. Jahrhundert hinein gab es wohl keine Stadt, in der nicht Hexen verurteilt und verbrannt wurden; Bremen bildet da keine Ausnahme. Es gab zudem wohl auch keinen Menschen, der nicht in irgendeiner Weise gezaubert oder zumindest Zauberpraktiken für sich nutzbar gemacht hätte: Kristallesen, Siebtreiben, Planetenlesen, Wachsbild- und Butterzauber, Liebestränke, Mäuse- und Wettermachen, Erbschlüssel, Amulette, Exorzismen, Nachweis verlorener Gegenstände und von Dieben waren überall verbreitet. Das eine oder andere dieser »Mittelchen« ist uns ja auch heute noch nicht ganz fremd. Gefährlich war in diesem Zusammenhang die Vorstellung, daß sich viele Zauberer und Zauberinnen in einen Bund mit dem Teufel einließen, der ihnen bei ihrer Tätigkeit half. Er tat es, um Schaden verschiedener Art zu stiften und um Zauberer zum Abfall von Gott zu veranlassen. Damit wurden nach dem damaligen Strafrecht zwei todeswürdige Verbrechen begangen: Schädigung und Tötung von Menschen und Vieh einerseits – Abfall von Gott, also Ketzerei, andererseits.

Hexen – oder Toversche (Zauberinnen), wie sie in Bremen hießen – waren ganz gewiß keine großen historischen Persönlichkeiten; doch waren sie »Köpfe« besonderer Art, oftmals mit hoher Intelligenz ausgestattet, manchmal aber auch verschroben und dumm. Immer aber waren sie in ihrer Zeit ein ganz beonderes öffentliches Ärgernis, während sie von uns heute zu Beispielen besonderer Rückständigkeit der Menschen in frühe-

ren Jahrhunderten herabgewürdigt werden. Auch die Gerichtsverfahren, in die sie verwickelt wurden, erscheinen uns merk-
würdig, ungerecht und grausam. Damit kommt zur kulturge-
schichtlichen und psychologischen Seite die rechtsgeschichtliche
Bedeutung der Hexen und ihrer Verfolgung hinzu.

In Bremen wurden zwischen 1513 und 1603 vierzehn Personen
nachweisbar wegen Zauberei verbrannt und fünf gnadenweise
geköpft; drei Frauen starben im Gefängnis, gegen fünf Personen
wurden leichtere Strafen verhängt. Dem stehen dreizehn
Freilassungen gegenüber. Freilich sind wohl nicht alle Prozesse
überliefert, so daß die tatsächlichen Zahlen wohl etwas größer
waren.

Einer der einigermaßen zuverlässig überlieferten Bremer Fälle
betraf die Gredje von Essen oder die Essemannsche, wie sie im
allgemeinen genannt wurde.

Es liegt in der Natur der Sache begründet, daß wir über eine
Hexe erst etwas erfahren, wenn sie in die Mühle des Gerichts-
verfahrens geraten ist. Da das Gericht niemals eine genaue Per-
sonalaufnahme durchführte, erhalten wir über die vergangene
Lebenszeit keine Auskunft; was wir über den Charakter erfahren, ist immer einseitig gesehen. Die Witwe Gredje von Essen
geb. Using gehörte zum wohlhabenden Mittelstand. Das betonen
die Quellen, und das ergibt sich auch aus der Tatsache, daß sie ein
eigenes Haus – wahrscheinlich in der vornehmen Langenstraße – bewohnte, daß sie in diesem Haus Glasfenster einbauen
ließ und daß eine Magd namens Wubke in ihren Diensten stand.
Wahrscheinlich war Gredje eine Frau mittleren Alters. Ihr Bruder, Johann Using, der 1565 fast gleichzeitig mit seiner
Schwester starb, war vermutlich ein vermögender Kaufmann; er
vermachte 1564, also ein Jahr vor seinem Tode, dem Haus Seefahrt zunächst 20 Bremer Mark, von deren Zinsen den armen Seeleuten Hemden, Schuhe und Strümpfe gegeben werden sollten.
Es folgten weitere Legate: 22 Taler, aus deren Zinsen Brot und
Butter zu spenden waren, und 100 Bremer Mark, mit deren Zinsen Bier gekauft werden sollte.
Es kann angenommen werden, daß Gredje wie viele Frauen
ihrer Zeit des Zauberns kundig war. Sie besaß auch ein Zauberei-

buch mit bestimmten Formeln. Die Frau konnte also offensichtlich lesen. Ihre Lehrmeisterin war eine arme alte Frau, Alke Gerken, die in einer kleinen Hütte außerhalb der Stadt hauste. Im späteren Geständnis wird geschildert, wie die beiden Frauen miteinander bekannt wurden. Gredje hatte mit Lammert Harmssen Streit und saß nun weinend außerhalb des Tores am Stadtgraben. Da kam Alke hinzu und erfuhr die Ursache des Kummers. Sie wußte Hilfe, gab Gredje kleine Wurzeln und »andere Sachen«. Gredje mischte davon angeblich in des Teufels Namen einen Trank und gab ihn Lammert ein. Man darf annehmen, daß die Absicht bestand, den Mann damit entweder krank zu machen oder aber ihn zu freundlichem Verhalten zu bringen. Über die Wirkung des Trunkes wird nichts gesagt. Sicher ist wohl, daß er Lammert nicht krank machte, denn sonst hätte das Geständnis darüber Einzelheiten enthalten. Schaden erlitt der Mann jedoch durch Gredjes Zauberei angeblich an Butter, Fleisch usw. Vermutlich verdarben einige Lebensmittel in Lammerts Hause. Auch soll es durch die Schuld der Frau »Gespenster und Spökerungen« (Spuk) gegeben haben.

Der zweite angeblich Geschädigte war der Glasermeister Gerd Brawe, der in dieser Zeit gerade 15 Fenster – z. T. mit bunten Wappen – für das Haus Seefahrt an der Hutfilterstraße anfertigte. Es ist kulturgeschichtlich von Interesse, daß Gredje von Essen bei Brawe für ihr Haus Glasfenster bestellt hatte; dabei muß es sich um Butzenscheiben gehandelt haben, die sich damals nur wohlhabende Bürger leisten konnten. Gredje hatte nun den bis heute üblichen Ärger mit dem Handwerker: ihr Haus blieb ein ganzes Jahr ohne die bestellten Fenster; alle Mahnungen fruchteten nichts. Auch hier half die alte Alke Gerken aus: Sie lieferte »Kraut, Wurzeln und dergleichen«. Daraus wurde in des Teufels Namen ein Trank gebraut, der Brawe eingegeben wurde. Davon sei ihm dann schlecht geworden, doch wurde das Magengrimmen rückgängig gemacht durch einen Gegenzauber, und zwar mit der Formel: »Du Düvel, mak id beter mit Brawen to düsser Stunde!« (Du Teufel, mach es besser mit Brawe zu dieser Stunde!).

Zum Dritten wurde ein an sich recht harmloser und weitverbreiteter Zauber »ermittelt«. Gredje kam einmal in das Haus einer Frau Föge, als diese gerade dabei war, in einem Faß zu buttern. Sie klagte drüber, daß es ihr nicht gelingen wolle. Da half nun die zauberkundige Gredje von Essen aus. Sie steckte zwei Messer auf das Butterfaß, dann schüttelte sie es, und siehe da, es war gute Butter entstanden.

Eine gewichtige Rolle spielte im späteren Geständnis der Teufel, in dessen Namen Gredje gezaubert haben sollte. Er hatte die Gestalt eines Buhlen namens Jan-Jan. Dieser war »hübsch« und elegant, trug einen langen schwarzen Rock, schwarze Hosen und einen kleinen schwarzen Hut. Er sei »Nacht und Tag in ihr Haus gekommen«; sie habe ihn »an ihre Brüste gedrückt« und er habe »auf ihrem Bett geschlafen«. Es fehlte das sonst oft anzutreffende Geständnis einer gemeinsamen Luftfahrt zum Hexentanzplatz.

Wir wissen nicht, ob allgemeine Gerüchte oder eine gezielte Denunziation das Gerichtsverfahren in Gang brachte. Ein Brief jener Zeit spricht davon, daß auswärts von Bremen einige Hexen die Essemannsche (Gredje von Essen) als ihre Lehrmeisterin angegeben hätten. Sicher ist aber, daß sie mitten in der Nacht vom Marktvogt Franz verhaftet und in den Ostertorszwinger eingeliefert wurde.

Bei den Ermittlungen konnte man wohl davon ausgehen, daß ihre Zauberei mit Wurzeln, Kräutern usw. allgemein bekannt war. Diese Tätigkeit stellte an sich kein Verbrechen dar, das mit einer hohen Strafe bedroht war. Für eine Todesstrafe war Voraussetzung, daß mit dem Zauber Schaden angerichtet und daß ein Bund mit dem Teufel geschlossen wurde. Zudem mußten solche »Verbrechen« in einem Geständnis niedergelegt sein.

Gredje dürfte zunächst geleugnet haben, worauf die Folter angewandt wurde. Das geschah auch im Ostertorszwinger. Einzelheiten kennen wir nicht, aber wahrscheinlich wurden mehrere Grade der Tortur angewandt. Es begann mit dem Zeigen der Instrumente, dann folgten das Festdrehen der Daumen- und Beinschrauben sowie das Auseinanderziehen auf der Streckleiter, vielleicht auch das Hochziehen an den auf den Rücken gebundenen Händen.

Dabei wurde nun von der Frau ein Geständnis abgelegt, das vier

Punkte hatte und – verglichen mit den umfangreichen Sündenregistern anderer Hexen – außerordentlich mager war. Zugegeben wurden: Sachschadenzauber an Lammert Harmssen und Gerd Brawe, Butterzauber bei Frau Föge und Buhlschaft mit dem Teufel Jan-Jan. Das war ein Gemisch von tatsächlichen Handlungen, böswilligen Zeugenaussagen und Suggestivfragen des vernehmenden Richters Raetje Gröning, die von Gredje unter der Folter bestätigt wurden. Nun war ein solches Geständnis während der Tortur als Urteilsgrundlage nichts wert. Es mußte auch nachher, freilich unter Androhung weiterer Folterungen, wiederholt werden. Die Quellen lassen erkennen, daß das bei Gredje von Essen auch geschah. Doch trug die Frau so schwere Körperschäden davon, daß sie in der Nacht zum 16. August 1565 verstarb. Welche Qualen mag sie gelitten haben, bis sie auf ihrem Strohlager im finsteren feuchten Kerker verschied, ohne daß irgend jemand hilfsbereit oder mitleidig an ihrer Seite stand.

Doch selbst ihrem Leichnam gönnte das Gericht keine Ruhe. Der Körper lag bis zum 21. August 10 Uhr vormittags im Ostertorzwinger. Dann wurde er in einen Sarg gelegt und von dem Fuhrmann Johann Goetken auf einem Karren vor das Gericht des Stadtvogts unter dem zweiten Rathausbogen gefahren. Dort wurde das Geständnis verlesen und nun angeordnet, daß der Leichnam zu verbrennen sei, genau so wie es auch mit der lebenden Hexe geschehen wäre. Johann Goetkens Pferde zogen an, und nun ging es zum Ansgariitor hinaus, an jener Stelle vorbei, wo Gredje einst weinend gesessen hatte und der alten Alke Gerken begegnet war. Viele Menschen begleiteten das Gefährt bis zur Richtstätte auf dem Jodutenberg bei der heutigen Bürenstraße. Dort wurde der Sarg vom Scharfrichter Max auf einen Holzstapel gesetzt und verbrannt.

Eigenartig war nun, daß am gleichen Tage morgens um acht Uhr der Bruder der Gredje von Essen, Johann Using, starb. Vor seinem Tode hatte er Tobsuchtsanfälle gehabt, wollte sich ertränken und erstechen und war dann in Ohnmacht gefallen. Selbstverständlich ging das Gerücht um, seine Schwester habe ihn verzaubert, ebenso wie die Leute andererseits raunten, daß die Schwester zu Lebzeiten das Vermögen des Bruders durch

Zauberei vermehrt habe. Daß Using wohlhabend war, ist auch durch seine großen Schenkungen für das Haus Seefahrt von 1564 bekannt.

Auch im Haus der Gredje von Essen soll es noch Monate später gespukt haben. Längst waren Mieter eingezogen, da tropfte aus dem trockenen Gebälk eine Masse, die von einigen Seeleuten als Butter identifiziert wurde.

Der Fall hätte leicht noch weitere Opfer fordern können. Gredje von Essen hatte die Frau Ehmker und deren Tochter beschuldigt, ihr geholfen zu haben. Beide wurden eingekerkert, aber als unschuldig befunden und daher am 17. September 1565 wieder freigelassen. Das war ein kleiner Funke von Vernunft. Es zeigt sich auch allgemein, daß die Hexenverfolgung in Bremen niemals einen so epidemischen Charakter annahm wie in anderen Orten. Gerade aus den Quellen über Gredje von Essen ergibt sich auch – gewissermaßen zwischen den Zeilen –, daß besonnene Menschen vieles von dem, was man den Hexen anlastete, für Gerüchte hielt. Besonders deutlich zeigt das ein lateinischer Brief vom 10. September 1566, den der Rektor des bremischen Gymnasiums, Johannes Molanus, aus seinem Urlaubsort Duisburg an Johann Weyer, den Leibarzt des Herzogs Wilhelm III. von Jülich-Cleve-Berg, schrieb. Hier wird der Fall der Gredje von Essen knapp und sachlich dargestellt; Molanus betont deutlich, daß er das nicht selbst miterlebt, sondern von anderen gehört habe. Einiges, etwa die Bezauberung des Bruders und das Butterwunder im Hause der Gredje von Essen, wird als Volksgerede hingestellt.

Informant war in dieser Sache Doktor Johann von Ewich, der in Bremen alles aus nächster Nähe miterlebt hatte und sich über das Hexenwesen seine eigenen Gedanken machte. Er wurde 1525 in Cleve geboren und stammte sicher aus einem vermögenden, geistig aufgeschlossenen Elternhaus. Er besuchte die Schule im holländischen Deventer und absolvierte dann in Köln ein vielseitiges philosophisches und juristisches Studium. Offenbar wandte er sich vom Katholizismus ab und verließ daher seinen heimatlichen Raum. Soweit wir wissen, hielt er sich einige Jahre in Süddeutschland und Frankreich auf. Dann ging er nach Italien, wo er vor allem in Venedig und Padua Medizin studierte.

1559 erwarb er die Medizinische Doktorwürde. Als der ruhelose Wanderer dann in seine Heimat zurückkehren wollte, stieß er auf die gewaltsame Gegenreformation der Spanier. Und so kam er denn als Flüchtling etwa 1560 nach Bremen, wo er sich als Arzt niederließ. Schon 1562 wurde er Stadtphysikus, Amtsarzt könnte man heute sagen. Es ist bezeichnend für die Spannweite seines Denkens, daß er mit einigen theologischen Schriften begann. Diese waren nicht gerade revolutionär; aber es war doch eindrucksvoll, wie nachdrücklich der Verfasser es zur Menschenpflicht erklärte, auch religiöse Fragen vernünftig zu durchdenken und über dem Studium der Religion niemals die häuslichen und öffentlichen – also die lebenspraktischen – Dinge zu vernachlässigen. Man kann annehmen, daß Ewich 1565 von Amts wegen direkt mit dem Fall der Gredje von Essen befaßt wurde. Daß er ihn aufmerksam verfolgte, zeigt der Brief des Molanus an Johann Weyer. Literarischen Niederschlag fanden seine Überlegungen freilich erst 1583.

1566 wurde er zunächst von einem anderen Problem in Anspruch genommen, dessen Lösung unmöglich erschien. Eine Pestlawine wälzte sich in dieser Zeit über Europa und erfaßte Bremen im Sommer 1566. Der Chronist Johann Renner berichtete: In Bremen starben oft 50 Menschen an einem Tage, im ganzen Sommer starben Tausende. Zweimal täglich war Beerdigung. Auf dem Kirchhof von St. Stephani, wo es die meisten Toten gab, wurden in einer großen Grube drei Sargreihen übereinandergestapelt. Es gab besondere Leichenträger, die vier Grote für den Toten bekamen. Die Verstorbenen kamen alle in Särge, und den armen Leuten, denen das Geld dazu fehlte, schenkte der Rat das Holz. Zu Michaelis legte sich das Sterben.

Ewich war Berater der Obrigkeit bei der Bekämpfung der Pest. Später, 1582, hat er dann seine Ratschläge in Veröffentlichungen niedergelegt. Da man damals das Wesen der Pest als Bakterienkrankheit, die durch Ratten und deren Flöhe übertragen wurde, noch nicht erkannte, waren die Maßnahmen im großen und ganzen nicht wirkungsvoll, so vernünftig sie uns auch im einzelnen erscheinen mögen. Ewich forderte Absperrung und

Reinigung infizierter Häuser, allgemeine Reinlichkeit, ausreichende Ernährung, Anstellung einer größeren Anzahl von Ärzten und Krankenpflegern, Verlegung der Friedhöfe aus dem engen Altstadtbereich. Vor allem aber solle die Obrigkeit die Bürger zur Buße auffordern und Gottes Hilfe anflehen. Heute wissen wir, daß der Seuche nur durch eine Bekämpfung von Ratten und Pestflöhen zu Leibe gerückt werden kann. Einige der von Ewich geforderten Maßnahmen wirkten freilich auf indirektem Wege günstig auf den Verlauf der Pest. Ob die Gebete wirkten, bleibt Glaubenssache; die Reinlichkeitsmaßnahmen wurden jedoch so unzulänglich durchgeführt, daß sie Ratten und Flöhen wenig schadeten. So sind denn Ewichs Schriften zur Pest zwar medizingeschichtlich von Gewicht, doch bedeuteten sie keine grundlegende Wendung zum Besseren.

Immer wieder geriet auch die Hexenfrage in das Blickfeld des Philosophen, Juristen, Theologen und Arztes. Wir haben gesehen, daß er dem Rektor des Gymnasiums, Molanus, 1565 Informationen über den Fall der Gredje von Essen gab. Auch in den nächsten Jahren gab es in Bremen mancherlei Erregung über Zauberei und Hexenunwesen. 1569 verfluchte sich eine Diebin; darauf verbrannte sie bei lebendigem Leibe, ihre Glieder wurden ganz schwarz und schließlich kroch eine Kröte aus ihrem Mund, die man für den Teufel hielt. Im gleichen Jahr wurden in Delmenhorst bei Bremen zwei Hexen verbrannt, und 1575 gab es in Bremen wieder mehrere Verfahren gegen Hexen und Zauberer. Dabei wurden mit der Folter haarsträubende Geständnisse erpreßt. Eine Frau wurde lebendig verbrannt, eine andere starb im Kerker, eine dritte wurde freigelassen. Ein Mann, der trotz Folter kein Geständnis abgelegt hatte, erhielt ebenfalls die Freiheit zurück.

Auch aus anderen Orten drang Kunde über Hexenprozesse nach Bremen, und es gab dann 1583 einen besonderen Anlaß für Johann von Ewich, ein Buch über die Hexenfrage zu schreiben. In Lemgo (Grafschaft Lippe) liefen in diesem Jahr aufsehenerregende Hexenprozesse. Am 27. September wurden drei Hexen verbrannt, drei weitere Verdächtige wurden der Wasserprobe unterzogen, bei der die Hexen dadurch entlarvt wurden, daß man sie ins Wasser warf. Waren sie mit dem Teufel im Bunde, gingen sie nicht unter. Nun gab es aber offenbar Zweifel am Wert dieses »Beweismittels«. So wurde denn ein zufällig anwesender Gelehrter aus Marburg, der Philosoph und Mediziner Adolph Scribonius, um ein Gutachten gebeten. Dieser sah das Ergebnis der Wasserprobe als durchschlagenden Beweis an, denn die Hexen hätten durch den Bund mit dem Teufel dessen Wesen in sich aufgenommen, dadurch sei ihr spezifisches Gewicht verringert worden. Das befähige sie nicht nur durch die Luft zu fliegen, sondern auch im Wasser zu schwimmen.

Johann von Ewich antwortete noch im Dezember 1583 mit einem Büchlein, das er dem Grafen Simon zur Lippe widmete, in dessen Territorium Lemgo lag. Der lange Titel lautete (in Übersetzung): »Über Natur, Kunst, Kräfte und Taten der Hexen, über die Indizien, an denen man sie erkennt und über die Strafen, die gegen sie zu verhängen sind.« Für Bremen hatte diese Stellungnahme des amtierenden Stadtphysikus halbamtlichen Charakter und wirkte sicher auch auf die Hexenverfolgung in dieser Stadt maßgebend ein.

Ewich wendet sich nicht etwa gegen den Hexenwahn an sich, sondern nur gegen dumme Gerüchte und leichtfertiges Prozessieren. Er will den Menschen die panikartige Furcht nehmen, die ja verantwortlich war für die hektische Art, in der mancherorts die Hexenprozesse geführt wurden. Er betont immer wieder, daß auch die Hexen nichts gegen den Willen Gottes ausrichten könnten, daß sie nicht einmal zu »Wundern« fähig seien, weil auch das Gottes Sache sei. Die Hexen seien durchweg Menschen, die durch Altersschwäche und charakterliche Unzulänglichkeit vom rechten Pfad abgewichen seien und sich dem Teufel ausgeliefert hätten. Doch will Ewich weder den körperlichen Umgang mit dem Teufel noch die Verringerung des spezifischen Gewichts der Hexen gelten lassen. Viele Zauberkünste, die man den Hexen zuspreche, seien weiter nichts als Sinnestäuschung oder unerklärbare Naturvorgänge. Oftmals verfalle eine Frau bei einer Krankheit dem Hexenwahn.

Freie und spontane Geständnisse hält Ewich für stichhaltiger, wenn er auch in ihnen – etwa durch Geisteskrankheit, Träume usw. – Irrtümer für möglich hält. Vor allem bezeichnet er Gerüchte für unsicher und erfolterte Geständnisse für wertlos, besonders wenn der Delinquent gegen alles Recht durch lange Kerkerzeit mürbe gemacht wurde. Die Wasserprobe bezeichnet er geradezu als Teufelswerk.

Die Schuld ist eben schwer zu ermitteln; aber – so sagt Ewich – es ist eine schwere Sünde, einen Unschuldigen zu verdammen, denn Gott läßt es nicht ungestraft, wenn das Blut eines Unschuldigen vergossen wird.

Ewich ist allerdings trotzdem der Meinung, daß Hexen bestraft werden müßten; doch sei eine Differenzierung der Strafen notwendig, da auch Form und Ausmaß des Vergehens große Unterschiede aufwiesen.

Jugend, Greisenalter und schlechte Erziehung müßten als mildernd berücksichtigt werden. Vor allem müsse auch bedacht werden, welche Folgen die Zauberei gehabt habe, ob sie etwa nur Unwohlsein oder aber den Tod verursacht habe (Ewich denkt hier an den Umgang mit Giften). Stetige Fürsorge der Obrigkeit für die Untertanen und besonders für die Armen könne manchen Menschen vom Umgang mit dem Teufel zurückhalten. Ewich lehnt damit den Scheiterhaufen als Einheitsstrafe ab. Voraussetzung für die schwierige Rechtsfindung sei aber, daß die Richter etwas mehr von der Sache verständen. Ewich empfiehlt ihnen, sich von Fachleuten – Ärzten und Theologen – beraten zu lassen. Grund für eine Bestrafung der Hexe sei der Abfall von Gott, also die Ketzerei. Mit dieser Auffassung bleibt Ewich der Theologie seiner Zeit verhaftet. Trotz dieses in jener Zeit fast selbstverständlichen Mangels kommen in dem Buch zwei hervorragende Eigenschaften des Verfassers zum Ausdruck, ein hohes Maß an Vernunft und Humanität, wie es dem Arzt Johann von Ewich wohl ansteht, und ein ganz ausgeprägtes Gefühl für Gerechtigkeit. Wo sich dieser Geist durchsetzte, da war kein Platz mehr für Scheiterhaufen, auf denen man Hexen verbrannte.

Diese Einstellung scheint es auch gewesen zu sein, die dann im 17. Jahrhundert in Bremen das Übergewicht bekam und die gräßlichen Hexenprozesse zum Erliegen brachte, während viele Theologen weiterhin eifrig bemüht waren, Zauberer aufzuspüren, womit sich wieder einmal bestätigte, daß die Jurisprudenz in Bremen im Zeitalter Heinrich Kreftings, Johann Wachmanns und Johann Allmers bei der Auseinandersetzung um die Rezeption des Römischen Rechts eine beachtliche Höhe erreichte.

Der Abbau des Glaubens an Hexenkünste erfolgte erst durch eine stärkere Verbreitung naturwissenschaftlichen Denkens und durch den Rationalismus im Gefolge der französischen und niederländischen Wissenschaft. Immerhin ist es doch recht tröstlich zu sehen, wie wenigstens auf diesem Gebiet menschlichen Denkens ein unbestreitbarer Fortschritt erzielt wurde, was bei so mancher anderen Errungenschaft zumindest zweifelhaft bleibt. Zu diesem Fortschritt leistete auch Johann von Ewich einen bedeutenden Beitrag.

Er fand in Bremen und auch anderwärts schon zu seinen Lebzeiten die Anerkennung, die er verdiente. Als 1584 in Bremen die Lateinschule im Katharinenkloster zum Gymnasium Illustre aufgewertet wurde, da erhielt Ewich den Lehrstuhl für Medizin. Er weihte sein Institut mit einer Rede über Hippokrates ein, die noch im gleichen Jahre gedruckt wurde. Doch konnte er sein neues Amt nur noch vier Jahre versehen, 63jährig starb er am 7. Februar 1588 und wurde in der Ansgariikirche bestattet. Dort befand sich bis zur Zerstörung der Kirche am 1. September 1944 sein hübsches Renaissance-Epitaph.

Johann Renner

(gest. 1583)

Geschichtsschreiber im Reformationsjahrhundert

Die Jahrzehnte nach dem Tode der Chronisten Rinesberch und
Schene waren für die bremische Geschichtsschreibung eine tote
Zeit. Große Ereignisse mußten erst wieder die Bürger Bremens
erregen, bevor sich Männer fanden, die über sie reflektierten und
sie zu historischer Darstellung verarbeiteten. Die Reformation,
der demokratische Aufstand der 104 vom Jahre 1532, die stand-
hafte Verteidigung der Stadt im Schmalkaldischen Krieg von
1547 sowie die kirchlichen Unruhen um den Pastor Hardenberg
und den Bürgermeister Daniel von Büren um 1562 waren solche
Begebenheiten, die Bremen und Nordwestdeutschland stark bewegten. Neben mehreren Fortsetzungen der alten Rinesberch-
Schene-Chronik entstanden einige politisch-historische Spezialschriften; alle diese Arbeiten sind höchst wertvoll für die
bremische Forschung, jedoch erst zu einem geringen Teil erschlossen. Das große Sammelbecken aller historischer
Nachrichten bildete erst die umfangreiche Chronik des Johann
Renner.
Kein Bremer Chronist – ausgenommen vielleicht der Magister
Adam im 11. Jahrhundert – war aufgrund seiner Erfahrungen
und seines Berufes so sehr dazu vorbestimmt, ein Geschichtswerk
zu verfassen wie Johann Renner, wenn dieser auch, wie seltsa-
merweise manche Chronisten, nicht in Bremen beheimatet war,
sondern aus Tecklenburg bei Osnabrück stammte. Sein
Geburtsjahr ist ebensowenig bekannt wie der Ort, an dem er
seine Schulbildung erhielt. Er beherrschte neben Nieder- und

Hochdeutsch auch Latein und scheint zunächst für den geistlichen Beruf bestimmt gewesen zu sein. Theologische Streitfragen fanden zeitlebens sein besonderes Interesse. Sicher hat er aber auch juristische Studien getrieben. Als Bremer Notar tauchte er zuerst 1554 auf, und zwar in Emden und dann in Speyer, wo sich damals das Reichskammergericht befand. Überhaupt war Renners Leben in dieser Zeit recht unstet. So versuchte er 1555 sein Glück in Livland als Notar und Schreiber bei einigen Deutschordensvögten. Dabei konnte er Einblick nehmen in die dramatischen Vorgänge, die zum Zusammenbruch der Ordensherrschaft in jenem Gebiet führten. 1560 verließ er dann das Land, das von russischer, polnischer und schwedischer Soldateska überschwemmt wurde.

In Deutschland warf ihn sein Notarberuf noch einige Jahre hin und her, bis er endlich 1566 in Bremen seßhaft wurde und eine Wohnung in der Sögestraße bezog. Nur hin und wieder führten ihn Dienstreisen nach Oldenburg, Lübeck oder in andere norddeutsche Orte. Als Notar hatte Renner die Aufgabe, für den Rat, kirchliche Institutionen und Privatpersonen bei politischen und gerichtlichen Angelegenheiten Protokolle aufzunehmen. Die Kopien seiner Protokolle bilden drei dickleibige Bände.

1583, mitten in seiner Arbeit an der Bremer Chronik, starb er. Die letzten von ihm verfaßten Seiten dieses Werkes konnte er selbst nicht mehr in Reinschrift übertragen. Seine Witwe blieb in der Amtswohnung in der Sögestraße und erhielt vom Rat 1586 die Genehmigung, sie auch weiterhin in Anspruch zu nehmen.

Johann Renner verfaßte zwei bedeutende Geschichtswerke in verschiedenen Fassungen. Unmittelbar nach seiner Rückkehr aus den Ostseeprovinzen begann er eine Livländische Chronik für die Jahre 1556–1561, also für die Zeit, die er in jenem fernen Lande selbst erlebt hatte. Ihre Handschrift wurde erst 1934 in Lübeck wiederentdeckt, ging aber im Zweiten Weltkrieg verloren. Die Chronik wurde dann 1953 nach einer Kopie gedruckt. Im letzten Lebensjahr erweiterte Renner diese Chronik aus anderen Quellen und führte den Gang der Ereignisse von den Anfängen bis 1582. Dieses Werk ist vor allem für die Vorgeschichte des Niederganges des Deutschen Ritterordens in Livland um 1560 eine unersetzliche Quelle. Für die Bremer Geschichtsschreibung ist seine Bedeutung jedoch gering.

Ebenfalls 1582 und 1583 arbeitete der fleißige Mann an seiner Chronik der Stadt Bremen, deren Autograph sich auch heute noch in der Universitätsbibliothek Bremen befindet. Zugleich aber brachte er eine Stadtgeschichte in Versen heraus, die 1583 bei Dietrich Gluichstein in Bremen gedruckt wurde. Dieses Riesenpoem war damals für die Verbreitung der Kenntnisse über die Stadtgeschichte von großer Bedeutung, da ja die übrigen Chroniken nicht gedruckt waren. Von der heutigen Forschung wird Renners Reimchronik mit Recht kaum noch beachtet. Dagegen haben die beiden Bände seiner Prosa-Chronik der Stadt Bremen eine Bedeutung, die nicht leicht überschätzt werden kann. Wir dürfen diese Arbeit Renners getrost zu den besten Geschichtswerken zählen, die das 16. Jahrhundert in Deutschland hervorgebracht hat. Um so bedauerlicher ist es, daß von ihr immer noch kein Druck vorliegt.

Eine vorbildliche Form hat das Werk freilich nicht; darin war die Geschichtsschreibung jener Zeit allgemein nicht sehr anspruchsvoll. Auch bietet die Gliederung in Bischofsleben und nunmehr auch in fünf Büchern nichts Überraschendes; denn eine solche Einteilung war schon durch die vorangehenden Chroniken gegeben. Was die Chronik aber mit geradezu erstaunlichem Erfolg anstrebt, das ist eine Vollständigkeit des auf Bremen bezüglichen Materials. Chroniken und politische Schriften, Urkunden und Inschriften, eigene Beobachtungen und Augenzeugenberichte dienen Renner als Quellen. Aber auch so manches Unhistorische hat er uns gläubig überliefert. Einige seiner Sagen und Moritaten hat Friedrich Wagenfeld im 19. Jahrhundert in seinen »Bremer Volkssagen« romanhaft ausgeschmückt.

Renner beginnt sein Werk zwar nicht – wie so manche mittelalterliche Chronik – mit Adam und Eva, die ja auch mit dem besten Willen nicht zu Bremer Bürgern gestempelt werden konnten, sondern mit dem Jahre 449, als nämlich drei Invasionsschiffe der Angeln und Sachsen von Bremen aus nach den britischen Inseln in See gestochen sein sollen. Er verwendet dann von der Gründung des Bistums Bremen ab vornehmlich die Rinesberch-Schene-Chronik, und zwar in einer Fortsetzung bis

1547. Dann lagen ihm für die Jahre 1530 bis 1532 und 1547 bis 1563 größere Spezialschriften vom Ratssekretär Louwe und Bürgermeister Kenckel vor. Was er sonst noch an einzelnen Quellen verwertet hat, kann hier nicht im einzelnen aufgezählt werden, ist auch noch keineswegs vollständig zu ermitteln. Es steht aber fest, die Quellen würden eine lange Liste ergeben. Nur die Jahre von 1563 bis 1583 sind von Renner im wesentlichen selbst erlebt und verfaßt. Sie stellen daher den wertvollsten Teil des Werkes dar. Manche Ereignisse, vor allem das Theologengezänk und die barocken Winkelzüge der Diplomatie sind jedoch in manchmal unerträglicher Breite ausgeführt. So kommt es, daß die letzten 70 Jahre fast genau so viel Raum in Anspruch nehmen wie das erste Jahrtausend!

Zur Illustration der Chronik wurden bescheidene Ansätze gemacht. Besonders bekannt ist das Bild von der Drakenburger Schlacht von 1547.

Ein fast unvermeidlicher Mangel ist die deutliche Parteinahme Renners in den Auseinandersetzungen seiner Zeit. Er stellt sich eindeutig und geradezu fanatisch gegen alle demokratischen Bestrebungen der bürgerlichen Mittelschicht; in allen politischen Streitigkeiten steht er auf der Seite Bremens, und im Theologenstreit ist er für einen Ausgleich, damit auf diese Weise die innere Geschlossenheit der Stadt wiederhergestellt werde. Über alle Probleme stand dem Notar reiches Quellenmaterial aus den Archiven der Stadt und wohl auch des Domkapitels zur Verfügung. Die dickleibige Chronik Renners erfreute sich bis ins 18. Jahrhundert hinein großer Beliebtheit, da sie am vollständigsten das Wissen über die Vergangenheit Bremens zusammentrug. Über die kritiklose und mechanische Art, in der das bisweilen geschah, sah man damals noch gerne hinweg. Immer wieder wurde das Werk abgeschrieben und fortgesetzt. Gelegentlich finden sich in den Kopien wertvolle Ergänzungen, die von der Forschung überhaupt noch nicht erschlossen sind. Allein die Bremer Staatsbibliothek besaß 20 mehr oder weniger vollständige Handschriften; weitere sind im Staatsarchiv, in Bremer Privatbesitz und in mehreren deutschen Bibliotheken und Archiven. Die Renner-Chronik verdrängte die alte Rinesberch-Schene-Chronik mit ihren Fortsetzungen im Laufe des 17. Jahrhunderts fast vollständig, und sie ist der große Schlußstein der Bremer Chronistik geblieben. Man mag freilich diese Bemerkung als ein Unrecht gegenüber all jenen ansehen, die noch bis in den Anfang des 19. Jahrhunderts hinein fleißig Chroniken verfaßten. Gewiß, auch i h r e Werke sind teilweise wertvoll für den Lokalhistoriker; aber von ihnen geht doch der Moderduft einer Epigonenliteratur aus. Ihnen fehlte der schöpferische Schwung, der wenigstens bei Renner noch zu spüren war. Die Chroniken füllen sich immer mehr mit theologischem und juristischem Gezänk oder entfalten nur einen stumpfsinnigen Sammeleifer. Vielleicht kann man im 17. Jahrhundert Peter Koster noch ausnehmen, der in seiner anspruchslosen und etwas umständlichen Art wenigstens hin und wieder eine lebendige Schilderung zustande brachte. Aber auch er war nicht der Mann, der einer chronistischen Literatur in Bremen wirkungsvolle neue Impulse geben konnte.

Anna Lühring

(1796–1866)

Kurzer Ruhm und langes Vergessen

Bis ins 19. Jahrhundert hinein gab es kaum Bereiche, in denen sich Frauen zu geschichtlicher Größe profilieren konnten. Wirtschaft, Politik und Kriegführung, Wissenschaft und Kunst wurden eindeutig und vollständig von Männern beherrscht. Selbst im Bereich sozialer Fürsorge traten die Frauen dienend zurück hinter männlichen »Administratoren«. In der Familie, in Beginenhäusern, Nonnenklöstern und Krankenhäusern gab es keine Chancen, berühmt zu werden. Anna Lühring verdankte ihren Ruf nicht irgendwelchen besonderen Leistungen, die die Welt oder auch nur Bremen bewegten, sondern der Tatsache, daß sie als Frau in männliche – nämlich militärische – Regionen eindrang.

Sie wurde am 3. August 1796 als fünftes Kind des Zimmermeisters (bzw. »Stadtbaumeisters«) Christoph Lühring, wohnhaft in der Brautstraße, und seiner Frau Margarethe Marie, geb. Alfken, geboren. Das Handwerk hatte nicht immer einen goldenen Boden, aber im großen und ganzen dürfte die Familie ihr Auskommen gehabt haben. In der Franzosenzeit 1811 erhielt der Vater den großen Auftrag, das Haus der Kaufleute, den Schütting am Markt, im Innern umzubauen und für neue Verwaltungsaufgaben einzurichten. Das war ein Objekt von 42 000 französischen Francs, die freilich in den Wirren der Zeit nicht voll ausbezahlt wurden.

Man darf annehmen, daß Anna als Tochter eines zünftigen

Handwerksmeisters die St. Pauli-Kirchspielschule unter ihrem tüchtigen Leiter Simon Hermann Silkenstädt besuchte. Das junge Mädchen soll in der deutschen Dichtung sehr belesen gewesen sein. Die Mutter starb, als Anna 15 Jahre alt war; nun mußte die Tochter manche Aufgaben im Haushalt übernehmen.

Der Franzosenzeit seit 1810 stand der handwerkliche Mittelstand in Bremen zunächst ebenso gleichgültig gegenüber wie der Herrschaft des Senats von Juristen und Kaufleuten vorher. Natürlich klagte man wie immer über schlechte Zeiten und schob manche Schuld auf die Franzosen. Annas älteste Schwester ging mit einem französischen Offizier durch, was für den strengen Vater ein Grund gewesen sein mag, auf die Lasterhaftigkeit der Franzosen zu schimpfen.

Die jüngere Tochter war 17 Jahre alt, als am 15. Oktober 1813 nach kurzer Beschießung Tettenborns Kosaken unter Hörnerklang und Trommelwirbel in Bremen eindrangen. Im Gefolge des Streifkorps befanden sich auch einige schwarz uniformierte Lützower Jäger. Das Gros dieser Truppe zog jedoch nach Ottersberg und Verden weiter, um einen überraschenden Vorstoß der Franzosen aus dem Hamburger Raum zu vereiteln.

Eine Woche dauerte zunächst die »Freiheit« Bremens, dann kamen am 22. Oktober die Truppen des Generals Lauberdière zurück. Kurz darauf aber traf die Nachricht von der »Völkerschlacht« bei Leipzig ein, und die Franzosen verließen Bremen am 26. Oktober endgültig. Erneut ritten im Gefolge der Kosaken Lützower Jäger in die Stadt. Das waren aufregende Tage für alle Bremer, auch für die Familie des Zimmermeisters Lühring in der Brautstraße. In den nächsten Wochen sah es in Bremen recht kriegerisch aus. Es war ein Kommen und Gehen vieler Truppen, und auch beim Zimmermeister Lühring lagen vorübergehend Soldaten im Quartier.

Es wird sich nie mehr ergründen lassen, was in dieser Zeit im Innern von Anna Lühring vor sich ging. Das bunte Treiben der Soldaten mag ihr bewußt gemacht haben, wie eng die Welt, in der sie lebte, doch eigentlich war. Es wuchs die Sehnsucht in die Ferne, nach Abenteuern, wie sie die jungen Männer dieser Zeit erlebten oder zu erleben schienen. Mut mag sie bekommen haben, als bekannt wurde, daß Leonore Prochaska alias Jäger

August Renz beim Gefecht an der Göhrde gefallen war, und als verklärte Vorstellungen von Heldenruhm und Heldentod die Welt erfüllten. Unwahrscheinlich ist, daß Anna ein Liebesverhältnis mit einem Lützower Jäger hatte, den sie in Bremen kennengelernt haben könnte und der dann fortgezogen wäre; denn immer wieder wird Annas züchtiges Verhalten gelobt.

Eine patriotische Geschichtsschreibung dachte sich die Gefühle des jungen Mädchens so: »Sie sah ... die Märtyrer der Freiheit als Opfer des verhaßtesten Despotismus bluten; ... sie sah Preußens Genius erwachen und die Söhne der Schwesterstädte Hamburg und Lübeck frei, mutig und kraftvoll die allgemeine Sache ergreifen.« Es wurde auch darauf hingewiesen, daß die patriotische Dichtung jener Tage – besonders die von Theodor Körner – tiefen Eindruck auf sie machte. Wir haben keinen Grund daran zu zweifeln, daß Anna Lühring tatsächlich von vaterländischer Begeisterung erfüllt war.

Insgeheim beschloß die inzwischen Siebzehnjährige, Soldat bei den Lützower Jägern zu werden; den Bremer Freiwilligen konnte sie sich nicht anschließen, da sie dort sehr bald »entlarvt« worden wäre. Natürlich konnte sie sich auch nicht ihrem Vater anvertrauen; denn dieser hätte sie an dem geplanten »Abenteuer« gehindert. Vermutlich trug sie ihre Gedanken lange mit sich herum und war sich auch der vielen Schwierigkeiten wohl bewußt. Schließlich schlich sie dann in der Nacht vom 13. zum 14. Februar in der Kleidung ihres Bruders Hermann auf dem Eis der Kleinen Weser aus der Stadt. Es gehörte viel Energie dazu, auf eisiger Landstraße in eine ungewisse Ferne zu marschieren. Der Weg führte zunächst zu einem Militärdepot in Münster, wo sich die verkleidete Anna Lühring mit Waffen und Uniform versah; und dann ging es weiter zu den Lützower Jägern.

Diese belagerten gerade die Festung Jülich. Am 28. Februar meldete sich im Lager von Aldenhofen beim Hauptmann v. Helmenstreit ein junger Oldenburger Student namens Eduard Kruse zum freiwilligen Eintritt in die Truppe. Der stramme Bursche schien als Büchsenjäger zu Fuß recht brauchbar zu sein und wurde dem 3. Bataillon zugeteilt, das der Berliner Turnvater Jahn kommandierte. Hier diente Kruse in der 5. Kompanie des Leutnants v. Reil. Der junge Soldat war sehr bald der »Liebling«

seiner Kameraden – in allen Ehren, versteht sich! Bei den wenigen kriegerischen Aktionen, die sich bei der Belagerung von Jülich abspielten, zeichnete er sich weder durch besondere Forschheit noch durch Feigheit aus. Später wurde berichtet, Kruse habe auch in größter Gefahr »nie mehr die … bezeichnende Kaltblütigkeit« und seine »persönliche Entschlossenheit« verloren. Die Belagerung von Jülich war schleppend und ohne weltgeschichtliche Bedeutung. Am 25. März 1814 wurden die ungeduldigen Lützower Jäger durch schwerblütige Mecklenburger Truppen abgelöst. Die Lützower aber marschierten nach Aachen.

Da traf nun bei der Führung der Truppe ein Brief des alten Zimmermeisters Lühring ein, der seine Tochter in Verdacht hatte, daß sie sich in ihrer Vaterlandsliebe den Lützower Jägern »beigesellt« haben möchte. Der betrübte Vater hatte sich in dieser Angelegenheit zunächst an den Leutnant Ewald gewandt, der einst in seinem Haus in Quartier gelegen hatte. Ewald wiederum übersandte das Lühringsche Schreiben an Hauptmann v. Helmenstreit. Dieser zog nun den Kompaniechef Leutnant v. Reil und andere Offiziere ins Vertrauen. Als man den Jäger Kruse »ins Gebet nahm«, kam es heraus: Der junge Soldat war tatsächlich die Zimmermeisterstochter Anna Lühring aus Bremen. Auf inständiges Bitten blieb sie jedoch in Uniform bei der Truppe. Ihren Kameraden wurde »das Geheimnis nicht entdeckt«, aber es wurde darauf geachtet, daß sie nur alleine oder aber mit den »ehrenhaftesten Männern der Truppe« ins Quartier kam.

Am 26. März 1814 brachen die Lützower von Aachen nach Frankreich auf. Ohne Gefechtsberührung ging der Weg über Lüttich und Nivelles nach Givry, dann über Beaumont nach Vervins. Hier erfuhr man am 8. April, daß der Krieg beendet sei. Und nun begann der Rückmarsch in die Niederlande, wo nach längerem Aufenthalt die Auflösung der Truppe erfolgte. Die Lützower zogen in beschwerlichen Märschen nach Berlin und wurden hier Mitte Juli 1814 demobilisiert. Die Soldaten kehrten in ihren Zivilberuf zurück, soweit sie einen hatten. Was aber sollte mit Anna Lühring alias Kruse geschehen? Der Kompaniechef, Leutnant v. Reil, brachte sie zunächst in der Familie des General-Lotterie-Direktors Bornemann unter, denn man wußte noch nicht, ob der alte Lühring seine Tochter wieder in Gnaden aufnehmen werde. Die vornehme Gesellschaft in Berlin lud Anna Lühring auf ihre Soiréen ein. Der Vetter des Königs, Fürst Radzivill, empfing sie in großer Gesellschaft; die Eltern der »Majorin v. Arnauld« nahmen sie »als Kind« in ihrem Hause auf. Immer wieder zeigte ihr auch die Prinzessin Marie Anne, Schwägerin des Königs, ihre Zuneigung; dem Fürsten Blücher wurde sie in der Oper vorgestellt.

Man wird annehmen müssen, daß das junge Mädchen alles mit einem Gemisch von Schüchternheit und Stolz genoß. Sie sah natürlich ein, daß dieses Gefeiertwerden vorübergehen werde und die persönliche Zukunft unsicher blieb. Bisweilen dachte sie daran, im neuen Berliner Luisenstift Lehrerin zu werden; aber dafür fehlten die Voraussetzungen. Bitter war vor allem, daß der alte Lühring von seiner Tochter nichts mehr wissen wollte. Was diese getan hatte, widersprach den Vorstellungen, die man im Bremer Mittelstand von der »Ehrbarkeit« eines jungen Mädchens hatte.

Nun aber wurde von höchster Stelle interveniert. Der Hofrat, Schriftsteller und Journalist Karl Gottlob Heun schilderte im August 1814 dem Senator Johann Smidt die Verdienste der Anna Lühring. In Bremen wurde Senator Friedrich Horn mit der Sache befaßt. Ein Bremer Lützower, Fritz Kulenkamp, bearbeitete den alten Lühring und versprach ihm sogar, er selbst werde Anna in aller Öffentlichkeit spazierenführen. Der Vater begann nun etwas unsicher zu werden; die Aussicht auf Rehabilitierung und öffentliche Ehrung machte auf ihn Eindruck. Senator Horn meinte schließlich: »Kommt die Jungfrau ... hierher zurück, so wird die Regierungskommission ihr schon die gehörige Ehre widerfahren lassen, so daß der Vater selbst Respect vor ihr bekommen soll.«

Im Januar 1815 war es soweit; man durfte auf die Verzeihung des Vaters hoffen, die Rückkehr der »verlorenen Tochter« konnte in die Wege geleitet werden. In Berlin gab es am 27. Januar 1815 ein letztes Fest. Die Prinzessin Marie Anne, Gemahlin des Prinzen Wilhelm von Preußen, schenkte Anna Lühring eine Obertasse mit den Brustbildern der drei verbündeten Monarchen Preußens, Rußlands und Österreichs (sie befindet sich heute im Focke-Museum) und eine Untertasse mit einer Darstellung der »Völkerschlacht« bei Leipzig. Der Kommandierende General in den Marken und von Pommern, General v. Tauentzien, hängte dem jungen Mädchen seine eigene Erinnerungsmedaille an den Feldzug von 1813/1815 um.

Mitten im Winter, am 28. Januar 1815, verließ Anna Lühring in der Uniform der Lützower Jäger Berlin. Zunächst ging die Reise glatt; aber bei Oldendorf zwischen Hildesheim und Hameln schlug der Reisewagen um. Dabei gingen mehrere Prominenten-Briefe verloren, die sie aus Vorsicht nicht im Koffer verwahrt, sondern sich um den Arm gebunden hatte. Am 4. Februar traf der Wagen vor Bremen ein. Um 11 Uhr war Brinkum erreicht. Zahlreiche Bürger strömten zu Fuß, zu Pferde und im Wagen aus dem Buntentor. Unter ihnen war auch der Vater in Begleitung einiger Freundinnen Annas. Die Wiedersehensszene zwischen Vater und Tochter rührte alle.

Der Einzug in Bremen war der eines Triumphators. Neben dem Wagen ritten ehemalige Lützower, Offiziere des Hanseatischen Korps und der Bürgergarde, die Straßen waren von Menschen gesäumt. Endstation war das väterliche Haus in der Brautstraße. Abends war ein großer Empfang im Ratskeller mit Senatoren, dem preußischen Konsul, ehemaligen Lützowern u. a. Und hier wurde nun mit »vaterländischem Wein« auf alles angestoßen, was zu dieser Feier geführt hatte, auf Anna Lühring alias Eduard Kruse, »welche durch den unbefleckten Ruf ihres Mutes und ihre jungfräuliche Sittlichkeit Bremens Namen nur noch rühmlicher nennen gemacht« hatte, auf den Vater und das Korps der Lützower usw. »Die reinste Fröhlichkeit herrschte in diesem Kreis, der sich erst nach 1 Uhr auflöste.« Am nächsten Tage folgten Visiten bei den einzelnen Senatoren. Der Senat selbst erwog ein Präsent als Grundstock für eine Aussteuer.

Der Dank des Vaterlandes war den Soldaten schon immer nur auf kurze Zeit gewiß, oftmals nur so lange, als sich das Vaterland in tatsächlicher oder angeblicher Gefahr befand. Das erfuhr auch die einstmals in höchsten Tönen gefeierte Anna Lühring. Nachdem der patriotische Rausch verflogen war, lebte sie still im Hause ihres Vaters in der Brautstraße. Dann ging sie nach Hamburg und war dort im Geschäft der Madame Adrianson für weibliche Industrieartikel tätig. Im Oktober 1823 heiratete sie den Kellner Lucks aus Altona. Dieser starb aber bereits 1832 im Alter von 42 Jahren; ihm folgte 1836 der 82jährige Vater. Anna Lucks, geb. Lühring, stand nun allein und vergessen auf der Welt. Sie lebte in armen Verhältnissen im Dorf Horn, das heute ein Stadtteil von Hamburg ist.

1838 erfuhr der Führer der Bremer Freiwilligen von 1813, Hauptmann Heinrich Böse, bei einem Besuch des Hanseatenfestes in Hamburg von der bedrängten Lage der ehemaligen Lützowerin. Es gelang Böse nicht, eine Unterstützung durch öffentliche Mittel zu erwirken; nur geringe private Spenden gelangten an die arme Frau, die sich durch Näharbeiten mühsam ernährte. Sie war zu stolz, um persönlich eine Unterstützung zu erbitten. Als das Sehvermögen abnahm, konnte sie nur noch grobe Matrosenhemden nähen. Schließlich fühlten sich die ehemaligen Lützower in Bremen und Hamburg in später Stunde verpflichtet, für eine laufende Unterstützung zu sorgen. Am 4. März 1860 stellte Johannes Rösing, einst Lützower Jäger von 1813 und Demokrat von 1848, beim Senat den Antrag auf eine lebenslängliche Rente. Der Senat war gnädig. Er beantragte seinerseits bei der Bürgerschaft ein Jahresgehalt von 150 Talern wegen der Verdienste um das Vaterland. Der Antrag wurde am 4. April 1860 angenommen.

Anna Lucks, geb. Lühring, dankte mit zitternder Hand, aber mit wohlgesetzten Worten: »Die Überraschung auszusprechen, die ich empfand, ... das vermag ich nicht. Nehmen Sie, hochedle Herren Senatoren, meinen Dank mit wenigen Worten, aber mit gerührtem Herzen; der Gedanke, eine alte Mitbürgerin bitterer Sorgen und schweren Kummers enthoben zu haben, mag Ihrem Herzen genügen. Nun noch die herzlichste Bitte an Bremens Obrigkeit, für mich auch Bremens Bürgern meinen Dank zu sagen. Aus Ihrem Munde wird dies Wort meinen lieben, lieben Mitbürgern ihre edle Haltung als das erscheinen lassen, was sie mir war und ist, als Rettung meiner Seele.«

In den nächsten Jahren wies die alte Frau alle Versuche, sie als Nationaldenkmal aufzupolieren, bescheiden zurück. Was sie als junges Mädchen genossen hatte – die Beachtung durch die große Welt , das konnte ihr jetzt nicht mehr gefallen. So starb sie denn in aller Stille am 25. August 1866 kurz nach ihrem 70. Geburtstag. Einer ihrer Lützower Kameraden, Prof. Dürr in Weinheim, schrieb in der Augsburger Allgemeinen Zeitung einen Nachruf:

»Wahrlich, Anna Lühring ist in ihrer Jugend ein liebreizendes Mädchen gewesen; sie wußte sich aber bei aller Heiterkeit und Geselligkeit doch immer Achtung zu verschaffen ... Sie ward durch Begeisterung getrieben, ihre Heimat zu verlassen und ihr Geschlecht zu verleugnen.«

In Bremen war Anna Lühring fast vergessen; doch gelang es dem Historischen Museum (später Focke-Museum), einige Erinnerungsstücke zusammenzutragen.

Im Ersten Weltkrieg, als auch die Frauen zu vaterländischer Tat aufgerüttelt werden sollten, erinnerte sich Julius Caesar Stülcken (Pseudonym: Peter Wirth) in Hamburg an das Vorbild der Lützowerin Anna Lühring. Er schrieb ein »Volksstück« in drei Akten. Es ist bezeichnend, daß es mit der Rückkehr nach Bremen 1815 endet und das Vergessen danach übersieht.

Als nach 1945 im Bereich von Straßen, die vor Jahrzehnten in Bremen nach Bismarck, Graf Waldersee und Prinz Friedrich Karl benannt worden waren, eine neue Straße entstand und man nun nach einem patriotisch-historischen Namen suchte, da erinnerte man sich in der Straßennamen-Kommission an Anna Lühring. Es ist eigenartig, daß man im Zusammenhang mit dem »Eisernen Kanzler«, dem selbstbewußten Generalstabschef und dem prinzlichen Armeeführer auf den »kleinen Kruse« bzw. die Näherin Anna Lucks, geb. Lühring, verfiel.

Die historische Bedeutung dieser Frau ist sicher gering: Sie bewirkte nichts und verhinderte auch nichts, was in der Geschichte irgendeine Rolle gespielt hätte. Wäre das Jahr 1814 durch das Schicksal aus ihrem Leben ausgeklammert worden, so hätte sie unbeachtet als Tochter des Zimmermeisters Lühring weitergelebt und wäre ohne Aufsehen als die arme Witwe Lucks in Hamburg-Horn gestorben. Freilich wäre auch solch ein Leben stellvertretend für viele Schicksale der bürgerlichen Unterschicht einer Betrachtung wert gewesen; doch wäre dieses Lebensbild völlig ohne Glanz geblieben; durch wenig Freude und viel Trübsal hätte es düster gewirkt. Ins Blickfeld der Geschichte trat das Mädchen nur, weil es eine Entscheidung traf, die zwar nicht einmalig, aber doch recht ungewöhnlich war. Nur dieser Schritt machte Anna kurze Zeit berühmt, nicht ihre soldatischen Leistungen selbst erregten Aufsehen. Mit dem patriotischen Rausch verflog auch der Ruhm, und daraus ergibt sich eine nachdenkliche Betrachtung. Gewiß war es für das Mädchen ein Sturz aus großer Höhe, doch löste dieser keine Tragödie aus. Still und bescheiden trat die kleine Handwerkerstochter in ihren alten Lebenskreis mit allen seinen Entbehrungen und Kümmernissen zurück. Die Hilfe, die ihr in der letzten Lebenszeit zuteil wurde, kam für sie in ihrer Einsamkeit unerwartet, war ihr wohl auch etwas peinlich. Sie ergab sich mehr aus Sentimentalität der Erinnerung und des schlechten Gewissens als aus der Erkenntnis, daß der Dienst am Vaterland auch noch nach Jahrzehnten belohnt werden müsse. Wäre sie ein Mann gewesen – wie ihre Kameraden –, das Vergessen der Nachwelt wäre heute vollkommen.

Rudolf Dulon

(1807–1870)

Pastor und Revolutionär

Die Geschichte lehrt, daß katholische Geistliche und evangelische Pastoren oftmals revolutionär gesinnt waren. Erfolg oder Mißerfolg bestimmten ihr Schicksal: Scheiterhaufen oder Heiligsprechung; Gefängnis oder Ehrenstellen; Verfemung oder Denkmäler auf hohem Marmorsockel. Auch Rudolf Dulon war einer von jenen Theologen, die über Gott und Staat ihre eigenen Gedanken hatten und daran zerbrachen.

Rudolf Dulon war – neben Johann Knief – der einzige bremische Revolutionär von Format. Diese Rolle war ihm keineswegs durch seine Herkunft bestimmt; er entstammte einer Adelsfamilie, die vom 16. bis 18. Jahrhundert das Amt des Châtelain im Städtchen Villeneuve am Ostende des Genfer Sees bekleidet hatte. Im Anfang des 18. Jahrhunderts war dann ein Abkömmling auf abenteuerliche Weise unter die Langen Kerls in Potsdam geraten und hatte nach 30 Dienstjahren sein Gnadenbrot als Akziseeinnehmer in Soest/Westfalen erhalten. So kam es zu einem Zweig der Familie Dulon, der einige loyale preußische Beamte stellte, u. a. einen Friedrich Wilhelm Dulon, der am Ende des 18. Jahrhunderts Postdirektor in Stendal war. Ihm und seiner Gemahlin Henriette Friederike, geb. de Hern, wurde am 30. April 1807 der dritte Sohn geboren, der die Vornamen Christoph Joseph Rudolf erhielt.

Die politischen Verhältnisse ließen ihn in den Windeln zunächst nicht mehr Preuße sein; sie machten ihn zum Untertan des

Königs Jérôme Bonaparte von Westfalen. Als er sechs Jahre alt war, wurden die Franzosen vertrieben, und nun war der kleine Rudolf preußischer Untertan. Seit 1817 besuchte er das Gymnasium in Stendal. Später fällte Dulon – wie fast alle Revolutionäre vor und nach ihm – harte Urteile über die Schule: »Die Jugend wurde vollgepfropft mit unverdaulicher Gelehrsamkeit. Man ruhte nicht, bis der kühne Mut gebrochen war, bis der jugendliche Frohsinn sich sorgfältig versteckt, die Zuversicht zur selbeigenen Kraft sich in klägliche Demut verwandelt hatte und der gehorsame Schwächling gehörig präpariert und zugerichtet war, wie der vertierte Barbarenstaat ihn gebrauchen konnte.« So urteilte er 1853; später hat er dann – vor allem im Vergleich mit den amerikanischen Verhältnissen – die deutsche Schule trotz ihrer autoritären Grundhaltung als vorbildlich bezeichnet. Sicher ist, daß die Schule im jungen Dulon keineswegs alle Möglichkeiten eigenen Denkens verschüttete, daß sie ihm sogar das solide Bildungsgut vermittelte, das er für die Entwicklung seiner Ideen benötigte. 1827 bestand er die Reifeprüfung cum laude. Das Urteil beruhte weniger auf Fleiß und Gedächtnis als vielmehr auf mündlichem Ausdrucksvermögen, guter Auffassungsgabe und Bereitschaft zu eigenem Urteil. Es war übrigens der Religionslehrer am Gymnasium, Karl Theodor Gieseke, der den jungen Rudolf Dulon stark beeinflußte, dem melancholisch-schwärmerischen Jüngling in seinen Depressionen zur Seite stand und ihn schließlich auch veranlaßte, Theologie zu studieren.

Da das preußische Militär den Jüngling wegen seiner Kurzsichtigkeit und Körperschwäche nicht haben wollte, konnte er sogleich mit dem Studium an der Universität Halle beginnen. Er war kein Student, der besonders auffiel. Da er ein in sich gekehrter kränklicher Mensch war und ihm nur schmale Geldmittel zur Verfügung standen, hielt er sich ziemlich abseits vom geräuschvollen Leben seiner Kommilitonen. Auch in politischen Gruppen war er nicht aktiv; passiven Anteil nahm er an den Theologenkämpfen zwischen Rationalisten, denen er sich selbst zurechnete, und offenbarungsgläubigen Orthodoxen. Alle seine Lehrer sind heute längst vergessen; es waren darunter aber einige, die Rang und Namen, auch solche, die gesunden

Menschenverstand und Sozialgefühl hatten. Diese lagen Dulon am meisten; denn reine Wissenschaft war nicht seine starke Seite. Dazu fehlte ihm die logische Intelligenz.

Dulon studierte sechs Semester in Halle. Die Prüfung pro licentia concionandi fand am 23. Januar 1831 statt. Unter den schriftlichen Arbeiten wurde nur ein Aufsatz über Ablaß und Fegefeuer gelobt; alle anderen – vor allem auch die Aufsätze in lateinischer Sprache – waren nach dem Urteil der Prüfer mäßig. Auch in der Predigt wurde dieses und jenes bemängelt: bei aller Erbaulichkeit sei sie nicht gründlich und tief genug gewesen, man hielt Ausdruck und Gebärde oftmals für unnatürlich, weil sie mit dem Inhalt nicht übereinstimmten. Die Stimme sei jedoch wohlklingend, die Aussprache gut gewesen.

Nach dem Examen pro schola im gleichen Jahr 1831 wurde Dulon Lehrer, am Ende des Jahres sogar Rektor der Schule im kleinen Werben an der Elbe (Altmark). 33 wöchentliche Unterrichtsstunden, große Klassen, temperamentvolle Hingabe an seine Aufgabe und die Vorbereitung auf das Zweite Examen verzehrten seine Kräfte. Zudem füllte sich sein Heim nach und nach mit Kindern, nachdem er am 2. Februar 1834 die Gutsbesitzerstochter Johanne Sack geheiratet hatte.

In dieser Zeit schwamm Dulon noch aus Überzeugung im Hauptstrom der evangelischen Theologie. Während er in Halle zunächst dem etwas kalt anmutenden Rationalismus zugeneigt gewesen war, schloß er sich jetzt der siegreichen Gegenrichtung an, nämlich einer frommen, oftmals schwärmerischen Bibelgläubigkeit. So wollte er denn auch im Religionsunterricht das Lernen durch »Licht und Wärme, Geist und Herz« ersetzen.

Und welche Stellung hatte die Obrigkeit in seinem Weltbild? Er sah in einer unverletzlichen patriarchalischen Monarchie einen gottgewollten Garanten für Ordnung und Frieden auf Erden. Demokratische Ideen lagen Dulon noch ganz fern.

Das Zweite Examen wurde nach manchen Terminüberschreitungen, Vertagungen usw. am 3. Mai 1836 mit »ziemlich gutem« Ergebnis abgelegt. Im Dezember dieses Jahres trat Dulon dann auf Empfehlung des Grafen von der Schulenburg auf Wolfsburg seine erste Predigerstelle in Flessau, Krs. Osterburg, an. Er nahm sein Amt sehr ernst und begann sogleich einen heiligen Kampf gegen alle Formen der Unmoral, gegen »viehische Säufer«, Spielwut, außerehelichen Geschlechtsverkehr usw. Er ermahnte seine sündige Gemeinde immer wieder zu Ehrbarkeit, Fleiß, Bescheidenheit und Pflichterfüllung. Das sieht zwar nach kalvinistischer Strenge aus; doch predigte Dulon keine totale Askese. Er gönnte Jünglingen und Jungfrauen den Reigen, den Männern den Umtrunk im Dorfkrug, den Frauen und Mädchen den Putz an Feiertagen. Nur die Exzesse waren ihm zuwider, und gegen sie ging er sogar mit Gericht und Polizei vor, wenn seine Donnerworte nicht fruchteten. Gelegentlich war er drauf und dran, selbst mit Faust und Knüppel auf die Sünder loszugehen. Bald war er mit dem ganzen Dorf verfeindet, und auch die kirchliche Obrigkeit sah mit Besorgnis auf den zornigen Sittenwächter. Politische Bedenken gab es allerdings noch nicht; denn das Bild des preußischen Königs erschien in den Predigten Dulons als das eines treusorgenden Vaters.

Dulon empfand das Amt in Flessau sehr bald als arge Last, und so bewarb er sich 1843 um die zweite Predigerstelle der deutschreformierten Gemeinde in Magdeburg. Dort empfahlen ihn Sittenstrenge und gute Rednergabe.

In Magdeburg erging es ihm zunächst nicht viel besser. Mit dem Ersten Prediger der Gemeinde geriet er sogleich in heftige Kompetenzstreitigkeiten. Im Gefühl ärgerlicher Isolierung schloß er sich den »Lichtfreunden« an, die in jenen Jahren zum Ärger des staatlich kontrollierten Kirchenregiments immer mehr Anhänger gewonnen hatten. Sie leugneten die Bibel als reine Glaubensquelle und taten Offenbarung, Wunder usw. als Aberglauben ab. Alle christlichen Lehren sollten einer kritischen wissenschaftlichen Betrachtung unterworfen werden. Was standhielt, konnte dann in zeitgemäßer Form als praktische Lebensregel gelten. Der bloße Buchstabe sollte den Geist nicht mehr binden, und in diesem Zusammenhang fiel immer wieder auch das gewichtige Wort »Freiheit«.

Dulon formulierte seine Auffassung in der ihm zeitlebens eigenen pathetisch-verschwommenen Art, nannte jedoch mit aller Deutlichkeit die lutherische Orthodoxie »Abgötterei« und ihre Anhänger »Lügner« und »Heuchler«. Darüber geriet er in Streit mit kirchlichen Behörden, von denen er milde Rüffel erhielt und zur Umkehr ermahnt wurde. Dulon sträubte sich mit der Luther abgeschauten Haltung des »Hier stehe ich, ich kann nicht anders ...«. Was ihn schließlich vor der Absetzung bewahrte, war der Ausbruch der Revolution im März 1848.

Die oppositionellen Geister aller Richtungen erhoben in dieser Zeit trotzig und selbstbewußt ihr Haupt; viele von ihnen schauten hoffnungsvoll immer weiter nach links und wurden radikale Demokraten. Zu diesen gehörte auch Rudolf Dulon. Theologisch löste er sich fast ganz von der Bibel und predigte ein vernunftgemäßes direktes Verhältnis zu Gott, das nicht mehr durch kirchliche Amtspersonen, sondern durch gewählte Gemeindevertreter vermittelt werden sollte. Im politischen Bereich war er zunächst noch der Auffassung, daß sich Demokratie und Königtum vereinbaren ließen. Am 22. März 1848 fuhr er mit einigen Gesinnungsgenossen zur Beerdigung der Märzgefallenen nach Berlin und kehrte dann voll neuer Eindrücke an die Elbe zurück. Auf der Rathaustreppe in Magdeburg hielt er als Wortführer der Berlinfahrer seine erste politische Rede, in der er die neue Freiheit begrüßte, aber auch die Haltung des Königs lobte, von dem man ja den Eindruck hatte, daß er sich der Revolution angeschlossen habe.

In der Folgezeit nahm Dulon in Zeitungsartikeln und Reden vor allem zur Verfassungsfrage Stellung: Direktes, gleiches Wahlrecht, Pressefreiheit, Wahl der Beamten und Richter, Abschaffung des Adels, Volksheer, Abschaffung der kirchlichen Hierarchie und der staatlichen Kirchenkontrolle waren die Hauptthemen, die ihn beschäftigten und die er im Sinne der radikalen Demokraten vertrat. Dem König sollte nur eine repräsentative Rolle im Staat verbleiben. Sehr bald wurde Dulon zum gefeierten Volkstribunen Magdeburgs; dennoch verließ er überraschend die Stadt. Wahrscheinlich spürte er, daß ein großer Teil der deutschreformierten Gemeinde – auch die Liberalen – seine radikale Haltung abzulehnen begann, so daß er mehrmals in einer fast leeren Kirche predigen mußte. Auf die Dauer nutzten sich eben die pathetisch vorgetragenen Superlative ab, wenn keine Taten folgten. In seiner Unzufriedenheit ging Dulon nach Bremen.

Dort wirkte an der Liebfrauenkirche der vornehm-orthodoxe

Pastor primarius Emil August Pauli. 1847 wurde die Stelle des Zweiten Pastors vakant. Wäre es nach den Bauherren – dem Senator Iken und dem Ältermann Martin Gildemeister – sowie nach der Mehrheit des Kirchenvorstandes gegangen, dann wäre die Stelle mit einem weiteren Orthodoxen besetzt worden. Da rührten sich nun die Liberalen, darunter einige Rechtsanwälte und Kaufleute, und verlangten einen Mann ihrer Gesinnung. Da sie in Bremen keinen fanden, sahen sie sich außerhalb um und stießen im Januar 1848 auf Rudolf Dulon in Magdeburg, der damals in seiner bedrängten Lage ganz froh über das bremische Angebot war. Kurz darauf wurde der Pastor dann aber in der Märzsonne zum gefeierten Volksmann Magdeburgs, und so sagte er denn in Bremen wieder ab. Nun suchte ihn eine Abordnung von Liberalen der Liebfrauengemeinde auf, verwies auf die angesehene Stellung eines Pastors an ihrer Kirche sowie auf die günstigen finanziellen Bedingungen (alles in allem waren jährlich etwa 1300 bis 1500 Reichstaler zu erwarten). Dulon konnte wenigstens dazu gebracht werden, eine Gastpredigt zu halten, die ja zu nichts verpflichtete.

Diese fand am 9. April 1848 um 12 Uhr mittags statt. Da Dulon der Ruf eines großen Voksredners vorausging, war die Liebfrauenkirche gut besetzt. Was die vielen Neugierigen da zu hören bekamen, war zum Teil die Theologie der »Lichtfreunde«, die die biblische Offenbarung als festen Glaubensgrundsatz ablehnte. Im übrigen aber ähnelte die Gastpredigt mehr der Rede eines demokratischen Politikers jener Tage. Wie zu erwarten, waren die Meinungen über den Magdeburger Pastor geteilt. Die kleine Gruppe der Orthodoxen und Konservativen lehnte ihn rundweg ab. Die Liberalen und die radikalen Demokraten waren zufrieden und zum Teil begeistert. Die Indifferenten – darunter auch viele Akademiker und Kaufleute – meinten, daß im Rahmen einer anzustrebenden »Pluralität« von Meinungen ein Mann wie Dulon durchaus eine Bereicherung sein könne. Nun entschieden aber nicht diese vagen Auffassungen, sondern Wahlvorgänge, ob Dulon sich in Bremen entfalten konnte oder nicht.

Zunächst hatte der Gemeindeausschuß von Liebfrauen sein Votum abzugeben; das war eine im wesentlichen konservativ gestimmte Honoratiorengruppe, die sich aus gewesenen und amtierenden Mitgliedern des Kirchenvorstandes (also den beiden Bauherren, dem Pastor, den Senioren der Diakone und acht älteren Mitgliedern des Kirchenkonvents) sowie aus Gemeindemitgliedern »von Rang« bzw. mit akademischer Bildung zusammensetzte. Dieser Ausschuß hatte aus einer Liste von 15 Bewerbern sechs auszusondern und dem Kirchenkonvent zur Wahl vorzuschlagen. Der Gemeindeausschuß setzte Dulon an die 7. Stelle, ließ ihn also bereits die erste Hürde nicht passieren. Die Liberalen waren nun aber nicht gewillt, dieses Ergebnis hinzunehmen; sie protestierten und organisierten eine zeitübliche Unterschriftensammlung für die Forderung, die Vorwahl möge als ungültig erklärt werden. Was vor 1848 ganz unmöglich gewesen wäre, das trat nun ein. Der Kirchenkonvent nahm die Sache in die Hand und gab dem Kirchenvorstand den Auftrag, die Wahlordnung rückwirkend zu ändern. Nach manchem Hin und Her wurde die Predigerwahl demokratisiert, sie wurde ganz und gar der Gemeinde übertragen. Dulon erhielt dann am 15. Juni 1848 99 von 169 Stimmen und war damit gewählt. Die Bestätigung der Wahl durch den Senat und die Zustimmung Dulons waren nur noch Formsache.

Die Einholung eines neuen Pastors war früher immer eine festliche Angelegenheit gewesen. Auch die Revolution hatte diesen »Zopf« noch nicht ganz abgeschnitten, und Dulon war gar nicht einmal so abgeneigt, gleich an seinem ersten Tag in Bremen Gegenstand allgemeiner Aufmerksamkeit zu sein. Er traf am 22. August 1848 mit Frau und fünf Kindern auf dem neuen Hannöverschen Bahnhof im Morgenzug aus Verden ein. Bei seiner Ankunft wurde er vom Kirchenvorstand und vielen Gemeindemitgliedern begrüßt und dann zum Pfarrhaus am Domshof Nr. 26 geleitet, das mit bunten Girlanden geschmückt war. Abends gab es ein Bankett bei einem Bauherrn der Gemeinde sowie das Ständchen eines Gesangsvereins. Im ganzen herrschte – auch in Dulons Brust – eine milde Stimmung, die auf gedeihliche und friedliche Arbeit hoffen ließ.

Am 27. August 1848, einem Sonntag, hielt Dulon um 9 Uhr seine erste Predigt als amtierender Pastor. Er machte noch einmal deutlich, daß er Gott als Herrn des Himmels und der Erde mitsamt der biblischen Offenbarung ablehne; in der Bibel gelte es mit kritischem Geist Irrtum und Wahrheit zu sondern. Dulons Gottesbegriff gewann sogar pantheistische Züge: eine göttliche Kraft erfülle die ganze Welt und mache auch den Menschen zu einem freien Wesen, das zu vernünftiger Tat fähig sei. Auch die weiteren Gottesdienste waren gut besucht. Seine Theologie fand ihre Anhänger, auch muß er ein eindrucksvoller Redner gewesen sein. Vom politischen Kampf hielt er sich zunächst fern. So verlief denn das Dasein Dulons anfangs recht friedlich. Er etablierte sich mit seiner großen Familie im geräumigen Pastorenhaus, dessen Umbau von der Gemeinde großzügig finanziert wurde.

Nach und nach fiel ihm die politische Abstinenz jedoch immer schwerer. Im November 1848 schlug er noch die Bitte des Bremer Bürgervereins, er möge eine Trauerpredigt für den bei Wien standrechtlich erschossenen Demokraten Robert Blum halten, nach einigem Zögern aus und beschränkte sich auf ein Mitmarschieren im Trauerzug. Schließlich stürzte er sich aber doch wieder in die politische Arena – zu einer Zeit, in der die »Reaktion« in Berlin und Wien längst gesiegt hatte.

Dulon begann mit Druckschriften. Im Januar 1849 erschien in der kleinen Buchhandlung von Arnold Diedrich Geisler, Ostertorstraße 21, das Buch »Vom Kampf für Völkerfreiheit, ein Lesebuch fürs deutsche Volk« – eine eigenartige Mischung theologischer und politischer Ideen. Die Demokratie und die Volkssouveränität werden damit begründet, daß alle traditionellen Herrschaftsrechte – etwa der Fürsten und des Adels – der göttlichen und natürlichen Freiheit widersprächen. Die Monarchie wird nicht konsequent abgelehnt; denn Dulon hält einen »freien demokratischen König« an der Spitze des geeinten Deutschland für möglich. Überall dort, wo der streitbare Pastor von seinen Gegnern spricht, wird die Tonart die einer Flugschrift, da ist dann von Betrügern, Verrätern, Mammonsknechten, Bordellgästen und Hurenwirten die Rede. Den radikalen Demokraten gefielen Stil und Angriffsrichtung des Buches. Es gab aber wohl nur wenige, die es von der ersten bis zur letzten Seite gelesen hatten. Die Konservativen lehnten es unbesehen ab; den Liberalen gefiel der rüde Ton nicht. Einer von ihnen, Dr. Wilhelm Gröning, nahm den Text mit ironisch-scharfem Verstand unter die Lupe und trug eine Fülle von Irrtümern und Unwahrheiten zu einem Büchlein zusammen, das seinerseits wieder Gegenschriften der Demokraten erzeugte. So entwickelte sich ein leidenschaftlicher Broschürenkampf, der niemanden überzeugte, sondern die Standpunkte immer mehr verhärtete. Auf die Dauer stellte sich für manchen besonnenen Bürger die Frage, ob diese Beteiligung am politischen Freistilkampf mit der Würde eines Pastors überhaupt zu vereinbaren sei.

Zunächst war Dulon Ehrenmitglied des Bürgervereins und des Demokratischen Vereins; dann aber kandidierte er bei den Bürgerschaftswahlen und wurde am 29. März 1849 in einem Neustädter Stimmbezirk, der von Bürgern des Mittelstandes und von Armen bewohnt war, mit 312 von 393 Stimmen gewählt. Der Pastor gehörte in der Bürgerschaft, die ja noch keine organisierten Parteien kannte, im allgemeinen zu der radikalen Mehrheit (etwa 176 von 300 Abgeordneten). Sein Hauptinteresse galt der Reform der Volksschule sowie des Polizei- und Gefängniswesens. Im Plenum sprach er fast nur zu allgemeinen politischen Problemen, etwa über die Verfassung, aber gelegentlich auch über soziale Mißstände. Im ganzen verhielt er sich viel maßvoller, als man es von ihm erwartet hatte, und durchweg waren es trotz des pathetischen Tones Vernunftgründe, mit denen er seine Ansichten zur Geltung brachte.

Während die Hoffnungen auf eine Demokratisierung des bremischen Staatswesens noch nicht erloschen waren, sah es im übrigen Deutschland bereits düster aus. Die Einheit schien unerreichbar, nachdem der König von Preußen die Kaiserkrone abgelehnt und das Frankfurter Parlament sich aufgelöst hatte. In dieser Zeit erschien der 2. Band von Rudolf Dulons »Vom Kampf für Völkerfreiheit«. Als Verräter an der deutschen Sache wurden nicht nur die Fürsten, sondern auch die Liberalen der Frankfurter Paulskirche angeprangert. Es war ein ohnmächtiger Zorn, den Dulon gegen sie richtete und den er auch als Volksredner in kleinen und großen Versammlungen artikulierte. Dabei gebärdete er sich immer radikaler, so daß er in bürgerlichen Kreisen in den Geruch eines »Jakobiners im Chorrock« geriet und der Name »Dulon« zum Scherz- und Schimpfwort für ungezogene Knaben wurde.

Andererseits wurde er immer mehr der Abgott des kleinen Mannes, obgleich er weder der Typ des Armenpfarrers noch der des hemdsärmeligen Revolutionärs war – weder äußerlich noch in seinem Wesen. Sein Haar war sorgfältig gekämmt und gebürstet; bis zum Kinn zogen sich modische Bartkoteletten herab. Die Augen blickten durchweg streng durch runde Brillengläser; langer dunkler Rock, schwarze Weste mit Uhrkette, weißes Halstuch mit Brosche bildeten sein Habit. Er wahrte immer – auch in politischen Versammlungen – Distanz; nie mischte er sich am Biertisch unters Volk, warme Herzlichkeit war ihm fremd. Die Zuneigung war mehr charismatisch als rational; äußerlich drückte sie sich vorwiegend in Fackelzügen, Ständchen, Ehrenpokalen, Dulon-Porträts auf Pfeifenköpfen usw. aus. Man nahm an, daß 20 000 der 55 000 Einwohner der Stadt gesinnungsmäßig hinter dem Pastor standen.

Am 7. März 1850 übernahm Dulon vorübergehend als Redakteur die »Tageschronik«, eine Zeitung, die im Juni 1849 gemäßigt begonnen hatte, nun aber durch Dulon in radikaleres Fahrwasser geriet. Ein Pastor als Journalist – das war bisher nur bei erbaulichen Kirchenblättern, aber nicht in der politischen Presse möglich gewesen! Ein solches »Sonntagsblatt zur Beförderung des religiösen Lebens« mit dem Namen »Wecker« wurde ebenfalls von Dulon herausgegeben. Es diente ihm zur Bekämpfung von Orthodoxie, Rationalismus und Atheismus und war damit das Kampfblatt des Pastors im theologischen Bereich. Doch glitt er auch hier oftmals ins Politische ab. Er versuchte seinen Lesern ein Bild vom Reich Gottes auf Erden darzustellen, wie er es sah – einem Reich, in dem Gerechtigkeit, Wahrheit, Freiheit und Liebe herrschten und dessen Verwirklichung von abergläubischen Priestern, »Ministern und Diplomaten« sowie anderen Feinden verhindert werde. Damit trat er in die Reihe jener Denker von Augustin bis hin zu den kommunistischen Utopisten, die ein Idealbild menschlicher Glückseligkeit entwarfen, das die Vernunft aller Menschen voraussetzte. Dulon zeigte sich deutlich von den französischen Frühsozialisten beeinflußt, die er freilich nur sehr oberflächlich studiert haben dürfte. Auch er forderte Produktionsgenossenschaften (»Sozietäten«) als Gegengewicht gegen die Reichen. In ihnen sollten – wie in der kommunistischen Endgesellschaft – alle Menschen leisten, was sie konnten, während die Erträge dann nach den Bedürfnissen verteilt wurden. Ein von der Sozietät festgelegter Teil sollte für die Festigung der Gemeinschaft, etwa für Investitionen, reserviert werden. Die Einsicht jedes einzelnen sollte und konnte diesen Zustand herbeiführen und bewahren. Dulon verabscheute die revolutionäre Gewalt, die sich nach seiner Meinung ebensowenig mit der menschlichen Würde vertrug wie die bisherige Unterdrückung.

Dulon stand auf verlorenem Posten; die Entwicklung außerhalb Bremens ließ ihm keine Chance. Die Zuversicht seiner Gegner wuchs, der Mittelstand wandte sich immer mehr von ihm ab. Viele mieden seine Gottesdienste, in Broschüren und Flugblättern wurde er heftig angegriffen. Auch viele Liberale hielten nun Predigtamt und politische Betätigung für unvereinbar, und es wurden in seiner Gemeinde Unterschriften gegen ihn gesammelt. Nun formierten sich aber auch seine Anhänger noch einmal. Der Kirchenkonvent sprach sich mit 172 : 99 Stimmen für ihn aus. Der Sieg wurde durch ein Ständchen vor seinem Haus am Domshof gefeiert; aber der Kampf ging weiter. In eine besonders heftige Fehde geriet Dulon mit einigen orthodoxen Pastoren unter Führung des angesehenen Pastors Friedrich Mallet an St. Stephani. Dulon sah sich zunehmend von seinen Kollegen isoliert und reagierte immer gereizter.

Im politischen Tageskampf schien er dennoch unverwüstlich zu sein. Er stellte seine Überzeugung immer über taktische Rücksichten, und daraus ergaben sich auch manche Reibereien mit seinen eigenen Parteigängern. Das zeigte sich deutlich in der Schulfrage. Die Radikalen strebten eine Verstaatlichung der Volksschulen an, die bisher der Kontrolle der Kirchengemeinden unterstanden hatten. Zwar ergab sich eine Bürgerschaftsmehrheit für diese Maßnahme; aber die Gegenkräfte in der Kirche, im Senat und im Bürgertum waren stark. So wurde denn ein Kompromiß ausgehandelt, der Staats-, Kirchen- und Privatschulen zuließ. Da auch die Demokraten zustimmten, hatte der Entwurf eine Chance, in der Bürgerschaft angenommen zu werden. Da stand Dulon am 30. April 1851 im Plenum auf und sprengte die mühsam erzielte Einigung durch ein eigenes Konzept. Er verlangte eine erhebliche Vermehrung der Freischulen, in denen die Kinder der Unterschicht kostenlos unterrichtet wurden, und wollte im übrigen den Kirchengemeinden ihre Schulen lassen, falls sie bereit waren, unter staatlicher Kontrolle Verbesserungen durchzuführen. Bei Dulon brach ein durchaus fortschrittliches Sozialgefühl hervor, das auf breite Bildungschancen gerichtet war, freilich die Kirche als Träger der Volksbildung noch nicht ausschalten wollte, weil er glaubte, daß der Staat jener Tage das Volksschulwesen keineswegs besser versorgen werde als die Kirche. Dulons Schulvorlage verursachte tiefe Risse in der Front der Demokraten; ein Teil der Linken stimmte ihr zu und fand Verbündete auf der Rechten. So ergab sich eine Mehrheit in der Bürgerschaft (96 : 72 Stimmen), und schließlich stimmte auch der Senat zu. Man kann nicht sagen, daß Dulon durch seinen Vorstoß eine grundlegende Schulreform verhindert hat; sie wäre auch ohne ihn nicht durchgeführt worden.

Der Kampf um die Schulvorlage hatte deutlich gemacht, daß die Demokraten sich nicht mehr einig waren. Die Interessen von sozialistischen und demokratischen Intellektuellen, humanitären Idealisten, zünftlerischen Handwerksmeistern und der Masse kleiner Leute waren zu unterschiedlich. Diese Lage erleichterte es dem Senat, die von außen – insbesondere von Österreich und Preußen – geforderten Maßnahmen gegen die Demokraten durchzuführen. Im Mai 1851 wurde die Bürgerschaft aufgefordert, für ein Jahr die politischen Vereine aufzuheben und die Pressefreiheit einzuschränken. Das geschah denn auch, weil die meisten Demokraten an der Sitzung nicht teilnahmen – sehr zum Verdruß Dulons, der diese Feigheit heftig kritisierte.

Dulons Stellung wurde schwieriger. Immer wieder griffen ihn die Orthodoxen der Gemeinde an; sein Haus wurde von der Polizei nach Schriften und Briefen durchsucht, die »Tageschronik« mußte ihr Erscheinen einstellen; eine große Familie und Geldsorgen ließen ihn auch im persönlichen Bereich nicht zur Ruhe kommen. Was ihm dann aber vor allem verhängnisvoll werden sollte, das war weniger seine Tätigkeit in Bremen als vielmehr die Tatsache, daß er auch Verbindung mit Demokraten außerhalb der Hansestadt hatte. Seine Schriften wurden viel gelesen, und er war – solange das überhaupt möglich war – ein beliebter Redner in politischen Versammlungen. Angesehene Demokraten – wie etwa der ehemalige Mitarbeiter von Karl Marx und linke Abgeordnete des Paulskirchenparlaments, Arnold Ruge – fanden auf der Flucht vor der Polizei vorübergehend Asyl in seinem Pastorenhaus. Es entstand der Eindruck, daß er Mitglied einer internationalen Verschwörung sei. In Bremen selbst war man realistischer; man hielt Dulon nicht für besonders gefährlich, zumal sein Einfluß offensichtlich zurückging. Dennoch glaubte der Senat, er müsse aus politischen Rücksichten etwas gegen den Pastor unternehmen. Am 9. Mai 1851 beantragte Staatsanwalt Dr. Johann Hermann Smidt, ein Sohn des Bürgermeisters Johann Smidt, beim Untersuchungsgericht ein Verfahren gegen Dulon wegen Verbrechens gegen den Staat. Am 13. Mai wurde eine Haussuchung durchgeführt, und dabei fand man den Briefwechsel mit auswärtigen Demokraten. Doch kam man in der Beweiserhebung nur langsam voran; es blieb sogar offen, ob das Verfahren überhaupt zu einer Verurteilung führen werde. Erst am 10. Juli 1854 erhielt Dulon sechs Monate Gefängnis, weil er als Redakteur der »Tageschronik« »zum gewaltsamen Angriff auf die Selbständigkeit und die Verfassungen deutscher Staaten« aufgefordert habe. Das Urteil wurde jedoch nicht rechtskräftig, weil Dulon Berufung einlegte. Schließlich wurde es 1866 (!) durch das Oberappellationsgericht in Lübeck aufgehoben – zu einer Zeit, in der Dulon längst in Amerika weilte.

Inzwischen hatte sich auch auf kirchlichem Gebiet eine Angriffsmöglichkeit eröffnet. Die Orthodoxen der Liebfrauengemeinde unter Führung des Diakons Gottfried Bagelmann bliesen zur Attacke; sie ließen von einem Theologen ein umfangreiches »Promemoria« ausarbeiten, in dem dargelegt wurde, daß Pastor Dulon von Bibel, reformiertem Glauben und sogar vom Christentum abgefallen sei. Die Obrigkeit wurde gebeten, die Kirche vor diesem abtrünnigen Pastor zu schützen. 23 Herren der Gemeinde unterzeichneten am 7. April 1851 die Schrift, die dann mitsamt den Veröffentlichungen Dulons dem Präsidenten des Senats übersandt wurde. Das Material wurden den zuständigen Gremien – dem Senat und der Kommission für kirchliche Anglegenheiten – vorgelegt. Am 9. Mai wurde Dulon in der Güldenkammer des Rathauses mit der Eingabe bekanntgemacht und zu einer schriftlichen Rechtfertigung aufgefordert. Diese traf am 15. Juni ein. Der Pastor bestritt dem Senat das Recht, in Glaubensdingen zu entscheiden; im übrigen sei die Eingabe eine private Meinungsäußerung, mit der sich die Liebfrauengemeinde befassen möge.

Der Senat aber verfuhr nicht so, sondern beauftragte auf Vorschlag Bürgermeister Smidts die theologische Fakultät in Heidelberg mit einem Gutachten. Die Gemächlichkeit, mit der die Professoren arbeiteten, verschaffte Dulon eine längere Schonzeit. Doch gab es noch mancherlei andere Unruhe im Leben des Pastors. Im August 1851 überraschte er die Öffentlichkeit mit dem Austritt aus der Bürgerschaft, in der die Demokraten immer noch die Mehrheit hatten. Damals und später versuchte man die Gründe für diese spontane Entscheidung aufzudecken. Wahrscheinlicher Anlaß war die Enttäuschung darüber, daß mit den »Mittelständlern« Wischmann und Kotzenberg zwei Männer zum Präsidenten und Vizepräsidenten gewählt worden waren, die Dulon ablehnte. Es kommt aber wohl hinzu, daß der Pastor sich durch den noch laufenden Kriminalprozeß, das kirchliche Verfahren und durch seine beruflichen Verpflichtungen überfordert fühlte.

In dieser Zeit weilte er in London. Auch diese Reise war von Gerüchten umwittert. Diente sie wirklich der Erholung, wie Dulon behauptete? Oder wollte er Kontakte mit politischen Flüchtlingen aufnehmen, wie seine Gegner meinten? Sicher ist jedenfalls, daß er sich mit einigen deutschen Demokraten, darunter Arnold Ruge und Gottfried Kinkel, traf. In diesen Kreisen lebte immer noch ein schwärmerischer Glaube an den baldigen Sieg der Revolution; auch Dulon wurde von ihm angesteckt. Der Pastor meinte allen Ernstes, in sechs Monaten seien der Bremer Senat und das übrige »Gesindel« durch eine Volkserhebung fortgefegt.

Von London aus fuhr Dulon an den Rhein, wo er sich wohl tatsächlich erholen wollte, und dann traf er wieder in Bremen ein. Am 24. August 1851 setzte er seinen Kampf gegen die Mächte der Finsternis und für ein Reich der Freiheit und

Gleichheit, in dem es nur Brüder und Schwestern geben sollte, wacker fort. Seine pathetischen Worte standen aber in keinem realistischen Verhältnis zu den tatsächlichen Chancen. Der Bundestag in Frankfurt forderte am 23. August die einzelnen deutschen Staaten auf, die Einrichtungen von 1848 wieder abzuschaffen.

Im Leben Dulons gab es im Herbst ein Intermezzo, das ihn für seine Anhänger vorübergehend zum gefeierten Märtyrer machte. Am 12. Oktober wollte er nach Hannover reisen, um dort in einer Versammlung zu sprechen. In Eystrup wurde er von einem Hoyaer Amtsassessor und zwei Polizisten aus dem Zug geholt und in das Gefängnis des ehemaligen Grafensitzes Hoya an der Weser gebracht.

Zugleich wurde sein Haus in Bremen erneut durchsucht. Die Zeitungen in und um Bremen waren voll von diesem Ereignis, das auch gebührend ausgeschmückt wurde; sogar ein Bild des Pastors, wie er in seiner kahlen Zelle stand, kam in den Handel. Die gerichtliche Untersuchung richtete sich wie in Bremen gegen angebliche Umsturzversuche. Im November 1851 wurde Dulon dann auf Anforderung des Senats nach Bremen entlassen. Der Einzug in die Hansestadt am Morgen des 25. November war der eines Triumphators. Der Pastor und seine Begleiter saßen in einem mit vier Pferden bespannten und mit schwarz-rot-goldenen Fahnen dekorierten Wagen. Abends war auf dem Domshof eine Volksversammlung mit Reden, Fackeln, Musikkapellen und Chorgesang. Als Dulon am folgenden Sonntag predigen wollte, hatten Jungfrauen seinen Weg mit Blumen bestreut; in der Kirche hingen Kränze. Mit lauter Stimme bekannte er: »Ja, ich wollte doch wirklich das Gute; mich hat doch wirklich die Liebe getrieben, von Kindesbeinen an jammerte mich der Elenden.« Und dann: »Treue, unwandelbare Treue, ich will nicht wanken und nicht zagen, will nicht zweifeln und keinen Schritt weichen von der betretenen Bahn!«

In dieser Stimmung verfaßte er nun seine Schrift mit dem Titel »Der Tag ist angebrochen«, die im Januar 1852 in der Buchhandlung von Arnold Diedrich Geisler erschien. Sie entwarf ein geradezu apokalyptisches Bild, in dem das Alte und Morsche dem Untergang geweiht war; Dulon verkündete: »Die Freiheit kommt! Sie kommt mit schnellen Schritten!« Er ermahnte die Könige, sich der guten Sache anzuschließen.

Die Schrift wurde außerhalb Bremens verboten; Dulon, der Verleger und der Drucker wurden gerichtlich verfolgt. Für den Pastor gab es sechs Monate Gefängnis, eine Strafe, die 1858 bestätigt wurde. Er mußte sie freilich nicht absitzen, da er längst nicht mehr in Bremen weilte.

Im Januar 1852 traf nun auch das für Dulon vernichtende Urteil der Heidelberger Theologenfakultät ein. Die Ansichten des Pastors wurden für unchristlich erklärt; der Senat habe das Recht, ihn abzusetzen. Nur einer der Professoren bestritt dem Senat in einem Separatvotum diese Befugnis. Der Senat suspendierte Dulon am 1. März 1852 vom Predigeramt und drohte mit Entlassung, wenn nicht innerhalb von sechs Wochen Widerruf erfolgt sei. Es war nun die Frage, ob der Senat in dieser Spätphase der Revolution bereits genügend Macht hatte, um sich gegebenenfalls gegen die Mehrheit der Bevölkerung durchzusetzen. Die allgemeine Erregung war sehr groß; die Presse brachte Sonderausgaben, die Bürgerschaft forderte am 10. März die Aufhebung des Senatserlasses, 5608 Bürger (etwa ein Zehntel der Bevölkerung) unterzeichneten einen Protest, 5356 Frauen und Jungfrauen bekannten sich in einer Eingabe zu Pastor Dulon. Der Kirchenkonvent der Liebfrauengemeinde erklärte nach erregten Debatten mit 101 : 92 Stimmen, daß der Senat kein Recht habe, Dulon zu suspendieren. Der Pastor sprach in politischen Versammlungen und wehrte sich im »Wecker« leidenschaftlich gegen den Senatserlaß. Er fühlte sich zunächst keineswegs verlassen und kämpfte nicht etwa mit dem Rücken gegen die Wand. So enthielt denn die Stellungnahme, die er am 14. April dem Senat übergab, den Grundsatz: »Ich werde nicht widerrufen!« Im übrigen wandte er sich gegen die Behauptung seiner Gegner, seine Lehren seien unchristlich; sie entsprächen nur nicht den Vorstellungen der orthodoxen Theologie. Dem Senat bestritt er erneut das Recht, ihn abzusetzen.

Dennoch sprach der Senat am 19. April die Absetzung aus. Das war sicher rechtlich ein sehr fragwürdiger Akt; doch was bedeutete das schon in den Wirren jener Tage, in denen beide Seiten das bestehende Recht mit politischem Druck zu ändern suchten? Die Begründung, die der Senat für die Absetzung Dulons gab, war nicht nur theologisch, sondern – weitgehend auf Verlangen Bürgermeister Smidts – auch politisch. Die Wirksamkeit Dulons wurde als gemeinschädlich, aufreizend und die öffentliche Sicherheit gefährdend dargestellt; sie habe sich nicht nur auf Bremen beschränkt, sondern auch außerhalb ansteckend gewirkt. Es wurde u. a. von »sozialistischen Bestrebungen« des Pastors gesprochen – zu Recht, wird man sagen müssen. Die Beurteilung der Vorwürfe war damals und ist auch heute noch eine Sache des eigenen Standorts. Sicher ist, daß Dulon Staat und Gesellschaft verändern wollte. Seine Mittel waren die der Überzeugung mit Wort und Schrift, wobei freilich eine demagogische Tonart nicht verschmäht wurde. Gewaltanwendung lehnte er selbst zwar ab, das aber schloß nicht aus, daß ein Teil seiner Anhänger einen gewaltsamen Umsturz herbeiführen wollte.

Bei der Bekämpfung Dulons und seiner Anhänger kam entscheidende Hilfe von außen. Der Senat löste in Zusammenarbeit mit dem Kommissar des Deutschen Bundes, dem hannöverschen Generalmajor Jacobi, am 29. März die Bürgerschaft auf; die Verfassung wurde teilweise außer Kraft gesetzt, ein Verbot politischer Vereine und Versammlungen sowie die Pressezensur waren schon vorher verfügt worden. So gab es denn auch keinen offenen Protest gegen die Absetzung Dulons. Die Geburtstagsfeier des Pastors am 30. April 1852 bot mit Ehrenpforte, Ständchen, Glückwünschen und Geschenken nur einen dürftigen Ersatz für eine Demonstration. Eine Sammlung zur Unterstützung des mittellosen Mannes brachte mit 4000 Talern nur etwa ein Fünftel von dem, was man sich als Ziel gesetzt hatte. Es wurde bald deutlich, daß sich viele eingeschüchtert zurückzogen. Nur noch vereinzelt und versteckt wagten es einige Bürger, für Dulon einzutreten, so die Schriftstellerin Marie Mindermann (1808–1882), die für ihre anonymen, mild-ironischen Flugschriften acht Tage im Gefängnis saß. Auch Dulon versuchte sich in mehreren Broschüren zu rechtfertigen – theologisch, rechtlich und politisch. Er klagte auf Weiterzahlung des Gehalts, weigerte sich, die Dienstwohnung zu verlassen. Doch was konnte er schon erreichen? Bei seinen Anhängern schlug die frühere Begeisterung vielfach in hilfloses Mitleid um. Dulon war von geräuschvoller

Begeisterung emporgetragen worden. Als der Rausch verflog und als das politische Risiko einsetzte, ließ man ihn fallen und stob davon.

Dulon mußte natürlich eine erneute Verhaftung fürchten, und so floh er Ende Juni 1852 zu Schiff auf die britische Insel Helgoland. Hier besuchten ihn während des Sommers die letzten Getreuen und seine Kinder; dann warf ihn für einige Monate eine Krankheit nieder. Als er wieder einigermaßen genesen war, schrieb er sein Buch »Gruß und Handschlag; an meine Freunde in Nord und Süd«. Es war seine letzte umfassende und trotz aller Hoffnung auf die Zukunft etwas elegisch gestimmte Rechtfertigung seiner Tätigkeit in der deutschen Revolution: »Ich war reich und jetzt bin ich so arm geworden. Ich stand mitten im Strom des rüstigen Lebens – jetzt bin ich ein Ausgestoßener auf einer Felsenklippe.« Andererseits sprach er vom »heiligen Kampf, der zum entscheidenden unausbleiblichen Siege führt«. Und als Summe: »Von allem, was ich getan habe, ... bereue ich nichts!« Von seinem Standpunkt aus gesehen hatte er dazu auch keinen Grund, doch besserte das seine schlimme Lage nicht. Was sollte er tun?

Anfang September 1853 fuhr er nach England und nahm Verbindung mit einigen Freunden, u. a. wieder mit Arnold Ruge, auf; im Oktober schiffte er sich mit seiner Familie in Southampton auf dem aus Bremerhaven kommenden Dampfer »Washington« nach New York ein. Dort hielt er Vorträge und publizierte Sonntagsblätter; dann gründete er im Dezember eine freie Kirchengemeinde, die auf ihn zurechtgeschnitten war. So schien sich eine erfolgreiche Arbeit als Theologe anzubahnen; sie scheiterte wieder an seiner Überzeugung, die keine taktischen Winkelzüge zuließ. Wie einst in Flessau begann er die Sünden seiner Gemeinde scharf zu geißeln, und schließlich entwarf er in Zeitungen ein düsteres Bild von Amerika, das er als einen materialistischen Sumpf ansah. Demgegenüber beurteilte er nun manches in Deutschland sehr viel günstiger als bisher. Die Menschen wurden durch diese harten Urteile abgestoßen, und im Sommer 1854 stand Dulon wieder ohne Mittel da. Er war drauf und dran, nach Europa zurückzukehren.

Doch er hatte noch einmal Glück: Anfang Oktober 1854 fand er ein Arbeitsfeld in der deutsch-amerikanischen Schule des emigrierten Paulskirchen-Abgeordneten Rößler mit ihren 40 Schülern. Er sah seine Aufgabe nicht nur im Unterrichten, sondern vor allem in der Erziehung zu tugendhaften aufrechten Menschen. Er selbst lebte zunächst in bitterer Armut; aber mit dem Anwachsen der Schule (1859: 344 Schüler) besserte sich auch seine persönliche Lage. Doch geriet Dulon durch Manipulationen von Partnern 1864 erneut in schwere finanzielle Bedrängnis und wanderte in den Prärieort Elgin in Illinois aus, wo er sein letztes Buch schrieb: »Aus Amerika über Schule, deutsche Schule, amerikanische Schule und deutsch-amerikanische Schule«. Es wurde im Verlag von C. F. Winter/Heidelberg 1866 herausgebracht.

Ende 1865 kehrte Dulon nach New York zurück, wo er Prediger einer freien Gemeinde wurde; aber auch das war wieder ein Fehlschlag, und so mußte er sich erneut nach einer anderen Tätigkeit umsehen. Schon 1866 übernahm er das Rektorat der deutschen Schule in Rochester bei New York.

In der Nacht vom 12. zum 13. April 1870 erlag er einem alten Leiden; doch kam der Tod durch »Brustkrampf« recht unerwartet. Seine Beerdigung erfolgte unter starker Anteilnahme der Deutschamerikaner.

In Deutschland nahm man vom Tode des einstigen Volkstribunen kaum Notiz. Selbst in Bremen war er längst vergessen, wenn auch hier und da in der Wohnung armer Leute noch sein Bild gehangen haben mag. Die sozialistische Bewegung dieser Zeit konnte in Dulons Schriften keine Anregungen und zugkräftigen Argumente mehr finden. Sie ging von handfesten »Produktivkräften«, insbesondere vom Arbeitsprozeß in der aufsteigenden Industrie und von der Klassenlage aus, nicht aber von einem religiös motivierten Gottesreich auf Erden, das auf Liebe, Wahrheit, Freiheit und Gerechtigkeit gegründet war.

Bei unparteiischer Analyse muß man Pastor Dulon zubilligen, daß er hohen Idealen nachstrebte; Engstirnigkeit und Egoismus seiner Gegner haben das zu Unrecht bestritten. Offen bleibt, ob er unter den gegebenen Verhältnissen nicht zuviel forderte und daher ein Utopist war. In der Spätphase der Revolution wird man diesen Vorwurf gelten lassen müssen, obgleich Dulon vor allem in der Bürgerschaft auch einige realisierbare Anregungen gab. Allgemein aber wird man sagen dürfen, daß es besser gewesen wäre, wenn er seine Überzeugung unpathetischer, klarer und logischer vorgebracht hätte. Dadurch wäre auch eine Verständigung mit jenem Kreis, den er ansprechen wollte, erleichtert worden – mit den armen, unterdrückten Menschen der bürgerlichen Unterschicht. Die Massen verehrten ihn zwar, hatten auch Vertrauen zu ihm und unterstützten ihn, solange es politisch nicht allzu riskant erschien und er mit ihnen nicht allzu hart ins Gericht ging; doch gab es wohl nur wenige, die wußten, was Dulon nun wirklich wollte und wie sein Gottesreich verwirklicht werden konnte. Vielleicht wußte Dulon das selber nicht.

So scheiterte er denn durch eigene und fremde Schuld in allen Bereichen des öffentlichen Lebens, in denen er tätig wurde. Nur in seiner Familie hatte er manche Freude, obwohl es nicht immer leicht war, ihre Existenz zu sichern. Seine Töchter »zogen gute Lose«, eine von ihnen heiratete den deutschen Flüchtling Franz Sigel, der es im Sezessionskrieg zum amerikanischen General brachte und vor allem durch eine schwere militärische Niederlage bekannt wurde. Ein Sohn wurde Rechtsanwalt, ein anderer Architekt.

Taten und Schicksal Dulons haben sicher nicht das Gewicht, ihn zu einem großen Revolutionär der Weltgeschichte zu machen, zumal auch sein Märtyrertum trotz mancher Verfolgung und vieler Leiden nur unvollkommen war. Auch heute noch gilt jedoch das heimlich bewundernde Urteil seines Bremer Biographen Heinrich Tidemann von 1933:

»War er [Dulon] auch ein eifernder Schwärmer, der viel Verwirrung anstiftete und Haß und Streit, entstellte auch so mancher unleidliche Zug sein Bild, reinen Herzens ist er gewesen sein Leben lang und ein ganzer Mann.«

Ludwig Knoop

(1821–1894)

Bremer Bürger und russischer Baron
oder »Koopmanns Good is as Ebb un Flood«

Es gehört zum Wesen der Großkaufmanns und des Großindustriellen, daß er seine Geschäftsinteressen nicht auf den engen Bereich einer Stadt wie Bremen beschränkt, sondern sie auch auf ferne Länder richtet. Der Fernhandel gehört zur alten Tradition bremischer Kaufleute. Im 19. Jahrhundert wuchs das Handelsvolumen sprunghaft, zugleich aber entstanden große Industrieunternehmen in allen westeuropäischen Staaten und in den USA. Viel Kapital mußte investiert werden, um mit der technischen Entwicklung Schritt zu halten. Kapitalgeber aber waren im allgemeinen Großkaufleute, die damit zugleich Industrielle wurden. Doch was bei oberflächlicher Betrachtung in der Gesamtentwicklung als ungebrochen steiler Weg nach oben aussieht, das war in Wirklichkeit eine Entwicklung voller Risiken und Krisen.

Ein Sonderproblem stellte im europäischen Rahmen auch damals schon das große Rußland dar. Dort gab es kaum ausreichend Kapital, um eine Industrialisierung in größerem Umfang in Gang zu setzen. Ausländischen Unternehmern waren damit glänzende, wenn auch nicht risikofreie Möglichkeiten gegeben. Einer der erfolgreichsten unter ihnen war der Bremer Ludwig Knoop.

Die Familiengeschichte der Knoops bietet zunächst einmal ein düsteres Bild, in dem nur wenige und bescheidene Erfolge neben vielen Rückschlägen zu erkennen sind. Die Knoops waren dem Stephaniviertel in Bremen verhaftet – einem Gebiet, in dem seit alters vor allem »kleine Leute« wohnten. Die »Knoopstraße« deutet an, daß die Familie hier bescheidenes Haus- und Grundeigentum hatte; zeitweilig betrieb sie eine Mühle am Stephanitor. Am Ende des 18. Jahrhunderts unterhielt Daniel Diedrich Knoop in der Faulenstraße einen Gewürzhandel, der mit einer kleinen Tabakfabrik verbunden war. Es gelang ihm nicht, die kritischen Jahre der Jahrhundertwende zu überstehen; sein Geschäft kam zum Erliegen. Von seinen dreizehn Kindern hatten zwei Söhne im Tabakgeschäft zunächst einigen Erfolg; sie machten dann aber 1826 bankrott. Einer von den beiden, Gerhard, etablierte sich noch einmal mit einem Tabakgeschäft in der vornehmen Langenstraße; durch eigenen Leichtsinn und Betrügereien anderer mußte er schon 1833 wieder aufgeben. Die Familie bezog nun eine bescheidene Wohnung vor dem Buntentor, wo sich damals viele kleine Tabakmanufakturen befanden.

Gerhard war verheiratet mit Anna Rebecca Frerichs, der Tochter eines wohlhabenden Blaufärbers. Sie war klein und zierlich, hatte wenig Energie und war sehr deprimiert über die Mißerfolge und das Verhalten ihres Mannes, dem sie acht Kinder gebar. Sie war zeitweilig körperlich und seelisch so erschöpft, daß sie ihre sicher sehr schweren Aufgaben nicht mehr erfüllen konnte. Dann sprang ihre Schwester ein, deren Mann einen kleinen Samenhandel betrieb. Sie war tüchtig und sparsam, fast geizig, brachte manches wieder in Ordnung, was im Hause Gerhard Knoops danebengegangen war. Ein altes Bild zeigt sie mit weitem dunklem Kleid, dunklen Haaren, spitzer Nase und zusammengekniffenem Mund.

Ludwig Knoop wurde als viertes von acht Kindern des Gerhard Knoop am 15. Mai 1821 geboren. Damals ging das Tabakgeschäft des Vaters noch ganz gut; aber die Kinderzeit fiel dann in die Periode wirtschaftlicher Mißerfolge des Vaters und düsterer Familienverhältnisse. Einen kleinen Ersatz bot jedoch (bis 1833) das romantische Haus in der Langenstraße mit Kontor, Lagerräumen, Ecken und Winkeln. Oftmals waren die Kinder auch bei ihren Onkeln Jakob und Hinrich Frerichs, die in Gröpelingen und Marßel (bei Lesum) Bauernhöfe besaßen. Ludwig war von Anfang an ein kleines, schwächliches Kind, das Mitleid erregte.

Er besuchte bis zum 14. Lebensjahr Kirchspielschulen, zunächst wohl die von St. Stephani und dann die von St. Pauli in der Neustadt. Lesen, Schreiben, Rechnen, Religion und Singen waren damals die wichtigsten Unterrichtsgegenstände in den mit 60 bis 70 Schülern gefüllten Klassen. So wie die Verhältnisse in der Familie lagen, war an einen weiterführenden Schulbesuch nicht zu denken. Vieles von dem, was auf diesem Gebiet in der Jugend versäumt wurde, hat Ludwig Knoop auch im Alter nie mehr nachgeholt, zu Fragen der Wissenschaft, zu Kunst und Literatur hat er keinen Zugang gewonnen. Er blieb Zeit seines Lebens ein Praktiker des Geschäftslebens.

Nach dem Ende der Schulzeit 1835 absolvierte er in Bremen drei Jahre lang eine kaufmännische Lehre; dann ging er 1838 nach England. Hier wurde nun durch verwandtschaftliche Beziehungen wenigstens ein bescheidener Aufstieg begünstigt. Ein Bruder seiner Mutter, Andreas Frerichs, war schon 1825 nach England gegangen und hatte im Zigarrenhandel sein Glück versucht. Nachdem dieses Projekt fehlgeschlagen war, tat er sich 1827 mit einem jungen Engländer namens de Jersey zusammen, und die beiden gründeten in Manchester die Firma de Jersey & Co., die mit Twisten handelte. Dieses Geschäft nahm einen raschen Aufschwung und war bereits in voller Blüte, als Ludwig Knoop 1838 nach England kam; es bot einem jungen aufgeweckten Mann eine Fülle von Aufgaben. Der Twisthandel brachte Ludwig Knoop sehr bald auch mit der Textilindustrie im nahen Rochdale in Verbindung, und nun begann er sich für technische Fragen zu interessieren, ohne daß er jedoch jemals Techniker geworden wäre.

Die Firma de Jersey & Co. knüpfte auch Handelsbeziehungen in Rußland an; dort wurden die englischen Twiste in großen Mengen benötigt, um den Bedarf der noch handwerklich betriebenen Webereien zu befriedigen. Die Firma hatte bereits einen Vertreter namens Holzhauer in Moskau. Als für diesen ein Gehilfe gesucht wurde, erklärte sich Ludwig Knoop sofort bereit, die Aufgabe zu übernehmen. Zu Schiff und im pferdebespannten Reisewagen erreichte er das ferne Land. Es gelang ihm sehr schnell, sich an die neue Umgebung zu gewöhnen, obgleich das Leben für ihn zunächst noch – wegen der beschränkten finanziellen Mittel

– einen sehr bescheidenen Zuschnitt hatte. Doch befriedigte ihn seine Tätigkeit in der Agentur von de Jersey & Co. nicht, da ihn Herr Holzhauer in enger Abhängigkeit hielt. Bald fand er aber einen Ausgleich für seinen ständigen Ärger: Er erhielt Zugang zu einem Kreis deutscher Familien in Moskau. Bevorzugter Aufenthalt war sehr bald die Wohnung des baltendeutschen Kaufmanns Hoyer, der neben drei kleinen Kindern mit zwei aufblühenden Töchtern gesegnet war. Ludwig Knoop war im geselligen Umgang anfangs noch etwas schüchtern, lernte aber sehr bald, sich freier zu bewegen. Er fand auch den Mut, sich um die 17jährige Hoyertochter Luise zu bewerben, für die allerdings auch noch ein anderer junger Mann schwärmte. Luise mußte eine Entscheidung treffen. Sie tat es, nachdem sie sich die Frage gestellt hatte: »Welcher von den beiden wird dir, wenn du ihn ablehnst, am meisten leid tun?« Und das war der 20jährige, schlecht bezahlte schmächtige Kommis Ludwig Knoop. Es blieb die Frage, ob sich überhaupt eine Ehe auf einer so kärglichen finanziellen Grundlage aufbauen ließ. Eine bescheidene Gehaltsaufbesserung und die großzügige Hilfe des Schwiegervaters förderte die Zukunftshoffnungen, und so wurde am 10. Juni 1843 eine ländlichlustige Hochzeit auf der Hoyerschen Datscha in Pokrowsky bei Moskau gefeiert. Das junge Paar verlebte nun die Sommerzeit in einer kleinen Datscha; im Winter zog man in die Stadt, wo in einem großen Haus eine Wohnung eingerichtet wurde.

Die berufliche Laufbahn Ludwig Knoops führte nicht in kurzer Zeit steil nach oben. Nachdem er zunächst Gehilfe des Vertreters der Firma de Jersey & Co. in Moskau gewesen war, übernahm er sehr bald selbst die Vertretung. Damit war ein wesentlicher Schritt zum Erfolg getan. Nun wurde in den vierziger Jahren eine Tendenz der russischen Wirtschaftspolitik klar erkennbar, die für Ausländer ungeahnte Möglichkeiten bot. Die Russen wollten die Baumwollgarne, die sie bisher für ihre Handweberei in den Dörfern importiert hatten, selbst herstellen, und sie strebten daher den Aufbau eigener Maschinenspinnereien an. Doch waren sie nicht in der Lage, die Maschinen herzustellen, so daß sie vor allem in England nach Importmöglichkeiten Umschau halten mußten. Natürlich widersprachen diese Bemühun-

gen den Interessen der englischen Garnhändler wie de Jersey
& Co., doch ließ sich die Entwicklung kaum aufhalten, zumal die
britischen Maschinenfabriken durchaus geneigt waren, ihre Er-
zeugnisse zu exportieren. Es wäre auch unklug gewesen, sich gegen den Verkauf von Spinn- und dann auch von Webmaschinen
zu sperren, denn auch Industrielle anderer Länder konnten die
Russen beliefern.

Eines Tages versuchte ein russischer Unternehmer, Ludwig
Knoop, der immer noch Vertreter von de Jersey & Co. war, für
die Unterstützung beim Aufbau einer Spinnerei zu gewinnen.
Das Projekt war problematisch: nicht nur, daß die Interessen des
britischen Garnhandels dagegensprachen; es war auch etwas ge-
wagt, einem Russen ohne Sicherheitsgarantien größere Investi-
tionskredite zu gewähren. Dennoch half de Jersey & Co. Die erste Fabrik war 1849 fertig, weitere Anlagen folgten.

1852 gründete Ludwig Knoop dann eine eigene Firma in Moskau, und kurz darauf entstand eine Filiale in Petersburg.
Knoops Tätigkeit bei der Industrialisierung bestand darin, daß
er Kredite und Maschinen beschaffte, Ingenieure und Facharbei-
ter heranzog. Wichtigster Maschinenlieferant war die Firma
Platt Brothers in Oldham bei Manchester; die Dampfmaschinen
kamen von Hick Gargreaves. Für technische Fragen zog Knoop
den Schotten Robert Mac Gill heran, der ihm Jahrzehnte hindurch ein treuer und tüchtiger Mitarbeiter war. Sehr bald kamen
zu den Spinnereien auch Webereien, Färbereien und Druckereien
für Leinen und Wolle. Da die russische Regierung die junge Industrie durch Schutzzölle stützte, war die Aufwärtsentwicklung
gegen ausländische Konkurrenz abgesichert. Es setzte in dieser
Zeit in Rußland ein starker Industrialisierungsboom ein, und
immer mehr russische Unternehmer kamen zu Knoop, um seine
Hilfe beim Aufbau von Textilfabriken in Anspruch zu nehmen.
Im ganzen war Knoop an der Errichtung von etwa 200 Fabriken
beteiligt. Doch war es wohl etwas übertrieben, wenn es bisweilen
hieß:

»Keine Kirche ohne Pop',
keine Fabrik ohne Knoop.«

Mitte der fünfziger Jahre beteiligte Knoop sich selbst am Aufbau und Betrieb einer Fabrik. Zusammen mit einigen russi-

schen Unternehmern erwarb er eine Insel in der Nähe von Narwa in Estland, das damals russisch war, und hier wurde nun 1856 der Grundstein von »Kränholm« gelegt. Das Werk gehörte mit seinen 400 000 Spindeln und 2000 Webstühlen schließlich zu den größten des Kontinents.

Als der Bedarf an Rohbaumwolle in den russischen Spinnereien zunahm, schaltete sich Knoop auch in diesen Handelszweig ein. Hinzu kam das damit verbundene Versicherungs- und Kreditgeschäft. So war Knoop bei der Gründung der Moskauer Diskontbank und der Petersburger Privatbank beteiligt. Natürlich nutzte er überall die Gunst der Stunde, doch die Verhältnisse konnten sich einmal grundlegend ändern. Eines Tages würde die russische Industrie auf eigenen Beinen stehen und die ausländische Vermittlung nicht mehr nötig haben. Was würde dann mit Ludwig Knoop geschehen? Konnte er im Alter die nötige Energie und Wendigkeit für eine Umstellung aufbringen? Das ließ sich nicht voraussagen. Einstweilen war es ihm zuzutrauen, denn der untersetzte wortkarge Mann mit dem großen Kopf und den kleinen verschmitzten Augen erfaßte instinktiv, wo Geschäfte zu machen waren, und er war auch ungemein fleißig. Zudem strahlte er Zuverlässigkeit und Solidität aus, so daß man in der Geschäftswelt – sei es in England oder in Rußland – Vertrauen zu ihm hatte, während er selbst im allgemeinen rechtzeitig spürte, wo etwas »faul« war. Er verstand es auch immer, am rechten Ort den richtigen Mann einzusetzen. Manche der führenden Firmenvertreter waren mit ihm versippt und verschwägert. Das ganze Unternehmen mutet an wie eine Art Fugger-Betrieb in Kleinformat, trug aber sehr viel modernere Züge; auch mit Rockefeller wurde Knoop gelegentlich verglichen. Aber damit wurde er wohl überschätzt.

Nach und nach veränderten sich auch die persönlichen Lebensverhältnisse Knoops. Während er in den ersten Moskauer Jahren mit seinem mäßigen Gehalt und mit Unterstützung des Schwiegervaters nur recht bescheiden existieren konnte, paßte er sich nach und nach mit wachsendem Wohlstand den Lebensgewohnheiten des reichen Bürgertums und des Stadtadels an. Seine Wohnung im schloßartigen Haus des Herrn Varzin in der Bolschaja Liubianka in Moskau erhielt nach und nach eine dem Ge-

schmack der Zeit entsprechende Ausstattung: Mahagonimöbel, Seidenbezüge, Blumentische, schwere Gardinen, Familienbilder, Kronleuchter usw. Alle Räume strahlten Wohlhabenheit und Behaglichkeit aus. In den Jahren zwischen 1844 und 1858 wurden sechs Kinder geboren, so daß munteres Leben diese Wohnung erfüllte. Bei der Erziehung halfen Gouvernanten und Hauslehrer. Der Kontakt mit der russischen Bevölkerung blieb auf ein geringes Maß – vor allem auf russische Geschäftsleute und Diener – beschränkt; im übrigen bildeten die Deutschen einen geschlossenen Gesellschaftskreis. Mit dem Anwachsen des Geschäfts mußte Knoop viele Geschäftsreisen machen, vor allem nach England. Er bediente sich dabei eines großen Reisewagens.
Es fällt auf, daß in diesem ganzen Zusammenhang von Bremen überhaupt nicht mehr die Rede ist. Hatte Knoop sich ganz von seiner Vaterstadt gelöst und war er zum Weltbürger geworden? Freilich, die Hansestadt hatte für seine Geschäfte keine Bedeutung; diese entwickelten sich in England und Rußland. Nur ein Teil des Baumwollhandels ließ sich von Bremen aus regeln. Und doch hing auch in der Ferne sein Herz immer noch an Bremen, wo manche seiner Verwandten und Jugendfreunde lebten. Die Erinnerung an eine manchmal recht trübe Kindheit hatte die Anhänglichkeit gegenüber der Familie und der Vaterstadt in ihm nicht zerstören können. Alle Überlegungen, die sich mit einem ruhigen Leben abseits von Geschäften befaßten, bezogen sich auf Bremen. Die beiden ältesten Söhne, Johann (geb. 1846) und Theodor (geb. 1848) wurden beim Dompastor Johann Georg Carl Petri in Pension gegeben, besuchten die Handelsschule im Eschenhof an der Domsheide, um dann in Bremer Firmen eine kaufmännische Lehre zu absolvieren. Es war offenbar besonders die Mutter, die den Wunsch hatte, wenigstens einen Teil des Jahres mit der ganzen Familie in ruhiger Umgebung zusammenzusein.
1859 gedachten die Knoops, auf einer ihrer Reisen einen Abstecher nach Bremen zu machen. Man fuhr von Moskau über Petersburg mit der Eisenbahn nach Pleskau. Dann folgten vier Tage Fahrt im Reisewagen über holprige Landstraßen bis Königsberg. Schließlich gelangte die Familie von dort mit der Eisenbahn nach Berlin. Hier mußte sie sich wegen der Erkran-

kung der ältesten Tochter Luise längere Zeit aufhalten, im übrigen genoß man das Leben der werdenden Großstadt. Dann ging es Anfang Juli weiter nach Bremen. Dort war der Aufenthalt zunächst nur ganz kurz, denn das eigentliche Ziel war Bad Kreuznach, wo die Eheleute »kurten«. Ludwig Knoop kehrte sehr bald nach Rußland zurück; seine Frau aber besuchte mit einigen Kindern Paris und Trouville. Es war gerade die Zeit, als in Italien Franzosen und Italiener mit den Österreichern Krieg führten; in Paris aber merkte man nicht viel davon.

Im Herbst traf sich dann die ganze Familie in Bremen, wo sie in Hillmanns Hotel am Herdentor Wohnung bezog. Während dieses Aufenthalts, der bis in das Frühjahr 1860 andauerte, beschloß Ludwig Knoop, sich in der Nähe der Stadt einen Ruhesitz zu schaffen. Er kaufte in St. Magnus am hohen Ufer der Lesum das Landgut Mühlenthal. Damals hatte sich der dörfliche Charakter dieser Gegend noch weitgehend erhalten, und der landschaftliche Reiz des welligen Geländes mit Äckern, Wiesenflächen und alten Baumgruppen war von den Bremern längst erkannt worden. »Dem zufriedenen und genügsamen Spaziergänger« bot sich »mancher anmuthige Genuß«, und so ließen einige vermögende Bürger hier kleine Landhäuser bauen. Eins von ihnen war der 1816 errichtete bescheidene Sommersitz Mühlenthal des Kaufmanns J. H. Heymann; er sah mit seinem Strohdach wie ein Bauernhaus aus. Später erwarb der Bremer Kaufmann August Wilhelm Gruner das kleine Gut und baute neben dem alten ein etwas größeres, aber immer noch recht bescheidenes Haus, dessen Vorderfront sehr bald über und über mit Efeu berankt war. Es war von Linden umgeben, zum Steilufer der Lesum hin erstreckte sich ein weiter Rasen, so daß man einen schönen Ausblick über das Wederland nach Bremen hatte. Die Wohnräume lagen zur ebenen Erde, hohe Glastüren öffneten sich zum Garten. Was hier kultiviert wurde, war die von der bremischen Oberschicht dieser Zeit so sehr geschätzte bescheidene Landhausidylle.

Das Haus sagte den Knoops sehr zu, und sie kauften es als eine Art Datscha für den Sommer. Während des Winters lebte die Familie in Hillmanns Hotel, bis sie 1864 eine Stadtwohnung am Altenwall Nr. 15 in Bremen einrichtete. Auch der Schwiegervater Hoyer siedelte nun von Moskau nach Bremen über, denn er hatte inzwischen den größten Teil seines Vermögens verloren und wurde daher von Knoop unter die Fittiche genommen.

Von 1861 bis 1868 verbrachte die Familie Knoop jeden Sommer auf Mühlenthal. Es war ein fröhliches, geselliges Leben, das sich hier entwickelte. Immer wieder kamen auch Gäste, Mitglieder der weitverzweigten Familie, Geschäftsfreunde und andere. Frau Knoops besondere Liebhaberei war die Blumenzucht. So wurden denn große Gewächshäuser gebaut, die 1864 für die Hochzeit der ältesten Tochter Luise mit dem Bremer Kaufmann George Alexander Albrecht und 1868 bei der Silberhochzeit der Knoops sogar als Festräume dienen konnten. Mühlenthal wurde von allen als Paradies empfunden. Freilich war der Vater in dieser Zeit immer noch viel auf Reisen. Nicht alle Geschäfte ließen sich auf dem Landsitz und in Bremen gut erledigen. Doch ließ er nach und nach die meisten Angelegenheiten in Rußland zunächst von seinem Schwager Prowe und dann von seinen drei Söhnen erledigen. Er selbst fuhr im allgemeinen zweimal im Jahr für drei Monate nach Moskau, Petersburg und Narwa (Kränholm), um nach dem Rechten zu sehen und neue Unternehmungen in Gang zu setzen.

Die dramatischen politischen und militärischen Ereignisse dieser Jahre, die das Gesicht Europas grundlegend änderten, spielten im Leben der Knoops nur insofern eine Rolle, als man sich über sie unterhielt und sie in den Geschäften des Hausherrn berücksichtigt werden mußten. So kaufte er im Deutsch-Französischen Krieg 1870/71 pro forma die Schiffe des Norddeutschen Lloyd, zu dessen Verwaltungsrat er gehörte, und ließ sie dann mit neutraler russischer Flagge fahren. Im übrigen dachte Ludwig Knoop viel zu international und zu nüchtern, als daß er sich für irgendein Vaterland einseitig begeistern konnte. Auch im Krieg ließ sich ja ganz gut Geld verdienen.

Ludwig Knoop war überall zu Hause; in Moskau, London und Bremen; man wird aber sagen können, daß sein Herz am Familienleben auf Mühlenthal hing. Er bedauerte es, daß man sich hier nur im Sommer aufhalten konnte, im Winter mußte man in die Stadtwohnung am Altenwall umziehen. Diese war aber nicht geräumig genug, um die immer mehr anwachsende Familie mit der dazugehörigen Dienerschaft aufzunehmen. So entstand der

Plan, an die Stelle des kleinen Landhauses in St. Magnus einen großen festen Bau zu setzen. Nach und nach erwarb Ludwig Knoop einige Nachbargrundstücke, und 1868 wurde dann der endgültige Entschluß für einen Neubau gefaßt. Der Bremer Architekt Gustav Runge (1822–1900) erhielt den Auftrag, ihn auszuführen. Was dieser nun entwarf, war ein Schloß im englischen Tudor-Stil, das eingebettet war in einen englischen Park nach dem Entwurf von Franz Wilhelm Benque, der in dieser Zeit auch den Bremer Bürgerpark schuf.

Das Schloß enthielt alles, was zum Wohnkomfort reicher Leute gehörte: eine Vorfahrt mit Kandelabern, Terrasse und Wintergarten, eine große Eingangshalle, gewölbte Korridore, ein üppiges Treppenhaus, Säle und Zimmer mit Holztäfelung, Kaminen und dekorativen Leuchtern. Am 2. März 1871 wurden die Räume bezogen, und zwar von allen Angehörigen der Großfamilie und einer zahlreichen Dienerschaft.

Es entstand hier so etwas wie die Hofhaltung eines kleines Fürsten. Mittelpunkt des Ganzen war jener kleine untersetzte Mann mit rosigem Gesicht und schütterem weißem Haar, der trotz seiner etwas kümmerlichen äußeren Erscheinung alles in seinen Bann zog. Es paßte durchaus zu ihm, daß er vom russischen Zaren zum 25jährigen Geschäftsjubiläum 1877 zum erblichen Baron ernannt wurde. Er war jetzt der Herr Baron von Knoop auf Schloß Mühlenthal; im Gegensatz zu manchem anderen Baron jener Zeit hatte er auch die Mittel, standesgemäß zu repräsentieren.

Auch das kleine Dorf St. Magnus profitierte, wie einst die fürstlichen Residenzen, von der Knoopschen Hofhaltung. Mancher fleißige arme Bursche und manches schlichte Bauernmädel fanden Arbeit und Brot als Diener, Kutscher, Gärtner, Hausmädchen usw. Als das Schloß 1889 eine Wasserleitung erhielt, stiftete der Baron bei der Wiederherstellung des aufgegrabenen Weges gleich drei neue Laternen. Die armselige Bretterbude, die bis dahin den Bahnhof St. Magnus darstellte, wurde auf Kosten Knoops durch ein festes Gebäude im damals so beliebten Schweizerstil ersetzt.

Bei allem kam auch das Privatleben nicht zu kurz. Frau Luise hatte im häuslichen Rahmen einen wichtigen Platz. Allmorgendlich vereinigte sie die ganze große Familie zur Andacht, bei der die Musik auf dem Harmonium und der gemeinsame Gesang eine große Rolle spielten. Dann folgte das Frühstück, und nun erst ging jeder an seine Arbeit. Die Kaufleute der Familie fuhren mit der Kutsche oder Eisenbahn zu ihren Kontoren in der Stadt. Der Baron von Knoop und sein Schwiegersohn George Albrecht unterhielten Büros am Breitenweg 7/8, also in der Nähe des Bremer Hauptbahnhofs. Dort wurde auch eine eigene Telegraphenstelle betrieben. Frau Luise versorgte vor allem die Blumen, überwachte die Erziehung der Kinder und die Arbeit des ganzen Hauspersonals. 1890/91 wurde »Knoops Hof« gebaut; hier saß ein Hofmeier, der die ausgedehnten Ländereien verwaltete und die Bewohner des Schlosses mit frischer Milch, Butter und mit Eiern versorgte.

Oftmals besuchten bedeutende Gäste Schloß Mühlenthal, 1873 kam Graf Moltke, der preußische Feldherr. Ihn interessierten vor allem die prächtigen Bäume des Schloßparks, und als er am hohen Ufer der Lesum stand, meinte er, daß von hier aus die Artillerie sehr gut Bremen beschießen könne. Während eines Manövers im Raum Eggestedt-Meyenburg 1879 hatte man viele prominente Herren im Schloß: den späteren Landwirtschaftsminister v. Podbielsky, Prinz Albrecht von Preußen, der Regent von Braunschweig wurde, und Graf Waldersee, den späteren Generalstabschef.

In diese Zeit fällt ein von Knoop unterstütztes Unternehmen des Kapitäns Eduard Dallmann aus Blumenthal. Mehrere Dampfer versuchten 1878 über das nördliche Eismeer Sibirien zu erreichen, um neue Importmöglichkeiten für Futtergetreide zu erschließen. Nur das Schiff Dallmanns gelangte zum Jenessei und kam nach vielen Strapazen und Gefahren mit einer Getreideladung an die Weser zurück. 1881 folgte mit Knoops Unterstützung eine zweite Expedition mit zwei Dampfern. Ausgangspunkt war Hammerfest. Beide Schiffe erreichten die Knoopsche Niederlassung am Jenessei und kamen 1883 mit einer Ladung sibirischen Roggens zurück. Dallmann war mehrmals gern gesehener Gast auf Schloß Mühlenthal.

Bald aber sehnten sich die alternden Knoops nach mehr Ruhe, und es mag auch gelegentlich Unstimmigkeiten unter den Familien gegeben haben, so eng der Zusammenhang der Großfamilie an sich auch war und immer blieb. Knoop schenkte daher seinen Töchtern und Schwiegersöhnen Grundstücke in der Nachbarschaft von Mühlenthal. Dort entstanden nun weitere Villen, die in großartige Parks eingebettet wurden: die »Albrechtsburg« der Familie George Albrecht (1950 abgerissen), »Kränholm« der Familie Kuhlenkampff (später Altersheim, kürzlich jedoch abgerissen) und das Haus »Schotteck« der Familie Wolde (später Tb-Heilstätte). Schloß Mühlenthal blieb der Mittelpunkt, doch zeigte sich sehr bald, daß die riesigen Räume und langen Korridore die Wohnlichkeit im Winter stark beeinträchtigten. So verbrachten denn die alten Knoops die kalten Monate im Patrizierhaus Breitenweg Nr. 9, dem Nachbarhaus der Stadtwohnung des Schwiegersohns George Alexander Albrecht. Hier unterhielt der Baron auch ein Kontor.

Manchmal griff auch der Tod in diesen großen Familienkreis ein, aber im großen und ganzen blieb der Optimismus und die Heiterkeit des Lebens ungetrübt. Die alten Knoops kränkelten zwar etwas, aber die jährlichen Kuren in Bad Kreuznach und Marienbad frischten die Lebensgeister immer wieder auf. Die Goldene Hochzeit am 10. Juni 1893 warf einen letzten Abendglanz auf den Patriarchen und seine Frau. Am Morgen dieses Tages gaben einige Schiffe des Norddeutschen Lloyd auf der Lesum Salut; beim Frühstück waren 50 Familienmitglieder versammelt; ein reicher Glückwunschsegen ergoß sich über das Jubelpaar. Am Abend erleuchteten Illumination und Feuerwerk den Schloßpark.

Die Gäste aber gingen, und es wurde nun dunkel. Luise Knoop hatte ein Leiden verschwiegen, um die allgemeine Heiterkeit des Festes nicht zu trüben. Eine Operation im November 1893 konnte sie nicht retten, am 26. Januar 1894 starb sie. Ihr Mann war nun ein gebrochener Greis, sein Herz versagte immer mehr den Dienst. Im Frühjahr unternahm er dennoch seine letzte Reise nach Rußland und fand alle seine Unternehmungen in schönster Blüte. Als er im Juni zurückkehrte, konnte er nur noch wenige Schritte gehen. Einige Wochen dämmerte sein Leben im Lehnstuhl und im Bett noch dahin, dann begann am 16. August morgens ein langer Todeskampf, der erst am Nachmittag beendet war.

Der Patriarch wurde im Schloß aufgebahrt, und hier fand auch am 20. August die Trauerfeier statt, auf der Dompastor Carl Fürchtegott Volkmar Schluttig die Gedächtnisrede hielt. Dann formierte sich hinter dem pferdebespannten Leichenwagen ein langer Zug von Kutschen. Langsam bewegte er sich in Richtung Bremen.

Knoop hatte schon frühzeitig für ein standesgemäßes Mausoleum seiner Familie gesorgt. 1872–1875 wurde in der damals noch ländlichen Feldmark des Dorfes Walle ein neuer Friedhof angelegt. Hier reservierten sich die Knoops und einige mit ihnen versippte Familien wie die Frerichs und Woldes Begräbnisplätze. Der Baron ließ durch den Erbauer von Schloß Mühlenthal, Gustav Runge, auf einer kleinen Gruft einen neugotischen Steinbaldachin errichteten, der sich über einer Christusstatue des Bremer Bildhauers Diedrich Kropp wölbte. Inmitten von Baumgruppen, an einem Wasserzug gelegen, entstand hier ein eindrucksvolles Monument.

Als erste wurden in der Gruft die Mutter und Schwiegermutter des Barons bestattet, dann folgten seine älteste Tochter Luise Albrecht sowie andere Verwandte und seine Frau.

Nun sollte am 20. August 1894 der alte Patriarch selbst seine letzte Wohnung beziehen. Am Mausoleum sprach Pastor Rakenius von Lesum Gebet und Segen. Dann wurde der Sarg am grünen Hang hinuntergetragen und in der Gruft neben den seiner Frau gestellt. Dann schlossen sich die schweren neugotischen Bronzetüren. Sie öffneten sich noch einmal 1898, als der Schwiegersohn George Alexander Albrecht bestattet wurde. Im ganzen nahm das kleine Gewölbe zehn Särge auf.

Alle Beteiligten hatten wohl das Gefühl, daß mit dem alten Baron der Vertreter einer vergangenen Epoche zu Grabe getragen wurde.

Schloß Mühlenthal war nach dem Tode des Patriarchen zunächst im Besitz des ältesten Sohnes Johann Baron von Knoop. Doch zeigten Gebäude und Ausstattung bereits sehr bald bedenkliche Zeichen des Verfalls. Die alte Hofhaltung konnte nicht mehr in altem Umfang aufrechterhalten werden, zumal sich das Vermögen auf sechs Kinder verteilte. Dennoch blieb Mühlenthal weiterhin Mittelpunkt der weitverzweigten Familie. Es gab hier neben alltäglichem Familienleben auch in den folgenden Jahren noch manches Fest. Auch die zweite Generation war sich ihrer Standeswürde sehr bewußt, vielleicht noch mehr als der alte Baron, der seine kümmerlichen Anfänge bis zuletzt nie vergaß. Baron Johann stellte für die Empfänge Kaiser Wilhelms II. im Bremer Rathaus sein goldenes Tafelgeschirr zur Verfügung, entschuldigte seine Abwesenheit aber mit geschäftlichen Verpflichtungen. Etwas mehr als früher gab es nunmehr auf Schloß Mühlenthal kulturelle Veranstaltungen. Rudolf Alexander Schröder war oft und gern gesehener Gast. Ein fast exotischer Besucher war Rainer Maria Rilke, von dessen »Dichterlesung« mir eine Angestellte der Knoopschen Hofhaltung erzählte. Der Poet war 1900–1902 in Worpswede und Westerwede ansässig. Er wurde zu einem literarischen Abend nach Mühlenthal eingeladen und kam mit der Eisenbahn nach Bremen. Der Knoopsche Kutscher erwartete ihn dort vor dem Bahnhof und sah schließlich zwei seltsame Gestalten auf sich zukommen, einen Mann und eine Frau. Er war schmal und blaß mit einem Bartgestrüpp um den Mund, offenem Hemd, schlichtem Kittel, zerknautschten Hosen und Sandalen; sie hatte verwuscheltes Haar, ein graues Kleid ohne erkennbaren Schnitt und ebenfalls Sandalen. Es waren Rainer Maria Rilke und Clara Westhoff, die sehr bald seine angetraute Frau wurde. Der Kutscher dachte an seine makellose, mit feiner Seide ausgeschlagene Kutsche. Es blieb ihm nichts anderes übrig, er mußte diese »Landstreicher« nach St. Magnus fahren. Am Abend hatten sich in der großen Halle des Schlosses viele feine Leute versammelt; die Jugend lagerte sich auf riesigen russischen Bärenfellen. Alles bestaunte die exotischen Gäste aus dem Teufelsmoor. Ein Pult stand da mit Kerzen, im Hintergrund flackerte Feuer im Kamin, die Kronleuchter waren gelöscht. Es herrschte feierliche und erwartungsvolle Stimmung. Der Dichter trug Lyrik vor; die Zeugin konnte den Poeten noch nach 60 Jahren eindrucksvoll imitieren. Er muß viel Gefühl in seine Worte gelegt haben; einige Zuhörer saßen verzückt da, andere wieder, einige Jugendliche, wälzten sich grinsend auf den Bärenfellen. Nun, solche Ereignisse waren Zeichen eines bescheidenen Knoopschen Mäzenatentums, das es in der ersten Generation überhaupt nicht gegeben hatte, das aber auch bei den jungen Baronen nur schwach entwickelt war. Die Geschäfte blieben immer wichtiger als die Kunstförderung.

Im Ersten Weltkrieg ging dann alles, was die weitverzweigte Familie in Rußland und England besaß, verloren. Nur an der Textilfabrik Kränholm bei Narwa blieben die Knoopschen Erben beteiligt. Sie lag in Estland und blieb vor dem Zugriff der Bolschewisten bewahrt. 1918 starb der Senior der Familie, Baron Johann von Knoop; sein Lohn Ludwig übernahm ein in jeder Hinsicht zerrüttetes Erbe. Schloß Mühlenthal war seit 1910 unbewohnt und war nur noch ein Denkmal der Erfolge des einstigen Patriarchen der Familie Knoop – ein teures Denkmal übrigens, denn die Hauszinssteuer hatte eine unerträgliche Höhe, die dem tatsächlichen Wohnwert nicht mehr gerecht wurde. Die Eigentümer ließen es 1933 abbrechen. Drei Skulpturen einer guten Mittelqualität blieben von der Spitzhacke bewahrt: zwei von ihnen, 1878 von Constantin Dausch in Rom gearbeitet (Musika und Schicksalsgöttin und Jüngling), wurden von C. F. Albrecht dem Bürgerpark geschenkt; eine dritte (junger Columbus) war 1873 von Giulio Monteverde für die Wiener Weltausstellung hergestellt und dann von Ludwig Knoop erworben worden. Sie gelangte 1933 als Leihgabe an die Kunsthalle.

Schließlich fiel das Gelände des Gutes 1936 an die Gemeinde Lesum; ein Teil wurde für eine landhausmäßige Bebauung freigegeben, auf dem Rest entstand 1939 »Knoops-Park«, eine großartige öffentliche Gartenanlage.

Ludwig Knoop war ein sehr erfolgreicher Geschäftsmann, ein mehrfacher Talermillionär und wahrscheinlich der reichste Mann Bremens. Er verstand es, die Möglichkeiten seiner Zeit gut auszunutzen. Die Gewinne kamen vor allem ihm selbst und seiner Familie zugute. Im öffentlichen Leben engagierte er sich nicht, und von einem – über einige in St. Magnus geförderte Zweckbauten hinausgehenden – Mäzenatentum findet sich keine Spur. Das ist auch die Hauptursache dafür, daß die bremische Geschichtsschreibung ihn kaum erwähnt und daß in den bisherigen lokalen Biographiensammlungen der Name Knoop überhaupt nicht erwähnt wurde.

Seine Fürsorge für die Arbeiter wird wohl mit einem gewissen

Recht hervorgehoben; sein ausgeprägter patriachalischer Sinn kam auch ihnen zustatten. Doch beruhte ein großer Teil seines geschäftlichen Erfolges darauf, daß die Löhne der russischen Textilarbeiter sehr niedrig waren und die russischen Textilprodukte daher durch geringe Preise konkurrenzfähig wurden.

In seinem eigenen Haushalt hatte der Baron von Knoop einige treue Diener und Dienerinnen, denen er auch menschlich zugetan war; aber er blieb für sie doch immer der Herr Baron. Gerade Ludwig Knoop ist ein Beispiel dafür, wie tief in jener Zeit die Kluft zwischen den wenigen auf der obersten Stufe und den vielen auf der flachen Erde war. Doch das mußte nicht heißen, daß die da oben auch glücklich und die auf der Erde immer unglücklich waren. Zudem blieb der Stand auf höchster Sprosse sehr unsicher. Wenn sich nach und nach vor allem in Rußland gegen den Baron von Knoop als Ausländer und Großkapitalist überhaupt ein gewisser Haß entwickelte, der dann nach seinem Tode in der Revolution 1917 zur Zerstörung von Werksanlagen führte, so lag das sicher nicht mehr in seiner Person begründet, die durch Fleiß und Tüchtigkeit eher Anerkennung verdiente, sondern im System des Kapitalismus, der inzwischen von breiten Kreisen der Arbeiterschaft bekämpft wurde.

Ottilie Hoffmann

(1835–1925)

Vorkämpferin für Frauenbildung und gegen den Alkohol

Nur allzuoft ruinierten dem Alkohol verfallene Menschen nicht nur ihre eigene Gesundheit, sondern auch ihr Vermögen und ihre Familien. Der Staat tat wenig, um dieses Übel einzudämmen, zumal das Steueraufkommen aus dem Handel mit Wein und Branntwein aller Arten beträchtlich war. Allein in Bremen gab es um 1875 fünfzig mehr oder weniger florierende Branntwein-brennereien, elf Likörfabriken, 19 Bierbrauereien und 49 Wein-handlungen, ganz zu schweigen von der großen Zahl von Gast-stätten, Bierhallen, Restaurants und anderen Etablissements. Der Alkohol war zugleich *das* Vergnügen und *der* Ruin des kleinen Mannes. Am Ende des 19. Jahrhunderts formierte sich dann aber der Widerstand gegen die Trunksucht aus sozialen und politischen Gründen; dabei dachten die einen mehr an das Verderben des einzelnen und der Familie, die anderen mehr an den Ruin der aufstrebenden Arbeiterklasse. Vor dem Ersten Weltkrieg gab es in Bremen 12 Vereine und Auskunftstellen, die sich die Bekämp-fung des Alkoholismus zur Aufgabe gemacht hatten, nach dem Kriege kamen noch 13 weitere hinzu. In dieser »Mäßigkeitsbewe-gung« nahm die Bremerin Ottilie Hoffmann einen ehrenvollen Platz ein.

Ludwig Otto Hoffmann, der Vater Ottilies, wurde 1786 in der Einhorn-Apotheke in Delmenhorst geboren, machte eine Kauf-mannslehre durch und trat dann in die Bremer Firma Steffens & Könke ein. Doch hielt es ihn nicht lange am gleichen Platz; 1809 war er in Emden, 1813/1814 diente er als Soldat in Holland, dann trat er in den Dienst eines englischen Handelshauses und unternahm weite Geschäftsreisen, bis er sich dann 1834 in Bremen selbständig machte, heiratete und seßhaft wurde. Die Familie bezog ein Haus mit Garten beim Ostertor, und hier wurde nun am 14. Juil 1835 Ottilie Hoffmann geboren; später folgten noch eine Tochter und zwei Söhne.

Das Leben in der Familie war sehr harmonisch. Ottilie hatte immer ein enges Verhältnis zu ihren Eltern, sowohl zum weltgewandten und geschäftstüchtigen Vater als auch zur häuslicheren Mutter. Zur kultivierten Atmosphäre gehörten Lesen schöner Literatur, Klavierspiel und Gesang sowie viele Kontakte mit anderen Familien des gehobenen Bürgertums. Über allem lag die behäbige Biedermeier-Idylle des damals noch etwas verträumten Bremen. Ottilie Hoffmann wurde durch die Umwelt ihrer Kinderzeit fürs ganze Leben geprägt.

1840 kam die kleine Ottilie in Fräulein Grotes Klippschule und dann 1842 bis 1849 in die Vor- und Töchterschule von Frl. Lasius. Es handelte sich um recht »vornehme« Privatschulen, aber auch hier waren etwa 50 Kinder in einem engen Raum zusammengepfercht. Trotzdem war Ottilie eine fleißige und lernbegierige Schülerin. Nachdem sie 1849 die Schule verlassen hatte, ging sie zu Verwandten nach England, und dieses Land wurde nun für Jahrzehnte ihre zweite Heimat. Auch hier führte sie wie in Bremen das Leben einer »höheren Tochter«, in dem es nicht allzu viele Pflichten gab. Sie war ohne Sorgen und wohlbehütet, aber doch sehr einsam.

1851 kehrte sie nach Bremen zurück. Der Vater hatte geschäftliche Rückschläge im Getreidehandel erlitten, und die Familie mußte sich einschränken. Sie bezog ein kleineres Haus, Bischofstraße 1, Ecke Auf den Häfen, also in der Rembertivorstadt. Ottilie war in dieser Zeit ein ernstes grüblerisches Mädchen, das viel über sich selbst nachdachte. Das verraten alle ihre Briefe und vor allem auch ihr Tagebuch. Äußerlich war sie ohne Reize; das straffe Haar war in der Mitte gescheitelt, und aus dem Gesicht sprang eine große Nase vor, die oftmals Gegenstand ärgerlicher Neckereien war. Ottilie sah jedoch viele eigene Unzulänglichkeiten, wo keine waren, und so ging ihr denn die unbeschwerte Heiterkeit vieler ihrer Altersgenossinnen völlig ab. Seit 1851 betätigte sie sich als nunmehr Sechzehnjährige zunächst als Privatlehrerin; es zeigte sich, daß sie gut mit Kindern umgehen konnte.

Schon 1852 ging sie wieder nach England, wo sie anfangs auf der Isle of Wight in einer idyllisch in einem alten Kloster untergebrachten privaten Mädchenschule als Lehrerin für Musik und deutsche Sprache angestellt war; dann aber ging sie als Erzieherin in einen Haushalt nach Brighton. Ihre Pflichten blieben jedoch auch hier beschränkt und leicht zu erfüllen. In dieser Zeit nahmen ihre religiösen Vorstellungen feste Formen an, was für ihr späteres Leben von einiger Bedeutung war; sie begann die theologische Orthodoxie zu verabscheuen und neigte immer mehr einem gefühlvollen und auf praktische Liebestätigkeit gerichteten Christentum zu.

1857 kehrte Ottilie Hoffmann nach Bremen zurück. Sie war inzwischen 22 Jahre alt geworden, niemand wußte so recht, wie ihre Zukunft aussehen werde; die Gründung einer eigenen Familie stand nicht in Aussicht, eine solide Berufsausbildung hatte sie nicht. Es schien, daß sie das Schicksal vieler Frauen erleiden mußte, die sich in irgendeiner Weise als Hausangestellte eine Lebensgrundlage zu schaffen suchten. Ottilie betätigte sich als Privatlehrerin in Englisch, Geschichte, Kunstgeschichte und Musik. Sie soll einen guten Unterricht gegeben haben, und in der Tat begleitete sie der Dank ihrer Schülerinnen durch ihr ganzes langes Leben. Hin und wieder unternahm sie kleinere Ferienreisen, auf denen sie eine fast schwärmerische Berührung mit der Natur hatte. Vor allem in der Einsamkeit entfaltete sich in ihr eine feinsinnige Heiterkeit; richtig fröhlich und ausgelassen war sie nie.

Es wurde immer wieder versucht, Ottilie Hoffmanns Beziehungen zur Frauenbewegung auf eine Wurzel im häuslichen Kreis zurückzuführen. Es wurde darauf hingewiesen, daß zum »Lesekranz« ihrer Mutter auch die Schriftstellerin Marie Mindermann (1808 bis 1882) gehörte. Diese war eine weltoffene, ja sogar eine politische Frau. Sie hatte sich 1850 bis 1852 voll Begeisterung für den radikalen Bremer Pastor Rudolf Dulon eingesetzt und dafür acht Tage im Gefängnis gesessen. Später war sie dann eine beliebte Kinder-Schriftstellerin geworden. Sie unterhielt aber auch enge Kontakte zu der in den sechziger Jahren aufblühenden Frauenbewegung.

1865 war von Luise Otto-Peters und Auguste Schmidt in Leipzig
der »Allgemeine Deutsche Frauenverein« gegründet worden, der
die bisher so sehr vernachlässigte Berufsausbildung der Frauen
verbessern wollte. Am 29. Januar 1867 konstituierte sich der
bremische Zweig, der sich zunächst »Verein zur Erweiterung des
weiblichen Arbeitsgebietes«, später »Frauen-Erwerbs- und Aus-
bildungsverein« oder auch kürzer »Frauen-Erwerbsverein«
nannte. Zum Vorstand gehörte Ottilie Hoffmann; sie war auch
in der Bibliotheks- und Schulkommission des Vereins tätig. Damit begann nun für die inzwischen 32jährige Ottilie Hoffmann
ein neuer Lebensabschnitt, der durch öffentliche Bildungs- und
Sozialarbeit gekennzeichnet war. Sie tat den Schritt in ihren neuen
Aufgabenbereich mit voller Überlegung. Sie war davon überzeugt,
daß das Bürgertum verpflichtet sei, sich für einen Ausgleich der
sozialen Unterschiede und Nöte einzusetzen. Freilich hatte dieser
Gedanke bei Ottilie Hoffmann niemals eine politische Note,
sondern blieb immer einer rein humanitären Gesinnung verhaftet.
In diesen Zusammenhang gehört es auch, daß sie während des
Deutsch-Französischen Krieges 1870/71 in ihrem Haus an der
Schleifmühle eine Nähstube für das »Bremer Frauen-Hilfs-
Comitée für die Verwundeten« einrichtete.

In dieser Zeit trafen sie schwere Schicksalsschläge: sie verlor kurz
hintereinander Vater und Mutter, die bisher noch immer sehr
stark den äußeren Rahmen ihres Lebens bestimmt hatten.
Finanziell völlig unabhängig, konnte sie einen großen Teil ihrer
Arbeitskraft ehrenamtlich der Bildungsarbeit im Frauen-Erwerbsverein widmen. Sie hat selbst zahlreiche Kurse geleitet.
Seit 1881 hielt sie sich mehrere Jahre in England auf und nahm
regen Anteil am Leben der High Society. Sie betätigte sich vor
allem als Privatlehrerin, hatte aber auch menschlichen Kontakt
mit den Familien Howard und Carlisle, die zu den angesehen-
sten des Viktorianischen England gehörten. Hier in England war
es auch, wo Ottilie Hoffmann mit einer Werbekampagne gegen
den Alkoholmißbrauch in Berührung kam. Am 24. November 1882
unterschrieb sie die Verpflichtung zur totalen Abstinenz; für sie
selbst war das freilich nur ein Bekenntnis ohne praktische Bedeutung; denn sie war ja nicht durch Trunksucht gefährdet.

Auch zur praktischen Arbeit in Mäßigkeitsvereinen hatte Ottilie Hoffmann zunächst noch keine Gelegenheit.

1890 endeten ihre »Wanderjahre«; sie war inzwischen 55 Jahre alt geworden. Ihre Wohnung richtete sie sich im Hause Rövekamp 8 und 1896 Am Dobben 28 A ein; sie betätigte sich nun wieder unter Einsatz ihrer ganzen Persönlichkeit im Frauen-Erwerbsverein, dessen zweite Vorsitzende sie wurde. Zugleich war sie eine der beiden Leiterinnen der Abteilung für kaufmännisch und gewerblich tätige Frauen. Der Verein entfaltete gerade in den folgenden Jahren eine verzweigte Bildungsarbeit, die mit dem Angebot der heutigen Volkshochschule zu vergleichen wäre, allerdings vorwiegend auf Frauen beschränkt blieb.

Jetzt aber begannen auch ihre Bemühungen auf jenem Gebiet, das zu ihrer eigentlichen Lebensaufgabe werden sollte – in der Abstinenzlerbewegung. Den Anstoß gaben Zwischenfälle, die auf der Nordwestdeutschen Gewerbe- und Industrie-Ausstellung durch betrunkene Arbeiter verursacht worden waren. Ottilie Hofmann war ja schon 1882 in England mit dem »Weltbund christlicher abstinenter Frauen« in Berührung gekommen und trug auch seither die »Weiße Schleife« dieser Bewegung. Sie plante nun in Bremen eine feste Organisation gegen den Alkoholmißbrauch zu gründen. Sie ging zur Vorsitzenden des »Vaterländischen Frauenvereins«, der Frau des Senators Johann Wilhelm Nielsen, und zum Vorsitzenden des »Bezirksvereins gegen den Mißbrauch geistiger Getränke«, Johannes Schröder. Beide sagten ihr Unterstützung bei der Einrichtung eines alkoholfreien Pavillons auf dem Ausstellungsgelände zu. »Wir drei« – so berichtete Ottilie später – »gaben jeder persönlich 100 Mark, und damit fingen wir unsere Arbeit an. Mir wurde mietfrei ein hübscher Glaspavillon, der bis zuletzt stehen bleiben sollte, von der Firma Gans & Behrens, Konservenhandlung, dafür zur Verfügung gestellt. Frau Senator Nielsen und ich warben einen Kreis jüngerer Damen, uns zu helfen. Ich engagierte zwei Frauen, die morgens $\frac{1}{2}$7 Uhr am Platze sein mußten. Wir richteten den Pavillon freundlich ein, fanden über Erwarten bereitwillige Hilfe; stets halfen zwei junge Damen jeden Tag wechselnd und zwei andere mittags $\frac{1}{2}$12 bis $\frac{1}{2}$2 Uhr. Wir eröffneten unseren Pavillon am 1. November, boten Kaffee und Milch, die große Tasse für

5 Pf., Bouillon mit Brötchen für 10 Pf., Teller Erbsen- oder Boh-
nensuppe 10 Pf., ein Würstchen zu 10 Pf. an. Der Pavillon konnte
die Zahl der Gäste nicht immer fassen. Sie mußten nacheinander
kommen ... Die Arbeiter benahmen sich, seitdem Kaffee den
Schnaps ersetzte, tadellos, höflich und dankbar.«
Sogleich setzte auch die Aufklärungs- und Bildungsarbeit ein;
denn es wurden auch hin und wieder Bücher entliehen sowie
politische Flugblätter und »Mäßigkeitsschriften« verteilt. Auch
waren die Damen bereit, den Lohn der Arbeiter zur Sparkasse
zu bringen, um sie vor Versuchungen zu bewahren. Der Glaspavillon und die von Ottilie Hoffmann eingerichteten Samariter-
kurse waren eigentlich die ersten Gelegenheiten für Kontakte
mit männlichen Arbeitern. Und es kommen jetzt ganz neue Töne:
»Beschämend für uns ... empfand ich zuweilen das Aufleuchten
von ernsten und apathischen Gesichtern, wenn wir uns einfach
menschlich und natürlich mit ihnen unterhielten. Auf dem neu-
tralen Boden sozialer Liebestätigkeit müssen alle Klassenunter-
schiede schwinden. Das haben die bürgerlichen Frauen oft noch
mehr zu lernen als die Großgrundbesitzer und solche Kreise, in
denen Gefühle leben.« Das alles ist natürlich vom sozialistischen
Klassenkampf weit entfernt; es bedeutet Sozialgefühl humani-
tärer Prägung.
Am 12. Februar 1891 wurde dann der »Bremer Mäßigkeitsverein«
gegründet. Er hatte Vorgänger, die inzwischen zur Bedeutungslosigkeit abgesunken waren. Der Verein begann eine rege Auf-
klärungstätigkeit und richtete auf dem alten Ausstellungsgelände
eine neue Imbißschenke ein, die mit gestiftetem Inventar ausgestattet wurde. Gäste waren vor allem Arbeiter und Besucher
der Landwirtschaftlichen Ausstellung im Juni 1891. Ottilie Hoffmann übernahm in dem neuen Verein nicht den Vorsitz (den
erhielt Johannes Schröder), sondern das Amt der Schrift- und
Rechnungsführerin. Sie war jedoch der Motor, der alles in Bewegung hielt; vor allem hatte sie die praktische Oberleitung der
Kaffee- und Speisehäuser, die nach und nach entstanden. Das
zentrale Vereinslokal war im Gewerbehaus am Ansgariikirchhof.
Hier fanden Aufklärungs- und Unterhaltungsabende statt, während die Imbißhallen die Arbeiter durch attraktive Beköstigung
daran hindern sollten, in Kneipen zu gehen.

Der »Mäßigkeitsverein« hatte sich zur Aufgabe gesetzt, die Menschen vom Alkohol zurückzuhalten; er konnte nicht den bereits Süchtigen »Stütze und Halt« bieten. Um nun auch diese Möglichkeit zu schaffen, nahm Ottilie Hoffmann mit dem »Blauen Kreuz« Verbindung auf. Sie lud den Vorsitzenden, Oberst von Knobelsdorf, nach Bremen ein, und hier wurde nun 1895 ein Ortsverein der Blaukreuzler gegründet. Zunächst wurde dieser von den beiden methodistischen Predigern geleitet.

Selbst Kinder und Jugendliche wurden im Hoffnungsbund und in der Jungtempler-Vereinigung für die Mäßigkeit gewonnen und auch in der Propaganda-Arbeit eingesetzt. Ottilie Hoffmann berichtete: »Mit welcher Lust und Liebe und mit welcher Ausdauer verteilen unsere Bündler von der Gastfeldstraße wöchentlich 3- bis 4000 Flugschriften des Blauen Kreuzes an Fabrik- und Hafenarbeiter. Ob's schneit oder regnet, ob's stürmt oder friert, die kleinen Kämpfer stehen jeden Sonnabend an sechs verschiedenen Orten, wo die Löhne ausbezahlt werden – Freihafen, Jutespinnerei u. a. Fabriken – und verrichten ihre Arbeit.« Natürlich hat nicht Ottilie Hoffmann alle diese Dinge allein in Gang gesetzt; sie fand zahlreiche ebenso idealistisch eingestellte Helfer. Ebenso selbstverständlich ist es auch, daß die Mäßigkeitsbewegung nicht von allen Bürgern als ernstes und notwendiges Unternehmen angesehen wurde. Viele hielten das Werk von Ottilie Hoffmann – völlig zu Unrecht – für ein unnützes und schrulliges Bemühen. Man sprach geradezu von der »verrückten Ottilie«, wenn sie inmitten von skeptisch lächelnden oder auch ernsten Menschen auf einem Tisch stand und über die verheerenden Folgen des Alkohols sprach.

Nachdem die Imbiß-Pavillons im Bürgerpark 1890/1891 ihren Zweck auf zwei Ausstellungen erfüllt hatten, wurden zwei Speisehäuser des »Mäßigkeitsvereins« am Stephanitorsteinweg 1 K (mit Lesezimmer) und am Buntentorsteinweg 49 eingerichtet. Als einige Arbeiterfrauen im Interesse ihrer Männer und Söhne darum baten, man möge in der Nähe des Hohentors und in der östlichen Vorstadt alkoholfreie Lokale in Konkurrenz zu Schnaps- und Bierkneipen einrichten, da kamen die Gasthäuser Hohentorstraße 54 und Vor dem Steintor 117 hinzu. Und so entstanden nach und nach in der Nähe von Fabriken, Häfen und in Arbeiterwohnvierteln ähnliche Einrichtungen. Überall gab es Kaffee, Würstchen und Suppen zu billigen Preisen (warmes Mittagessen ab 10 Pf.). Die finanzielle Lage des Unternehmens schwankte, doch trug es sich im ganzen selbst. Staatliche Zuschüsse brauchten nicht in Anspruch genommen zu werden. Nur beruhte das Gedeihen auf dem selbstlosen Einsatz humanitär und sozial eingestellter Menschen und ganz besonders von Frauen wie Ottilie Hoffmann.

Es war natürlich wichtig, Verbindung mit Mäßigkeitsvereinen und Frauenvereinen außerhalb Bremens zu unterhalten. Ottilie Hoffmann unternahm mehrere Reisen, nahm an Tagungen teil und empfing in Bremen oftmals Besuche. 1891 und 1893 hielt sie sich längere Zeit bei ihren alten Freunden in England auf. 1894 nahm sie in Berlin als Delegierte des Bremer Frauenerwerbsvereins an der Gründungsversammlung des »Bundes deutscher Frauenvereine« teil und wurde in dessen Vorstand gewählt. Auch hier vertrat sie vor allem das Gebiet der Alkoholbekämpfung. Seit 1896 gehörte sie dann als erste Frau dem Vorstand des deutschen »Vereins gegen den Mißbrauch geistiger Getränke« an. Weiterhin war sie Leiterin der durch ihre Initiative ins Leben gerufenen »Mäßigkeitskommission« im Bund deutscher Frauenvereine. Auf mehreren Tagungen hielt sie Vorträge, die immer wieder um das gleiche Thema kreisten, um die Verpflichtung des Bürgertums, den »kleinen Mann« aus sozialen und humanitären Gründen vor dem Alkohol zu bewahren. Schließlich gründete Ottilie Hoffmann, angeregt durch englische Vorbilder, am 17. Juli 1900 in Bremen den »Deutschen Bund abstinenter Frauen«. Die engeren Mitarbeiter in den Speisehäusern des »Mäßigkeitsvereins« bildeten den Kern. Ziel war es, auf Reichsebene Maßnahmen gegen den Alkoholmißbrauch zu veranlassen. Die Mitglieder mußten sich zu »gänzlicher Enthaltsamkeit von alkoholischen Getränken verpflichten« und überall in Wort und Tat den Kampf gegen den Alkohol führen. Ottilie Hoffmann konnte mit Befriedigung die Gründung zahlreicher Ortsvereine registrieren. 1903 fand in Bremen der IX. Internationale Kongreß gegen den Alkoholismus statt. Dabei hielt Ottilie Hoffmann im großen Künstlervereinssaal die Festansprache in deutscher, englischer und französischer Sprache.

Ihr eigener Lebenskreis im Hause Am Dobben 28 A war voll von behäbiger Plüschromantik. Urväter-Hausrat füllte die Räume. 1896 trat nun die 18jährige Marie Stucke in ihren Haushalt ein: sie war ihre Sekretärin und Pflegetochter. Die Hausherrin empfing oft Gäste sehr unterschiedlichen Charakters. Auf dem Tisch stand auch Wein, von dem sie selbst nichts zu sich nahm. Allerdings trank sie gelegentlich Wasser aus einem Weinglas, was zu bösen Gerüchten Anlaß bot. Ottilie Hoffmann war also im Umgang mit Gästen toleranter als die Mitglieder des Guttempler-Ordens, die sich verpflichtet hatten, auch keine alkoholhaltigen Getränke anzubieten.

Der 70. Geburtstag am 14. Juli 1905 war Anlaß zu einem wahren Volksfest, 1400 Personen aus Bremen und von auswärts hatten sich eingefunden; und am 16. Juli versammelten sich 1200 »abstinente Kinder« zu einem Sommerfest im Bürgerpark. In vielen Zeitungen wurde das Lebenswerk der Patriarchin des Kampfes gegen den Alkohol gewürdigt – anerkennend und manchmal auch etwas ironisch. Zu dieser Zeit hatte der »Mäßigkeitsverein« acht Speisehallen und zwei Milchhäuschen in Betrieb.

1912 legte Ottilie Hoffmann den Vorsitz des »Deutschen Bundes abstinenter Frauen« in jüngere Hände und wurde zur Ehrenvorsitzenden ernannt. Sie war nun 77 Jahre alt und beschränkte sich künftig weitgehend auf ehrenamtliche Tätigkeit in den Speisehäusern des »Mäßigkeitsvereins«, der seit 1915 »Verein für alkoholfreie Speisehäuser« hieß. Große Bedeutung hatte für sie auch weiterhin die Verbindung mit alten Freundinnen. 1914 verließ die getreue Marie Stucke ihr Haus, um sich zu verheiraten. Obgleich Ottilie Hoffmann durchaus patriotisch gesinnt war, empfand sie den Ausbruch des Ersten Weltkrieges aus humanitären Gründen als eine Katastrophe. Sie war bereit zu sozialem Einsatz, obwohl sie wußte, daß damit das Unheil nicht abgewendet werden konnte. Der Mäßigkeitsverein versorgte bei der Mobilmachung auf dem Kasernenhof die Eingezogenen mit warmem Kaffee und kühlen Limonaden; die Helferinnen nähten zudem Knöpfe und Kokarden an die Uniformen.

Die Gaststätten des Vereins erhielten nun eine neue Aufgabe: sie versorgten im Auftrag des Roten Kreuzes die Familien der Soldaten; auch wurden gelegentlich Arbeitslose verköstigt. Zu den acht regulären Speisehäusern kamen jetzt noch vorübergehend 15 Notküchen. Auch jetzt noch kostete das warme Essen zwischen 10 und 30 Pf. Die immer schwierigere Organisation übernahm nunmehr eine tatkräftige Frau, Nanny Ruffeni.

Ottilie Hoffmann weilte an ihrem 80. Geburtstag am 14. Juli 1915 in Hamburg auf einer Tagung des deutschen Bundes abstinenter Frauen. Neben vielen anderen Glückwünschen erhielt sie auch von der Kaiserin Auguste Viktoria eine große Vase mit einem Handschreiben, das die alte Abstinenzlerin mit besonderem Stolz entgegennahm. Sie erkannte nicht so recht, wie hohl und nichtssagend manche Lobeshymnen dieses Tages waren. Auguste Viktoria konnte Wilhelm II. nicht davon abhalten, manchen »Schluck« zu nehmen; und trotz immer empfindlicher werdender Hungersnot wurden im Kriege bis zuletzt große Mengen Getreide, Zucker und Kartoffeln zu Schnaps und Bier verarbeitet. Ottilie Hoffmann verfiel trotz allem nicht in Resignation, sondern glaubte an den Wert und den Erfolg ihrer harten Sozialarbeit.

Die Jahre nach dem Ersten Weltkrieg stürzten auch den »Verein für alkoholfreie Speisehäuser« (vorher »Mäßigkeitsverein«) in manche Krisen. Die tatkräftige Nanny Ruffeni übernahm 1920 den Vorsitz. In diesen Jahren vollzogen sich grundlegende Wandlungen in der Struktur der Wohlfahrtspflege. Bisher war sie in starkem Maße vom freiwilligen Einsatz wirtschaftlich unabhängiger Frauen wie Ottilie Hoffmann getragen worden. Nach dem Ersten Weltkrieg versiegte diese Hilfsquelle, und die Wohlfahrtspflege mußte in zunehmendem Umfang vom Staat übernommen werden. Die Speisehäuser blieben zwar im Rahmen privater Vereinsarbeit erhalten, mußten nun aber vor allem bezahlte Hilfskräfte anstellen und auf eine rein geschäftsmäßige Basis gestellt werden. Nur hin und wieder – etwa auf dem Freimarkt im Ottilie-Hoffmann-Zelt – traten die freiwilligen Helferinnen noch in Aktion. Im ganzen zeigte sich aber, daß sich gut geführte alkoholfreie Gaststätten durchaus selbst trugen. In dieser Zeit machten sich bei Ottilie Hoffmann die Beschwerden des hohen Alters bemerkbar. 1920, als sie 85 Jahre alt war, erlitt sie einen Oberschenkelhalsbruch, als sie beim Aussteigen aus der Straßenbahn von einem Radfahrer angefahren wurde.

Sie genas jedoch, mußte nun aber »am Stock gehen«. Sie erlitt in der nächsten Zeit noch weitere Unfälle und fiel einmal sogar die Kellertreppe hinunter. Die Inflation traf Ottilie Hoffmann schwer: sie verlor den größten Teil ihres Vermögens und war auf eine Unterstützung ihrer Freunde angewiesen. Es wurde nun stiller um die alte Frau, doch blieben einige ihrer engsten Freundinnen in stetem Kontakt mit ihr. Anfang 1925 erholte sie sich von einer Lungenentzündung. Der 90. Geburtstag brachte noch einmal manche Lobeshymne, aber keine große Geburtstagsfeier. Vom Bremer Senat kam ein Glückwunsch mit einem Ehrengeschenk in der Form eines Bausteins von 1000 Mark für ein Milchhäuschen.

Am 14. Juli war ihr Geburtstag, an dem sie im Lehnstuhl sitzend den früheren Bürgermeister Dr. Hildebrand empfing. Nach und nach erlosch dann das Leben, bis die Greisin am 20. Dezember 1925 ihren letzten Atemzug tat. Ihre Asche ruht auf dem Riensberger Friedhof im Grabe ihrer Eltern.

Ihr Werk hat sie überlebt, freilich in anderer Weise, als sie es ursprünglich gewollt hat. Man mag resignierend feststellen, daß der Kampf gegen den Alkoholismus hoffnungslos ist und daß heute noch viel gefährlichere Rauschgifte hinzugekommen sind, die zahlreiche Jugendliche ruinieren. Inzwischen hat die ärztliche Betreuung der Süchtigen großes Gewicht erhalten – freilich auch ohne durchschlagenden Erfolg. Gerade darin mag man eine gewisse Rechtfertigung für Ottilie Hoffmanns Weg sehen, deren Grundgedanke ja war, daß man den Alkohol durch soziale Hilfsmaßnahmen bekämpfen müsse. Wieviel Glaube an das Gute im Menschen gehörte dazu, in diesem fast hoffnungslos erscheinenden Kampf nicht den Mut zu verlieren!

Ludwig Roselius

(1874–1943)

Ein Mann ohne Schatten?

Ludwig Roselius zu porträtieren, scheint auf den ersten Blick überflüssig zu sein. Durch Eigenwerbung und liebevolle Erinnerungspflege von Familie und Firma steht sein Bild auf Hochglanz poliert voll und rund vor uns. Sollte das wirkliche Leben nicht vielleicht doch etwas anders gewesen sein?

Ludwigs Großeltern waren »kleine Leute«, Tischler und Brinksitzer, in Bahlum bei Thedinghausen, doch deutet der latinisierte Name auf Ahnen aus dem Gelehrtenstande. Sie wurden tatsächlich für die Mitte des 16. Jahrhunderts in Hahnbach, Krs. Amberg, ermittelt: Thomas Rasel gen. Roselius war lutherischer Pastor; den gleichen Beruf hatte sein Enkel Christoph Andreas in Gießen, auf den der Nachfahre Ludwig besonders stolz war, weil er wegen seiner »zu freien und offenen Sprache von der Kanzel« 1628 nach Schwarme bei Thedinghausen geflüchtet war und 1632 in Amsterdam seine »Trewhertzige Buß-Posaune/Vom jetzt vnd zukünfftigen gefährlichen Zustand des Teutschlands« drucken ließ. Wie dieser flüchtige Pastor hielt sich auch Ludwig Roselius zeit seines Lebens für einen bedeutenden politischen Mahner.

Die Landflucht des 19. Jahrhunderts brachte den Bahlumer Tischlersohn Diedrich Roselius (1843–1902) in jungen Jahren nach Bremen. Dort durchlief er eine Kaufmannslehre und wurde Angestellter und Prokurist der Großhandlung Sammann & Gristede, Langenstraße Nr. 60. 1871 heiratete er Luise Windmüller,

Tochter eines Lehrers und Organisten in Stuhr/Oldenburg. Vor allem die Mutter war es wohl, die dem Heim in der Wulwesstraße Nr. 15 eine besondere Note gab. Sie brachte Belesenheit, Musikalität und etwas Sentimentalität mit. Der zweite Sohn, Ludwig, der am 2. Juni 1874 geboren wurde, blieb davon nicht unbeeinflußt.

Die Kinderjahre verlebte Ludwig in der Wulwesstraße, damals ein Wohngebiet des gehobenen Mittelstandes. In der Erinnerung der Familie zeichnete sich später folgendes Bild des Elternhauses: Der gütige Vater hatte einen vertrauenerweckenden langen Bart, die Mutter besaß gescheiteltes Haar und schöne offene Züge; sie saß gern am Klavier und spielte Schubert und Schumann. Auch wurden zur Musik Gedichte von Matthias Claudius, Goethe und Klopstock vorgetragen. Die Mutter soll auch Freude an der Natur gehabt haben, während der Vater »stolz auf Bremens Geschichte« war.

Der Sohn schien in seinem Wesen dem etwas nüchternen Vater näher zu stehen als der stillen »Sinnigkeit« der Mutter; er war stark auf praktische und jungenhafte Tätigkeit gerichtet. Auf dem Hausboden hatte er eine Schreinerwerkstatt, und auch der Sammeltrieb war stark entwickelt: er richtete sich auf Briefmarken und Steine. Lieblingswissenschaft war schon früh die Vorgeschichte. Auch liebte er es, mit Pfeil und Bogen zu schießen; dabei war Wilhelm Tell sein Vorbild. Bevorzugte Lektüre waren Robinson Crusoe und Lederstrumpf. Von Kind auf war Ludwig ein unsteter Mensch, der bei keiner Sache längere Zeit verweilen konnte. Ein Freund überlieferte eine angeblich von der Mutter erzählte Anekdote. Der kleine Ludwig habe sich gewaltsam auf ein Barometer gesetzt und es dabei zerbrochen. Der Hausarzt entfernte die Glassplitter, fand aber zur Überraschung aller keine Spur von Quecksilber mehr. Man nahm an, der Junge habe es »resorbiert«. Kurzum – er behielt für sein Leben eine »quecksilbrige« Art des Umgangs mit allem, was ihm unter die Hände kam. Dabei muß man bedenken, daß das flüssige Metall auch die Eigenschaft hat, Gold und Silber anzuziehen.

Ludwig besuchte – standesgemäß – eine dreiklassige Vorschule, dann sechs Jahre lang die Handelsschule in der Dechanatstraße, einen Zweig der Hauptschule. Geschichte, Naturkunde und Geographie sollen seine Lieblingsfächer gewesen sein. Er war »guter Durchschnitt«, manchmal auch weniger. Berufsziel war für ihn Förster, jedoch redete der praktische Vater ihm das aus. Der Junge fand sich damit ab, daß er in die Kaufmannslehre geschickt wurde. Die Familie wohnte damals schon nicht mehr in der Wulwesstraße, sondern hatte sich im Geschäftshaus Domshof Nr. 11 niedergelassen.

Ludwig trat nun 1890 seine Lehrzeit bei der Kolonialwarenhandlung und Kaffeerösterei Ernst Grote in Hannover an, deren Chef ein Geschäftsfreund des Vaters war. Offenbar wurde ihm während der Lehrzeit nichts »geschenkt«; er mußte um 7 Uhr mit der Arbeit in Laden und Lager beginnen, um 22.30 war Feierabend. Zweimal in der Woche war ein Besuch der Handelsschule vorgeschrieben. Auch am Sonntag wurde einige Stunden gearbeitet. Mit großer Strenge wurden die Lehrlinge zur Gründlichkeit, Sorgfalt und Pünktlichkeit angehalten. Trotz der großen Belastung fand der junge Roselius hin und wieder Zeit zu Wanderungen in der Umgebung von Hannover. Sicher ist, daß ihn die Bürgerbauten in Hildesheim, Braunschweig und Goslar stark beeindruckten. Und hier begann nun die Vorliebe für das, was er später als niedersächsische Baugesinnung ansah.

1893 kehrte Ludwig Roselius nach Bremen zurück und leistete seinen Einjährigen-Dienst beim bremischen Infanterie-Regiment Nr. 75 ab. Die Begeisterung fürs Militärische, die ein Zug der Zeit war, entwickelte sich bei ihm nicht so recht; 1894 trat er in den Kaufmannsberuf zurück.

Der Vater, der lange Jahre hindurch Prokurist der Firma Sammann & Gristede gewesen war, hatte sich mit der Firma Roselius & Co. im Hause Am Wall Nr. 164 selbständig gemacht. Er handelte mit Lebens- und Genußmitteln: Kaffee, Kolonialwaren, Schiffsproviant usw. In dieses Geschäft trat Ludwig 1894 ein und wurde 1897 Teilhaber. Die Firma spezialisierte sich auf den Kaffeehandel und richtete Kontor- und Lagerräume im Haus Martinistraße Nr. 44 ein, das mit der Rückfront zur Weser durchging. Sicher ist, daß der junge Kaufmann dem Unternehmen starke Impulse gab, die sich vor allem auf eine Verbesserung der Kaffee-Reinigungs- und Röstmaschinen wie auch auf die kaufmännische Organisation richteten. Dadurch nutzte die Firma den

Kaffee-Boom jener Jahre aus. Mit wachsendem Wohlstand war auch in den Tassen des »kleinen Mannes« immer weniger Zichorie und immer mehr »echter Kaffee«. Während der Deutsche 1840 jährlich noch mit 1 kg Kaffee im Durchschnitt auskam, waren es 1865 2 kg und 1905 3 kg.

1899 heiratete der wohlsituierte Jungkaufmann Ludwig Roselius die zweite Tochter seines hannoverschen Lehrherrn, Anna Grote (1874–1926), und richtete seine Wohnung im Hause Am Dobben Nr. 66 ein. Aus dieser Ehe gingen zwei Töchter, Hildegard und Irmgard (später verh. Götte), hervor, von denen die eine schriftstellerisch, die andere bildhauerisch tätig wurde.

Die Firma Roselius & Co. schob sich sehr bald zur Spitze der Kaffee importierenden deutschen Unternehmen vor. Sie beteiligte sich an Kaffeeplantagen und bildete Zweigniederlassungen in Hamburg, Amsterdam, London und Wien. Da starb 1902 ganz plötzlich der Vater an einem Gehirnschlag. Die Ursache war nach Auskunft der Ärzte eine »vorzeitige Zerstörung des Gefäßsystems durch Coffein«. Es hatte zum Beruf des Vaters gehört, daß er zahlreiche Kaffeeproben zu sich nahm. Ludwig Roselius hat später behauptet, daß dieses traurige Erlebnis für ihn der Anlaß war, sich der Frage des Coffeinentzuges zu widmen.

Zwar hatte er Freude am Basteln, aber seine technischen und chemischen Kenntnisse reichten nicht aus, um das Coffein-Problem ohne die Hilfe anderer zu lösen. Das für Herzkranke gefährliche Coffein war bereits 1820 von Friedrich Ferdinand Runge in Jena entdeckt worden, und es war auch längst bekannt, wie man es aus dem Kaffee herauslösen konnte; offen blieb jedoch, wie das ohne Beeinträchtigung des Geschmacks gemacht werden konnte. Roselius tat sich 1904 mit dem Bremer Kaffeehändler Christian Detleffsen, Obernstraße 23, zusammen. Dieser hatte sich bereits, unterstützt vom Chemiestudenten Johann Friedrich Meyer und vom Handelschemiker Karl Wimmer, mit dem Coffeinproblem befaßt. Die drei Mitarbeiter sollen nun aber – wie Roselius berichtete – nach drei Monaten aufgegeben haben; der Rest sei dann das Ergebnis eigener Untersuchungen gewesen, die Roselius bis 1906 durchführte. Daß er weitere »Mitarbeiter« hatte, wird nur dunkel angedeutet, ihre Namen werden nicht genannt, und so können sie auch die Sonne des Chefs nicht verdunkeln. Roselius hat immer den Eindruck erweckt, daß er allein der Erfinder des Coffein-Entzuges gewesen sei, nachdem die eigentlichen Fachleute gescheitert seien. Zuerst soll es ihm gelungen sein, mit einem Lösungsmittel das Coffein aus den Bohnen zu entfernen. Noch schwieriger sei es gewesen, nunmehr auch ohne Geschmacksbeeinträchtigung die Bohnen wieder vom Lösungsmittel zu befreien. »Die Bemühungen meiner Mitarbeiter erwiesen sich als ergebnislos«, schrieb er 1937. »Als ich kein Weiterkommen sah, konstruierte ich für meine eigenen Versuche eine Holztrommel. In dieser gelang es mir, mit Hilfe einer Dampfausspülung, durch Wärmewirkung und durch Bewegung, das Lösungsmittel restlos aus den Bohnen zu entfernen.« Es ist nicht nachprüfbar, wie weit diese Darstellung in allem den Tatsachen entspricht.

Die Erfindung wurde patentiert und von »Mitarbeitern« fabrikationsreif gemacht. Nun kam der zweite Schritt, und das war in der Tat *eine Domäne* von Ludwig Roselius: die geschäftliche Auswertung der Erfindung. Sie erfolgte im Rahmen einer am 21. Juni 1906 gegründeten Aktiengesellschaft, der Kaffee-Handels-AG (Kaffee HAG) mit einem Grundkapital von zunächst 1,5 Mill. Mark (in den nächsten Jahren wurde das Kapital dreimal erhöht). Am Holz- und Fabrikenhafen wurde ein Grundstück erworben und auf ihm einer der frühesten Eisenbetonbauten errichtet. Roselius übernahm den Vorsitz des Aufsichtsrates der Kaffee HAG, hielt sich also aus der betrieblichen Kleinarbeit heraus. Den Vorstand bildeten ein Chemiker und ein Kaufmann, die Betriebsführung lag weitgehend in der Hand eines Direktoriums mit Fachreferaten für Wissenschaft, Produktion, Verwaltung, Vertrieb und Reklame. Zweiggesellschaften wurden gegründet, um eine Verkaufsorganisation aufzubauen, Auslandsrechte zu verwerten, Patente und Warenzeichen zu sichern. Das Organisations- und Werbetalent von Ludwig Roselius konnte sich mit Hilfe tüchtiger Mitarbeiter voll entfalten. Bis 1912 blieb er auch noch Teilhaber der alten Familienfirma Roselius & Co., Martinistraße Nr. 44 (Mitinhaber war sein Bruder Friedrich Roselius).

In der Nähe der Martinistraße lag die Böttcherstraße mit ihren verwahrlosten Häusern. Nur Nr. 6 zeigte noch einen letzten Abglanz früheren Wohlstands. Seit 1813 befand es sich in der

Hand des Kimkers (Tonnenmachers) Pennemeyer. Ludwig Roselius hat 1923 seine erste Begegnung mit diesem Haus in einem Stilgemisch von Storm-Novelle und gut gemeintem Schüleraufsatz geschildert. Er will eines Tages in Erwartung wichtiger Geschäftsdepeschen durch die Böttcherstraße geeilt sein. Da ertönte die Türglocke des alten Hauses Nr. 6, Schritte huschten, ein leises Zupfen am Ärmel, und da stand nun »eine Frau aus der Biedermeierzeit mit grauem Haar und liebem Gesicht«. Sie bat Herrn Roselius, auch im Namen ihrer Tante, der Jungfer Pennemeyer, zu einer Tasse Kaffee in ihr Haus. Der Kaffeekaufmann war zwar in Eile, er brachte es jedoch nicht übers Herz, abzulehnen. Die Tante, über 70 Jahre alt, war noch biedermeierlicher und hatte »schlicht gescheiteltes blauschwarzes Haar, rote Bäckchen und besonders schöne Zähne«. Was wollten nun die alten Damen mit ihren »schönen Rüschen, . . . goldenen seltsamen Broschen und Ohrringen«, mit ihrem »Rüchlein von Lavendel und Kaffee«, mit »ihren blanken Äugelein«? Nun, bei der ersten Tasse Kaffee kamen sie bereits mit ihrem Anliegen heraus. Sie wollten ihr Haus verkaufen. Als Interessent hatte sich die benachbarte Eisenhandelsfirma H. F. Finke & Co. gemeldet, aber den beiden Damen wäre es lieber gewesen, wenn der Käufer Roselius hieße, denn von ihm sei zu erwarten, daß er das Haus wieder hübsch in Ordnung bringen werde. Aber Roselius war gar nicht erbaut davon, daß er sein gutes Geld in einem »unproduktiven Haus« anlegen sollte. Die beiden Alten ließen nicht locker und nannten mehrere schrullige Gründe für ihre Verkaufsabsicht. »So hab ich denn das Haus Böttcherstraße 6 kaufen müssen«, schließt Roselius seinen Bericht, den man mit »Dichtung und Wahrheit« überschreiben könnte. Sicher ist jedenfalls, daß er das Haus Nr. 6 1904 kaufte und dann renovierte. Es nahm zunächst das Zentralbüro der Firma Roselius & Co., aber auch die ersten Stücke der Sammeltätigkeit auf: Steinkrüge, Keramikteller, Zinngeschirr, alte Kaffeemühlen, Aquarelle, Federzeichnungen usw. Vor allem das niedersächsische Volkstum lag Roselius trotz seiner geschäftlich orientierten Weltoffenheit am Herzen, und so war er auch ein aktiver Förderer der »Niedersachsenrunde von 1900«.

Die Beziehungen von Ludwig Roselius zur Kunst ergaben sich zum Teil gefühlsmäßig, aber auch weitgehend aus einer wohl

durchdachten Firmenwerbung auf hohem Niveau. Er hielt sich
selbst für einen der bedeutendsten Werbefachleute seiner Zeit,
und vielleicht war er es auch tatsächlich. Grundprinzip war ihm:
»Eine gute Propaganda [dieses Wort bezog er auf alle Werbung,
auch auf die politische] darf niemals nur den Anschein erwecken,
als solle ein Zwang ausgeübt werden«, d. h. sie durfte nicht auf-
dringlich sein, kein Mißtrauen erwecken. Wenn er betonte, daß
man in der Propaganda »niemals lügen« dürfe und daß die
Propaganda-Fachleute hohe »moralische Qualitäten« aufweisen
müßten, so bedeutet das natürlich, daß man überhaupt nur bei
guter Warenqualität werben könnte. Da aber wird man nun skeptisch, denn jeder weiß, daß den Menschen von raffinierter Propaganda immer wieder mit gutem Erfolg Minderwertiges aufge-
schwätzt wird. Doch wird man auch zugeben müssen, daß
künstlerisch qualitätsvolle Werbung, wie Roselius sie bevorzugte,
oftmals in sehr beständiger Weise die Menschen beeindruckt: Man
empfindet sie als »reell« und »seriös«; ein Mäzen aus dem Kauf-
mannsstand gilt als zuverlässiger und »gebildeter« Mensch sowie
als wertvoller Bürger. Zu dieser Werbung im künstlerischen
Gewand gehörten im Rahmen des Kaffee HAG-Unternehmens
die literarische Zeitschrift »Güldenkammer«, das Ortswappen-
buch von Prof. Hupp (die Wappen wurden den Kaffeepäckchen
beigelegt) und die Böttcherstraße.

1912 war Roselius nach Berlin übergesiedelt, behielt jedoch die
Oberleitung der Kaffee HAG in Bremen fest in der Hand. Die
Firma nahm einen raschen Aufschwung: 1913 wurden täglich
200 bis 250 Zentner Kaffee verarbeitet; doch damit konnte die
Nachfrage sehr bald nicht mehr befriedigt werden. 1914 wurden
die Betriebsanlagen auf eine Kapazität von täglich 1000 Sack
Kaffee erweitert. Neben dieser Vergrößerung erfolgte ein groß-
zügiger Ausbau sozialer Einrichtungen: von Küchen, Speisesälen,
Waschräumen usw.

Der Erste Weltkrieg brachte den Verlust der Organisation und
der Patente im feindlichen Ausland. Die Unterbrechung des
Kaffee-Imports erzwang Ende 1916 die Einstellung der Produktion, die großen Werksanlagen standen still.

Roselius schwamm trotzdem im Strom patriotischer Begeisterung.
Im August 1914 bot er dem Auswärtigen Amt seine Dienste als

Propagandafachmann an. Er tat es, indem er eine lange Denkschrift verfaßte. Er kritisierte, daß von der deutschen Diplomatie
eine glaubhafte und wirkungsvolle Auslandspropaganda versäumt
worden sei. Diese müsse mit klaren Anweisungen, ausreichenden
finanziellen Mitteln und guten Fachleuten ausgestattet werden.
Die Propaganda müsse offensiv sein (Roselius sprach davon, daß
sie einen »energetischen Imperativ« entwickeln müsse). Er empfahl
folgende Parolen: Schutz durch das Deutsche Reich, Bündnis mit
der stärksten Militärmacht der Welt (Deutschland), Förderung
der Kulturaufgaben durch deutsche Wissenschaft, Überlassung von
Lehrern und Instrukteuren, Kaufkraft des deutschen Handels. Er
meinte, das alles werde glaubhaft klingen, da kein anderes Land
auf diesen Gebieten Besseres bieten könne als Deutschland. Für
die Organisation der Propaganda regte Roselius an, man möge
sich große deutsche Außenhandelsfirmen zum Vorbild nehmen
und in einem beratenden »Hilfskomité für nationale Propaganda«
einige Firmenchefs heranziehen, darunter die von Kathreiners
Malzkaffee, Bahlsens Kekse, Persil, Odol, Maggi und natürlich
Kaffee HAG mit Ludwig Roselius.
Zunächst bekam Roselius keine Antwort auf seine Empfehlungen;
offenbar hielt man sie für eine der vielen patriotischen Denkschriften jener Tage. Der Verfasser ließ jedoch nicht locker, und
schließlich wurde ihm 1915 die Propaganda auf dem Balkan,
später auch die in Skandinavien übertragen. 1917 wurde er zum
bulgarischen Generalkonsul ernannt; auf diesen Titel war er Zeit
seines Lebens sehr stolz, denn er erhöhte sein Prestige in Kauf-
mannskreisen – und nicht nur dort. Sein Interesse an Bulgarien
schlug sich auch in Aufsätzen nieder, u. a. für Stresemanns »Deutsche Stimme«.
Über die Propaganda in Bulgarien hat der Sozialdemokrat Alfred
Faust, der zeitweilig Mitarbeiter von Roseliusfirmen war, eine
Anekdote erzählt, deren Wahrheitsgehalt sich nicht nachprüfen
läßt, die aber keineswegs Unmögliches berichtet: »Eine Aufgabe
(von Roselius) lautete, durch die Presse die bulgarische Öffentlichkeit deutschfreundlich zu stimmen. Jeder Diplomat der alten
Schule hätte die Journalisten und Verleger bestochen oder selbst
Hunderte von Artikeln, Notizen und Meldungen gegen hohe
Vergütung eingereicht ... Roselius dagegen kaufte die gesamte

Druckerschwärze des Landes auf und gab das unentbehrliche Schwarz nur an die Zeitungen ab, die deutschfreundlich schrieben oder zu schreiben sich verpflichteten.«

In einer weiteren Denkschrift entwarf er 1915 eine Art europäische Wirtschaftsgemeinschaft mit deutschem Übergewicht. Hierbei ist die Ähnlichkeit mit Friedrich Naumanns »Mitteleuropa« nicht zu übersehen. Nach Roselius sollten alle »produktiven Betriebe« Mitteleuropas sich mit 10 Prozent an einer großen Handelsgesellschaft namens »Stalhof« beteiligen. 50 Prozent des Einflusses sollte bei den Kapitalgebern liegen, 50 Prozent aber bei Männern, die keine direkten Kapitalinteressen am Unternehmen hatten, sondern mehr die soziale Seite (»Volksrecht vor Geldrecht«) und die Propaganda zu vertreten hatten. Der »Stalhof« scheiterte – nach Roselius – am »passiven Widerstand der Schwerindustrie und der Großkapitalisten«.

Das Entwerfen von Denkschriften wurde jäh unterbrochen, als Roselius im Frühjahr 1916 als Oberleutnant der Reserve beim 20. Infanterie-Regiment eingezogen wurde. Vor Verdun zog er sich 1917 eine Nierenerkrankung zu, die ihn etwa ein Jahr an Lazarette und Krankenhäuser fesselte. Dann aber kehrte er ins Kaufmannsleben zurück.

Ludwig Roselius, der 1912 nach Berlin verzogen war, unterhielt nun auch wieder eine Wohnung in Bremen: Er erwarb das Fritzsche Haus Osterdeich Nr. 3, ein großes Gebäude des Architekten Heinrich Müller im Stil der Neorenaissance von 1862. Es blieb bis zum Tode seine Residenz.

Zunächst war nun aber der Krieg noch nicht zu Ende. Die schlechte Lage Deutschlands beflügelte Roselius zu weiteren patriotischen Denkschriften; sie bezogen sich vor allem auf die Wirtschaftsordnung. Er gab zwar zu, daß eine staatliche Kontrolle der Warenverteilung überall dort nötig sei, wo es an lebenswichtigen Produkten fehle. In der Erzeugung jedoch müßten die Unternehmer frei sein; denn nur so könne eine Leistungssteigerung erreicht werden. Die Zwangswirtschaft habe Kriegsgewinnler und Schieber begünstigt, die Produktivkräfte des Volkes aber gehemmt. Der deutschen Privatwirtschaft, die vor dem Kriege hohe Sozialverpflichtung bewiesen habe, sollten bald »ihre Rechte« zurückgegeben werden. Dann sei es auch möglich, sich nach dem Kriege gegen die ausländische Konkurrenz durchzusetzen.

Noch am 20. Oktober 1918, als Oberste Heeresleitung und Reichsregierung längst aufgegeben hatten, hielt Roselius bei völliger Umkehr der deutschen Politik einen deutschen Sieg für möglich und lehnte das Waffenstillstandsangebot an Wilson ab. Er glaubte, daß sich ein Programm finden lasse, auf das sich alle Deutschen – Unternehmer und Arbeiter – einigen ließen. Seine Erörterungen arbeiteten oftmals mit unklaren Begriffen (die »Demokratie« war für ihn »die freie Erwerbsmöglichkeit des einzelnen«!) und verkannten die tatsächliche Lage. Sein Glaube an die überragende Kraft Deutschlands und an ein dynamisches und zugleich sozial eingestelltes Unternehmertum blieb unerschütterlich.

Zusammenbruch und Revolution im November 1918 wurden dann von Roselius als unvermeidbar hingenommen. Natürlich hatte er auch seine eigene Auffassung über die Gründe. Er meinte, man habe in der Propaganda dem Volk ein unrealistisches Bild der Lage entworfen, so daß der Katzenjammer groß wurde, als die Krise nicht mehr zu verheimlichen war. Zudem hätten Parteihader und persönliche Intrigen Moral und Disziplin erschüttert. Roselius meinte später: »Wäre das Deutsche Reich so geführt worden wie die Kaffee HAG, dann hätte Deutschland den Krieg nicht verloren.« Ende 1918 entwickelte er vorübergehend einen geradezu grotesken Optimismus. Er glaubte, daß sich nun im deutschen Volk – unter Einschluß der Arbeiter – durch die Vergewaltigungsakte der Entente ein »Siegfriedensgedanke« entwickeln werde. Befreit vom egoistischen Kriegskapitalismus könne das deutsche Volk nun mit gutem Gewissen den sozialen Gedanken, Recht und Wahrheit zum Programm erheben. Unter diesen Umständen würden es die Arbeiter der Siegervölker nicht zulassen, daß man die Deutschen unterdrücke. Die Reichen der ganzen Welt würden nun von ihren Völkern gezwungen, »die Kosten dieses Krieges zu bezahlen«.

Innenpolitisch wehrte sich Roselius gegen eine Herrschaft des Proletariats, weil sie die dynamische Kraft der Tüchtigen hemme, dadurch zu Armut und Elend führe. »Wir wollen das Proletariat beseitigen durch Hebung desselben« (hier wird das »Proletariat«

freilich anders gesehen als in der kommunistischen Ideologie!). Als Roselius sich im November 1918 brieflich mit dem kommunistischen Worpsweder Maler Heinrich Vogeler auseinandersetzte, war er in dieser Frage sehr deutlich: »Ehrlichen, wahren Kommunismus gibt es überhaupt nicht, nicht einmal in der Schafherde. Allen Reiz des Lebens finde ich persönlich in der Ungleichheit der Menschen.« Die russische Revolution lehnte Roselius ebenfalls ab, denn sie versuche, einen kranken Körper mit konzentrierter Salzsäure gesund zu machen. Was Deutschland betraf, so stimmte er mit führenden Sozialdemokraten überein, die ihm gesagt hatten: »Ohne Macht gibt es keine Ordnung, ohne Ordnung keine Möglichkeit für das deutsche Volk, wieder ein menschenwürdiges Dasein zu bekommen.« Eine Besserung der Verhältnisse hielt er für möglich, »sobald... die freie Wirtschaft wiederhergestellt wird..., wenn es gelingt, das Parteiwesen auszuschalten und uns alle zu gemeinsamer Arbeit zu vereinigen«. Die Mitwirkung in irgendeiner Partei lehnte er daher ab. Es konnte nicht ausbleiben, daß er mit Rechten und Linken bisweilen heftig kollidierte.

Auch in den folgenden Jahren vertrat Roselius immer wieder die alte These, daß die Zwangswirtschaft aufgehoben und jede Sozialisierung vermieden werden müsse. Nur eine freie Wirtschaft sei überhaupt in der Lage, zugleich das Leben der Arbeiter zu bessern und produktiv zu sein. Dem Staat billigte er nur das Recht zu, den Gewinn zu besteuern, notfalls bis dem Unternehmer »die Schwarte knacke«. Die Privatwirtschaft müsse jedoch auf möglichst breite Basis gestellt werden (weitgehende Selbständigkeit vieler Betriebe). Die Arbeitslosen sollten möglichst zweckmäßig in die Wirtschaft eingebaut werden, am besten in freien Unternehmen, sonst aber in »Arbeitsstätten des Staates«. »Wer nicht arbeitet, bekommt kein Geld, aber doch Unterkunft und so viel zu essen, daß er die Notdurft des Lebens stillen kann.« Übrigens wollte Roselius eine zwei- bis dreijährige Arbeitsdienstzeit nach der Lehrzeit eingeführt wissen. Sie sollte der Erziehung zur Volksgemeinschaft dienen.

Alle Vorschläge fanden taube Ohren: sie wurden dann aber wenigstens von der Universität Münster, der Roselius materielle Hilfe bei der Einrichtung eines Lehrstuhls für experimentelle

Psychologie und wissenschaftliche Propaganda leistete, für gewichtig genug befunden, um ihn zum Dr. rer. pol. h. c. zu promovieren. Zum »Generalkonsul« war nun der »Doktor« getreten; für die Selbsteinschätzung und das Auftreten von Ludwig Roselius war das von großem Gewicht.

Es ist recht interessant, daß Roselius – ohne sein Zutun – bereits 1922 eine Begegnung mit Hitler hatte (wohl in Berlin). Dichtung und Wahrheit sahen dann 1933 so aus:

»1922 besuchte mich Adolf Hitler. Freunde hatten mir geschrieben: ›Er wird der Führer sein.‹ Wer ihn kennt, weiß, wie ich ihn empfand. Niemand kann sich dem Einfluß dieses seltenen Mannes entziehen. Der hehre Schwung seiner Seele, die Reinheit seines Gefühls für die deutsche Sache wird zur Erhabenheit.

›Ich baue eine Partei. Wollen Sie mir helfen?‹

Meine Antwort: ›Tauge nicht zu dieser Arbeit, muß parteilos sein, um Deutschland zu dienen. Muß Brücken schlagen zu anderen Völkern und den Brüdern da draußen.‹

Wir sprachen über Chamberlain, den nordischen Mann, der das deutsche Wesen erkannte, dem deutschen Gedanken höchste Form gebend.

Ich: ›Um Deutschland in solchem Geiste zu führen, fehlt uns die Macht.‹

›Ich hole mir die Macht!‹

Ein fester Händedruck, und Hitler schied. Mönchlein, Mönchlein, du gehst einen schweren Gang, so dachte ich.«

So kann man es gedruckt lesen. Im großen und ganzen ist der Bericht für die politische Einstellung von Roselius im Jahre 1933 aufschlußreicher als für 1922. Soviel dürfte jedoch stimmen: Er lehnte damals Parteieintritt und größere Geldspenden für Hitler ab.

Im übrigen aber bezog er als guter Geschäftsmann in den zwanziger Jahren keine feste Position; niemand wußte damals, wer schließlich der Sieger sein werde. Zwar äußerte sich Roselius gegen Zwangswirtschaft und Kommunismus, weil sie ihn geschäftlich behinderten bzw. zu enteignen drohten; aber auch das waren eher Stimmungen als konsequent verfolgte Überzeugungen. Als guter Kenner der Materie schrieb der Sozialdemokrat Alfred Faust über die erstaunliche politische Vielseitigkeit von Roselius:

»Er ließ sich von verschuldeten Königen und von notleidenden
Kommunisten anpumpen; er korrespondierte mit dem Haken-
kreuz-Grafen Reventlow und mit dem Juden Rathenau, mit
Wilson und König Ferdinand [von Bulgarien], mit Stresemann
und Rakowski ... Hatte er in Holland Geschäfte, so lud ihn
der tennisspielende Exkronprinz zu sich, und als er in Bremen
zurück war, lud er den roten Präsidenten Ebert zu Gast. Der
Sozialdemokrat und Bodenreformer [Pastor] Emil Felden war
ihm ein ebenso erwünschter Partner wie der deutschnationale
Hilfstrompeter und Kronprinzenadjutant Freiherr v. Hünefeldt.«
Für Alfred Faust war Roselius »ein ewiger Jude des modernen
Kapitalismus ... Alles wird ihm zum Markenartikel: die Reichs-
marineflagge und die rote Fahne, der Sozialismus und die Boden-
reform, die Planwirtschaft und Zwangswirtschaft, ein König, der
Kronprinz und sein Adjutant, die Reichskaffeezentrale und das
Auswärtige Amt, der Botschafterposten in Washington und der
Aufsichtsratsposten in irgendeiner Sanatoriums-Aktiengesellschaft;
Konjunktur, rastlose Konjunktur in Göttern, Menschen, Tieren
und Dingen.«
Wie verhielt sich Roselius nun aber im Bereich der Wirtschaft
und der Kultur? Der 50. Geburtstag gab einigen Freunden 1924
den Anlaß zu einem Privatdruck, in dem versucht wird, apho-
ristisch und anekdotisch aus subjektiver Sicht eine Charakteristik
des Jubilars zu geben. Es bietet sich das Bild eines Menschen,
der überall mit vielen Bällen zugleich spielte, sich auch nie von
einer Leidenschaft für eine Sache dauernd bewegen ließ. Er hatte
daher auch »Kopf und Herz und Hand, Rat, Ermutigung, Bei-
stand, auch Geld« für einen sehr gemischten Personenkreis: für
»Schriftsteller, Künstler, Künstlerinnen, Kaufleute, Gelehrte, Erfinder, Monarchisten und Kommunisten«. »Kürzlich lauschte er
geduldig dem Erfinder, der alle Spatzen in Paradiesvögel und
Kolibris umfärben will.« »Rastlos faßt er jeden Dreck an, hier
etwas Gold daraus machend, dort Sonnenschein für strebende
Menschen.«
Roselius habe keine zehn Minuten still sitzen können. »Rundlich
rollt er herum.« Und das war nicht nur körperlich gemeint,
sondern bezog sich auch auf seine geistigen Interessen. Er war
eben – wie Alfred Faust es ausdrückte – ein »brodelnder Koch-

topf«, für den kein Deckel paßte. »Freund Ludwig gehorcht dem Grundsatz, daß man immer anders denken muß als die andern.« Da niemand wußte, wie Roselius im Augenblick »dachte«, gab es manche Zusammenstöße. Ein Freund riet ganz offen: »Und wirst du gerufen, so begib dich ohne den überflüssigen Ballast einer eigenen Meinung in die Bleicherstraße [bzw. Osterdeich Nr. 3, die Wohnung von Roselius], denn dort wird dir doch eine neue beigebracht ... Hast du bestimmte Ansichten über Gegenstände der Kunst, so behalte sie für dich.« Eher könne ein Wunder geschehen, »als daß Ludwig sich entschlösse, eine von ihm aufgestellte These über die bildende Kunst dir zu Gefallen zu revidieren«. Wenn er seine Thesen änderte, geschah es aus unerfindlichen Gründen.

Natürlich war auch die Sammelleidenschaft von Roselius Gegenstand milden Humors seiner Freunde: »Hast du einen alten stockfleckigen [Kupfer]Stich, auf dem eben noch ein Schiff mit der Bremer Flagge zu erkennen ist, oder bist du, ein unwahrscheinlicher Fall, im Besitz von irgend etwas Gemaltem oder Geschriebenem der Paula Becker-Modersohn, das ihr Mann noch nicht verkauft hat, so gehe frohgemut zu Ludwig, er kauft dir's ab.« Es war vielen ein Rätsel, wie Roselius trotz solcher vielseitigen kostspieligen Steckenpferde und offensichtlichen Windbeuteleien geschäftlichen Erfolg haben konnte. Er selbst soll das mit »Propaganda« begründet haben. Sicher ist das nur einer von mehreren Schlüsseln. Es kommt noch anderes hinzu: Vor allem eine Anpassungsfähigkeit, die einige Kenner der Materie als »unbegrenzt« ansahen. Mit Schmunzeln wurde behauptet, Roselius habe im Ersten Weltkrieg ein Projekt entwickelt, »aus Torfmull, Sägemehl und einem vorsorglichen Zusatz von Rizinusöl als Bindemittel ein Volksnahrungsmittel« herzustellen – ein Projekt, das »wegen des voreiligen Friedensschlusses nicht verwirklicht« werden konnte. Die geschäftlichen Erfolge wurden weiterhin mit der Tatsache begründet, daß Roselius die meiste Arbeit an tüchtige Leute zu delegieren verstand und daß er trotz aller Unzulänglichkeiten eine Selbstsicherheit ausstrahlte, die alle Kritiker entwaffnete: »Wenn fünfzig Leute beisammen sind und Ludwig kommt als Einundfünfzigster und letzter hinzu, so merken doch alle bald, daß er eigentlich der erste ist; und wenn seine Neider meinen, diesmal gerät er sicher in die Tinte, sitzt er schon längst in der Schlagsahne.«

Vielseitigkeit, Anpassungsfähigkeit und Propaganda erschwerten auch schon 1924 für Freund und Feind die Einordnung von Ludwig Roselius in ein bestimmtes Schema: etwa »Klein-Stinnes« oder »königlicher Kaufmann« oder »politisierender Kunstfreund«. So der Sozialdemokrat Alfred Faust, der ihn als »erfolgreichen Außenseiter« bezeichnen möchte, der sich als »Industrieparvenü« abseits von den »erblichen Dynastien der Reeder und Großexporteure, der Silber- und Gold-, Wein- und Pfeffer-, Tabak- und Baumwollhändler« vorwärtskämpfte und von ihnen erst anerkannt wurde, als er bereits oben auf der Leiter stand.

Trotz des schweren Rückschlages, den die Firma Kaffee HAG im Ersten Weltkrieg erlitten hatte, und trotz der harten Jahre nach 1918 waren dem dynamischen Kaufmann Roselius erhebliche Erfolge beschieden. Kaffee gab es zunächst nur noch wenig; der jährliche Verbrauch der Deutschen sank pro Kopf auf ein Pfund (1913: 5 Pfund). So wich Roselius auf andere Produkte aus: auf Hartholz und Farben, Mineralwasser und pharmazeutische Waren. Erst 1921 nahm die Kaffee HAG ihre Arbeit wieder auf, und es gelang auch sehr bald, im Ausland Fuß zu fassen. 1922/23 war Roselius in New York, um alte Rechte geltend zu machen und neue Möglichkeiten zu erschließen. Er kaufte einige Aktien seiner als Feindvermögen beschlagnahmten Zweigfirma und erschien in der Jahresversammlung der Gesellschaft. Er griff die Geschäftsführung an, erklärte sich aber zur Zusammenarbeit bereit; doch wurde er zurückgewiesen. So plante er den Aufbau einer neuen Firma. Um eine Konzessionierung zu erreichen, soll er »mit der amerikanischen Unabhängigkeitserklärung in der Tasche« Präsident Wilson aufgesucht haben, bei dem er sich auf die »Freiheitsrechte« berief. Schließlich baute er dann ein neues Unternehmen für coffeinfreien Kaffee auf, den er »Sanka« (= sans caféine) nannte. Er konnte sich mit Hilfe geschickter Werbung in den USA gegen seine alte Firma durchsetzen, die nun zur Bedeutungslosigkeit absank. Auch andere Auslandsorganisationen entstanden in den nächsten Jahren.

In Bremen erreichte die Produktion 1927 wieder den Vorkriegs-

stand. 1929 brachte eine Tochtergesellschaft den »Plantagentrank«
KABA heraus. 1924 beteiligte sich Roselius auch an den Focke-
Wulf-Flugzeugwerken in Bremen, einer kurz zuvor gegründeten
Aktiengesellschaft, die in Not geraten war. Roselius war lange
Jahre Vorsitzender des Aufsichtsrats und nahm starken Anteil
an der oftmals schwierigen Finanzierung des Unternehmens.
Diese wirtschaftlichen Erfolge bildeten nun die Grundlage der
Kunstförderung von Ludwig Roselius in den zwanziger Jahren.
Mit ihr war natürlich auch eine werbende Wirkung für die Firma
Kaffee HAG beabsichtigt. In diesem Zusammenhang wären vor
allem zu nennen:
Die »Internationale Zeitschrift ›Die Böttcherstraße‹«, die u. a. von
Prof. Bernhard Hoetger herausgegeben und bei der »Pressa« in
Köln gedruckt wurde; es handelte sich um eine sehr geschickte
Mischung von Kunst, Literatur, Wissenschaft und qualitätvoller
Firmenwerbung.
Der Angelsachsen- und Friesenverlag im Hause Böttcherstraße
Nr. 6 (später in Nr. 4/5), in dem nicht nur »Die Böttcherstraße«
und andere Werbeschriften der HAG-Gruppe, sondern auch wert-
volle Bücher verlegt wurden. Weiter wären zu nennen: die
Exportbuchhandlung G. A. Halem, kunstgewerbliche Werkstätten
(darunter die Handweberei Hohenhagen) usw.
Im Mittelpunkt des Mäzenatentums von Ludwig Roselius stand
nun aber die Böttcherstraße. Die Beziehungen zu dieser Straße
waren 1904 durch den Kauf und die Renovierung des Hauses
Nr. 6 eingeleitet worden. Noch vor dem Ersten Weltkrieg kaufte
Roselius die Nachbarhäuser Nr. 4, 5, 7, 8 und 9. Die Giebelhäuser
Nr. 4 und 5 (seit 1934 »Haus des Glockenspiels«) wurden 1924
erneuert und nahmen den Angelsachsen- und Friesenverlag auf.
Auf der gegenüberliegenden Straßenseite wurden nach und nach
einige baufällige Häuser abgerissen; die Stadt erwarb diese Grundstücke, um eine Straßenverbreiterung durchzuführen. 1923 brachte
Roselius den Wunsch zum Ausdruck, er wolle diese Grundstücke
kaufen oder pachten, »um die alten Häuser wieder erstehen zu
lassen, damit wir an einer Stelle denen, die nach uns kommen,
und den Besuchern von auswärts zeigen können, wie man in
Bremen in alten Zeiten gebaut und gewohnt hat«. Ziel war zu
dieser Zeit also noch die Wiederherstellung und Bewahrung eines

Stückes von Alt-Bremen. Roselius hob diese Bemühungen bereits auf eine »höhere Ebene«. Es sei Tatsache »daß es letzten Endes der deutsche Geist ist, den unsere Feinde bekämpfen ... Wir müssen uns deshalb in unserem eigenen Volkstum verankern und den deutschen Geist unzerstörbar machen ... Die Wiedererrichtung der Böttcherstraße ist ein Versuch, deutsch zu denken« (so 1926). Hier zeigt sich deutlich ein völkisch motivierter Nationalismus, der Roselius zum schwärmerischen Bewunderer Houston Stewart Chamberlains machte und in die Nähe des Nationalsozialismus brachte.

Die rechte Seite der Böttcherstraße erhielt Roselius 1923 für sechzig Jahre in Erbpacht. Da hier die alten Häuser zum größten Teil nicht mehr standen oder sich in einem sehr schlechten Zustand befanden, kamen schließlich doch nur Neubauten in Frage. Es wurden ausschließlich bremische Künstler herangezogen, die zur Richtschnur erhielten, »daß sich das Haus in den Geist unserer Heimat einreiht und in seiner Gesamtheit eine Fortsetzung der Kunst unserer Vorväter bildet«. Dabei sollte freilich nur der »Geist« übernommen, nicht aber die alte Form nachgeahmt werden. Als Architekten wurden Alfred Runge (1881–1946) und Eduard Scotland (1885–1945) beauftragt, beide tüchtige Fachleute mit feinem Kunstgefühl. Sie bauten die Westseite der Böttcherstraße mit dem HAG-Haus und dem Haus St. Petrus. Später kam das ähnlich empfundene Haus Robinson Crusoe des Architekten Karl von Weihe hinzu. So entstand jener Teil der Straße, der die wenigsten Probleme bot.

Schon jetzt betrieb Roselius parallel zu den Baumaßnahmen die Sammlung von Gegenständen der »Väterkunde« (= Vor- und Frühgeschichte), mit der »die Herkunft und Kultur des nordischen Menschen ... dargestellt werden« sollte. Sie diente Roselius insbesondere zur Bestätigung des »seit Jahren unerschütterlichen Glaubenssatzes, ... daß wirklich große Kunst von den Germanen stammt«.

Die östliche Seite der Böttcherstraße bestand aus dem seit 1904 renovierten Haus Nr. 6, den beiden schlichten Giebeln der Häuser Nr. 4 und 5 (1924 erbaut, seit 1934 »Haus des Glockenspiels«) und einer Reihe alter Gebäude unterschiedlichen Erhaltungsgrades. Roselius wollte sicher von Anfang an seine Baumaßnahmen auf die gesamte Böttcherstraße ausdehnen. Da die Geschäfte in diesen Jahren gut gingen, standen 1926 Mittel zum weiteren Ausbau zur Verfügung. Roselius berichtete von bestimmten Anstößen: Der Künstlerbund wünschte sich einen Ausstellungsaal, Werkstätten und Ateliers; der Plattdütsche Vereen bat um ein »Arbeitslokal« usw. Vom früheren Plan, das Alte zu bewahren, blieb nun nichts mehr übrig; ob man das bedauern soll, ist Geschmacksache.

Bereits 1926 wurde nun nach den Plänen Prof. Bernhard Hoetgers (1874–1949) das Paula-Becker-Modersohn-Haus gebaut. Roselius begegnete dem Vorwurf, es wäre besser gewesen, Runge und Scotland auch mit diesem Bau zu beauftragen, mit der Auffassung, »die Böttcherstraße wäre langweilig geworden, wenn ein und derselbe Architekt sie gebaut hätte. Hätte ich die Böttcherstraße nochmals zu bauen, so würde ich jedem Architekten nur den Bau von einem oder höchstens zwei Häusern überlassen.« Die Straße wäre dann natürlich eine Art Architekturmuseum der zwanziger Jahre geworden.

Roselius zeigte bereits in dieser Zeit eine schwärmerische Verehrung für Hoetger, den er sogar über Rodin stellte und von dem er meinte, er steige »in die Tiefen der Urformung« hinab, um uns »wirkliche Werte« zurückzubringen. Dabei wußte Roselius Politik und Kunst zu trennen; denn er hielt zu Hoetger, obwohl dieser zeitweilig mit dem Kommunismus sympathisierte. Mit Recht warfen freilich gerade die Kommunisten Hoetger seine politische »Vielseitigkeit« vor: »Er konnte reformierend, sozialdemokratisch, feudal und faschistisch denken, so wie seine Kunst sich allen jeweiligen Richtungen anpaßte« (so Heinrich Vogeler). Sicher ist auch, daß Hoetger genau wie Roselius für nordisches Wesen schwärmte, und beide zeigten in ihrem stark entwickelten Selbstbewußtsein eine deutliche Neigung zur »Protzerei«.

Es ist daher auch fast selbstverständlich, daß sich die Einweihungsfeiern jeweils zu einer »Show« gestalteten. Der Maler Heinrich Vogeler, der von Roselius gefördert wurde, aber als Kommunist den Unternehmer haßte, berichtete über die Eröffnung des Paula-Becker-Modersohn-Hauses am 2. Juni 1927: »Der Eingeladene bekam die Bitte zur Teilnahme an der Feier in Form eines Scheckbuches, das in tadelloser lederner Hülle steckte. Wenn er die Häuser der Böttcherstraße betrat, brauchte er in diese Schecktalons nur seine Wünsche einzutragen, die seinen leiblichen Bedürfnissen entsprachen. Für den Gast standen Speisen jeder Art, Delikatessen, Obst, Süßigkeiten, Weine, Schnäpse, Kaffee, Tee, Zigarren und Zigaretten zur Verfügung . . . Aber bevor sich die Pforten dieses lukullischen Paradieses öffneten, fand noch die Eröffnungsfeier im großen Saal statt. Ich sah noch einmal den ganzen bekannten Kreis der alten Welt wieder . . . Dann wurde die Gedächtnisrede geschwungen.«

1931, als auch Bremen von der vollen Wucht der Wirtschaftskrise getroffen wurde, war der Ausbau der Böttcherstraße einigermaßen abgeschlossen. Es war erreicht: Eine neue Sehenswürdigkeit Bremens war entstanden; sie wurde mit Ludwig Roselius und der Firma Kaffee HAG in Verbindung gebracht. Schellers Stadtführer sagte (1928) mit Recht: Die Böttcherstraße »bedeutet für das Stadtbild Bremens eine wesentliche architektonische Bereicherung, die der Fremde nicht übersehen darf. Sie ist in dreifacher Beziehung bemerkenswert, als architektonischer Versuch, der niederdeutsche Überlieferung mit der kühnen Freiheit eines modernen niederdeutschen Baustils verbindet, wegen ihrer wertvollen Sammlungen und Ausstellungen und wegen ihrer großzügig angelegten, behaglichen und freundlichen Governräume.« Auch auf die Initiative des »Bremer Kaufmanns Generalkonsul Dr. h. c. Ludwig Roselius« wird deutlich hingewiesen.

Doch gab es von Anfang an auch kritische Stimmen. So veröffentlichte der Bremer Diplomingenieur und Direktor des Wohnungsaufsichtsamtes Dr. Hermann Werner 1927, also noch vor Abschluß der Bauarbeiten, in der Zeitschrift »Deutsches Bauwesen« einen Artikel, in dem die Straßenseite von Runge und Scotland die Attribute »fein und zart« erhält, während die von Hoetger »wild und rücksichtslos« genannt wird. Hier wird auch bereits der Hintergedanke vermutet, der mit der Böttcherstraße verbunden sein mochte, Hoetger habe »durch kühne Selbstherrlichkeit des Baugedankens eine außergewöhnliche Propagandawirkung erzielt, . . . und das ist auch der eigentliche Zweck der Böttcherstraße, die Straße in den Dienst der Propaganda und die Propaganda in den Dienst der Idee zu stellen«. Nun, das mag umstritten sein; sicher ist aber, daß Hoetger die Architektur zugunsten einer malerischen und plastischen Kunstgestaltung in provozierender Weise auflöste. Niemals wurde bestritten, daß das gewollt war, doch es ist auch immer »Geschmacksache« geblieben.

Die politische Einstellung von Roselius war in dieser Zeit bestimmt durch nationale und völkische Ideen, durch die Überzeugung von der schöpferischen Kraft und der sozialen Einstellung eines freien Unternehmertums. Parteipolitik war ihm zuwider, weil sie das Allgemeininteresse oftmals aus dem Auge verlor. Er war zudem gegen den Versailler Vertrag, gegen Marxismus, britisch-amerikanischen Kapitalismus sowie gegen Dawes- und Youngplan. Im großen und ganzen ergab das eine enge Berührung mit wichtigen politischen Zielen der NSDAP, ohne daß es zu einer vollen Übereinstimmung kam.

Als die Weltwirtschaftskrise mit voller Wucht auch über Bremen hereinbrach und u. a. den Zusammenbruch der »Nordwolle« verursachte, da hatte Roselius wieder ein probates Rezept für eine Kur bereit – eine Kur, die den »Weg zur Rettung« bedeuten konnte. Bringt man die komplizierten Gedanken auf einen vereinfachten, aber immer noch schwierigen Nenner, so ergibt sich folgendes Bild:

Roselius sieht die Ursache der Krise in einer »Goldhausse«, also im Ansteigen des Goldpreises und damit eines Preisverfalls anderer Werte. Die Goldhausse sei bewirkt worden durch Horten von Gold, vor allem durch die französische Regierung. Die Lösung könne aber nicht durch einen Verzicht auf die Goldwährung erfolgen, da Gold nun einmal ein international anerkannter Wertmesser sei. Roselius schlägt vor, daß durch eine Einigung aller »Kulturstaaten« neben der durch Gold gedeckten Währung »Goldtitel« geschaffen würden, die ihre Deckung im Produktivvermögen der beteiligten Staaten finden müßten. Diese »Goldtitel« sollten den Staaten entsprechend dem Bedarf an Gold als Ausgleich zur Verfügung gestellt und später wieder amortisiert werden. Auf diese Weise könne die Weltwirtschaft von Schwankungen des Goldpreises unabhängig und damit stabilisiert werden. Zudem könnten Aufrüstung und Kriege verhindert werden, und zwar durch Annullierung von »Goldtiteln« für einzelne Staaten. Internationale Abmachungen auf dieser Basis waren nach der Meinung von Roselius die einzige Möglichkeit, einem Sieg des Bolschewismus zu entgehen. Aber auch dieser werde nicht auf den Roseliusplan der »Goldtitel« verzichten können.

Doch für die Schaffung internationaler »Goldtitel« müßten die Nationalwirtschaften zunächst einmal im eigenen Hause Ordnung schaffen. Für Deutschland schlug Roselius vor, man möge die Umlaufmittel dadurch erhöhen, daß der Staat auf Haus und Grundbesitz Hypotheken in Form von frei verwendbaren Rentenscheinen (Rentenmark) zur Verfügung stelle, die ohne Golddeckung und nur auf dem Inlandmarkt verwendbar sein sollten. Durch zurückfließende Zinsen und Amortisation würde der Staat über erhebliche Geldmittel verfügen, andererseits könnten die Grundbesitzer ihre Rentenscheine zur Finanzierung von Bauvorhaben verwenden und damit die Wirtschaft beleben. Die Prognose für den Fall der Durchführung dieser Maßnahmen: »Wie ein Ernte bringender Regen wird es sich über ganz Deutschland ergießen. Innerhalb 8 Wochen können wir von der größten Misere zu ertragbaren Verhältnissen kommen!«

Hier wurden einige Grundgedanken geäußert, die heute tatsächlich zur Behebung von Krisen in die Praxis umgesetzt werden: staatliche »Kapitalspritzen« auch bei Gefahr einer inflationären Wirkung und Schaffung eines internationalen Währungsfonds zur Behebung internationaler Ursachen von Wirtschaftskrisen. Das Roselius-Rezept wurde 1931 von der Reichsregierung überhaupt nicht zur Kenntnis genommen. Ob es damals im ganzen oder in Teilen realisierbar war, ist nicht mit Sicherheit zu beurteilen.

Roselius wurde sogleich von verschiedenen Seiten, insbesondere von den betroffenen Interessengruppen, heftig angegriffen. Als erste meldeten sich die Nationalsozialisten. Ihr Wortführer war Theodor Laue, damals Schmieröl-Kaufmann, später NS-Innen- und Polizeisenator. Er bezweifelte vor allem, daß die Goldhausse Ursache der Krise sei. Er betonte vor allem die Tatsache, daß sich in den früheren Absatzgebieten der Industrienationen während des Ersten Weltkrieges eigene Industrien gebildet hätten, die den Absatz nunmehr stagnieren ließen. Die Goldhausse wurde zugegeben und durch das Horten von Gold in einigen Staaten begründet. Die Gegenmaßnahmen sahen aber anders aus als im Roseliusplan. Laue empfahl entsprechend der

Autarkiepolitik der NSDAP eine national-deutsche Währung ohne Golddeckung und internationale Bindung. Er bestritt auch, daß die Gesundung der Binnenwirtschaft durch eine Vermehrung der Umlauftitel (Rentenscheine) in die Wege geleitet werden könne. Die einzig richtige Lösung bestehe in einer »intensiveren Arbeit«, durch die sich der Konsum und damit auch die Umlaufmittel erhöhen würden. Produktive Arbeit aber sei ebenso gut wie Gold. Die von Roselius für den Fall einer Ablehnung seiner Pläne an die Wand gemalte bolschewistische Gefahr wollte der Nationalsozialist Laue nicht anerkennen; seine Partei sei gegen die rote Gefahr ein zuverlässiges Bollwerk.

Es wurde deutlich: Die Auffassung von Roselius über wirtschaftspolitische Maßnahmen hatte internationalen Anstrich und deckte sich daher nicht mit der Parteilinie der Nationalsozialisten, die eine Autarkie der deutschen Wirtschaft anstrebten. Doch trug die Auseinandersetzung 1931 noch eine recht nüchterne, fast akademische Note, obwohl sie in der bremischen Tagespresse ausgetragen wurde. Roselius sah sich durch sie noch nicht zum Parteifeind gestempelt, und im großen und ganzen war er das auch wirklich nicht.

Die »Nationale Erneuerung« 1933 wurde von Roselius trotz mancher wirtschaftspolitischer Bedenken schwärmerisch begrüßt. In einer Niederschrift am Geburtstag des »Führers« am 20. April 1933 bewunderte er Hindenburg mit folgenden Worten: »Hindenburg – das Wort allein genügt. Er ist der Graf Rüdiger von Bechlaren für das deutsche Volk; er ist die Verkörperung des deutschen Heldenideals.« Auch über konservative Verbündete Hitlers findet sich lautes Lob. Und dann heißt es am 24. September 1933 bei der Einweihung des Erweiterungsbaus des Instituts für Gesundheit und Leistung in der Martinistraße: »In unserem Führer Adolf Hitler erkennen wir einen von Gott dem deutschen Volk Gesandten ... Das ganze deutsche Volk muß nationalsozialistisch werden!«

So schwärmerisch Roselius auch das »Dritte Reich« begrüßte und seine völkischen Gedanken formulierte, so wenig waren für ihn politische Differenzen ein Anlaß zu Haß oder Verachtung. Das zeigte sich besonders deutlich in seinem Verhältnis zum Kommunisten Heinrich Vogeler, dem er freundschaftlich riet, sich auf die Malerei zu konzentrieren und die Finger von der Politik zu lassen. Das ergibt sich aber auch aus seiner fortdauernden Treue zu Hoetger. Es sei auch nicht vergessen, daß er dem sozialdemokratischen Journalisten und Reichstagsabgeordneten Alfred Faust nach seiner Entlassung aus dem Bremer Konzentrationslager im Angelsachsenverlag in Berlin eine auskömmliche Beschäftigung gab. Es ging sogar das Gerücht um, der ehemalige sozialdemokratische Oberpräsident der Provinz Hannover und Reichswehrminister von 1919/1920, Noske, solle einen Direktorposten in der Böttcherstraße erhalten. Bezeichnend ist auch, daß Roselius 1933 in öffentlicher Rede erklärte: »Ich habe unter den Arbeitern, die heute noch abseits von der Bewegung stehen, herrliche Menschen gefunden.« Freilich sprach er dann die Hoffnung aus, daß auch sie bald nationalsozialistisch werden möchten. Roselius war immer ein dynamischer Kaufmann, der Optimismus und Erfolg ausstrahlte. Und doch gab es im persönlichen Leben manchen Schatten. 1926 verstarb seine Frau; 1928 ging er in Paris eine neue Ehe mit Marthe Petrouschitz ein, aus der ein Jahr später der einzige Sohn hervorging, der heute Vorsitzender des Vorstandes der HAG AG in Bremen ist. 1934 zog sich Ludwig Roselius bei einem Unfall in den bayerischen Bergen einen Bluterguß am rechten Bein zu, der sich in eine Geschwulst verwandelte. Am 6. April 1934 mußte ihm Prof. Sauerbruch in Berlin das Bein bis zur Mitte des Oberschenkels amputieren, und seither bereitete sein Gesundheitszustand immer wieder Sorgen. Schlaflose Nächte verursachte ihm vorübergehend auch die Böttcherstraße. Zunächst schien es so, als ob das Mäzenatentum von Roselius im Dritten Reich volle Anerkennung finden werde. Es war längst vergessen, daß die lokale NS-Zeitung 1931 kritisiert hatte, daß ein »Rassejude« eine Aufgabe in der Verwaltung der Böttcherstraße erhalten sollte. Das Museum im Haus Böttcherstraße Nr. 6 wurde einhellig gelobt; an den Bauten von Runge und Scotland hatte jeder seine – wenn auch im allgemeinen gedämpfte – Freude. Wer die Hoetger-Bauten nicht mochte, der konnte ja zur anderen Straßenseite schauen. Die durch das Väterkunde-Museum geförderte Vor- und Frühgeschichte war eine der Lieblingswissenschaften des »Dritten Reiches«. Zur Eröffnung des Museums und einer Ausstellung zur Urreligion unter dem Titel

»Der Heilsbringer« veranstaltete Roselius vom 2. bis 4. Juni 1933 das »Erste Nordische Thing« in Bremen, auf dem mehrere vorgeschichtliche Vorträge gehalten wurden. Das »Zweite Nordische Thing« vom 17. bis 19. Mai 1934 wurde noch größer aufgezogen und stand unter dem Generalthema »Das Heldische im nordischen Menschen«. Bei dieser Gelegenheit wurde übrigens auch das Glockenspiel in der Böttcherstraße eingeweiht, das zum Klang der Meißener Porzellanglöckchen einen geschnitzten Reigen nordischer Ozeanbezwinger zeigt.

Sehr bald geriet nun aber die Kunstförderung von Roselius auf einem ganz bestimmten Gebiet unter schweren Beschuß. Die erste Salve ging vom »Schwarzen Korps«, der Zeitschrift der SS, aus. Hauptschriftleiter war Gunter d'Alquen, dessen Vater einen Wollhandel in Bremen betrieb. Der junge Gunter war 1931/32 an der »Bremer Nationalsozialistischen Zeitung« tätig gewesen; er kannte also die Bremer Verhältnisse. Es mag offen bleiben, welchen direkten Anteil er an der Attacke gegen Roselius und die Böttcherstraße hatte. Seine Zustimmung zu dem groß aufgemachten Artikel »Bremer Böttcherstraße – heute noch zeitgemäß?« dürfte wohl erforderlich gewesen sein.

An sich wurden und werden in der Kunstkritik oftmals scharfe Töne angeschlagen; doch war im »Dritten Reich« Kritik aus Prominentenmund oft gleichbedeutend mit einem Todesurteil für den gemaßregelten Künstler.

Der Artikel begann: »Reiche Leute haben meist ihre Passionen. Der eine hält sich einen Reitstall, der andere verbringt seine Abende in Nachtlokalen...« Zum Mäzenatentum wird allgemein gesagt, daß es Privatsache sei; doch müsse sich die Böttcherstraße Kritik gefallen lassen, da sie der Öffentlichkeit als Kulturdenkmal gezeigt werde. Der Kritiker klammert das »Roseliushaus« (Nr. 6) und die von Runge und Scotland erbaute Straßenseite aus seinem Angriff aus; alles andere aber wird in Bausch und Bogen verdammt. Die Tonart des Artikels ist nicht besonders grob, aber doch rechthaberisch und feindlich-ironisch. Es ist gar nicht einmal so unrichtig, wenn das Jonglieren der Böttcherstraßenpropaganda mit den Worten »nordisch, niederdeutsch und bodenständig« angeprangert wird. Wenn dann von »bewußten Verrücktheiten« gesprochen wird, so ist und bleibt das Ansichtssache. Mancher

wird sagen: Na ja, etwas »Verrücktheit« gehört eben zu jeder
modernen Kunstrichtung. Auch war es Ansichtssache, wenn der
»Lebensbaum« am Atlantishaus als »abscheuliche neuseeländische
Götzengestalt« bezeichnet wurde. Gefährlich wurde der Angriff
aber, weil man Roselius vorwarf, daß er »diese Schandwerke
mit dem künstlerischen Wollen des Nationalsozialismus in Zusammenhang« gebracht habe. Für die Hoetgerschen Bauten wurde
vorgeschlagen, daß Roselius sie von Runge und Scotland umbauen
lassen möge.

Am Paula-Becker-Modersohn-Haus wurde zunächst einmal der
Roselius-Text der Inschrifttafel von 1926 bemängelt:

> Aus alter Häuser Fall und Umbau
> errichtet von Bernhard Hoetgers Hand
> Zum Zeichen edler Fraue zeugend Werk,
> das siegend steht,
> wenn tapfrer Männer
> Heldenruhm verweht.

Es wird nicht etwa die verschrobene Sprache kritisiert, sondern
der Gedanke, daß der Ruhm der Malerin länger dauern werde
als der Heldenruhm der Soldaten (am 2. Juni 1939 ließ Roselius
das »wenn« zum »bis« ummeißeln!).

Der Hauptteil des Artikels richtete sich nun aber gegen Paula
Becker-Modersohn selbst, deren Werke Roselius mit Eifer
sammelte und in der Böttcherstraße in dem ihr geweihten Haus
ausstellte. Es wird zugegeben, daß die Künstlerin ihre Aufgabe
sehr ernst genommen habe; doch das Ergebnis ihres Ringens
wird rundweg abgelehnt, weil die von ihr dargestellten Menschen
den von der NSDAP propagierten Idealvorstellungen widersprachen: »Ein grauenhaftes Gemisch von Farben, idiotischen
Gestalten, die als Bauern bezeichnet werden, kranken Kindern,
Entarteten, Auswurf der Menschheit.« Man vermisse die Verinnerlichung, alles sei »roh, brutal, hingehauen«. Auch das an
sich Erhabene sei zum Alltäglichen, Häßlichen niedergedrückt;
eine nackte Mutter mit ihrem Kind sei in einer Weise dargestellt,
wie man vielleicht eine »Jolanthe« [ein Schwein] malen könne.
Hier wird das Urteil eindeutig ungerecht, ja, bösartig. Um wie-

viel tiefer und echter ist doch die »Bauernkunst« der Paula Becker-Modersohn als die der »Hofmaler« des Dritten Reiches! Dieser an so auffälliger Stelle veröffentlichte Artikel war sehr folgenreich. Auf Veranlassung des primitiv-fanatischen Kreisleiters Bernhard Blanke erschien sogleich folgender Text in den Schaukästen der NSDAP: »... Die Bremer Bevölkerung erhebt schärfsten Protest gegen den Versuch, derartige Schandwerke mit dem künstlerischen Wollen des Nationalsozialismus in Zusammenhang zu bringen, und verlangt sofortige Entfernung dieser Ausgeburten eines kranken Hirns!«

Auch die »Bremer Zeitung«, das NS-Blatt, wies sogleich auf den Angriff des »Schwarzen Korps« hin und brachte am 27. August in großer Aufmachung einen illustrierten Artikel, ebenfalls mit der Überschrift »Ist die Böttcherstraße heute ganz zeitgemäß?« Der eigenartig verschwommene Text machte immerhin deutlich, daß die Böttcherstraßenkunst als »entartet« abgelehnt wurde.

Roselius war bestürzt; denn er sah sich unversehens trotz seiner Schwärmerei für das Nordische und die »nationale Erneuerung« zum Förderer »entarteter Kunst« gestempelt – eine Entwicklung, die auch seinem Inlandgeschäft abträglich werden konnte. So schrieb er denn am 5. September 1935 an den damaligen Regierenden Bürgermeister Otto Heider, einen Mann, der kurz vor dem Übertritt von der SA in die SS stand und dem Kunstfragen an sich völlig gleichgültig waren. Roselius wies ihn auf seine »historischen« Leistungen für Deutschland hin; auch erinnerte er an seine allgemein bekannte »Hilfsbereitschaft in allen Angelegenheiten der Partei«. Vom Tage der Erhebung Adolf Hitlers an sei er öffentlich für ihn eingetreten. Er empfinde daher den Angriff in der Öffentlichkeit als »unkameradschaftlich«. In der Frage der Böttcherstraße müßten, um zu einem »abschließenden Urteil« zu kommen, Sachverständige herangezogen werden. »Ich war bisher der Ansicht, daß rein-arische deutsche Künstler, die ihren Stammbaum einwandfrei für Hunderte von Jahren nachweisen können, kraft ihres Blutes gar nichts anderes schaffen können als deutsche Werke.« Als Folge der gegen die Böttcherstraße gerichteten Propaganda befürchte er Schäden für die Firma Kaffee HAG und für den Fremdenverkehr. »Ich bitte also dringend, weitere Angriffe in der Öffentlichkeit zu verbieten ... Ich selbst kenne nur ein Ziel; dieses Ziel ist: ›Sieg des Nationalsozialismus unter seinem Führer Adolf Hitler‹. Diesem großen Ziel gegenüber schweigt bei mir jede persönliche Empfindsamkeit und natürlich auch jedes Besserwissenwollen.« Es mag dahingestellt bleiben, ob diese Bereitschaft zu politischem Wohlverhalten nur eine Art Notwehr oder ob sie ehrlich gemeint war. Sicher ist, daß Roselius sehr enttäuscht darüber war, daß er trotz seiner treu-deutschen und nordischen Gesinnung schmählich angegriffen wurde.

Die »Bremer Zeitung« versuchte nun, »führende Persönlichkeiten des kulturellen Lebens unserer Stadt« zu einem fachmännischen Urteil über die Böttcherstraße zu veranlassen. Als einzige Antwort eines Bremers wurde am 8. September 1935 die von Emil Waldmann, dem verdienstvollen Leiter der Kunsthalle, veröffentlicht. Sie bescheinigte Hoetger ursprüngliches Talent, verzeichnete aber auch einen bedauerlichen Abstieg. Seine Bauten in der Böttcherstraße nannte Waldmann einen »Greuel«. Roselius sei »mit Blindheit geschlagen« gewesen, als er Hoetger den Auftrag gab. Bei Paula Becker-Modersohn wurde das ernste künstlerische Ringen um neue Formen anerkannt. Die Malerin sei jedoch überschätzt worden, als der »Expressionismus« in Mode kam. Dennoch seien »zwei Dutzend ihrer Werke, richtig ausgewählt«, durchaus wert ausgestellt zu werden. Nun, dieses war sicher Emil Waldmanns schwächste Expertise, die widerwillig unter politischem Druck zustandekam. Sie spielte im weiteren Verlauf des Streits auch keine Rolle.

Sehr bald beschäftigten sich nun höhere Instanzen mit der Sache, was bedeutete, daß sie aus der öffentlichen Diskussion verschwand. Bürgermeister Heider beauftragte den Vertreter Bremens beim Reich, Senator Erich Vagts, sich in Sachen Böttcherstraße mit der Reichskanzlei in Verbindung zu setzen; man war ängstlich darauf bedacht, in dieser heiklen Frage nichts falsch zu machen. Am 10. Oktober 1935 hatte Vagts dann eine Unterredung mit dem Chef der Reichskanzlei, Staatssekretär Lammers, und entwickelte noch am gleichen Tage schriftlich die Auffassung des Bremer Senats. Dieser stellte sich voll hinter die Kritik des »Schwarzen Korps« und lehnte das »Ansinnen« von Roselius, ihn zu unterstützen, rundweg ab. Das Problem war nun aber, was mit der Böttcherstraße zu geschehen habe. Der Senat sah zwei Möglichkeiten:

1. »Entweder müßte die linke [östliche] Seite ... umgebaut werden und außerdem gegebenenfalls dieser Umbau erzwungen werden«; oder

2. »diese Seite ... müßte als Denkmal des Kulturbolschewismus der Nachkriegszeit kommenden Geschlechtern als warnendes Beispiel vor Augen geführt werden«.

Auf jeden Fall sei die Entscheidung des »Führers« nötig, weil es sich »um eine grundlegende Entscheidung kultureller Art handelt«. Bürgermeister Heider habe den Wunsch, die Angelegenheit dem »Führer« selbst vorzutragen, zumal vermutet werde, daß es Roselius gelungen sei, mit der Umgebung des »Führers« Verbindung aufzunehmen. Vagts legte dem Schreiben Fotos von der beanstandeten Seite der Böttcherstraße bei.

Am 23. Oktober 1935 erklärte Staatssekretär Lammers dem Senator Vagts, daß ein Umbau nicht in Frage komme, sondern die Böttcherstraße als eine Art Museum für Kulturschande stehen bleiben solle. Damit war nun die Angelegenheit zunächst einmal erledigt.

Am 11. Juni 1936 unterhielt sich Hitler in Wilhelmshaven mit Bürgermeister Heider. Er sprach von sich aus das Thema Böttcherstraße an und betonte erneut, daß er sie als »abschreckendes Beispiel« erhalten wolle. Heider erklärte, daß an sich nur die östliche Seite mit den Hoetger-Bauten »von einer bolschewistischen Kultur zeugte«. Als dann die Sprache auf die großen Geldmittel kam, die hier investiert wurden, erklärte Hitler sehr temperamentvoll, »diese Millionen hätte Herr Roselius ihm zur Verfügung stellen sollen, als er mit ihm darüber gesprochen habe. Die Machtübernahme wäre dadurch bestimmt zwei Jahre früher eingetreten.« Bürgermeister Heider hatte den für ihn fatalen Eindruck, daß die Weigerung von Roselius, der NSDAP größere Geldmittel zur Verfügung zu stellen, einen »Teil der Mißstimmung, die gegen unsere Stadt herrscht«, hervorgerufen habe. Hitler riet, künftig von Roselius keine Mittel für Baumaßnahmen entgegenzunehmen, offenbar mit dem Gedanken – so vermutete Heider –, »daß Herr Roselius derartige Aufwendungen doch nur zu Reklamezwecken macht«. Für einen damals noch vorgesehenen

»Führerbesuch« in Bremen war auch eine Besichtigung der Böttcherstraße vorgesehen. Als Heider andeutete, er werde während des Rundgangs das ganze Gebiet absperren lassen, machte Hitler den Gegenvorschlag, daß man ja die frühen Morgenstunden nutzen könne. Doch kam Hitler schließlich überhaupt nicht mehr nach Bremen.

Natürlich war es für den Geschäftsmann Roselius recht bedrükkend, mit seiner Böttcherstraße in dieser Weise bloßgestellt zu werden. Nach und nach versuchte er die »Schande« etwas zu mildern. Die Paula-Becker-Modersohn-Sammlung wurde stillschweigend geschlossen. Am 18. August 1936 ließ Roselius an der besonders »entarteten« Hoetgerschen Schauseite Richtung Markt den »Lichtbringer« befestigen. Das war ein Frühwerk Hoetgers von 1920. Die Jünglingsfigur mit Schwert und wallendem Blondhaar konnte auch von den NS-Kunstpäpsten als »nordisch« angesehen werden. Niemand hielt Roselius davon ab, diese Plastik anzubringen, und so schöpfte er frischen Mut zu weiteren Veränderungen. Doch nun hielt Hitler am 9. September 1936 seine Nürnberger »Kulturrede«, die zwei Tage später im »Völkischen Beobachter« abgedruckt wurde. In ihr hieß es: »Wir haben nichts zu tun mit jenen Elementen, die den Nationalsozialismus nur vom Hören und Sagen her kennen und ihn daher nur zu leicht verwechseln mit undefinierbaren nordischen Phrasen, und die nun in irgendeinem sagenhaften atlantischen Kulturkreis ihre Motivforschungen beginnen. Der Nationalsozialismus lehnt diese Art von Böttcherstraßen-Kultur schärfstens ab.«

Das war an sich nur ein kleiner Hieb, aber aus »Führermund« hart genug, um in Bremen einige Leute nervös zu machen. Roselius dachte in dieser Zeit an weitere Umbauten; im Senat war man im Interesse Bremens gar nicht einmal so abgeneigt. Am 11. Oktober 1936 standen Gerüste am Atlantishaus, und es wurde erkennbar, daß man den riesigen »Lebensbaum« Hoetgers abnehmen wollte. Sogleich erhob der Gau-Inspekteur der NSDAP, Kurt Thiele, Einspruch, da der »Führer« jede Veränderung verboten habe. Die bereits abgenommene Scheibe wurde wieder angebracht und sogar neu vergoldet. Selbst die Paula-Becker-Modersohn-Sammlung wurde nun wieder geöffnet, und es fanden Führungen durch die Böttcherstraße statt.

Das Problem des Umbaus war für Roselius aber noch nicht erledigt; er versuchte Anfang 1937 den Senat dafür zu gewinnen. Doch nun erhob Senator Theodor Laue unter Hinweis auf den Wunsch des »Führers« Einspruch. Der Bausenator Haltermann dagegen sah im Umbau eine erhebliche Verbesserung und fand einen Bundesgenossen in Bürgermeister Heider. Sogar die Baupolizei hatte die Pläne bereits vorweg genehmigt. Man beschloß aber vorsichtshalber, die Entwürfe noch in der Reichskanzlei vorzulegen.

Zunächst schien alles gut zu gehen: Staatssekretär Lammers erklärte dem Vertreter Bremens beim Reich, Senator Vagts, der Wunsch des »Führers« sei nicht wörtlich zu nehmen, und an einem beschränkten Umbau nehme man daher keinen Anstoß. Auf Intervention von irgendeiner prominenten Stelle – möglicherweise von Gauleiter Röver – wurde die Angelegenheit in der Reichskanzlei jedoch erneut behandelt. Am 23. März 1937 erhielt Senator Vagts dann die verbindliche Mitteilung, daß Hitler jede bauliche Veränderung der Böttcherstraße, auch der Innenräume, untersagt habe. Am 7. Mai 1937 wurde die Straße unter das »Gesetz betreffend den Schutz von Baudenkmälern und Straßen- und Landschaftsbildern« gestellt. Damit war jeder Umbau nur noch mit baupolizeilicher Sondergenehmigung möglich. In vorliegendem Fall hätte man auf jeden Fall die Zustimmung Hitlers einholen müssen.

Wenn man einmal vom Problem »Böttcherstraße« in den Jahren 1935–1937 absieht, so kollidierte Roselius nicht mit dem »Dritten Reich«; sein politisches Wohlverhalten wurde positiv vermerkt, und besonderen Eifer in politischen Organisationen verlangte man von dem erfolgreichen deutschen Außenhandelskaufmann auch nicht. Wegen der Importbeschränkungen war der Kaffeeverbrauch in Deutschland zwar nicht übermäßig groß (er betrug 1936 knapp 2 kg gegenüber 3 kg 1960, ging aber weiter zurück, nachdem die Reichsregierung 1938 jede Kaffeewerbung verboten hatte); aber die Geschäfte des Ludwig Roselius waren vielseitig, und er war dynamisch genug, um sich auf Schwankungen einzustellen. Er übersah schließlich wohl selbst kaum noch, in welchen Gremien er Mitglied und an welchen Unternehmen er in irgendeiner Weise beteiligt war.

Der Zweite Weltkrieg brachte nun freilich erneut den Verlust fast der gesamten Auslandsbeziehungen. In weiser Voraussicht verkaufte Roselius noch rechtzeitig die Sanka-Coffee-Corporation in den USA an die General Foods. Im Winter 1939/1940 mußten Produktion und Vertrieb von Kaffee HAG eingestellt werden. Ersatzgetränke traten weitgehend an die Stelle des Kaffees. Die Firma stellte sich auf die Herstellung bewirtschafteter Nahrungs- und Genußmittel um. Mißvergnügen über die Kriegsverhältnisse und Kränkeln überschatteten die letzte Lebenszeit von Ludwig Roselius. Er starb am 15. Mai 1943 in Berlin an einer Embolie. Seinem Wunsch entsprechend fand die Trauerfeier im Bremer Dom statt. Die Veranstaltung am 21. Mai war sicher ganz im Sinne des Verstorbenen als eine Art Staatsbegräbnis aufgezogen. Es zeigte sich, daß das »Dritte Reich« längst seinen Frieden mit Roselius gemacht hatte. Sogar von Hitler, Goebbels und anderen Ministern sowie von mehreren Gauleitern waren Beileidsschreiben und Telegramme eingetroffen. Das wurde der Trauergemeinde voll Stolz kundgetan. Von den Lokalgrößen waren der Regie- rende Bürgermeister, SA-Obergruppenführer Böhmcker, die NS- Senatoren Bernhard und von Hoff sowie der Standortälteste, Konteradmiral Kienast, persönlich erschienen. Sehr beachtet wurde die bulgarische Anteilnahme (Roselius war Generalkonsul dieses Landes seit 1917), die sich in Abordnungen und »Blumengewin- den« zweier bulgarischer Könige, des 1918 abgedankten Exkönigs Ferdinand und des amtierenden »Monarchen« Boris äußerte. Zu Beginn ertönte Wagner-Musik: Das Bremer Kammerorchester unter Leitung des Domorganisten Richard Liesche spielte das Vorspiel zu »Parsifal«, und ein Kammersänger aus Brünn sang Rienzis Gebet. Es folgten, vom Domchor gesungen, Teile des »Requiems« von Mozart. Die Predigt hielt der Deutsche Christ Pastor Hermann Rahm. Er stellte in den Vordergrund, daß Roselius Treue und Tat in rastlosem Leben in den Dienst Bremens, der niederdeutschen Heimat und des deutschen Vaterlandes ge- stellt habe. Natürlich wurden sein Bauen für die »Allgemeinheit« und seine Förderung von Künstlern gebührend hervorgehoben. Unter Orgelmusik von Johann Sebastian Bach wurde der Sarg hinausgetragen, um dann nach Hannover überführt zu werden.

Tüchtige Mitarbeiter steuerten das Firmenschiff weiter durch die Fährnisse der Zeit, die am 6. Oktober 1944 schwere Schäden in der Böttcherstraße sowie in den Werksanlagen im Holz- und Fabrikenhafen brachten. Nach dem Kriege strebte die Firma mit wachsendem Kaffeegenuß zu neuen Höhen.

Die Firmengeschichte sieht die Bedeutung von Ludwig Roselius so: »Sein Leben zeigt . . . die schlechthin unbegrenzten Möglichkeiten des Menschseins überhaupt. Der Mensch Ludwig Roselius, den seine Freunde bewundernd ›König Ludwig‹ nennen, ist nicht nur der große Wirtschaftler und der große Mäzen. Man muß seine ›Reden zur Böttcherstraße‹ hören, man muß seine Briefe und Aufsätze lesen, um den Reichtum an schöpferischen Ideen zu begreifen, der ihm geschenkt ist. Wer ihn lediglich als Unternehmer, als Organisator, als Kunstfreund oder Politiker sieht, kennt immer nur einen Teil seines so vielfältig angelegten Wesens. Mit ihm, dem hanseatischen Kaufmann, der Zeit seines Lebens ins Universelle strebt, verliert Deutschland einen seiner bedeutendsten Wirtschaftler und Bremen einen seiner treuesten Söhne«. Nun, so kann man ihn auch sehen, und ein solcher Lobgesang entsprach auch wohl dem Bild, das Ludwig Roselius von sich selbst hatte. Der unabhängige Historiker wird aus der Entfernung von Jahrzehnten manches anders sehen.
Unbestritten ist das Organisations- und Werbetalent von Ludwig Roselius, sein Gespür für die Realitäten des Handels. Ebenso gewiß ist sein großes Geschick, Arbeit an fähige »Mitarbeiter« zu delegieren. Diese erhielten erheblichen Raum für freie Entscheidungen, doch blieb Roselius immer der »König Ludwig« – die Sonne, die kein helleres Gestirn neben sich duldete.
Im Bereich der Kunst sah Roselius sich vor allem als Förderer von Talenten und Werken, manchmal wohl auch als Anreger. Wie tief sein Kunstverständnis wirklich ging, ist schwer zu sagen. Fast alle seine Äußerungen auf diesem Gebiet waren verschwommen-schwärmerisch. Es bleibt sein Verdienst, daß er tüchtige Künstler förderte und ihnen weitgehend freie Hand ließ. Dabei fällt nicht so sehr ins Gewicht, daß er sich gelegentlich für Minderwertiges erwärmte (dabei bleibt ohnehin manches Geschmacksache!), daß er Werke der Kunst für geschäftliche Werbung ver-

wandte und dabei mit ihnen gelegentlich recht willkürlich verfuhr. Mehrfach beklagten Künstler eine eigenmächtige Bezeichnung von Kunstwerken: Ein Bild Heinrich Vogelers mit Tänzerinnen in tragischer Gebärde hatte Roselius, »nachdem er es gekauft hatte, ›die Frau im Kriege‹« bezeichnet, ein Bild, das »Das Elend des Krieges« in einem galizischen Dorf darstellte, nannte er »Kommunismus«; und als 1933 die Hoetger-Figuren von Elenden und Unterdrückten vom »Volkshaus« (dem damaligen Gewerkschaftshaus) heruntergenommen wurden, machte Roselius – um sie zu retten – den Vorschlag, sie unter dem Titel »Die Folgen des Versailler Vertrages« neu zusammenzustellen.

Unbestritten ist wiederum, daß Roselius ein großer »Sammler« war; das innere – vor allem auch das wissenschaftliche – Verarbeiten des Materials konnte er im Drang der Geschäfte freilich nicht vollziehen. Dabei wiegt nicht so schwer, daß er in seiner Spontaneität manches Minderwertige an sich zog; doch schuf er gefühlsmäßig einen Museumstyp, der es vor allem auf eine besondere Stimmung anlegte, nicht auf Systematik und klare Überschaubarkeit.

Etwas schwieriger ist es, Roselius als Wirtschaftswissenschaftler und -politiker zu beurteilen. Es will nicht viel sagen, daß er sich selbst auf diesen Gebieten für sehr bedeutend hielt. Zunächst einmal wird deutlich, daß man alle seine Äußerungen aus der Zeit heraus verstehen muß; sie waren aktuell und insofern keine reine Wissenschaft. Seine Einstellung zur Wirtschaft blieb immer bestimmt vom Glauben an ein sozial verpflichtetes Unternehmertum, das nach seiner Meinung allein produktive Initiativen entwickeln und zugleich den allgemeinen Lebensstandard anheben konnte. Damit war aber sowohl eine Ablehnung des rabiaten Kapitalismus als auch des Kommunismus gegeben. Einige Wirtschaftstheorien seiner Zeit hatte Roselius oberflächlich studiert, auf sie berief er sich bisweilen zur Unterstützung seiner Anschauungen. Seine Urteile und Vorschläge waren vielfach spontan, gefühlsbetont, einseitig und unrealistisch. Sie wären allesamt sofort und überall in den Papierkorb geworfen worden, wenn sie nicht von dem erfolgreichen Außenhandelskaufmann Roselius gekommen wären und wenn dieser nicht viele seiner Denkschriften durch Druck bekanntgemacht hätte. Sie hatten weder wissenschaftliches

Gewicht noch spielten sie für tatsächliche wirtschaftliche Entscheidungen eine Rolle; dennoch verschafften sie ihm den Titel des Dr. rer. pol. h. c. Politische Gegner führten diese Promotion auf Fördergelder für politische Bildung und gute Beziehungen zum preußischen Kultusminister Konrad Haenisch zurück. Daß irgendwelche »Beziehungen« ausschlaggebend waren, muß man unbedingt annehmen.

Die wirtschaftlichen Grundauffassungen bestimmten zum Teil auch sein Verhältnis zur Politik. Alle Parteien mit kommunistischem Programm lehnte Roselius ab. Bei einigen bürgerlichen Parteien witterte er zu starken Einfluß kapitalistischen Eigennutzes. Der Weimarer Republik stand er nicht sehr freundlich gegenüber, da sie den Wirtschaftsdirigismus nicht abbaute und über dem Parteien-Egoismus das Gesamtwohl Deutschlands oftmals aus dem Auge verlor. Im ganzen war sie ihm auch nicht genügend völkisch-national orientiert.

Am Nationalsozialismus war Roselius einiges sympathisch – etwa die nationale und völkische Gesinnung sowie der Begriff der Volksgemeinschaft, der ja auch das Unternehmertum sozial verpflichten sollte. Die mit der Autarkiebestrebung verbundene Zwangswirtschaft lehnte er jedoch ab; auch war es ihm widerwärtig, daß die NSDAP ihre Gegner verteufelte. Dennoch gab er sich mit großem Pathos als Freund des »nationalen Erwachens« und nordischen Wesens. Es wäre ungerecht, das heute zu übersehen.

Für Gedenkreden mag die Regel gelten, daß man über Tote nur Gutes sagen sollte; doch ist damit in der Geschichtsschreibung niemandem gedient, weder dem Toten, dessen Bild zu einer unnatürlich glatten Wachsfigur wird, noch der Nachwelt, die ein Recht auf eine realistische Darstellung bedeutender Persönlichkeiten hat. Sie alle haben nicht nur Licht, sondern auch Schatten. Dabei ist der große bremische Kaufmann und Kunstförderer Ludwig Roselius nicht ausgenommen.

Johann Knief

(1880–1919)

Vom Volksschullehrer zum kommunistischen Revolutionär

Breit war immer die Skala derer, die sich Kommunisten und Sozialisten nannten; sie entfaltete sich in Bremen um die Jahrhundertwende in ganzer Fülle. Prominente Sozialdemokraten – das war damals noch der alle »Linken« umklammernde Begriff – gewannen hier ihr politisches Profil: Friedrich Ebert, Wilhelm Pieck, Heinrich Schulz, Anton Pannekoek und auch Johann Knief, der Hauptvertreter der »Bremer Linken«. Sein Name wird zwar nicht in der Reihe der Großen der Arbeiterbewegung genannt, und auch die Historiker der DDR entdeckten seine Bedeutung verhältnismäßig spät. Nicht einmal die Bremische Biographie 1912–1962 mit ihren 544 Lebensabrissen enhält seinen Namen. Das hat mehrere Gründe: Von der liberalen Geschichtsschreibung konnte man nicht erwarten, daß sie ihn »herausstellte«; die Marxisten waren sich nicht recht einig, wie man die »Linie« Kniefs offiziell zu bewerten hatte. Sicher ist zudem, daß sein früher Tod ihn daran gehindert hat, sich voll zu entfalten. Fraglich ist allerdings, ob der sensible Mann bei längerem Leben nicht in der rauhen politischen Luft der ersten Jahre der Weimarer Republik untergegangen wäre.

Johann (Jan) Heinrich Knief wurde am 20. April 1880 als Sohn des Krämers Johann Knief und seiner Frau Anna, geb. Hüffermann, in der Wohnung Osterstraße Nr. 60 geboren. Wahrscheinlich war sein Vater einst Küper gewesen und stammte aus einer Arbeiterfamilie. Später hat Knief seine Kindheit in düsteren Farben geschildert. Danach soll ihn im Elternhaus kleinbürgerlicher Mief umgeben haben. Die Mutter sei eine »ganz bürgerliche Frau« ohne politischen Sinn gewesen. Der Vater war nicht unpolitisch; doch er habe sich »von den Liberalen ins Schlepptau nehmen lassen, ohne je den Versuch einer eigenen politischen Meinung unternommen zu haben«. Er sei von der »alten zünftlerischen Sorte« gewesen. Das mag zumindest im Kern für den kleinen Neustädter Krämer Knief zutreffen, doch wird die negative Einstellung des Sohnes zum Elternhaus weitgehend durch die Sicht des späteren Kommunisten bestimmt worden sein.

Johann Knief hatte vier Geschwister und wurde von den Eltern in absolutem Gehorsam gehalten, und dabei spielte auch der Rohrstock eine Rolle. Der Junge besuchte von 1887 bis 1893 die St.-Pauli-Kirchspielschule in der Neustadt – eine jener von den Kirchengemeinden unterhaltenen Schulen, die von der Unterschicht wegen des Schulgeldes (damals 20 Mark im Jahr) nicht besucht werden konnten. Jede der acht Klassen an der Schule hatte 50 bis 60 Schüler. Später hat Knief diese Unterrichtsanstalt in das allgemeine abfällige Urteil über das Schulwesen jener Zeit einbezogen. Die Förderung des Schüler-Ehrgeizes habe zur Korruption geführt; der Unterricht sei eine »Massenabrichtung« ohne Berücksichtigung der Einzelpersönlichkeit gewesen. Doch Johann Knief war ein sehr strebsamer Schüler, der bald mit Stolz auf dem ersten Klassenplatz saß und Angstträume bei dem Gedanken hatte, daß er diesen Rang verlieren könnte. Er gestand: »Zu reinen Kinderfreuden bin ich selten gekommen.« Sein Lieblingsfach war sehr bald Geographie; aber er hatte den Eindruck, daß er dem Lehrer durch vieles Fragen lästig wurde.

Der Junge wechselte 1893 die Schule, angeblich, weil sein Vater über die Wahl eines stark kirchlich eingestellten Schulleiters verärgert war. Vermutlich besuchte er nun noch zwei Jahre die Schule am Neustadtswall, eine sogen. »Staatsvolksschule«, deren Besuch ebenfalls schulgeldpflichtig war. Aus Enttäuschung darüber, daß er im neuen Klassenverband nicht mehr der beste Schüler war, soll er ein »Rowdy« und damit ein Schrecken der Lehrer geworden sein. Jedoch bewahrte er in deutscher Sprache, Geographie und

Geschichte ein verhältnismäßig hohes Niveau; in Rechnen und Mathematik war er verloren.

1895 trat mit dem Ende der Volksschulzeit das Problem der Berufswahl an Johann Knief heran. Er hat darüber später ausführlich berichtet, vielleicht in einem Gemisch von Dichtung und Wahrheit. Eine Einstellung im Kontor lehnte der Junge leidenschaftlich ab; als plausiblen Grund führte er an, er könne ja nicht rechnen. Gegen den Besuch der »höheren Schule« (des Alten Gymnasiums oder der Handelsschule) sträubten sich die Eltern aus wirtschaftlichen Gründen. So abfällig Knief später im allgemeinen das gesamte deutsche Schulwesen beurteilte, er hat bedauert, daß er die »höhere« Schule nicht besuchen durfte, sicher weil er dadurch in der vollen Entfaltung seines Ehrgeizes behindert wurde. Er selbst betonte, daß er Fremdsprachenkenntnisse immer vermißt habe.

Der Schulabgänger strebte nun in einen »praktischen« Beruf. Er suchte sich heimlich eine Lehrstelle bei Schlossermeistern, um später Techniker oder Ingenieur zu werden. Dabei bedachte er nicht, daß er dann der verhaßten Mathematik wieder begegnen mußte. »Ich lief von Meister zu Meister, überall kam ich zu früh oder zu spät, aber nirgends zurecht.« So gab er notgedrungen dem Wunsch der Eltern nach: Er sollte wie ein älterer Bruder Lehrer werden. Für den kleinbürgerlichen Vater war das gewiß ein ehrgeiziges und gutgemeintes Ziel, gegen das es eigentlich nichts einzuwenden gab. Johann Knief hat jedoch die Anmeldung im Lehrerseminar 1895 später als eine der Katastrophen seines Lebens angesehen.

Er besuchte das Seminar zunächst im alten Gebäude in der Kreftingstraße, dann im neugotischen Backsteinpalast an der Hamburger Straße. Fast gleichzeitig mit diesem Umzug erlebte Knief auch den Wechsel in der Leitung des Seminars: An die Stelle des humanistisch-theologisch gebildeten und zugleich gütigen Georg Credner trat der schulmeisterhaft-autoritäre Dr. Otto Uhlhorn, der sogleich bei manchen Seminaristen Widerstandsgelüste wachrief. Doch ist das rückerinnernde Pauschalurteil Kniefs ungerecht: Man habe im Seminar »wissenschaftliches Tuttifrutti« eingerichtet und »alles Selbständige in den Zöglingen bis auf den letzten Rest auszureißen, mit Stumpf und Stiel zu vertilgen«

versucht. Es gab bei den Seminarlehrern ein breites Band pädagogischer Auffassungen und Bildungsideale; nur reichte es damals (noch) nicht zum Kommunismus.

Knief selbst war ein fleißiger und im allgemeinen wohl auch williger Seminarist. Der Inhalt der von ihm geschriebenen Aufsätze war so, wie man ihn erwartete. Es ist zudem eine von ihm nie zugegebene Tatsache, daß er auf dem vielgeschmähten Lehrerseminar in Bremen jene Bildungsgrundlagen erhielt, die ihm in seinem späteren politischen Leben von großem Nutzen waren. Daß er nach einer Eintragung »Oppositionsgelüste« gezeigt haben soll, will nicht viel besagen, welcher Schüler hat sie nicht? Man wird es auch skeptisch beurteilen müssen, wenn Knief später behauptete, er habe auf dem Seminar das herrschende System hassen gelernt wie Schiller auf der Karlsschule. Gelegentliche Kritik macht noch keinen himmelstürmenden Revolutionär. Die jugendlichen Idealvorstellungen waren eher romantisch-schwärmerisch als materialistisch oder gar marxistisch. Er wünschte sich das Lehrerseminar als »eine Stätte der Freude, der arbeitsfrohen Schaffenslust, einen Tempel, in dem die Heiligkeit der Menschennatur gepredigt wird, einen Tummelplatz für körperliche und geistige Kraftübungen«.

Glaubhaft erscheint, daß in dieser Zeit seine Einstellung zur Religion und zum Christentum durch die Lektüre von Darwin, Haeckel und Bölsches »Liebesleben in der Natur« beeinflußt wurde. Kniefs Entwicklung zum Feind des Religionsunterrichts und zum Atheisten hatte begonnen.

1901 trat Knief in den Schuldienst. Er unterrichtete in engen muffigen Klassenräumen, in die mehr als 50 Schüler hineingepfercht waren. Er war innerhalb von neun Jahren an drei Schulen tätig; später hat er erzählt, er sei mehrfach strafversetzt worden. Er empfand es bald als »einen Widersinn, daß man seine beste Zeit und Kraft einer mehr als geistlosen Drillerei opfert«, und so schloß er sich sehr bald jener an sich unpolitischen Reformbewegung um Scharrelmann und Gansberg an, die nach freieren und kindgemäßeren Unterrichtsformen suchte. Knief selbst hat wohl nie so recht gewußt, welche pädagogische Grundhaltung er vertreten sollte (in politischen Fragen sah er bald trotz mancher Widersprüche sehr viel klarer). Einerseits beklagte er, daß die

Volksschule den Einzelschüler nicht genügend fördern könne und ihn »sich selbst überlasse«; andererseits hielt er es für gut, wenn man »die Kinder sich selbst überlasse« und damit eine freie Entfaltung ermögliche. Zwischen beiden Urteilen lagen 24 Stunden! Wahrscheinlich kümmerte er sich in seiner Schulpraxis intensiv um einzelne Kinder, vor allem um solche, die von ihren Eltern vernachlässigt wurden. Er soll oftmals mit kleinen Summen ausgeholfen haben, um Buntstifte, Papier usw. zu kaufen; auch führte er ein Notizbuch mit sorgfältigen Eintragungen über das Milieu der Kinder und machte Hausbesuche bei den Eltern. Sicher ist wohl, daß es die unmittelbaren Erfahrungen des Schulalltags waren, die ihn zunächst zu den Reformern, dann aber zu den Revolutionären führten.

Diese Entwicklung wird freilich nur verständlich vor dem Hintergrund der allgemeinen politischen Verhältnisse jener Zeit. Die rasche Entwicklung der Industrie ließ auch das Proletariat schnell anwachsen. Es bildeten sich vor allem in den Großbetrieben starke interessengleiche Gruppen, die immer mehr politisiert, aber in Bremen durch das Achtklassenwahlrecht in ihrem Streben nach politischem Einfluß stark behindert wurden. Die SPD nahm einen raschen Aufschwung; sie hatte in Bremen 1906 immerhin 5600 Mitglieder und errang bei den Reichstagswahlen 1907 sogar 23 000 Stimmen (49,4%). Wie überall in Deutschland bildeten sich auch hier »Flügel«, ein revolutionärer linker und ein revisionistischer, auf soziale und politische Reformen bedachter rechter Flügel. Dazwischen schwankten die »Zentristen« hin und her. Die Revisionisten beherrschten den Parteivorstand und die Bürgerschaftsfraktion; sie fanden auch Verbündete in der Führung mehrerer Gewerkschaften. Auf dem linken Flügel war seit 1906 der Hamburger Zigarrenmachersohn Alfred Henke der unbestrittene Führer – ein Mann, der trotz mangelhafter Schulbildung sehr belesen und beredt war. In Wort und Schrift gab er sich radikal-marxistisch und neigte zur demagogischen Phrase; jedoch verlor er das politisch Erreichbare nie ganz aus den Augen, so daß er gelegentlich wegen seiner unklaren Haltung zu den »Zentristen« gerechnet und von den Linksradikalen heftig angegriffen wurde. Der rechte Flügel formierte sich um die Parteifunktionäre Hermann Rhein, Hans Donath und Ludwig Waigand; er stand in dauerndem schwerem Abwehrkampf gegen die »Zentristen« und Linksradikalen.

Auch auf die Lehrerschaft und die Schule übertrugen sich in dieser Zeit die Richtungskämpfe der SPD. Es begann mit Diskussionen über die pädagogischen Reformideen von Heinrich Scharrelmann und Gansberg, die sich vor allem gegen die Lernschule richteten. Schulinspektor Köppe forderte die widerspruchslose Einhaltung der behördlichen Vorschriften und Gehorsam gegenüber den oftmals konservativen »Schulvorstehern«. Der Widerstand der Reformer gewann nunmehr das Gewicht einer Opposition gegen den Staat. Auch der Schulreformer Knief geriet in diese Strömung, die sich immer mehr politisierte und nun auch Anschluß an die SPD und besonders deren linken Flügel suchte. Johann Knief trat 1906 in die Partei ein. Die opponierende Lehrergruppe gab seit 1905 den »Roland – Organ für freiheitliche Pädagogik« heraus; in dieser Zeitschrift war Knief zum ersten Mal publizistisch tätig.

In der gleichen Zeit kam es im Anschluß an eine Maßregelung des Reformers Wilhelm Scharrelmann zu scharfen Auseinandersetzungen mit der Schulbehörde. Die Forderungen der radikalen Lehrergruppe konzentrierten sich zwar auf die Verbannung des Religionsunterrichts aus der Schule, doch hatte ihr Programm, das auch von Knief leidenschaftlich verfochten wurde, eine sehr viel breitere Skala. Die Radikalen wandten sich gegen die »Bücherpädagogik« des Seminars und gegen »pädagogische Beckmesserei«. Die Schule war nach ihrer Meinung für Lehrer und Schüler eine Zwangsanstalt des herrschenden Systems. Ziel der Reformer war eine Aufhebung verbindlicher Lehrpläne, methodische Freiheit für die Lehrer, fakultativer Unterricht, Einheitsschule, weltliche Schule, Arbeitsschule. Einige ganz besonders Radikale, darunter Knief, wollten keine von der Schulbehörde verfügten Reformen, da sie ihrer Propaganda den Wind aus den Segeln nehmen und doch nur Stückwerk sein konnten. Sie strebten eine totale Umgestaltung von der Basis aus an – ein Weg freilich, der nur nach einer sozialistischen Revolution möglich schien.

In dieser Zeit festigte Knief seine staatsfeindlichen Vorstellungen durch die Lektüre von Friedrich Engels Arbeit über die »Entwicklung des Sozialismus von der Utopie zur Wissenschaft«. Seither maß er alle seine Ansichten in zunehmendem Maße an marxistischen Lehren, die er jedoch nie ökonomisch begriff, sondern zu einer Art schwärmerischem Idealismus verarbeitete. Er profilierte sich jetzt als einer der ganz Radikalen unter den Lehrern; sein Spitzname war »Marat«, doch würde man bei genauerem Vergleich mit diesem französischen Revolutionär trotz mancher Ähnlichkeiten grundlegende Unterschiede feststellen. Mehrfach wurde er von der radikalen Lehrergruppe, die man »Jakobiner« oder den »Berg« nannte, in den Vorstand des Lehrervereins gewählt, in dem zu dieser Zeit heftige Richtungskämpfe ausgetragen wurden.

Trotz dieser Politisierung seiner Interessen blieb Knief auch für geistige Feinheiten durchaus aufgeschlossen. Er hielt Vorträge über mancherlei literarische Themen, war ein beliebter Musiker und Rezitator. Für Clara Zetkins Frauenzeitschrift »Gleichheit« schrieb er Beiträge über Musiker und Dichter (wie etwa Gottfried August Bürger). Alle seine Briefe sind breit und gefühlvoll, wenn auch eingehüllt in Betrachtungen, die sich an sozialistischen Vorstellungen orientieren. Die Wesensverwandtschaft mit Rosa Luxemburg ist auffällig.

In die Lehrerzeit fällt auch die Eheschließung Kniefs: Er heiratete am 14. November 1908 die fast gleichaltrige Katharina (Käthe) Müller, Tochter eines in der Lerchenstraße ansässigen Tischlermeisters. Aus dieser Ehe gingen zwei Söhne hervor: Harold (geb. 1910, gest. 1948 in Hannover) und Walter (geb. 1914, gefallen 1941 am Peipussee). Die Ehe geriet später in schwere Krisen, weil Kniefs Frau kein Verständnis für die politische Tätigkeit ihres Mannes zeigte und die Familie in tiefe wirtschaftliche Not geriet. Zunächst blieb Knief mit seiner Frau im Hause seiner Eltern, Osterstraße Nr. 60, bezog dann aber nacheinander mehrere Mietwohnungen in der Neustadt.

Die Tätigkeit als Lehrer befriedigte Knief immer weniger. Er war bis 1907 in der Schule an der Grenzstraße, bis 1909 in der drei Jahre zuvor eröffneten Schule an der Elsflether Straße im Arbeitervorort Walle. Dabei handelte es sich um eine »Freischule«, in der die Schüler unentgeltlich unterrichtet wurden – eine »Armenschule«, wie man im Volksmund sagte. Hier wurden in 16 Klassen 814 Schüler zusammengepfercht! An der gleichen Schule unterrichteten neben Knief zwei weitere eindeutig sozialdemokratische Lehrer, Georg Luttmann und Emil Sonnemann, während der Vorsteher Wulff konservativ-autoritärer Gesinnung war. 1909 wurde Knief an die alte Schule am Geschworenenweg (gegr. 1876) in der Südervorstadt versetzt. Sie lag in einem Gebiet, in dem sich der Mittelstand mit der Unterschicht mischte. Die Schule war entgeltlich, wodurch die Kinder aus armen Familien ausgeschlossen waren. In 16 Klassen befanden sich hier 824 Schüler. Der Vorsteher Conrad Bode war ein liberaler Reformer, der seine Interessen vor allem auf den naturwissenschaftlichen Unterricht wandte; er war aber auch ein profilierter Feind der Radikalen und damit von vornherein ein Gegner Kniefs, der auch im Kollegium isoliert war. Das dürfte wohl einer der Gründe dafür gewesen sein, daß er aus dem Schuldienst herausstrebte. Man darf zudem annehmen, daß der Lehrer Knief in seiner Empfindlichkeit und in seinem verbissenen Arbeitsernst angesichts der vielen Widersprüche zwischen Idee und Wirklichkeit keinen leichten Stand in der Schulklasse mit ihren 50 bis 60 Kindern hatte.

Förderlich für eine Kündigung waren sicher auch einige Ereignisse des Jahres 1910. Die Entlassung des radikalen Reformers Wilhelm Holzmeier führte zu einer spontanen Reaktion weiter Kreise der Lehrerschaft. Die Empörung gipfelte in einer Art Trotzreaktion: etwa 30 bis 40 Lehrer unterzeichneten im Februar 1910 ein von Knief verfaßtes Geburtstagstelegramm an den Führer der SPD, August Bebel. Die Schulbehörde reagierte mit Maßregelungen und Entlassungen. Auch Knief erhielt einen Verweis, blieb aber noch im Amt. Doch mußte er bei weiterer Tätigkeit mit seiner Entlassung rechnen. Schon seit 1909 verfaßte er Artikel für die sozialdemokratische »Bremer Bürgerzeitung«, wobei er sich freilich auf Schulpolitik, Theater- und Konzertrezensionen beschränkte. Vorsichtshalber ließ er alle Artikel anonym erscheinen. Es drängte ihn aber danach, unter seinem vollen Namen politisch-publizistisch tätig zu werden, ohne auf berufliche Bindungen Rücksicht nehmen zu müssen.

Schon im Oktober 1911 konnte er der Schulbehörde sein Entlassungsgesuch einreichen; es wurde gern bewilligt. Damit begann nun ein neuer Lebensabschnitt, der voll und ganz der Politik

gewidmet war. Alfred Henke, der Führer des radikalen Flügels
der SPD in Bremen, Chefredakteur der »Bremer Bürgerzeitung«
und seit 1912 Reichstagsabgeordneter, hatte Knief als zweiten
politischen Redakteur in die Zeitung geholt. Da Henke häufig
außerhalb Bremens weilte und auch sonst wegen seiner vielseitigen Tätigkeit selten im Redaktionsbüro sein konnte, gewann
Knief großen Einfluß auf die Zeitung. Er verfocht von Anfang
an eine kompromißlose radikale Linie – zunächst noch ganz im
Sinne Henkes, aber sehr zum Verdruß des Parteivorstandes und
der Revisionisten. Beim Antritt seines Redakteurpostens tat
Knief – wie er später schrieb – einen »heiligen Schwur, gegen
meine Überzeugung nichts zu unternehmen, die alte radikale
Politik der Zeitung unbekümmert um Personen, unbekümmert
vor allem um mein eigenes Wohlergehen, rücksichtslos gegen
andere und mich fortzusetzen«.
Wer mit einer solchen Einstellung ins politische Leben tritt, wird
manchen Streit haben. Will er alles durchsetzen, muß er gute
Nerven haben – sehr viel bessere als Johann Knief sie hatte. Im
sehr gemischten Redaktionskollegium gab es viele Reibereien;
Knief fand hier jedoch einige radikale Bundesgenossen: Zunächst
den Kunsthistoriker Dr. Rudolf Franz, dann Paul Frölich. Mit
beiden war er Jahre hindurch befreundet. Manchen Gleichklang
gab es auch mit dem in Bremen tätigen holländischen Ideologen
Anton Pannekoek und mit dem aus Galizien stammenden Karl
Sobelson gen. Radek, der nach manchem Hader mit den polni-
schen und deutschen Sozialdemokraten von den Bremer Radikalen protegiert wurde und sich 1912/13 in der Hansestadt
aufhielt, bevor er nach Davos umzog und dann in der russischen
Revolution eine führende Rolle spielte.
Die Beziehungen Kniefs zum Chefredakteur Henke, der seit 1912
Reichstagsabgeordneter war, wurden zusehends schlechter. 1913
verlangten die Radikalen angesichts der weltweiten Kriegsgefahr
im Reichstag verstärkte Obstruktionstaktik gegen die Wehrvor-
lagen. Immer wieder wurden auch Massenstreiks gefordert. Henke
war Pragmatiker: Er sah, daß die Mehrheitsverhältnisse im
Reichstag ungünstig waren und daß Massenstreiks an der Passi-
vität der Arbeiter scheitern mußten. Er schickte aus Berlin einen
Artikel an die »Bremer Bürgerzeitung«, der eine Absage an

Der Marktplatz in Bremen um 1880, Holzschnitt von Heinrich Braun

St. Emma von Lesum, Glasfenster in St. Johannis in Bremen

Willehad am Bremer Ratsgestühl um 1410

Der „Krüppel" zu Rolands Füßen, 1404

Chronik von Rinesberch und Schene, Handschrift um 1450

Bremen um 1300, Lithographie von 1846, nach Dilich 1604

*Epitaph Johann von Ewichs,
bis 1944 in der Ansgariikirche*

*Eine Hexe buttert mit
Hilfe des Teufels. Fresko
im Chor der Kirche in
Schönemoor bei Bremen
um 1500*

Titelblatt der Renner-Chronik 1583

Anna Lühring
Ölbild 1815

Federzeichnung 1863

Pastor Dulon im Gefängnis zu Hoya, Lithographie 1851

Ludwig Knoop um 1850, Gemälde von Lasch

Schloß Mühlenthal um 1880

Ottilie Hoffmann 1915, Gemälde von K. J. Böhringer

Ludwig Roselius 1932

Paula-Becker-Modersohn-Haus von Hoetger

Johann Knief

*Massenversammlung auf der AG „Weser"-Werft am 28. November 1918,
Zeichnung*

Ludwig Plate 1949

Triumph der Wasserstraßendirektion: Die Fahrt der „Bremen" 1929

Röver 1936

*Lic. Dr. Weidemann als Dom-
pastor um 1930*

Familie Spitta 1919 vor dem Hause Kirchbachstraße 107

Bürgermeister Dr. Theodor Spitta,
Altersbild

*Willehad und Karl der Große auf dem ältesten Bremer Stadtsiegel um 1230,
Lithographie 1862*

radikale Forderungen bedeutete. Knief bearbeitete nun Henkes Beitrag in seinem Sinne. Das ergab einen Streit, bei dem Henke sich für die Zukunft solche eigenmächtigen Eingriffe verbat. Dieser richtete nun aber in eigenen Artikeln scharfe Angriffe gegen die nach seiner Meinung allzu schlappe Haltung der Reichstagsfraktion der SPD und forderte Aufrufe zu Massenaktionen. Zunächst vermochte Henke freilich die offizielle Haltung der Zeitung auf seine pragmatische Richtung einzustellen, was nicht ausschloß, daß seine Redakteure radikale Töne hineinbrachten.

Als die Bremer Werftarbeiter im Juli 1913 einen »wilden Streik« begannen, rückte Henke von diesem Unternehmen ab, während Knief sich mit den Streikenden solidarisch erklärte. Immer deutlicher zeigte sich, daß die Grundsätze unüberbrückbar waren – nicht nur zwischen Henke und Knief, sondern auch zwischen den sich stärker polarisierenden Flügeln der Partei überhaupt.

Zum Jenaer Parteitag im September 1913 war Knief als einer der sechs Bremer Delegierten abgeordnet, und er stimmte hier für die Resolution Rosa Luxemburgs, die gegen den Willen des Parteivorstandes Massenaktionen anstrebte; doch blieben die Radikalen mit 142 : 333 Stimmen in der Minderheit. Knief hatte in Jena zum ersten Mal Gelegenheit, mit den großen revolutionären Führern der SPD persönlichen Kontakt aufzunehmen, jedoch führte diese Verbindung zu keiner gemeinsamen Linie, sondern zur Bildung der »Bremer Linken«, die in mancher Beziehung eigene Wege ging. Die »Bremer Bürgerzeitung« war in dieser Zeit vor allem durch den Einfluß Kniefs, Radeks und Pannekoeks sowie durch wichtige Artikel Franz Mehrings, Rosa Luxemburgs und Karskis das einzige bedeutende Parteiblatt Deutschlands, das die Politik der Linken vertrat.

Neben seiner Tätigkeit in der Redaktion der Zeitung widmete Knief auch viel Kraft der Bildungsarbeit in der Partei und in der »Jungen Garde«, der sozialdemokratischen Arbeiterjugend. Allein im Winterhalbjahr 1912/13 hielt er 12 Vorträge über verschiedene Themen aus der Ideologie des Marxismus, über Geschichte, Literatur, Kunst und Geographie. 1914 setzte er seine Vortragstätigkeit fort. Einige Teilnehmer bezeugten, daß Knief eine mitreißende Art der Darbietung des Stoffes hatte. Soweit wir es heute beurteilen können, waren seine Vorträge jedoch oberflächlich und voll von Klischees; sie waren auch subjektiv, wortreich und voll von Pointen.

Zahlenmäßig war die SPD 1914 in Bremen sehr stark, sie hatte 15 268 Mitglieder. In der Reichstagswahl von 1912 stimmten fast 36 000 Bremer (53,4%) für den sozialdemokratischen Kandidaten Henke. Doch innerlich war die Partei zerrissen; der Anteil der passiven Mitglieder blieb zudem groß. In den kritischen Tagen des Juli 1914 veröffentlichte die »Bremer Bürgerzeitung« manchen Artikel gegen den Krieg; Protestversammlungen fanden statt und Resolutionen wurden verfaßt. Es gab jedoch keine internationale Verbrüderung der Proletarier und Massenstreiks, die die Kriegsmaschine gelähmt hätten. Letzten Endes zeigten die Arbeitermassen Patriotismus oder Lethargie; sie behinderten daher weder die Kriegserklärungen noch die Kriegsführung. Demonstrationsverbote, Pressezensur und der auch von der SPD-Führung zugestandene »Burgfrieden« ließen zunächst jede Opposition aussichtslos erscheinen.

Für Johann Knief begann nun die schwerste Zeit seines Lebens. Am 2. August 1914 mußte er sich in der Kaserne am Neustadtswall beim Infanterieregiment 75 melden. Er gehörte als ehemaliger Seminarist zur Ersatzreserve des Feldheeres, obwohl er keinen Grundwehrdienst abgeleistet hatte. Dieser wurde nun in den Ausbildungslagern in Schleswig und Sörup, Krs. Flensburg, nachgeholt. Knief kam zu einer Trainkolonne und brachte es bis zum Vizefeldwebel. Von Anfang an verabscheute er den Krieg als Auseinandersetzung imperialistischer Mächte; vom Beginn an glaubte er auch, daß sich in den Wechselfällen des Krieges Chancen für eine Revolutionierung der Massen auf internationaler Ebene ergeben würden. Sein ganzer Haß richtete sich gegen die Führung und die Reichstagsfraktion der SPD, die er »Sozialchauvinisten« nannte; in ihnen sah er das Haupthindernis für eine Revolutionsbewegung der Massen.

Aus den ersten Monaten des Krieges hat sich ein Brief des Soldaten Knief in Schleswig an Henke in Bremen erhalten, der einer politischen Beichte und Rückbesinnung gleichkommt. Knief umreißt das Schwanken in seinem Verhältnis zu Henke, den er so gern auf die radikale Linie festlegen wollte. Er betont noch einmal seine eigene Kompromißlosigkeit: »Niemals habe ich um persönlicher Verhältnisse willen auch nur etwas von meinen Grundsätzen, von meiner Weltanschauung geopfert.« Und dann betont er am Schluß: »Sie werden mich in diesem Kampfe treu auf Ihrer Seite sehen – im Kampfe um die revolutionäre Politik, um den Durchbruch der Massenbewegungen im Kampf gegen alles, was sich diesen Forderungen innerhalb und außerhalb der Partei entgegenstellt ... In diesem Kampfe um das Erbe von Karl Marx gelobe ich Ihnen treue Waffenbrüderschaft.« In einem anderen Brief (an den ehemaligen Redaktionskollegen Dr. Rudolf Franz) beklagt er sich über den »Verrat, den die massenlosen Führer an den Arbeitern begangen haben«. Knief ist noch sicher, daß die Soldaten durch die Erfahrungen des Krieges politisch klüger werden und dann die SPD-Führer beiseitefegen werden. »Dieser Krieg wird den Massenaktionen eine Bahn brechen.« Und er endet mit dem Ausruf: »Es lebe die Zukunft!« Dieser Optimismus war bei Knief jedoch nicht von Dauer.

Das hing auch mit dem persönlichen Schicksal und der Konstitution Kniefs zusammen. Anfang September 1914 kam er an die Front in Flandern und an der Somme. Hier erlebte er rücksichtslosen militärischen Einsatz und Prestigedenken höherer Offiziere. Er sah die gedrückte Stimmung der Soldaten und überschätzte wahrscheinlich ihre Bereitschaft zu revolutionärer Tat. Knief selbst erlitt einen völligen Nervenzusammenbruch. Er hat später über den letzten Anstoß folgendes erzählt: Er will in Belgien von einem Major den Befehl erhalten haben, nach einem Zusammenstoß mit Heckenschützen an einer Geiselerschießung teilzunehmen. Knief weigerte sich, bedrohte den Major und sprang ihn an. Der Offizier zeigte jedoch Verständnis und machte keine Meldung an das Kriegsgericht, sondern schickte Knief in Begleitung von zwei Soldaten nach Bremen ins Krankenhaus. Hier wurde er behandelt.

In der Heimatstadt erlebte er die durch die Verluste, die wirtschaftlichen Sorgen usw. verursachte schlechte Stimmung der Bevölkerung. Eine spontane Bereitschaft zur Revolution war jedoch nicht erkennbar. Die Radikalen der SPD waren durchweg zum Militär eingezogen worden, viele waren inzwischen gefallen, der Rest wurde immer mutloser. Knief stand mit seiner politischen Überzeugung eindeutig hinter Karl Liebknecht, der als einziger Sozialdemokrat im Plenum des Reichstages die Bewilligung der Kriegskredite verweigerte. Er kritisierte die Haltung Henkes, der zu jenen gehörte, die sich nur der Stimme enthielten. Im Oktober 1914 kam Knief wieder an die Front, litt aber sogleich erneut unter Depressionen, Angstzuständen und schlaflosen Nächten. Er trug sich mit Selbstmordgedanken. Abermals kam er ins Krankenhaus und wurde im April 1915 aus dem Militär entlassen. Nun war er aber fast ohne Geldmittel; die geringen Unterstützungsbeiträge, die ihm die Partei zahlte, reichten nur zu einem ländlichen Genesungsaufenthalt in Wedehorn bei Twistringen. Hier machte er Spaziergänge und hackte Holz; hin und wieder unternahm er kleine Reisen zu politischen Freunden. Nur gelegentlich konnte er für die »Bremer Bürgerzeitung« arbeiten. Das schlimmste war der Gedanke, er müsse demnächst wieder Soldat werden.

Am 28. September 1915 beichtete er Henke: »Ich komme nicht über die Widersprüchlichkeit [hinweg], daß ich als Sozialdemokrat mein Leben für die ausgesprochensten imperialistischen Interessen in die Schanze schlagen soll. Die ganze Zeit von Kriegsbeginn an habe ich über diesen Widerspruch gebrütet, und es ist nichts herausgekommen als die immer festere Überzeugung, daß es in Zukunft keine andere Lösung geben kann als den selbstgewählten Tod. Werde ich wieder zum Heeresdienst einberufen, bleibt mir keine andere Wahl.« »Und wenn man denn schon einen Maßstab der Moral anlegen will, nun, so kann es nur der sein, daß ein Sozialdemokrat die größte Sünde begeht, wenn er seinen Klasseninteressen untreu wird.« Knief war in dieser Zeit von einer tiefen Skepsis gegenüber der Revolutionsbereitschaft der Massen erfüllt. Er sah nur dann einen Ausweg aus dem Dilemma, »wenn die Massen gewillt sind, alles, aber auch alles aufs Spiel zu setzen, bevor sie in den Kampf für das Klasseninteresse ziehen, erst dann sind sie für den Sozialismus reif. Solange ihnen Leben und Rücksichten noch höher stehen als ihre Klasseninteressen, solange sind sie noch Sklaven ihrer Unterdrücker.«

Schwere Angriffe richtete Knief in dieser Zeit wieder gegen die SPD-Führer, die eine Revolutionierung der Arbeiter verhinderten. Er nannte sie »Schweinehunde«, die »den Rotz nicht wert

[sind], den man auf solchen Sch . . . haufen spucken möchte«.
In dieser Zeit trug er sich mit dem Gedanken, einem unpoliti-
schen Broterwerb nachzugehen. Und das hätte das größte Opfer
bedeutet, das er überhaupt bringen konnte. Als eine Art Morgen-
röte sah er es an, als Anfang 1915 »Die Internationale« von
Rosa Luxemburg und Franz Mehring herauskam. Zwischen
August 1915 und März 1916 gelang es Knief, in Julian Borchardts
»Lichtstrahlen« vier Aufsätze unterzubringen, die er unter dem
Pseudonym Alfred Nußbaum verfaßte.

Schließlich war Knief im Oktober 1915 so weit genesen, daß er
zusammen mit dem Radikalen Paul Frölich erneut in die Redaktion der »Bremer Bürgerzeitung« eintreten konnte. Sehr bald
gewann er wieder engen Kontakt mit der Bremer Linken.
Es bildete sich nun ein kleiner Zirkel, in dem man über die
politische Lage sowie über ideologische Fragen debattierte. Die
Grundauffassung hielt sich hier zunächst etwa auf der Ebene der
»Gruppe Internationale« um Karl Liebknecht und Rosa Luxemburg; Knief lehnte jedoch im Gegensatz zu diesen den sozialistischen »Nationalismus« ab und befürwortete leidenschaftlich den
proletarischen Internationalismus. Damit kollidierte er auch mit
Lenins Auffassung, der jeder Nation ihre eigene Revolution zu-
billigte, weil diese dann die gegebene Situation und nationale
Besonderheiten (etwa der Sozial- und Wirtschaftsstruktur) aus-
nutzen konnte. Auch in einem anderen Punkt ergab sich bereits
in dieser Zeit ein Gegensatz zu Lenin: Knief glaubte – wie die
»Gruppe Internationale« – an die Spontaneität der Massen oder zumindest eines großen aktiven Teils der Arbeiterschaft. Knief
setzte sich daher auch nie für eine straff organisierte radikale
Partei und für revolutionäre Kader ein, wie Lenin sie als wesent-
liches Element in seine politische Taktik einbezog. Trotz dieser
Gegensätze unterhielt die Bremer Linke sowohl Beziehungen zur
»Gruppe Internationale« (später »Spartakus«) als auch zur »Zim-
merwalder Linken«, zu der auch die Gruppe Lenins Kontakt
hatte. Die »Bremer Bürgerzeitung« widmete den russischen Verhältnissen seit 1915 großes Interesse und stand dann später in
der Revolution eindeutig auf der Seite der Bolschewisten.
Seit 1915 verstärkten sich die Spaltungstendenzen in der SPD.
Knief war einer der ersten, die die organisatorische Verselbstän-

digung der Linksradikalen befürworten. »Die Partei ist längst aus allen Fugen«, schrieb er Ende 1915, »sie wird nur noch durch das Bruchband der Bürokratie [gemeint war die Partei-Bürokratie] gehalten.« Auf der Reichskonferenz der »Gruppe Internationale« im Berliner Rechtsanwaltsbüro der Brüder Liebknecht am 1. Januar 1916 vertrat Knief die Linksradikalen Bremens. Er griff auch in die Diskussion ein und forderte eine scharfe Abgrenzung gegen »Sozialchauvinisten« und »Sozialpazifisten«. Er meinte damit die organisatorische Trennung, fand aber bei der Mehrzahl der Delegierten keine Resonanz. In Bremen gewannen die Linken in der Partei immer mehr an Boden, und sie konnten darauf hoffen, daß sie sie bald beherrschen würden.

Zu dieser Zeit gründeten einige Sozialdemokraten vom rechten Flügel ein Gegenblatt gegen die von radikalen Redakteuren beherrschte »Bremer Bürgerzeitung«: Die »Bremische Correspondenz«. Die erste Nummer erschien am 2. Januar 1916. Sogleich erhob sich laut der Ruf, die Partei sei von der »Rechten« verraten worden. Es gelang der Linken, einen großen Teil der Mitglieder hinter sich zu bringen und mit ihrer Hilfe eine Reihe von Parteifunktionären »abzuwählen«. Die Radikalen bekamen nun auch Mut zu Massenaktionen am 1. Mai 1916; doch waren diese im ganzen ein Fehlschlag, denn Polizei und Militär begannen mit harten Gegenmaßnahmen. In Berlin wurde Karl Liebknecht verhaftet, in Bremen kam es nicht zu solch spektakulären Aktionen; doch erkannte man auch hier, daß die Zeit für eine Revolution noch nicht gekommen war. Immerhin gab es in Bremen einige Demonstrationen für die Freilassung Liebknechts und für eine bessere Lebensmittelversorgung. Zahlreiche Demonstranten wurden verhaftet. Im Juli 1916 kam es nach einem Aufruf der Bremer Linken zu Lohnstreiks auf der AG »Weser«. Haussuchungen und verschärfte Vorzensur der »Bremer Bürgerzeitung« waren die Folge. Auch diese Aktion mündete nicht in eine Revolution. Auf den Druck des Parteivorstandes in Berlin verloren die Linksradikalen in der »Bremer Bürgerzeitung« sogar ihren bisher bestimmenden Einfluß. Sie gründeten nunmehr die Zeitschrift »Arbeiterpolitik«, deren einziger Redakteur Johann Knief war. Die erste Nummer erschien am 24. Juni 1916. Der Tenor des Blattes war eindeutig gegen den SPD-Parteiapparat gerichtet, es wurde demgegenüber die Autonomie der proletarischen Massen proklamiert. Auch gegen die Zentristen (mit Henke) wurde energisch Stellung bezogen. Knief arbeitete weiter auf eine organisatorische Verselbständigung der Linksradikalen hin, gegen die der Spartakusbund (»Gruppe Internationale«) sich jedoch noch immer sträubte.

Ende 1916 trieb die Entwicklung auf eine harte Entscheidung zu, die auch für Kniefs Stellung von großer Bedeutung sein mußte. Am 1. Dezember beschloß eine Mitgliederversammlung unter Führung der Linken, keine Beiträge mehr an den Parteivorstand in Berlin abzuführen. Der Vorstand reagierte sofort: der Ortsverband Bremen wurde aus der Partei ausgeschlossen, die Rechten formierten sich in einer eigenen Organisation. In der »Bürgerzeitung« wurde Henke als Chefredakteur abgesetzt, Knief wurde entlassen und war nun brotlos.

In dieser Zeit vollzog sich auch auf Reichsebene die Neuformierung der sozialistischen Gruppen. Im Januar 1917 fand die Reichskonferenz der »Sozialdemokratischen Arbeitsgemeinschaft« statt, aus der heraus sich im April die USPD entwickelte. Knief wurde am 7. Januar als Delegierter für diese Reichskonferenz gewählt. Er war von Anfang an gegen ein Verbleiben der Radikalen in der USPD, vermochte sich jedoch nicht durchzusetzen. Er trat für die Gründung einer »Internationalen Sozialistischen Partei Deutschlands« ein und nahm Kontakt mit linksradikalen Gruppen in Hamburg, Hannover und Rüstringen (Wilhelmshaven) auf. Im März 1917 hatte Knief in Bremen auch Zusammenkünfte mit Marinern. Er erfuhr Einzelheiten über die Stimmung bei der Flotte und gab den Marinern linksradikales Propagandamaterial zur Verteilung mit.

Das zentrale Problem für die Bremer Linke war in nächster Zeit ihr Verhältnis zur neugegründeten USPD und zum Spartakusbund, der zunächst eine Gruppe innerhalb der USPD blieb. Knief fuhr im Februar 1917 nach Berlin, um die Bildung einer Linkspartei voranzutreiben, und am 5. April war er dann auf dem Gründungsparteitag der USPD in Gotha. Diesem Ereignis ging eine Konferenz der Spartakusgruppe voran; hier wurde gegen Kniefs Absicht das Verbleiben innerhalb der USPD beschlossen, allerdings mit dem Ziel, die Partei durch radikale Aktivität in die

Hand zu bekommen. Auf die Dauer ließ sich jedoch die USPD nicht zusammenhalten – das wurde eigentlich schon bei ihrer Gründung deutlich. Sie hatte eine zu große Bandbreite, die von der linken Mitte bis zur äußersten Linken reichte. Auch in Bremen wurde ein Ortsverein der USPD gegründet, dessen unbestrittener Führer Alfred Henke wurde. Der 1916 vom Parteivorstand in Berlin aus der SPD ausgeschlossene »Sozial-demokratische Verein Bremen« blieb bestehen, wurde nun aber die Heimat der Linksradikalen mit Knief als ebenfalls unbestrittenem Führer. Dieser blieb auch Herausgeber der »Arbeiterpolitik«. Die Zeitung wurde in einer kleinen Druckerei in Gröpelingen hergestellt, in der zugleich Flugblätter gedruckt wurden. Der Kommunist Karl Becker war als Setzer und Drucker, die Kommunistin Anna Wroblewski als Einlegerin gegen geringen Lohn tätig. Einige Gröpelinger Arbeiterfrauen betätigten sich als Austrägerinnen. Die Beteiligten erinnerten sich noch lange Jahre mit Stolz an die Arbeit in den ungeheizten Räumen, an den warmen Ersatzkaffee, den die Austrägerinnen morgens um fünf Uhr mitbrachten, an den verhärmten Johann Knief an seinem Schreibtisch. Die Manuskripte mußten jeweils vor der Veröffentlichung von der Militärzensur mit »Erlaubt« gestempelt werden. Die Zensur war freilich nicht sehr streng, denn sonst wäre die »Arbeiterpolitik« überhaupt nicht erschienen. So konnte Knief denn später von dieser Zeitschrift sagen: »Sie kann sich sehen lassen in der Weltgeschichte ... Sie stand in jedem Augenblick auf äußerstem Vorposten und hat unverwandt und nimmer rastend dem Feind ins Auge geschaut ... Nur eine Verantwortung kannte sie: die unermeßlich große Verantwortung vor der internationalen Arbeiterklasse. Ihr gehörte ihr Herzblut.« Von seinem Standpunkt aus gesehen hatte Knief darin recht.

Am 1. Januar 1917 begann die 20jährige Berlinerin Charlotte (Lotte) Kornfeld ihre Tätigkeit als Geschäftsführerin der »Arbeiterpolitik«. Knief hatte sie 1912 zum ersten Mal flüchtig gesehen, als sie auf einer Reise nach Norderney einen kurzen Besuch bei Karl Radek machte, der damals vorübergehend in Bremen wohnte. Lotte Kornfeld hielt dann in den folgenden Jahren engen Kontakt mit Karl und Rosa Radek, die sich während des Krieges in der Schweiz aufhielten. Frau Radek war dort Ärztin, ihr Mann

betrieb kommunistische Agitation auf internationaler Ebene. Dabei diente Lotte Kornfeld gelegentlich als Kurier. Im Spätsommer 1916 sollte sie einen Radek-Brief an Johann Knief übergeben. Es wurde ein Treffen in Hannover vereinbart; dabei kam es zu einem mehrstündigen Spaziergang im Schloßpark von Herrenhausen mit einer Lebensbeichte und politischen Bekenntnissen des Bremer Kommunisten. Knief erinnerte sich später an diese Stunden als »eine fast erdrückende Fülle von Lust und Freude, an Lebensjubel ohnegleichen«. Lotte Kornfeld kehrte nach Berlin zurück; die Bekanntschaft wurde durch Briefe fortgesetzt. Schließlich kam es zu der Vereinbarung, daß Lotte die Geschäftsführung der »Arbeiterpolitik« übernehmen sollte. Auf eine Besoldung konnte sie verzichten, da sie durch das Erbe ihrer Großeltern wirtschaftlich unabhängig war. Sie behielt ihre Wohnung in Berlin bei, nahm sich aber zugleich ein möbliertes Zimmer in Gröpelingen.
Die gemeinsame Arbeit und Spaziergänge in der Mittagspause brachten Lotte Kornfeld und Johann Knief einander immer näher. Das junge Mädchen war intelligent, erfüllt von politischen Idealen, die sich weitgehend mit denen von Johann Knief deckten, und sie war vor allem auch eine geduldige und bewundernde Zuhörerin. Als sich nun eine tiefere Freundschaft anzubahnen schien, verlangte sie, daß Knief seine Frau unterrichten solle.
Die Ehe war in dieser Zeit bereits am Auseinanderbrechen. Sie war in einer Zeit geschlossen worden, als Knief soeben Lehrer geworden war und die politischen Interessen noch nicht sein gesamtes Dasein überwuchert hatten. Es mag sein, daß zunächst ein Gleichklang der Auffassungen vorhanden war. Sehr bald wurde aber deutlich, daß sich Knief immer mehr dem Familienleben entzog und daß die Frau andererseits für das wachsende politische Engagement ihres Mannes und des Vaters zweier kleiner Kinder wenig Verständnis hatte. Die lange Krankheit Kniefs, die Entlassung aus der Redaktion der »Bürgerzeitung« und die wenig einträgliche Tätigkeit für die »Arbeiterpolitik« stieß die Familie in bittere Not und wachsende Schulden. Die Frau glaubte mit Hausarbeit und Kindererziehung voll ausgelastet zu sein; sie forderte von ihrem Mann die Übernahme eines unpolitischen Broterwerbs. Knief lehnte das ab, und auch seine Freunde bekräftigten seine Haltung; denn eine politische Abstinenz wäre

nach ihrer Meinung »eine totale sinnlose Verschwendung wesentlicher Fähigkeiten« gewesen. Frau Knief deutete an, daß sie einer Scheidung zustimmen werde, doch wurde ihre Haltung unversöhnlich, als sie nun erfuhr, daß die junge Lotte Kornfeld in den Lebensbereich ihres Mannes getreten war. Sie soll ihn schließlich bei der Militärbehörde mit dem Hinweis denunziert haben, daß die Nervenkrankheit, die zur Dienstuntauglichkeit Kniefs geführt hatte, nur vorgetäuscht sei. Aus dieser Handlungsweise seiner Frau leitete Knief nun die moralische Berechtigung einer Lösung aus der Ehebindung ab. In der Tat, über diesen Graben gab es keine Brücke mehr.

Als nun im Frühjahr 1917 verschärfte Polizeimaßnahmen befürchten ließen, daß die Führer der Linksradikalen bald hinter Gefängnisgittern verschwinden würden, und als Knief auch annehmen mußte, daß er wieder zum Militärdienst eingezogen werden könnte, verließ er gemeinsam mit Lotte Kornfeld im April 1917 seine Vaterstadt Bremen.

Die beiden hielten sich zunächst einige Tage in Berlin in der Wohnung von Lotte Kornfeld, dann in Westfalen und im Rheinland auf. Der Versuch einer Emigration nach Holland, wo Kniefs alter Redaktionskollege Pannekoek wohnte, zerschlug sich, und die beiden kehrten im Mai nach Berlin zurück. Ende Juli/Anfang August fand dort eine Zusammenkunft des Aktionskomitees der Linksradikalen statt, an der aus Bremen Johann Brodmerkel und Karl Becker teilnahmen; am 26. August folgte dann die Gründungskonferenz der »Internationalen Sozialistischen Partei Deutschlands«, zu der aus Bremen wiederum Johann Brodmerkel delegiert war. Dieser nahm auch Kontakt zu Knief auf, der sich immer noch in Berlin aufhielt, aber bei der Konferenz nicht zugegen war. Es ist vermutet worden, daß Knief in dieser Zeit auf die Streiks in Bremen und auf die Meutereien von Marinern Einfluß ausübte. Es liegt in der Natur illegaler Arbeit, daß sie wenige schriftliche Zeugnisse hinterläßt und daher von den Historikern (wie vorher von der Polizei) schwer aufzudecken ist.

Als der Boden in Berlin zu heiß wurde, gingen Knief und Lotte Kornfeld im September nach Bayern. Hier hielten sie sich einige Tage in Riederau am Ammersee auf, wo ihnen Gabriele Kaetzler geb. von der Goltz in ihrem bescheidenen Haus Unterkunft gewährte. Dann folgte ein Aufenthalt in München, wo die beiden »untertauchten«. Knief nannte sich Franz Müller und Dr. Brandt. Schließlich brachte der Schriftsteller Erich Mühsam sie bei dem Bildhauer Ludwig Engler unter. Überall behielt Knief Kontakt mit politischen Gesinnungsgenossen, und er verstand es auch, einen weitverzweigten Briefwechsel zu unterhalten.

Am 21. Oktober 1917 wurden Knief und Lotte Kornfeld bei einem Aufenthalt in Utting am Ammersee von ihrer Hauswirtin denunziert und von der Polizei kurz verhört, dann aber wieder freigelassen. Die beiden kehrten nach München zurück.

In dieser Zeit brach die bolschewistische Oktoberrevolution aus. Knief begrüßte sie leidenschaftlich und knüpfte an sie auch Hoffnungen für Deutschland. Er verbreitete eine »Korrespondenz der internationalen Kommunisten Deutschlands« unter dem Titel »Rote Fahne«. Immer noch glaubte er – im Gegensatz zu Lenin – an die Spontaneität der Massen und lehnte eine disziplinierte und durchorganisierte Kampfpartei ab.

In München setzte nun auf Verlangen der Berliner Polizei eine Fahndung nach Knief ein, die am 30. Januar 1918 zur Verhaftung führte. Knief und Lotte Kornfeld wurden nach Berlin transportiert. Die junge Frau kam ins Frauengefängnis Barnimstraße, Knief wurde in militärische Schutzhaft genommen und in der Stadtvogtei interniert. Von einer »Einkerkerung« kann nicht die Rede sein. Die getrennte Unterbringung gab Anlaß zu den »Briefen aus dem Gefängnis«, die Lotte Kornfeld 1920 veröffentlichte. Die Originale sind leider vor einigen Jahren vernichtet worden, so daß die Frage der Bearbeitung nicht mehr im einzelnen geklärt werden kann.

Die Briefe sind bemerkenswerte Dokumente, die in ihrer offenen Äußerung von Gedanken und Gefühlen einen höchst komplizierten Charakter offenbaren. Sie wurden zwischen dem 5. Februar und 8. April in der Stadtvogtei geschrieben; dann folgte eine längere Unterbrechung. Ein Brief vom 7. August findet sich in der gedruckten Ausgabe falsch eingeordnet. Kurz darauf wurde Knief zur nervenärztlichen Behandlung in das Sanatorium Dr. Weiler im Berliner Westend eingeliefert. Hier begann der Briefwechsel von neuem am 1. September 1918 und dauerte bis zum 9. November an.

Lange Passagen sind der Kindheit, der Seminar- und Lehrerzeit gewidmet. Es wird ein düsteres Bild des Zwanges, der verschütteten Möglichkeiten entworfen. Hier ist vieles durch die Brille des späteren radikalen Kommunisten gesehen. Von sich selbst vermittelt Knief den Eindruck, als ob er niemals ein fröhliches Kind gewesen sei und als ob er als Seminarist und Lehrer immer nur mit einer feindlichen Umwelt zu kämpfen gehabt habe. Frau und Kinder werden überhaupt nicht erwähnt, das Leben in der Schulklasse wird ausgeklammert. Die Politik überwuchert und verdeckt das alles. Auch über die Erlebnisse als Soldat und als Patient der Nervenklinik findet sich nichts.

Hauptbestandteil und Mittelpunkt der Briefe ist das Bekenntnis zur Seelenverwandtschaft mit Lotte Kornfeld. Ihr gegenüber wird nicht nur eine Lebensbeichte abgelegt, sondern werden auch Gefühle und Gedanken zu Themen der Politik, Literatur und Musik offengelegt. Im Bereich der Politik zeigt sich, daß Knief im Grunde seines Wesens ein Romantiker war. Nüchterne Theorien und Pragmatismus lagen ihm nicht. Was er erreichen wollte, war eine klassenlose bessere Welt. Voraussetzung war dafür die Verbreitung der sozialistischen Idee, der Sturz der herrschenden Gewalten. Knief zeigt sich auch hierbei als introvertierter Grübler. Er offenbart sich mit den Worten des »Jünglings« von Dostojewski: »Ja, ich bin ein düsterer Mensch! Ich verschließe mich fortwährend.« Er hat es schwer, echte Freunde zu gewinnen, und doch sehnt er sich so sehr nach ihnen. So bleibt mehr oder weniger der Versuch, durch Wort und Schrift politischen Einfluß auf die Menschen zu gewinnen. Und er zitiert weitere Dostojewski-Worte: »Ja, mich hat mein ganzes Leben nach Macht gedürstet, nach Macht und Einsamkeit.« Knief ist sich vollkommen bewußt, daß er – wie Sickingen und Ulrich von Hutten, wie Savonarola und Giordano Bruno, wie Thomas Münzer und Marat – dem Zwang ausgesetzt ist, seine Ideen durchzusetzen. Er weiß auch, daß in solchen Fällen »Golgatha nicht weit ist«. Er ist nicht wie Luther und Friedrich der Große, die nach der Meinung Kniefs keine Ideen hatten und daher weiter auf den Weihrauchfässern der Geschichte thronen. Knief sieht also ein tragisches Leben in sich angelegt.

Im Gefängnis und im Sanatorium vertrieb er sich weitgehend die

Zeit mit Lesen: »Unmengen von Büchern liegen um mich herum, so daß ich sie kaum bergen kann. Es geht da ziemlich bunt durcheinander, aber ich bringe schon Ordnung hinein.« Es war etwas Gefühls- und Liebeslyrik dabei, die er in seine Briefe aufnahm und mit romantischen Worten umrankte. Vor allem zogen ihn jedoch Prosadichtungen mit gesellschaftskritischem Hintergrund an: Tolstois »Auferstehung« (mit ihrer »zerschneidenden Erkenntnis der Klassengegensätze«), Werke von Zola, Gorki, Strindberg usw. Bezeichnend ist nun, wie Knief diese Werke verarbeitete. Er bekennt: »Ich kann nicht mehr lesen, ohne meinen kritischen Schnabel daran zu wetzen.« Maßstab blieb immer seine eigene Auffassung von Staat und Gesellschaft. Er registrierte – mit einem gewissen Recht –, daß die neuere Dichtung eine Fülle von Disharmonien aufdecke – einen Zustand, der tatsächlich der »innerlich zerrissenen« Gegenwartsgesellschaft entspreche. Es ist eigenartig, daß Knief dabei ausgerechnet gegenüber Lotte Kornfeld das Verhältnis von »Mann und Weib« in diese Disharmonie einbezog.
Zwei große Werke der Weltliteratur beschäftigten ihn besonders stark: der »Don Quichote« von Cervantes und der »Herakles« von Euripides.
Cervantes' »Don Quichote« las Knief so gerne wie Goethes »Iphigenie« und Schillers »Wallenstein«. Der Held sei ein »Idealist, wie er größer gar nicht gedacht werden kann« (ausgenommen vielleicht Johann Knief!); er »will die Befreiung der Unterdrückten« (wie Knief!), die »Befreiung von Not, Ungerechtigkeit usw.«.
Im »Herakles« von Euripides stellt Knief mit Genugtuung fest, wie Götter und Heroen von ihren hölzernen Podesten heruntergezogen und ihrer Purpurgewänder entkleidet werden, so daß sie nackt und lächerlich dastehen. Euripides zeigt schonungslos »die Gesellschaft in ihrer Zersetzung« und damit wird für Knief der Dichter selbst zum eigentlichen Helden, mit dem er sich gleichsetzt. Er spricht es mit aller Deutlichkeit aus: »Dichter, die die Gesellschaft in ihrem Verfall zeigen, haben immer ein geschärfteres Auge als die andern, die auf der Menschheit Höhen wandeln.« Knief meint damit, man müsse die Schlechtigkeit der Welt mit aller Klarheit erkennen, wenn man der Menschheit Impulse zu ihrer Verbesserung geben wolle. Insofern steht bei Knief immer

das Negative, Schlechte, Düstere im Vordergrund. Die erhoffte bessere Zukunft verschwindet im Nebel einer romantischen Ideenwelt. Hierin unterscheidet er sich von den Pragmatikern unter den Sozialisten, den deutschen Revisionisten wie auch Lenin und seinen Anhängern. Das zeigte sich auch bei der »Arbeit«, die Knief sich im Sanatorium Dr. Weiler vornahm: Er versuchte, Marx und Lassalle in Verbindung zu setzen; damit behandelte er das Grundproblem der deutschen Sozialdemokratie bis in unsere Tage. Seiner Betrachtung lag vor allem Lassalles »Arbeiterprogramm« von 1862 zugrunde; daneben wird die »Assisenrede« von 1849 erwähnt. Bezeichnenderweise war es im Gegensatz zu Marx und seinen Schülern für Knief kein Problem, wie »idealistisch« oder materialistisch Lassalle gedacht haben könnte. Die Hauptfrage war ihm, wie revolutionär Lassalle war, ob er die Klassenkampfsituation klar erkannte oder nicht. Und hier setzte Kniefs Kritik nun an: Lassalle habe die Gesellschaftsfrage als Ausfluß der technischen Entwicklung gesehen (Knief nennt das »plattesten materialistischen Mechanismus«), Marx dagegen als Ergebnis der Produktionsweise, als ob nicht Technik und Produktionsweise zusammenhingen! Die Abschwächung des dialektischen Prinzips hing in Wirklichkeit gar nicht mit einem angeblich anders gesehenen »mechanistischen« Unterbau zusammen – wie Knief meinte –, sondern mit der Hoffnung Lassalles auf die Stimmzettel der Arbeiter bei allgemeinen und gleichen Wahlen sowie auf die Unterstützung eines zu sozialer Haltung gezwungenen Staates bei der Bildung von Produktionsgenossenschaften der Arbeiter. Daraus ergab sich der Glaube an eine »friedliche« Entwicklung, die eine gewaltsame Revolution überflüssig machte. Damit wurde er aber für Knief zum »Revisionisten« und verfiel so der Ablehnung. Diese Verurteilung wurde jedoch weitgehend mit politischen Redensarten und nicht wissenschaftlich begründet. Knief war ungerecht, wenn er behauptete, daß Lassalle das Bestehende konservieren wollte und damit den Arbeiter verraten habe. Nun, über den »richtigen Weg« läßt sich hier wie überall in der Politik streiten, doch schadet es der Glaubwürdigkeit, wenn man Wahrheit und Irrtum so absolut setzt, wie es durch Knief geschah. Es wird ganz deutlich: Der Wert jeder politischen Bewegung wurde von Knief gefühlsmäßig danach beurteilt, wie links –

revolutionär – sie war. Ökonomische Betrachtungsweisen, wie Marx sie zur Methode machte, oder statistische Untersuchungen waren ihm völlig fremd. So war das Urteil oftmals inkonsequent und schwankend. Daher konnte es etwa auch geschehen, daß er Lassalle am 30. September 1918 beschuldigte, einem »plattesten materialistischen Mechanismus« zu huldigen – im Gegensatz zu Marx, der aus der »Produktivweise« Klassenkämpfe ableite. Am 4. Oktober desselben Jahres, also wenige Tage später, warf er Lassalle vor, daß er einen »rechtsphilosophischen Standpunkt« einnehme, während Marx »ökonomisch-materialistisch denke.« Ziel aller dieser Überlegungen war eine Arbeit über Lassalle, die aber nicht über Notizen hinaus gedieh. Sicher hätte ein abgeschlossenes Werk Einblicke in Kniefs politisches Denken erlaubt; neue Erkenntnisse über den Verfasser hätten sich wohl kaum ergeben. Wissenschaftliche Qualität hätte die Arbeit gewiß nicht gehabt.

Knief hat sich über die Behandlung im Gefängnis und Sanatorium nicht beklagt. Er war genügsam und zog dieses Leben dem des Soldaten an der Front vor. Wohl war er gezwungen, sich in einer engen Umgebung zu bewegen, seine geistige Tätigkeit war jedoch kaum Beschränkungen unterworfen. Die Entwicklung der politischen und militärischen Lage übersah er wahrscheinlich nicht; sie spielt in seinen Briefen kaum eine Rolle. Vielleicht konnte er über sie wegen der Briefzensur nicht schreiben. Am 9. Oktober machte er sich Gedanken über den Ministerwechsel in der Türkei, doch dabei blieb alles nur Andeutung. Am 8. November nahm Knief – immer noch im Sanatorium Dr. Weiler – ausführlicher zur Revolution Stellung. Er beurteilte die Anfänge sehr skeptisch, weil keine grundsätzlichen Veränderungen in Aussicht standen. Es bestehe die Gefahr, daß man sich mit der Abdankung des Kaisers begnüge, während das Großkapital als Hauptfeind erhalten bleibe. Was Knief in dieser Stunde forderte, war: »Proklamierung der Arbeiter- und Soldatenrepublik, Null- und Nichtigkeitserklärung der gesamten Verfassung, soziale Revolution.« Zudem hielt Knief eine sofortige enge Verbindung mit den russischen Bolschewisten für nötig.

Am 9. November erhielten Johann Knief und Lotte Kornfeld ihre Freiheit zurück. Sie gingen beide zunächst nach Dresden und dann nach Cuxhaven. Von dort aus schickte Knief einige Mariner zur Unterstützung der Revolution nach Bremen. Er selbst traf hier am 18. November ein.

In Bremen hatte sich inzwischen ein Arbeiter- und Soldatenrat gebildet. Unterstützt von Massendemonstrationen, hatte er Senat und Bürgerschaft ausgeschaltet. Als Zeichen der neuen Zeit war am 15. November 1918 auf dem Rathausbalkon die rote Fahne gehißt worden. Unbestrittener Volkstribun war der alte Mitarbeiter und Gegenspieler Kniefs, der Bremer Führer der USPD Alfred Henke. Die alte Bewunderung war seit langem einer skeptischen Einschätzung, ja, sogar Gefühlen des Hasses und der Verachtung gewichen; Knief warf dem »runden und fetten« Henke jetzt vor, er sei ein gesinnungsloser Taktiker und habe als »Angsthase« durch seine »Kreuz- und Quersprünge« den Sozialismus »in die Wicken« gehen lassen.

Am 18. November fand im Casino auf den Häfen eine von Henke geleitete öffentliche Versammlung statt. Ein Augenzeuge berichtete: Während des Referats von Henke »ging plötzlich leise eine Seitentür auf, und Johann Knief ... trat vorsichtig über die Schwelle. ... Henke fing an zu stottern und wurde blaß. Alle Augen richteten sich auf Knief.« Knief proklamierte in der Diskussion mit aller Schärfe die Forderungen der Linksradikalen, enge Zusammenarbeit mit den Bolschewiki, Übernahme der vollen Staatsgewalt durch die Arbeiter, Vorzensur für die bürgerliche Presse, Bildung einer bewaffneten Roten Garde und Übernahme der Bremer »Bürgerzeitung« durch die Linken.

Knief hatte schon im April 1917 vergebens eine eigene Organisation der Linksradikalen außerhalb der USPD angestrebt. Einige Monate später formierte sich dann die »Internationale Sozialistische Partei Deutschlands«. Als die Revolution ausbrach, war diese in Bremen so schwach, daß sie zunächst kaum in Erscheinung trat. Die USPD hielt die Entwicklung fest in der Hand. Es war nun das eindeutige Ziel Johann Kniefs, mit seinen Linksradikalen die Führung der revolutionären Arbeiter an sich zu reißen. Die Organisation nannte sich seit dem 23. November 1918 auf Vorschlag Kniefs »Internationale Kommunisten«. Mit dieser Bezeichnung wollte man sich eindeutig von den anderen sozialistischen Gruppen abheben. Das »Kommunistische Manifest« von Marx und Engels half Knief bei der Formulierung.

Sehr bald klärte Knief auch die Pressefrage für diese Gruppe. Bisher war immer noch die »Arbeiterpolitik« erschienen; sie war eine politische Zeitschrift, keine Tageszeitung, und wurde damit den Informationsansprüchen der Massen nicht gerecht. Was dann seit dem 27. November unter dem Namen »Der Kommunist« erschien, war eher eine Flugblattfolge als eine Zeitung. Die Schriftleitung übernahm Johann Knief; er wurde bei seiner Arbeit u. a. wieder von Lotte Kornfeld unterstützt, die gelegentlich auch Artikel verfaßte, so am 21. Dezember 1918 einen von programmatischer Bedeutung, der sich gegen die Nationalversammlung aussprach und eine Weiterführung der Revolution forderte, wenn demnächst USPD und Spartakus eine Regierung bilden sollten. Nach und nach gewann das Blatt an Umfang und Bedeutung.

In diesen Tagen und Wochen entfaltete Knief eine geradezu hektische Aktivität, die Revolution voranzutreiben. Überall hielten die Kommunisten Versammlungen ab, auf denen Resolutionen angenommen wurden. Knief erklärte immer wieder, daß man notfalls Gewalt anwenden werde, um die kommunistischen Forderungen durchzusetzen; die Gesetze des bürgerlichen Rechtsstaates dürften kein Hindernis sein. Knief sprach am 27. November im großen Börsensaal. Am Tage darauf unterstützte er Lohnforderungen der Arbeiter auf der AG »Weser«-Werft. Der Direktor Tetens wurde gezwungen, vom Dach eines Schuppens — des »Canossa-Schuppens« — die Kapitulation der Werftleitung zu verkünden. Knief hielt nun eine Rede, in der er die Übernahme des Unternehmens durch die Arbeiter in Aussicht stellte. »Der Pfeil, der vom Bogen fliegt«, so rief er aus, »er soll und muß in das Herz des Kapitalismus geschleudert werden.« Er veranlaßte eine Resolution, nach der die Arbeiter trotz der Einigung in der Lohnfrage am nächsten Tage einen Demonstrationszug unternehmen wollten.

Am 29. November tagte der Arbeiter- und Soldatenrat in der Börse. Im Arbeiterrat waren die Linksradikalen (USPD und Kommunisten) stark vertreten; der Soldatenrat hatte jedoch ein eindeutiges mehrheitssozialistisches Übergewicht. Im ganzen waren Abstimmungsniederlagen der Radikalen zu erwarten. Diese riefen deshalb vormittags zu einer Massendemonstration auf dem Domshof auf, um die Abstimmungsergebnisse gegebenenfalls zu »korrigieren«. Knief hielt vom Balkon der Deutschen Bank eine Ansprache und formulierte die Forderung seiner Genossen: Keine Nationalversammlung sondern proletarische Diktatur; Entwaffnung des Bürgertums und Bewaffnung des Proletariats; Übernahme der »Bremer Bürgerzeitung« durch den Arbeiterrat. Knief ließ über die Ablehnung der Nationalversammlung durch Handaufheben abstimmen und erklärte sogleich auch alle anderen Resolutionspunkte für angenommen. Er ging dann an der Spitze einer Delegation in den Sitzungssaal der Börse, um die Forderungen vor dem Arbeiter- und Soldatenrat zu begründen. Es kam zu Diskussionen, und schließlich geriet die Sitzung unter den Druck der draußen wartenden Massen. Auch in den Saal drangen Gruppen radikaler Arbeiter ein. Dennoch fand sich eine Mehrheit für die Nationalversammlung und gegen die proletarische Diktatur (97:56). Ein großer Teil der Mehrheitssozialisten zog sich aus der Versammlung zurück, so daß die Radikalen weitgehend unter sich waren und alle ihre Forderungen angenommen wurden. Das war ein Pyrrhussieg für Knief, aber immerhin war es ein Sieg, denn es war deutlich geworden, daß die Kommunisten imstande waren, Massenaktionen in Gang zu setzen.

Im Dezember 1918 machten die Kommunisten den Versuch, ihre Organisation zu zentralisieren. Vom 15. bis 17. Dezember fand in Berlin die erste Reichskonferenz der »Internationalen Kommunisten Deutschlands« statt, auf der auch Knief ein Referat über »die politische Lage und das Ziel der Kommunisten« hielt. Es wurde beschlossen, daß eine Diktatur des Proletariats sofort herbeigeführt werden müsse. Darunter verstand man in der politischen Praxis die Gewaltausübung der aktiven Minderheit der Arbeiterklasse, des »Zentralrats der Arbeiter« und der »roten kommunistischen Garden«, über die Bourgeoisie. Man wollte sich nicht mehr damit abmühen, die Masse der Arbeiter auf die Revolution vorzubereiten. Eine Vereinigung mit dem Spartakusbund wurde abgelehnt.

Man wußte natürlich, daß bei den Arbeitern nur der Wunsch nach Frieden und Demokratie eine breitere Mehrheit fand, nicht aber der nach einer vollständigen Umwälzung und einem damit verbundenen Bürgerkrieg. Eine Revolution konnte daher auch nur von der radikalen Minderheit durchgeführt werden. Immer noch lehnte Knief mit der Mehrheit der »Internationalen Kommunisten« im Gegensatz zu den Bolschewiki eine disziplinierte Parteiorganisation ab und hielt die Einigkeit durch ein gemeinsames Ziel für wichtiger. Zwar waren die Bremer Linken bereit, mit Spartakus zusammenzuarbeiten, kritisierten aber die zentralistische Organisation und das »Führerprinzip« dieser Gruppe; sie lehnten einen Zusammenschluß ab.

Am 24. Dezember fand in Berlin die zweite Reichskonferenz der »Internationalen Kommunisten« statt. Hauptfrage war wieder, ob man sich mit dem Spartakusbund vereinigen solle oder nicht. Knief war zunächst wie bisher gegen einen Zusammenschluß, wurde dann aber von seinem alten Kampfgefährten und jetzigen Bolschewisten Karl Radek umgestimmt. Der Weg zur Bildung der KPD war frei; sie erfolgte am 30. Dezember 1918.

Es mag zunächst eigenartig anmuten, daß Knief in dieser Zeit die Taktik der Kommunisten in einem wichtigen Punkte ablehnte. Er hatte sich noch im November 1918 gegen die Nationalversammlung und für die »Diktatur des Proletariats« ausgesprochen. Im Dezember hatte er seine Auffassung geändert, nachdem sich aus dem Reichskongreß der Arbeiter- und Soldatenräte eine Mehrheit für die Nationalversammlung ergeben hatte. Er stand damit in einer Front mit Rosa Luxemburg und Karl Liebknecht vom Spartakusbund. Diese Gruppe war der Meinung, daß man die Nationalversammlung als Propagandabühne benutzen solle, da doch in absehbarer Zeit nicht mit einem Erfolg der proletarischen Revolution zu rechnen sei. Die Mehrheit der Kommunisten war jedoch gegen eine Beteiligung an den Wahlen zur Nationalversammlung.

So war denn Kniefs politisches Leben mit manchen Sorgen belastet. In Bremen trat er zuletzt am 21. Dezember in einer Arbeitslosenversammlung auf. Es lag nahe, daß die Kommunisten die Arbeitslosen zu gewinnen suchten; denn sie glaubten noch am leichtesten, daß Staat und Wirtschaft total verrottet seien. Konstruktive Vorschläge brachte Knief auch hier nicht vor – im Gegenteil: Eine weitere Verkürzung der Arbeitszeit – wie Knief sie forderte – hätte zwar die Zahl der Arbeitsplätze vermehrt, aber die allgemeine Not nicht vermindert, da die Lohntüten dünner geworden wären. Notstandsarbeiten in größerem Umfang – ebenfalls eine Forderung Kniefs – hätten die Finanzkraft des Staates überfordert, ohne daß eine Dauerlösung der Krise angebahnt worden wäre. Manches von dem, was Knief vorbrachte, kann man nur als demagogische Angriffe gegen den Staat ansehen: Man solle »die Finanzkraft des Staates möglichst stark anspannen«, da das alte Finanzsystem ohnehin schon zusammengebrochen sei. Er riet den Arbeitslosen, ihre Forderungen so unbescheiden wie möglich zu stellen. »Das Bürgertum mag dann auch sehen, wie es damit fertig wird.« Es fragt sich, wie Knief und seine Genossen mit der Notlage fertiggeworden wären, wenn sie die Regierungsverantwortung zu tragen gehabt hätten. Doch darüber brauchten sie sich einstweilen keine Sorgen zu machen. Solange sie in der Opposition standen, waren sie in ihrer destruktiven Taktik ganz in ihrem Element.

Im Januar 1919 kam die Entwicklung zur Räterepublik in Bremen zu einem vorläufigen Abschluß. Am 1. Januar wurde das aus dem Felde zurückkehrende Regiment 75 entwaffnet, am 6. Januar ein neuer Arbeiterrat gewählt, in dem die beiden Fraktionen der USPD und der Kommunisten eine knappe Mehrheit hatten. Am 10. Januar besetzten die Radikalen das Gewerkschaftshaus, entfernten den Senat aus seinem Amt, führten die Zensur für bürgerliche Zeitungen ein und ernannten einen Rat der Volkskommissare und Volksbeauftragten. Knief wurde zu einem der drei kommunistischen Volksbeauftragten nominiert. Trotz des Widerstandes der Kommunisten konnten die Wahlen zur deutschen Nationalversammlung in Bremen ohne nennenswerte Störung durchgeführt werden, und es zeigte sich am Stimmergebnis, welch geringe Resonanz die Radikalen bei der Bevölkerung gefunden hatten. Alle Kundgebungen, Resolutionen und Flugblätter der Linken konnten über diese Tatsache nicht hinwegtäuschen; die Räterepublik Bremen stand von Anfang an auf tönernen Füßen. Johann Kniefs unruhiger Lebensweg ging in dieser Zeit seinem Ende zu; er fand, wie er es allen echten Ideologen prophezeit hatte, sein Golgatha. Doch richteten ihm die Mächtigen dieser Erde kein Kreuz und keinen Scheiterhaufen auf. In den letzten Tagen des Dezember 1918 tat er seine politische Arbeit bereits unter Schmerzen: er litt an einer verschleppten Blinddarment-zündung. Sicher war Knief ein Mensch, der es gewohnt war, alle Krankheitssymptome an sich genau zu beobachten. Der Nerven-zusammenbruch im Kriege, der Aufenthalt in Sanatorien, die Behinderung in der Arbeit durch persönliches Unwohlsein spielten bei seinen Selbstbetrachtungen eine große Rolle. Auch Todes-gedanken waren ihm nicht fremd. Im Kriege dachte er mehrmals an Selbstmord. Am 12. Oktober 1918 spürte er »die Schwingen des großen schwarzen Vogels«, und er fürchtete den Tod. »Und jetzt herausgerissen werden? O, das darf, darf ja nicht sein! Jetzt nicht! Nur noch wirken können! Nur ihnen noch helfen können, den Arbeitern! O, was wollte ich für sie tun! Wie wollte ich täg-lich, stündlich immer Neues, Gutes, Kraftvolles, Schönes für sie suchen ... O, nur jetzt, nur jetzt nicht herausgerissen werden!« Das war keine raffinierte Demagogie, sondern Sentimentalität am Geburtstag seiner Lebensgefährtin Lotte Kornfeld! Das war nun auch alles andere als Todessehnsucht, das war Hoffnung auf die Zukunft. »Das Leben ist so schön, so schön!« schrieb er am 12. Ok-tober 1918. Freilich brachte die Zeit danach Enttäuschungen; aber es gibt keine Anhaltspunkte, daß er völlig resignierte. Daß er im Dezember 1918 nicht rechtzeitig ärztliche Hilfe in Anspruch nahm, erklärt sich wohl vor allem aus dem Streben, in dieser kritischen Phase der Revolution unbedingt dabei zu sein.

Am 3. Januar 1919 veröffentlichte der »Kommunist« noch einen Artikel Kniefs »zur Bewaffnung der Arbeiterschaft«, in dem er sich besorgt darüber zeigte, daß auch unzuverlässige Arbeiter Waffen bekommen könnten. Kurz darauf, am 9. Januar, wurde Knief in die chirurgische Privatklinik von Dr. Lengemann an der Neustadts Contrescarpe eingeliefert. Dort wurde eine Blinddarm-operation durchgeführt, deren Erfolg aber wegen einer Vereite-rung von Anfang an zweifelhaft erschien. Lotte Kornfeld finan-zierte aus ihrem Vermögen den Aufenthalt in der Klinik. Knief hatte ein großes Zimmer 1. Klasse; seine Lebensgefährtin mietete für sich ein zweites Zimmer. Zuletzt schlief sie im Zimmer des Kranken, um ihn zu pflegen. Die Wunde heilte nicht; es mußten Röhren eingelassen werden, um den Eiter abzulassen. Vier wei-tere Operationen brachten keine Linderung, und so erfaßte eine Blutvergiftung den ganzen Organismus.

Am 6. April morgens um 2.30 Uhr starb Johann Knief. In seinen
letzten Worten soll er gemahnt haben: »Verlaßt mir meine Arbeiter nicht!« Der kommunistische Worpsweder Maler Heinrich
Vogeler zeichnete das Gesicht des Toten. Die Aufbahrung erfolgte
im Meyerschen Beerdigungsinstitut in der Großen Johannisstraße.

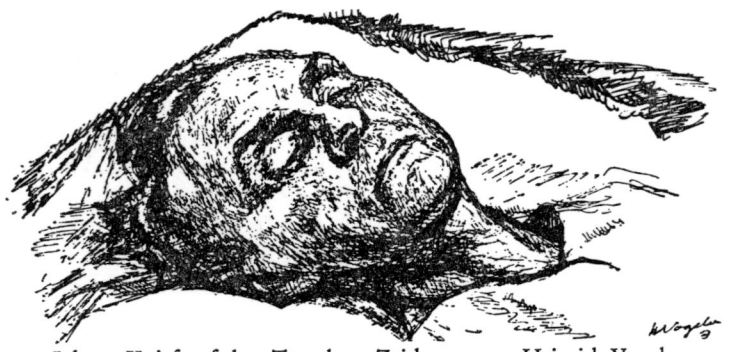

Johann Knief auf dem Totenbett, Zeichnung von Heinrich Vogeler

Alle Bremer und viele auswärtige Zeitungen meldeten und kom-
mentierten das Ableben Kniefs. Es ist nicht so bemerkenswert,
was die kommunistische Presse darüber schrieb; denn es war
selbstverständlich, daß Knief hier zu außerordentlicher Größe
emporwuchs und daß sein Tod als Verpflichtung zum Weiter-
kämpfen angesehen wurde. Die bürgerliche Presse teilte das Ableben kurz mit und erklärte die Führerrolle Kniefs aus »seiner
Begabung, mit einem bei der Masse sehr wirksamen Redetalent,
das er dem Wesen der Arbeiterschaft und ihrer jeweiligen Stimmung in kluger Weise anzupassen wußte«. Kein Zweifel, das
war nur eine Seite dieses bedeutenden Mannes; sein eigentliches
Wesen wird damit nicht erfaßt. Ausführlicher war der Nachruf
des USPD-Führers Alfred Henke, den Knief einst bewundert, zuletzt aber verachtet und gehaßt hatte. Man konnte natürlich nicht
erwarten, daß Henke eine offene Würdigung seines Gegners verfassen werde, solange dessen Sarg noch über der Erde stand.
Henke zeigte sich tief ergriffen, begnügte sich aber im wesentlichen
mit einem knappen Lebensabriß ohne Kommentar. Nur am Schluß
hieß es: »Ein Kämpfer von idealem Wollen und geradezu fanati-
schem Eifer ist nicht mehr. Die Arbeiter wissen, was sie an ihm

verlieren. In ihrem Herzen wird er fortleben als ein Vorbild der Treue zur Sache und der ganzen Hingabe an sie.« Obligate Nachruffloskel oder ehrliche Meinung? Bei Henke kann man nicht sicher sein. Der Hinweis auf den Fanatismus war gewiß als Kritik gedacht.

Das Organ der Mehrheitssozialisten, das »Bremer Volksblatt«, bezeichnete Knief in aller Offenheit als das, was er für diese sozialistische Richtung war: als Parteizerstörer und -verderber, als »den konsequentesten und skrupellosesten« Kommunistenführer. »Der talentierte Mann hätte der Arbeiterbewegung viel nutzen können, wenn er Sozialdemokrat geblieben ... wäre.«

Die in dieser Zeit bereits arg bedrängten Kommunisten nutzten das Begräbnis Johann Kniefs zu einer eindrucksvollen Demonstration, an der auch mancher teilnahm, der mit Knief zu dessen Lebzeiten nicht immer einverstanden gewesen war. Die Veranstaltung hatte ihr Vorbild im Begräbnis der ermordeten Kommunistenführer Rosa Luxemburg und Karl Liebknecht in Berlin. Der Trauerzug formierte sich auf dem Grünenkamp und in der Großen Johannisstraße vor dem Beerdigungsinstitut Meyer. Der vierspännige Leichenwagen war mit rotem Stoff ausgeschlagen und wurde auf Wunsch Kniefs von 40 uniformierten Marinern – durchweg aus Wilhelmshaven – eskortiert. Vor dem Wagen sah man Musikkapellen, Träger von 20 Fahnen und vielen Kränzen, Delegationen von Gewerkschaften, Betrieben und auswärtigen kommunistischen Organisationen (u. a. aus Mannheim, Braunschweig, Hannover). Hinter dem Wagen nahmen die Angehörigen und Tausende von Menschen Aufstellung. Um 13 Uhr setzte sich der Zug unter Trauermusik in Bewegung, er führte über die Kaiserbrücke und den Bahnhofsplatz zum Riensberger Friedhof. Nur ein Teil der Menschen konnte um 15 Uhr an der Trauerfeier im Krematorium teilnehmen. Worte des Gedenkens und Bekenntnisses sprach der kommunistische Kampfgefährte Felix Schmidt. Das Gros des Trauerzuges löste sich dann auf.

Das Urteil über Knief ist bis heute vom politischen Standort abhängig. Die einen sehen in ihm den kompromißlosen Vorkämpfer des Kommunismus, die anderen halten ihn für einen hemmungslosen Volksverhetzer. In einer neueren Gegenüberstellung wurde davon gesprochen, daß Henke Pragmatiker und

Knief Dogmatiker gewesen sei. Die DDR-Historiker preisen sein politisches Wollen, bemängeln aber seine »ungenügende Kenntnis des Leninismus und unzureichende theoretische Bewältigung der strategisch-taktischen Probleme im Kampf um den Sieg der sozialistischen Revolution in Deutschland« und seine »sektiererischen Auffassungen«. Die »Abweichungen« werden im allgemeinen an den Lehren Lenins gemessen. Knief war nicht – wie Lenin – für eine disziplinierte Partei mit unbedingter Führerautorität, denn er glaubte an die Stoßkraft der durch gemeinsame Interessen geeinten Arbeiter. Knief hatte zudem immer eine internationale Solidarisierung im Sinn, während Lenin jede Nation auf ihre Art zum Sozialismus führen wollte.

Gewiß, daran ist dieses und jenes richtig; in jedem Fall aber wird nicht der Versuch gemacht, bei der Beurteilung vom Charakter Kniefs auszugehen – ein Weg freilich, den man von einer dogmatischen materialistischen Geschichtsschreibung kaum erwarten kann, der aber gerade bei Knief beschritten werden muß. Dieser er-erkannte auch selbst, wie stark der eigene komplizierte Charakter sein politisches Denken und Wirken beeinflußte. Knief war in einer geradezu selbstzerstörerischen Weise introvertiert – eine Tatsache, die ihn niemals zu einem pragmatischen Politiker gemacht hätte, sondern nur zu einem fanatischen Idealisten. Seine Selbstanalysen sind erschütternd und erschreckend zugleich. Er sah in sich Mißtrauen, Haßgefühle, Sehnsüchte; er überschüttete seine junge Lebensgefährtin Lotte Kornfeld mit romantischen, ja sentimentalen Gefühlen. »Ich beobachte viel zu sehr mein Verhältnis zu den Menschen und die Verhältnisse in mir«, bekennt er. Es gibt nichts, was dabei nicht irgendwie kompliziert wurde; jede Lösung erfolgte unter Schmerzen. »Es war schon früh eine große Einsamkeit um mich her. Und ich habe gesucht, gesucht, ich wußte selbst nicht, was ich suchte. Aber irgend etwas Unbekanntes, Großes suchte ich. Und darin wollte ich der Erste sein.« Knief steckte voll von Minderwertigkeitsgefühlen (»Oft ist mir heute der Gedanke gekommen, ob ich denn auch dieser Riesenfülle von Aufgaben gewachsen sein werde«) und hatte doch das Bedürfnis, etwas zu gelten. Das aber konnte ihm bei den Arbeitern leichter gelingen als beim Bürgertum.

Der Weg zu den Arbeitern war darum aber doch nicht das

Ergebnis eines ehrgeizigen Kalküls, auch wohl nicht der Ausfluß des Hasses gegen das Bürgertum, das ihn nicht anzuerkennen schien, sondern eher des Gefühls, daß die Befreiung der Arbeiter die Voraussetzung einer friedlichen gerechten Welt sein werde.

Das Redetalent Kniefs wurde im allgemeinen von Freund und Feind hoch eingeschätzt. Man hatte den Eindruck, daß hinter jedem Wort echte Überzeugung stand, obgleich er sich durchaus der jeweiligen Stimmung in einer Versammlung anzupassen verstand und gelegentlich auch demagogische Hetze betrieb. Doch er bekennt: »Ich hatte während des Sprechens oft heftiges Herzklopfen. Äußerlich ruhig wie immer, innerlich wahnsinnig erregt ... Kein Mensch hat gesehen, was in mir los war. Immer habe ich sie getäuscht. Und schließlich war ich stolz darauf.«

Die Frage, ob Knief ehrgeizig war, ist eindeutig mit ja zu beantworten. Besser würde man sagen: er strebte nach Anerkennung, nach Geltung. Materielle Vorteile, Bekleidung von Ämtern und Würden bedeuteten ihm dagegen nichts – eine Tatsache, die ja zur Zerstörung seiner Ehe beitrug. Als Preis des rastlosen Einsatzes suchte er Anerkennung und Erfolg – mehr nicht. Er war – ähnlich wie Robespierre – ein politischer Asket.

Eine wichtige Frage ist dagegen nicht zu beantworten, nämlich die nach der Fähigkeit Kniefs, im politischen Bereich nicht nur kritisch in der Opposition, sondern auch konstruktiv in der Regierungsverantwortung wirken zu können. Es gab im Laufe der neueren Geschichte manche Sozialisten, die sich nach Jahren des Kampfes gegen den Staat zum Aufbau befähigt zeigten: Sie erwiesen sich als Pragmatiker, ökonomisch versierte Praktiker und fleißige geduldige Organisatoren. Man kann mit guten Gründen bezweifeln, daß sich eine dieser Fähigkeiten bei Knief aus einem bisher verdeckten Kern entwickelt hätte. Zur Ökonomie und Soziologie hatte er keine rationalen Beziehungen; deshalb fand er auch keinen Zugang zu den theoretischen Schriften von Marx. Jeder Pragmatismus war ihm widerwärtig, eine Tatsache, die das Verhältnis zu Henke belastet hatte. Und straffe Organisation im Rahmen von Partei und Staat hielt er für ein Hindernis bei der Entfaltung von Ideen. Alles in allem war Knief eben doch ein politischer Romantiker; daran hätte sich wohl nichts geändert, wenn er länger gelebt hätte. Wahrscheinlich hätte sein Schicksal im politischen Leben der Weimarer Republik, vor allem auch im Rahmen einer straff organisierten und von Rußland aus gegängelten KPD eine tragische Note erhalten, ganz zu schweigen von einer Verfolgung, der er wahrscheinlich im »Dritten Reich« ausgesetzt gewesen wäre. Der frühe Tod verhinderte, daß diese Tragödie sich vollendete, daß sein Märtyrertum auf die Folgen einer im politischen Kampf verschleppten Blinddarmentzündung beschränkt blieb.

Die Summe der historischen Leistungen Kniefs war trotz aller Anstrengungen negativ: Die Bremer Räterepublik brach am Mangel konstruktiver Ideen und durch die militärische Intervention der Reichsregierung zusammen; für die KPD konnte der tote Johann Knief keine Anregungen mehr geben. Sie erhob ihn unter ihre Heiligen, die man anbeten kann, ohne daß man ihnen gehorchen mußte.

Das aber geschah schon sogleich nach seinem Tode. Die Nachrufe der Kommunisten erklärten ihn zum »geborenen Führer, so wie er sein muß«, einem »Führer im kommunistischen Sinne mit dem feinsten proletarischen Instinkt begabt, mit der ungestümen Kraft des Handelns – beherrscht, um andere zu beherrschen«. Man traute ihm zu, daß er »mit seinem Feuergeiste die Massen in Aktion zu setzen und sie gleichzeitig zu lenken verstanden hätte«. »Er glänzt uns vor, wie ein Komet entschwindend, unendlich Licht mit seinem Licht verbindend.«

Ein anderer Proletarierpoet, Ludwig Bäumer, dichtete die Verse: »Starbst Du? Wer will für diese Lüge zeugen? Du kannst nicht sterben, Du bist uns geboren für alle Zeit. Daß wir Dich nicht verloren, woll'n wir zum Zeugnis unsere Knie beugen.«

Die damals sicher von vielen als ehrlich empfundenen Worte sind verklungen, selbst ihr letzter Hauch ist längst verweht. Auch die heutigen Kommunisten haben ihren Heiligen fast vergessen, sie brauchen ihn nicht. Niemand dachte daran, ihm auch nur ein bescheidenes Denkmal zu setzen. Seine Asche fand einen Platz im Grabe seines Bruders auf dem Buntentorsfriedhof. Der Stein zeigt das von Johann Knief so sehr verachtete Kreuz der Christen und nennt als Lebensweisheit: »Ein fröhliches Herz macht ein fröhliches Angesicht.« Knief mag sich beides sehnlich gewünscht haben, seinem Wesen entsprach diese Heiterkeit nicht.

Ludwig Plate
(1883–1967)

Ein Leben für den Weserstrom

Seit dem Mittelalter war das Schicksal Bremens eng mit der
Weser verbunden; denn die Schiffbarkeit des Flusses entschied
über Blüte und Niedergang von Handel und Gewerbe, seit dem
19. Jahrhundert auch über das Gedeihen der Industrie. Als die
Weser seit dem 17. Jahrhundert immer mehr versandete und
verwilderte, schien damit die Aufwärtsentwicklung der Stadt beendet zu sein; denn es gab keine technischen Mittel, die grundsätzlich Abhilfe schaffen konnten. Die Gründung Bremerhavens
war eigentlich das Eingeständnis völliger Hilflosigkeit gegenüber
den Naturgewalten. Die damals vielfach geäußerte Befürchtung,
Bremerhaven könne sich zum großen Seehafen entwickeln, in
dessen Schatten Bremen zur Bedeutungslosigkeit verdammt sei,
war gar nicht einmal so unberechtigt. Am Ende des 19. Jahrhunderts waren dann aber die technischen Möglichkeiten für eine
ausreichende Fahrwasservertiefung und für den Bau moderner
Hafenbecken in Bremen gegeben.
Es ist fraglos das Verdienst von Ludwig Franzius (1832–1903),
diese schwierige Aufgabe in hervorragender Weise gelöst zu
haben. Er stand seit 1875 an der Spitze des gesamten bremischen
Bauwesens, doch seine eigentliche Domäne war und blieb der
Wasserbau. Franzius galt als schwieriger Mann, weil zumindest
einige Jahre seines Wirkens in Bremen von Auseinandersetzungen mit Politikern, Verwaltungsbeamten und Technikern erfüllt
waren. Der Franziusplan von 1881 sah eine Vertiefung der Weser
auf 5 m vor; die Kosten wurden auf 30 Millionen Mark ver-

anschlagt. Das Projekt wurde jedoch zunächst einmal zu den Akten gelegt, ebenso der Entwurf für neue Hafenanlagen. Schließlich brachten dann aber die Verhandlungen über den Zollanschluß Bremens die Bauarbeiten doch in Gang. Zu Beginn wurden 1885–1888 Hafenbecken gebaut, und dann erst wurde, nachdem schwierige finanzielle und politische Probleme geklärt worden waren, seit 1887 die Weser vertieft.

Nachdem alles geglückt und 1895 zu einem vorläufigen Abschluß geführt war, fand Franzius die verdiente allgemeine Anerkennung, und schließlich wurde ihm 1908, wenige Jahre nach seinem Tode, an der Weserbrücke ein Denkmal gesetzt. Seine Nachfolger, Hermann Bücking und Eduard Suling, hatten zwar nichts Neues mehr in die Wege zu leiten; sie mußten aber die vorhandenen Anlagen erweitern und dem technischen Fortschritt anpassen. Auch ihre Tätigkeit war ein Geflecht von Widrigkeiten und Erfolgen, von Kritik und Anerkennung; sie verdiente mehr Beachtung, als ihr von den Historikern bisher zuteil wurde. Dasselbe gilt auch für den dritten Nachfolger von Ludwig Franzius, Ludwig Plate; er leitete den Ausbau der Weser in den Jahrzehnten zwischen den beiden Weltkriegen und die Wiederherstellungsarbeiten nach dem Zweiten Weltkrieg.

Ludwig Plate wurde am 5. September 1883 in der Wohnung seiner Eltern in dem damals halb ländlichen, halb kleinbürgerlichen Vorort Walle geboren. Sein Vater, Friedrich Plate, war das sechste von acht Kindern eines Bauern in Laumühlen im Regierungsbezirk Stade. Da ihm der väterliche Hof keine Existenzmöglichkeit bot und er für einen schweren Handwerksberuf eine zu schwache Konstitution zu haben schien, besuchte er das Lehrerseminar in Bederkesa und wurde Schulmeister. Zunächst hatte er eine Stelle in Stotel südlich von Bremerhaven, und hier lernte er seine Frau Sophie, geb. Steinberg, kennen. Auch sie stammte aus einer Bauernfamilie.

Sehr bald zog es das junge Paar in die Stadt. Damals stieg die Bevölkerungszahl Bremens ständig; die Vororte wuchsen, und überall wurden neue Schulen gebaut. Für Lehrer boten sich daher gute Chancen. Friedrich Plate erhielt eine Stelle in der Waller Schule. Das Gebäude an der Ritter-Raschen-Straße war ein Backsteinbau von 1877, also damals noch recht neu. Nachdem Friedrich Plate Schulvorsteher geworden war, bezog er hier mit seiner Familie eine Dienstwohnung. Ihre Ausstattung verriet etwas über den Geschmack: Man nahm die Lebensformen des damaligen reichen Bürgertums zum Vorbild und beschränkte sie auf den für einen Schulvorsteher erschwinglichen Rahmen. Der Wohnraum war angefüllt mit geschnitzten und gedrechselten Möbeln, einem schweren Bücherregal, mit Vogelbauer und Blattgewächsen. In der Ecke erhob sich bis fast an die Decke ein üppig verzierter Kachelofen, in der Mitte des Zimmers hing eine mit Perlschnüren verzierte Gaslampe herab. Das einzige Attribut bäuerlicher Herkunft war eine alte Truhe. Hinter dem Haus befand sich außer dem Schulhof ein großer Garten mit Blumenbeeten, Rasen und Bäumen. Hier saß die Familie oftmals in Liegestühlen und Korbsesseln traulich beisammen und pflegte damit jene Art Landleben, wie es damals auf den Gütern reicher Bürger in Oberneuland und St. Magnus üblich war.

Der Vater Plate sah mit seinem Vollbart wie der deutsche Kronprinz Friedrich Wilhelm aus; tatsächlich war er auch mit ganzem Herzen vaterländisch-kaisertreu, das war in Lehrerkreisen allgemein bekannt. Die »progressiven« Kollegen sahen in ihm einen ihrer größten Gegner, doch achteten auch sie die durch und durch integre Persönlichkeit.

Im Rahmen der Familie war Friedrich Plate die von allen freiwillig anerkannte Autoritätsperson. Er war gerecht, mitfühlend und gesellig. In der nahen Waller Kirche versah er das Organistenamt, spielte aber auch recht geschickt auf der Geige, etwa beim Tanz in Familie und Schule.

Die Mutter war aus weicherem Holz geschnitzt. Sie war immer etwas leidend und beschränkte sich mit Liebe und Güte auf den häuslichen Kreis. Während der Vater als Motor der Familie wirkte, war sie die Seele. Zum Haushalt gehörte auch lange Jahre hindurch eine »Stütze« namens Liese, ein schlichtes, treues und geduldiges Mädchen.

Ludwig war das dritte Kind der Familie, das von zwei älteren und einer jüngeren Schwester »umrankt« war. Die Mädchen entwickelten sich alle zu typischen »Backfischen« ihrer Zeit: sie waren empfindsam und schwärmerisch, für alles Gute und

Schöne aufgeschlossen. Die älteste Schwester Mathilde (später Direktorin der Schule an der Kleinen Helle) war Initiatorin eines lyrisch-dramatischen Vortragszirkels.

Ludwig dagegen war ein echter Junge, immer zu Sport und Spiel sowie zu Streichen gegenüber den Schwestern aufgelegt. Damals bestanden in Walle noch weitgehend dörfliche Verhältnisse; Bauernhöfe, Kohl- und Rübenfelder, Weiden und Wiesen bestimmten das Bild des Vororts. Der Junge hatte unter den Bauern- und Häuslingskindern manchen Freund; er lernte sehr bald plattdeutsch sprechen. Im Winter lief er auf dem Waller Fleet und auf überschwemmten Wiesen bis hin in die Gegend von Worpswede Schlittschuh. Im Sommer war er oft an der Weser, beobachtete die Arbeiten im Flußbett sowie den Hafenbau und Hafenbetrieb. Die Weser soll Ludwig Plate von Kind auf fasziniert haben. Oft fuhr er auch mit einigen Vettern auf einen Bauernhof, der einer Verwandten gehörte und von Heide und Wald umgeben war. Dort unterhielt er sich mit den Bauern auf plattdeutsch; zur Entenjagd durchstreifte er die Natur, beobachtete Tiere und Pflanzen und kannte schließlich alle Vogelstimmen. In Walle war Ludwig schon früh Mitglied des Turnvereins, der in der Schule zu Gast war, im Winter in der Turnhalle und im Sommer auf dem Spielplatz.

Ludwig besuchte zunächst die Schule des Vaters an der Ritter-Raschen-Straße, dann das Alte Gymnasium in der Bremer Altstadt. Den langen Weg dorthin legte er zu Fuß zurück, in den letzten Schuljahren benutzte er bisweilen ein Fahrrad. Der Unterricht im Alten Gymnasium war in manchen Bereichen von großem und bleibendem Einfluß. Starke Anregungen kamen vom Mathematiklehrer, Dr. Emil Knothe, sowohl durch das von ihm vertretene Fach als auch durch die Persönlichkeit des Lehrers. Anders war es mit Dr. Heinrich Wellmann, dem »Vogelprofessor«. Dieser festigte Ludwigs Kenntnisse über die Vogelwelt und förderte auch die Freude am Turnen. Über die etwas skurrile Unterrichtsweise des an sich so verdienstvollen und gewiß auch gütig-gerechten Geschichtslehrers Prof. Dr. Ernst Dünzelmann machte sich Ludwig lustig; er erhielt nur mäßige Noten in diesem Fach, obwohl das Interesse an der Geschichte zeitlebens recht groß war. Die Schule endete am 16. September 1903 mit dem Abitur. Das

Zeugnis zeigt, daß sich Ludwig Plate gute und vielseitige Sprachkenntnisse angeeignet hatte, daß aber der Schwerpunkt der Interessen auf Physik, Biologie und Mathematik lag.

Im Sommer 1903 meldete er sich beim bremischen Infanterie-Regiment Nr. 75 zur Musterung, wurde aber für »zeitig untauglich« befunden und bis 1908 »zurückgestellt«.

Was sich im Leben des jungen Mannes nun vollzog, war eine typische Erscheinung jener Zeit: Der Lehrerberuf (des Vaters) wurde die Mittelstufe eines Aufstiegs aus bäuerlichen oder handwerklichen Kreisen zu akademischen Berufen. Die älteste Schwester Mathilde hatte bereits mit dem Studium begonnen. Im Wintersemester 1903/04 folgte nun auch der Bruder Ludwig; er besuchte zunächst zwei Semester lang die Universität Straßburg und legte den Schwerpunkt auf Mathematik. Doch war er unbefriedigt, da ihm die praktische – vor allem technische – Anwendung zu fehlen schien; so beschloß er, die Universität zu verlassen und auf die Technische Hochschule in Hannover überzuwechseln. Im Herbst 1904 kehrte er zunächst nach mehrwöchiger Wanderung von Straßburg aus in seine Heimatstadt zurück und begann im Wintersemester 1904/05 mit dem Bauingenieur-Studium in Hannover. Sehr bald spezialisierte er sich auf den Wasserbau. Seine Freunde nahmen an, daß sich damit nur die Interessen des Jungen an der Weser fortsetzten; doch wird auch die Tatsache eine Rolle gespielt haben, daß der Wasserbau in der Technik ganz allgemein eine wachsende Rolle spielte und daß sich gerade in Ludwig Plates Heimatstadt gute Berufsaussichten boten. Während der Semesterferien im Sommer 1906 war er bereits für fünf Wochen als »Werkstudent« beim Bau der Hemelinger Wehranlage tätig.

Plate war ein fleißiger Student; aber er vernachlässigte auch nicht das gesellige Leben. Der Monatswechsel des Vaters war ausreichend für ein Leben ohne Sorgen, doch für ein rauschendes Studentenleben wäre er viel zu klein gewesen. Dieses wäre allerdings auch nicht nach Ludwig Plates Geschmack gewesen. Er schloß sich in Straßburg der Akademischen Turnverbindung Cheruscia-Burgund im Akademischen Turnbund an. Obwohl man eifrig den Fechtsport betrieb, gab es keine Pflichtmensuren und keine Saufgelage. Plate war Turnwart der Verbindung.

Ludwig Plate bestand die Diplom-Hauptprüfung im März 1908 mit Auszeichnung. Wegen des Prüfungsergebnisses erhielt er ein Stipendium für eine Studienreise, die er aber erst 1911 durchführte.

Am 21. April 1908 wurde er Bauführer beim Erweiterungsbau des Kaiser-Wilhelm-Kanals in Burg (Dithmarschen); es handelte sich um einen mäßig dotierten Vorbereitungsdienst, der mit einer Prüfung zu beenden war. In Bremen winkten zu jener Zeit bessere Bedingungen. Dort war eine Einstellung als vollbesoldeter Ingenieur möglich, dort war er auch zu Hause, und es bot sich mit dem Bau des Weserwehrs eine interessante Aufgabe. Auf eine Ausschreibung hin meldeten sich 26 Bewerber. Für Plate sprachen seine ausgezeichneten Zeugnisse und seine Ferientätigkeit zwei Jahre vorher. Am 1. Juli 1908 konnte er seine Arbeit am Weserwehr aufnehmen.

Die Wehranlage wurde durch die Unterweserkorrektion erforderlich, die das Flußbett und damit die Wasserstände der Unterweser so sehr senkte, daß der verstärkte Wasserabfluß aus dem Oberwesergebiet einen Stau erforderlich machte. Preußen erklärte diese Anlage zur Bedingung für eine Zustimmung zur weiteren Vertiefung der Unterweser. Die Pläne reichten bis 1899 zurück. Man dachte zunächst an einen Stau von geringer Höhe etwa bei der Lüneburger Straße am Osterdeich. Doch wurden dann Stauhöhen in Betracht gezogen, die eine Verwässerung städtischer Bebauungsgebiete verursachen konnten. Man mußte daher an eine Stelle weiter flußaufwärts in Hastedt denken. Seit 1904 entwickelte Dipl.-Ing. Immanuel Kölle (1875–1935) die ersten Pläne. Er machte im Februar/April 1908 eine Studienreise in die USA, wo er die Grundkonzeption des versenkbaren Sektorenwehrs kennenlernte.

Nun wurde im Juli 1908 der junge Ingenieur Ludwig Plate mit der weiteren Bearbeitung beauftragt. Es gelang ihm, durch technische Verbesserungen die anfänglichen Bedenken auszuräumen. Am 9. August 1908 ließ er sich eine wichtige Ergänzung zum »Sektorförmigen Klappenwehr mit waagerechter Drehachse« patentieren; dabei schlug er vor, daß aus dem hohlen Staukörper mittels Saugheber die Luft herausgesaugt und somit eine totale Füllung mit Wasser erreicht wurde. Durch den Wegfall des Luftpolsters wurde eine bessere Stabilisierung und eine gleichmäßige Bewegung der Staukörper erreicht. Das Heben des Staus erfolgte durch die Zuführung von Wasser unter die Sektoren. Zur Rege-

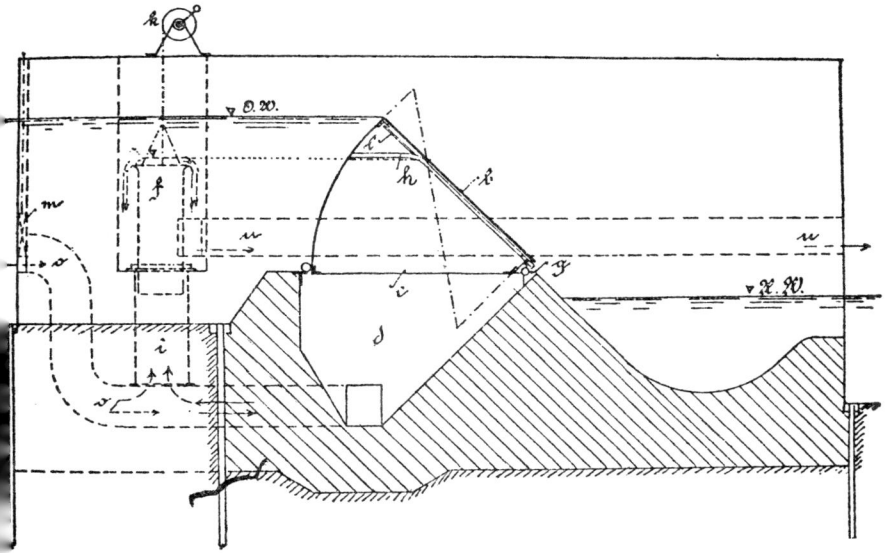

Zeichnung der Patentschrift Ludwig Plates

lung des Wasserdrucks in der Wehrkammer entwickelte Plate ein selbsttätiges »Rohrschütz«. Er hat über den komplizierten Mechanismus 1917 in der Zeitschrift des Vereins deutscher Ingenieure ausführlich berichtet.

Der Bau des Sektorwehrs wurde 1909 begonnen. Dabei mußte der ganze Weserstrom über die fertiggestellten Fundamente der Turbinenanlage umgeleitet werden. Durch eine Abdämmung wurde es ermöglicht, daß der Bau des Wehrs in einem Zug vorgenommen werden konnte. Schon 1910 konnten die beiden Wehrkörper eingebaut werden. Damit war unter maßgeblicher Beteiligung des jungen Ingenieurs Ludwig Plate ein technisch hervorragendes Werk entstanden, das sich bis heute bewährte. Es war das erste Sektorwehr in Europa und daher technikgeschichtlich von einiger Bedeutung. Zwar erlitt es am 22. April

1945 durch Bombentreffer erhebliche Schäden; aber die Wiederherstellung bis 1948 übernahm die alte Konzeption.

1911 war die gesamte Anlage mit Schleusen, Wasserkraftwerk und Sektorwehr fertiggestellt. Nun unternahm Plate vom 8. August bis 3. Oktober 1911 eine längst geplante mehrmonatige Reise in die USA, die vor allem dem Studium von Wasserbau-Anlagen diente. Bis heute hat sich ein Album mit Hunderten von Fotos erhalten, die Plate damals anfertigte. Im Herbst 1911 kehrte er wieder ans Weserwehr zurück, wo sich einige Schwierigkeiten eingestellt hatten. Am 9. Februar 1912 stürzte sogar ein Teil der Mittelmauer im unteren Schleusenkanal ein, und am 26. November desselben Jahres verschoben sich bei einem Hochwasser drei behelfsmäßige Zwischenpfeiler in den Kammern der Wasserkraftanlage. Damit wurden Wiederherstellungsarbeiten erforderlich, die umfangreicher waren, als man sie zunächst erwartet hatte. Sie gingen jedoch 1913 ihrem Ende entgegen.

Nun wurde Ludwig Plate mit wichtigen Forschungsaufgaben betraut. Sie hingen mit einem Streit der Fachleute über das Fahrwasser der Außenweser zusammen, dem man angesichts der wachsenden Bedeutung Bremerhavens und des zunehmenden Tiefgangs der Seeschiffe große Aufmerksamkeit widmete. Seit dem ersten Ausbau Bremerhavens (1830) hatte der östliche Wurster Arm als Fahrtrinne gedient. Westlich davon, jenseits der Robbenplate, verlief der vernachlässigte Fedderwarder Arm. Man war bestrebt, den Wurster Arm im Rahmen der Weserkorrektion auf 8 m Tiefe bei Niedrigwasser zu bringen; doch gab es dabei immer wieder Schwierigkeiten durch wandernde Sände, so daß nur 7 m Tiefe gehalten werden konnte. Diese Probleme gaben den Anstoß zu einer grundsätzlichen Überprüfung der Fahrtrinnen, Baljen und Priele in der Außenweser. Durch den Vergleich der Eintragungen in älteren See- und Marinekarten mit dem Zustand der letzten Jahre zeigte sich, daß die Wasserführung des Fedderwarder Armes zugenommen hatte, so daß die von der preußischen und oldenburgischen Regierung eingesetzten Kommissare 1906 den Ausbau dieses Armes dringend vorschlugen. Der bremische Baurat Johann Oeltjen, der in dieser Zeit die Bauleitung der Unterweser-Korrektion hatte, blieb jedoch trotz wachsender Schwierigkeiten beim Wurster Arm. Es gelang nicht, wie geplant, die Seitenarme abzusperren und neue Stromspaltungen zu verhindern. Alles Baggern und Bauen von Buhnen führte nicht zum Ziel. Der Wurster Arm blieb gefährdet. Stellenweise konnte 1913 statt der angestrebten Fahrtiefe von 10 m nur noch eine von 7,5 m gehalten werden. Die großen Passagierdampfer des Norddeutschen Lloyd hatten Schwierigkeiten, Bremerhaven zu erreichen. Die Lage schien hoffnungslos zu sein.

1913 wurde nun Eduard Suling Baudirektor für Hafen-, Wasser- und Eisenbahnbauten; er fand erschöpfte Geldmittel und vergebliche Bemühungen im Wurster Arm vor, an dessen Ausbau auch er noch festhielt – eine Tatsache, die zu heftigen Auseinandersetzungen mit den oldenburgischen und preußischen Stromkommissaren führte. Das veranlaßte Suling, sorgfältige Untersuchungen der Stromverhältnisse in der Außenweser einzuleiten. Mit dieser Aufgabe wurde am 1. Juni 1914 Ludwig Plate beauftragt.

Es war bekannt, daß die Veränderungen in der Strommündung folgende Ursachen hatten, die im einzelnen untersucht werden mußten:

1. Die Tidebewegung.
2. Die Auswirkung der Erdumdrehung (sie bewirkt auf der nördlichen Halbkugel eine Rechtsabweichung der Wasserströmung).
3. Der Wind.
4. Die Sinkstoffe.

Plate begann seine Beobachtungen mit dem Studium alter Seekarten. Dann fuhr er mit Schiff und Boot in das Mündungsgebiet der Weser hinaus. Wasserführung und Gefälle in den einzelnen Flußarmen, Wattbaljen und Prielen wurden errechnet, die Strömung in den verschiedenen Wassertiefen wurde ermittelt, die Bewegung von Sänden registriert. Bei Ebbe unternahm man weite Wattwanderungen. Der Kriegsausbruch beendete diese Untersuchungen nicht, und so konnten wichtige Erkenntnisse gesichert werden: daß der Ebbestrom gegenüber dem Flutstrom stark überlegen war; daß es zwei Tidewellen gab, eine von Ost nach West und eine in die Wesermündung hinein nach Süd; auch wurden die Rechtsablenkung der Strömung durch die Erddrehung und Tendenzen im Verhalten der Wasserrinnen nachgewiesen. Die Erkenntnisse dienten 1916 einem Gutachten von drei Wissenschaftlern als Grundlage; es sprach – gegen die Auffassung Sulings, aber ganz im Sinne Plates – die Empfehlung aus, man möge den Fedderwarder Arm ausbauen. Die dafür veranschlagten Kosten waren mit 52,5 Mill. Mark sehr hoch. Natürlich war einstweilen mit einer Realisierung der Empfehlungen nicht zu rechnen. Die Seebagger wurden in die Jade verlegt, um dort die Fahrtrinne zum Kriegshafen Wilhelmshaven zu vertiefen. Die Außenweser wurde während des Ersten Weltkrieges den natürlichen Kräften überlassen.

Auf den Fotos dieser Zeit erscheint Ludwig Plate als ein gut aussehender junger Herr, der zwar zeitgemäß, aber nicht übermäßig elegant gekleidet war und einen wilhelminischen Schnauzbart trug. Er hatte ein natürliches, geselliges Wesen und war überall gern gesehen. Vor allem hatte er auch zum schlichten Arbeitsmann ein inniges Verhältnis, wobei ihm die plattdeutsche Sprache sehr zustatten kam. Seinem Elternhaus und seinen drei Schwestern, die ihn bei aller Neckerei als einzigen Bruder »bewunderten«, blieb er immer eng verbunden. Seit er im Juli 1908 am Weserwehr in Hastedt arbeitete, wohnte er zunächst bei seinen Eltern in Walle; aber der Weg von dort zur Arbeitsstelle war sehr weit, und so bezog er denn 1911 ein Zimmer in der Dienstwohnung seines Schwagers Rudolf Osterloh, der Schulvorsteher in Sebaldsbrück war. Von dort war es nicht weit zum Weserwehr, an dem in dieser Zeit gerade die Abschlußarbeiten durchgeführt wurden.

Ostern 1913 wurde der Vater als Schulvorsteher an die neue Schule an der Schönbecker Straße in der Utbremer Vorstadt versetzt und mußte daher auch seine Dienstwohnung in Walle räumen. Er kaufte sich das geräumige Haus Chemnitzer Straße Nr. 15 im Weidedammviertel; der Neubau wurde gerade rechtzeitig fertig. Die unverheiratete Tochter Mathilde, die spätere Direktorin der Schule an der Kleinen Helle, blieb im elterlichen Haushalt.

Ende September 1913 lernte Ludwig Plate seine spätere Frau, Käthe Rauner, kennen. Die 1893 geborene Tochter des Assekuranzmaklers Gustav Rauner (Teilhaber der Firma Schneider & Rauner) besuchte das Lehrerinnenseminar Kippenberg und

hatte dort Mathilde Plate, die Schwester Ludwigs, als Lehrerin.
Sie wurde von dieser in ihre Wohnung eingeladen und befreundete sich mit Mathildes Schwester Frida. So lernte Käthe Rauner
dann auch Ludwig Plate kennen. Im Spätsommer 1913 wurden
Wanderungen im nahen Bürgerpark unternommen. Schon Weih-
nachten 1913 wurde Verlobung gefeiert.
Als Ludwig Plate am 1. Juni 1914 seine Aufgaben in der Außenweser übernahm, bezog er in Bremerhaven ein möbliertes Zimmer, kam aber oft nach Bremen, weil sein Rat am Weserwehr
noch benötigt wurde. Als der Krieg ausbrach, entschlossen sich
die beiden zu einer Kriegstrauung, denn das künftige Schicksal
des 30jährigen Ingenieurs war ganz ungewiß. Die Heirat fand am
5. August, am Tage nach der britischen Kriegserklärung, statt.
Die kirchliche Trauung erfolgte auf eigenen Wunsch durch den
liberalen Pastor König in der Horner Kirche. Es gab weder eine
Feier noch eine Hochzeitsreise. Sofort kehrte Ludwig Plate nach
Bremerhaven zum Dienst zurück.
1915 mietete das Ehepaar dann in Bremerhaven eine Wohnung.
Die junge Frau nahm aktiven Anteil an den Untersuchungen in
der Außenweser, protokollierte die Messungen und stapfte mit
ihrem Mann über die Watten und Sände. Zeitweilig quartierte
man sich auch für längere Zeit auf einem Wohnschiff ein. Sehr
bald aber wurde der erste Sohn geboren, und nun mußte die
junge Mutter an Land bleiben. Auch galt der Dienst in der
Außenweser sehr bald als gefährlich, da mit Vorstößen britischer
Schiffe gerechnet wurde.
Ludwig Plate wurde mehrfach (als Wasserbauer) zu den Pionieren
einberufen; aber das Bauamt für die Unterweserkorrektion re-
klamierte ihn. Schließlich veranlaßte die Marine, daß er seine
Tätigkeit in der Außenweser fortführte; denn die Ergebnisse der
Untersuchungen waren auch von militärischer Bedeutung. Er trat
pro forma in den Zivildienst der Marine über. Plate, der durchaus vaterländisch eingestellt war und es als bitter empfand, daß
er als junger Mann kein Soldat sein durfte, versuchte für seine
Arbeit einen Ersatzmann zu bekommen; das mißlang aber, so
daß er weiterhin bis Kriegsende bei seinen Untersuchungen in
der Wesermündung eingesetzt war.
Soweit es der Dienst zuließ, unternahm das junge Ehepaar mit

seinen vier kleinen Kindern (sie wurden zwischen 1915 und 1920 geboren) Wanderungen in der Umgebung von Bremerhaven nach Speckenbüttel, Debstedt usw. Das kleinste Kind saß dann im Kinderwagen, die größeren liefen nebenher. Später spielte das Fahrrad für die Familie eine große Rolle.

Das Kriegsende mit seinen politischen Unruhen hatte keinen Einfluß auf die Tätigkeit Ludwig Plates, der als Abteilungsbaumeister freilich immer noch in einem Angestelltenverhältnis stand. Als ihm nun im März 1918 an der Technischen Hochschule Hannover eine Professur angeboten wurde, stellte man ihm in Bremen eine Beamtung als Staatsbaumeister in Aussicht. Da ihm die praktische Durchführung von Wasserbauten sehr am Herzen lag, beschloß er seiner Vaterstadt treu zu bleiben (auch spätere Berufungen an die TH Aachen und auf einen Lehrstuhl für Wasserbau in Dresden lehnte er ab). Am 1. Mai 1918 wurde Plate dann zum Staatsbaumeister ernannt. Als 1921 der Leiter des Bauamts für die Unterweserkorrektion, Oberbaurat Johann Oeltjen, gestorben war, wurde Plate mit dem Rang eines Staatsbaurats am 1. April in die freie Stelle eingewiesen. Er unterstand damit direkt dem Baudirektor für Hafen-, Wasser- und Eisenbahnbauten, Eduard Suling. Die Dienststelle Plates befand sich in Bremen, und so mußte die Familie mit ihren vier kleinen Kindern dorthin umziehen. Das Wohnungsproblem löste sich jedoch ziemlich leicht: Das Haus der Großeltern der jungen Frau Plate, Vasmerstraße 24, war seit 1917 vermietet, wurde aber 1921 frei. Es wurde gründlich renoviert und war seither die Heimstatt der Familie; es wird auch heute noch von der Witwe Ludwig Plates bewohnt. Das geräumige und solide Gebäude aus der Mitte des 19. Jahrhunderts hatte hohe große Räume, eine Terrasse und einen ausgedehnten Garten. Die Kinder erfüllten das Heim mit fröhlichem Leben. Zunächst waren es zwei Söhne und zwei Töchter; in den Jahren 1928 und 1932 kamen noch ein Sohn und eine Tochter hinzu.

Seit 1921 richtete sich nun die amtliche Tätigkeit Ludwig Plates auf den ganzen Weserverlauf vom Wehr bis zur Mündung; dabei vertrat er weitgehend bremische Schiffahrtsinteressen. Der alte und kranke Oberbaudirektor Suling, der im Streit um den Ausbau des Wurster oder Fedderwarder Armes der Außenweser

Plates Gegner gewesen war, ließ diesem nun weitgehend freie Hand. Anfang 1922 gab er in der alten Streitfrage nach und schlug nun selbst den Ausbau des Fedderwarder Armes vor, der seit August 1922 den Schiffsverkehr aufnahm.

In dieser Zeit vollzog sich ein grundlegender organisatorischer Wandel im deutschen Wasserbauwesen. In Erfüllung der Weimarer Verfassung gingen die Wasserstraßen am 1. April 1921 auf das Reich über, und damit wurde die Strombauverwaltung (mit dem Bauamt für die Unterweserkorrektion und dem Wasserbauamt) eine Reichsbehörde; doch blieben die Beamten in bremischen Diensten und wurden auch aus dem bremischen Staatshaushalt besoldet. Eine personelle Schwierigkeit bestand zunächst darin, daß Eduard Suling nicht nur für den Strombau, sondern auch für den Hafenbau zuständig war, der ganz in bremischen Händen blieb. Doch das Problem löste sich durch den Tod des Oberbaudirektors am 3. Juli 1922. Die Strombauverwaltung wurde nun verselbständigt und Ludwig Plate unterstellt, der am 1. Januar 1923 zum Strombaudirektor ernannt wurde. Der Hafenbau wurde dem Oberbaudirektor Carl Tillmann übertragen. Mit der Besserung der allgemeinen wirtschaftlichen Lage erhielt der Ausbau der Weser neue Impulse. Plate begleitete seine Arbeit von Anfang an mit zahlreichen Aufsätzen in Fachzeitschriften. Sie bezogen sich keineswegs nur auf rein technische Fragen des Weser-Ausbaus. 1920 war er im Auftrag des »Bremer Kanal-Vereins« zusammen mit Eduard Suling an der Ausarbeitung einer Denkschrift »über eine Kanalverbindung vom Rhein-Weser-Kanal bei Bramsche nach Bremen« maßgeblich beteiligt. Es handelte sich dabei um den Hansa-Kanal, der von Hamburg über Bremen ins Ruhrgebiet geführt werden und bei Achim die Weser kreuzen sollte. 1921/22 trat Plate mit Veröffentlichungen über den Kanal hervor. Der Nutzen wurde mit Verkehrskapazitäten und der Unmöglichkeit eines angemessenen Ausbaus der Oberweser (mit Verbindung zum Mittellandkanal) begründet. Es waren zu jener Zeit noch andere Kanal-Pläne im Gespräch, die Plate mit gründlichen technischen – vor allem auch verkehrstechnischen – Argumenten zu widerlegen suchte. Die Planungen wurden Jahre hindurch fortgesetzt, und es konnten sogar die Interessen Hamburgs und Bremens abgestimmt werden; schließlich scheiterte das

Projekt aber an den hohen Kosten. Es ist eigenartig, daß die NSDAP noch 1932 zwar den Ausbau der Häfen in Bremen und Bremerhaven wegen der Wirtschaftskrise nicht fortgeführt wissen wollte, aber lautstark den Hansa-Kanal forderte. Später ist dann das Problem der Verbindung Bremens mit dem Ruhrgebiet durch die Kanalisierung der Mittelweser und den damit verbesserten Anschluß an den Mittellandkanal gelöst worden. Was nun die Verbindung Bremens mit der See anbetraf, so bestand bei der Amtsübernahme Plates 1922 die Lage, daß es nur Schiffen mit 6,15 m Tiefgang möglich war, Bremen zu erreichen. Zunächst mußte man nun während der schwierigen Jahre bis 1924 bescheiden sein, und es war daher wie bisher nur eine durchgängige 7-Meter-Tiefe vorgesehen. Der Abschnitt von den Häfen bis Rönnebeck sollte möglichst tief gehalten werden, um damit den Schiffen schon bei Niedrigwasser eine Abfahrt aus Bremen zu ermöglichen. Weiterhin sollte das Fahrwasser zwischen Dedesdorf und Nordenham nach rechts verlegt werden, wodurch man dem Einfluß der Erdumdrehung auf die Strömungsverhältnisse entgegenzukommen hoffte.

Das 7-Meter-Ziel wurde Ende 1924 tatsächlich erreicht. Zwischen 1921 und 1924 wurden 6,5 Mill. cbm Boden bewegt! Der weitere Ausbauplan sah in der Außenweser die Vertiefung des Fedderwarder Armes vor, um vor Bremerhaven ein Fahrwasser von 10,3 m Tiefe zu erreichen und durch Selbsträumung des Stromes auch zu bewahren.

Angesichts der wachsenden Größe des Regelfrachtschiffs erkannte man 1924 die Notwendigkeit einer Vertiefung der Unterweser ab Bremen auf 8 m. Man hoffte, dieses Ziel in acht Jahren erreichen zu können. Es waren 20 Mill. cbm Boden zu bewegen; die Baukosten wurden auf 32,6 Mill. Reichsmark veranschlagt – eine Summe, von der Bremen $^{10}/_{23}$ tragen sollte. Zusätzlich war Bremen bereit, einen leistungsfähigen Gerätesatz mit Eimerbagger, Spüler und sechs großen Schuten gegen Miete zur Verfügung zu stellen und keine Schadenersatzansprüche bei etwaigen Schäden an den Häfen zu stellen. Mit den Anliegern Preußen und Oldenburg mußten Sonderverträge geschlossen werden, die vor allem eine Rücksichtnahme auf die territorialen Hoheitsrechte der Länder und auf die Landeskultur vorsahen. Federführend war bei dem großen Unternehmen die Strombauverwaltung, die am 25. Oktober 1925 in »Wasserstraßendirektion« umbenannt wurde. Ganz ohne Widerstände ließen sich die Pläne nicht verwirklichen. Am leichtesten wogen noch die Befürchtungen der Bauern, die Grundwasserverhältnisse könnten sich durch eine weitere Weservertiefung ungünstig verändern. Härtere Kritik wurde laut, als der Lloyddampfer »Königsberg« mit 8 m Tiefgang am 1. November 1924 ohne Schwierigkeiten die Bremer Häfen erreichte. Es entstand der Verdacht, die Wasserstraßendirektion habe »gemogelt«, die Weser sei längst 8 m tief. Nun, sie war es bisweilen tatsächlich, aber nur bei besonders günstigen Wasserständen, vor allem bei Ausnutzung der Tidewelle, eines günstigen Windes, starker Wasserführung des Flusses usw. Bei normaler Tide hatten Schiffe mit 7 m Tiefgang auf weite Strecken nur 30 cm Wasser unter dem Boden. Plate mußte das mündlich und in Veröffentlichungen nachdrücklich klarstellen.

Die Arbeiten zur Vertiefung auf 8 m wurden im November, also beim Beginn der »fetten Jahre« der Weimarer Republik, begonnen. Sie wurden von Plate in zahlreichen Aufsätzen in Fachzeitschriften dargestellt und begründet, wobei die Argumente wiederum nicht nur technischer, sondern auch wirtschaftlicher Natur waren. Die Probleme waren zu kompliziert, als daß sie allgemein – u. a. auch von den zuständigen Politikern – voll verstanden werden konnten. Doch die Pläne wirkten angesichts der Sicherheit, mit der sie vorgetragen wurden, völlig überzeugend. Bis 1929 war die Vertiefung auf 8 m und bis 1930 auch eine entsprechende Verbreiterung des Fahrwassers abgeschlossen.

In die Periode dieser Arbeiten fiel ein spektakulärer Triumph der Wasserstraßendirektion: die glückliche Überführung des neuen Lloyddampfers »Bremen« von der AG »Weser« nach Bremerhaven am 24. Juni 1929. Freilich war allen Eingeweihten klar, daß die unter der Verantwortung Ludwig Plates wohlvorbereitete Weser-Fahrt des größten deutschen Schiffes keine Hoffnung gab, daß der Fluß in nächster Zeit durch Dampfer dieses Tiefgangs (in beladenem Zustand 9,75 m) bei Flut und Ebbe genutzt werden konnte. Da die Verkehrszahlen in der Wirtschaftskrise seit 1929 abnahmen, war eine weitere Vertiefung des Fahrwassers ohnehin nicht mehr durchzusetzen. Es blieb also zunächst bei 8 m Tiefe.

Plates Interessen waren natürlich vor allem auf die Weser gerichtet; doch verfolgte er auch die Wasserbaumaßnahmen in anderen Teilen Deutschlands und im Ausland. Seine Beobachtungen in Nordamerika 1911 förderten die Restarbeiten am Weserwehr; 1927 konnte er über Erfahrungen berichten, die er auf der Probefahrt des Passagierdampfers »Atos II« von Bremen nach Bordeaux in französischen Häfen und Flußmündungen machte.

Ludwig Plate war zwar ein Wasserbautechniker, der sehr an seinem Beruf hing und seine Pflichten als Amtsleiter genau nahm. Nie aber war er ein Mensch, der nichts anderes als den »Dienst« kannte.

Das politische Leben der Weimarer Republik verfolgte er mit Interesse. Vom Elternhaus her waren die Einflüsse konservativ-monarchistisch, und seine Schwester Mathilde, die langjährige Direktorin der Schule an der Kleinen Helle, war aktiv in der Deutschnationalen Volkspartei tätig. Ludwig Plate war zwar auch vaterländisch eingestellt, aber doch liberal-republikanisch, und so neigte sich seine Sympathie in der Stresemann-Ära der Deutschen Volkspartei zu, die in Bremen beim »gehobenen Bürgertum« ihren Anhang fand. Schon 1919 oder 1920 trat er der Partei in Bremerhaven bei; in Bremen gehörte er seit 1921 dem erweiterten Vorstand an, hielt sich aber von aktiver Betätigung zurück.

Für die letzte Bürgerschaftswahl, die am 2. April 1933 stattfinden sollte, hatte die Deutsche Volkspartei ihre bisherige, von der NSDAP mit Haß verfolgte Spitze (Prof. Dietz und Karkmeyer) aus dem Rennen genommen und zwei an sich unpolitische Persönlichkeiten auf die ersten beiden Plätze der Kandidatenliste gesetzt: den Kaufmann Vietor und den Strombaudirektor Ludwig Plate. Es ist verständlich, daß diesem der Gedanke an die bevorstehenden politischen Auseinandersetzungen ein Horror war, und er sah natürlich auch, daß sich daraus Gefahren für ihn persönlich und für seine amtliche Stellung, damit auch für die kontinuierliche Weiterentwicklung der Arbeiten an der Weser ergeben konnten. Plate lehnte die Übernahme des Abgeordnetensitzes in letzter Minute ab. Freilich konnte er nicht wissen, daß ihm auch bei einer Zusage keine parlamentarische Tätigkeit abverlangt worden wäre: Eine Bürgerschaftswahl fand überhaupt nicht statt, das neue Landesparlament wurde nach den Ergebnissen der Reichstagswahl vom 5. März 1933 zusammengesetzt und hielt dann nur eine einzige Sitzung ab, in der der Vorstand gewählt wurde. Die Parteien – bis auf die NSDAP – waren bereits in voller Auflösung begriffen.

Zu Beginn des Dritten Reiches standen im Bereich des Strom- und Hafenbaus organisatorische Probleme. Am 31. März 1933 trat der Oberbaudirektor Carl Tillmann, der für den Hafenbau und die bremischen Interessen am Strombau zuständig war, in den Ruhestand. Als Nachfolger war Ludwig Plate vorgesehen, der aber bisher als Strombaudirektor der Wasserstraßendirektion, also einer Reichsbehörde, vorstand und der sich als Kandidat der Deutschen Volkspartei für die Bremische Bürgerschaft nicht gerade zu empfehlen schien. Doch Plate distanzierte sich rechtzeitig von der parlamentarischen Tätigkeit, und schließlich war der Strombau doch ein Gebiet, auf dem Sachkenntnis wichtiger war als alles andere. Am 16. April 1933 wurde Plate also bremischer Oberbaudirektor für Strom- und Hafenbau. Über die Wasserstraßendirektion blieb ihm nur die allgemeine Oberleitung. Sie erhielt im Strombaudirektor Immanuel Kölle einen neuen eigenverantwortlichen Leiter.

Das waren schwierige organisatorische Verhältnisse, die zeitweilig die technischen Probleme des Strom- und Hafenbaus zurücktreten ließen. Schlimm konnten sich auch die Forderungen der neuen Machthaber nach einer politischen Säuberung der Behörden auswirken. Plate sträubte sich gegen Entlassungen, konnte sie jedoch nicht ganz verhindern. Bei einer Belegschaft von 250 bis 300 Beamten und Angestellten sowie 800 bis 900 Arbeitern wurden bei der Wasserstraßendirektion fünf Beamte und ein Arbeiter entlassen; davon wurden später drei Beamte wieder eingestellt.

1935 entstand wieder ein organisatorisches Problem. Am 12. April 1935 starb Immanuel Kölle, der Strombaudirektor bei der Wasserstraßendirektion, also einer Reichsbehörde. Wie sollte die Stelle nun besetzt werden? Sicher mit einem Mann, der die Weser gut kannte. Von Anfang an kam Ludwig Plate ins Gespräch; doch dieser war bereits 1933 zum Oberbaudirektor aufgestiegen. Würde er bereit sein, die äußerst wichtige Wasserstraßendirektion wieder als Strombaudirektor zu übernehmen? Er tat es um der Sache willen, aber man kam ihm auch entgegen: Mit dem Titel Oberbaudirektor übernahm er am 1. Oktober 1935 die Dienststellung und damit die Aufgaben eines Strombaudirektors, und dabei blieb es bis 1945. Die Behördengeschichte (nicht nur die Bremens) enthält viele solcher kuriosen Dinge.

Wie stand Ludwig Plate nun zum nationalsozialistischen Staat? Er setzte bei aller Skepsis gegenüber den rabiaten NS-Methoden anfangs Hoffnungen auf das Dritte Reich – Hoffnungen, die sich vor allem auf eine wirtschaftliche Erholung und auf die Stärkung des nationalen Ansehens richteten. Er nahm den Nationalsozialisten bis 1939 ihren immer wieder betonten Friedenswillen im großen und ganzen ab und hielt die Judenpogrome für Auswüchse, die von radikalen Elementen um Himmler in Szene gesetzt wurden. Plate gehörte damit zur Mehrheit in Deutschland, die sich über den wahren politischen Hintergrund der NS-Zeit täuschten. Am 1. Juni 1937 wurde er Mitglied der Partei; ein Amt hat er nie bekleidet.

Plate sah natürlich, daß die Autarkiebestrebungen für Handel und Schiffahrt im ganzen ungünstig waren; doch für einige Warengattungen gab es einen Aufschwung. Vor allem nahm der Erz- und Kohlenhandel im Bereich der Unterweser zu, so daß die über Bremen geleitete Einfuhr 1938 mengenmäßig wieder etwa die Höhe von 1928 erreichte; die Ausfuhr verdoppelte sich sogar. Das ließ hoffen, die Schiffahrt und damit auch die Wasserbaumaßnahmen würden wieder eine größere Bedeutung erlangen. Das Schwergewicht des Wasserbaus lag damals jedoch auf der Verbesserung der Binnenschiffahrtswege, also auf Kanalbauten. In der Weser mußte sich die Wasserstraßendirektion auf die Freihaltung der 8-Meter-Tiefe beschränken. Es ist bezeichnend, daß in dieser Zeit fast alle Veröffentlichungen Plates Rückblicke sind und kaum noch Hinweise auf Pläne der Zukunft enthalten. Im großen und ganzen erfüllten Weser und Häfen die Ansprüche, die von der Wirtschaftspolitik des Dritten Reiches an sie gestellt wurden. Die Wasserstraßendirektion entwickelte freilich 1939 Pläne für eine Vertiefung auf 9 m; aber im Zweiten Weltkrieg mußte der Fluß im großen und ganzen wieder den Naturkräften überlassen werden.

In den Monaten vor Ausbruch des Zweiten Weltkrieges trat eine neue Aufgabe an Ludwig Plate heran. Anfang 1939 sollte über den Wiedereintritt Deutschlands in die Europäische Donaukommission verhandelt werden. Im Mai wurde eine Kommission des Auswärtigen Amtes nach Rumänien geschickt, um an den Beratungen teilzunehmen. Bei ihr war vom Reichsverkehrsminister Ludwig Plate attachiert. In den nächsten Monaten arbeitete er als deutscher Vertreter in einem technischen Ausschuß der Kommission mit.

In dieser Zeit war es auch, als sich in Sulina an der Donaumündung ein deutscher und ein jugoslawischer Schiffskapitän mit einer heiklen Bitte an Ludwig Plate wandten. Sie hatten etwa 3000 Juden an Bord ihrer Schiffe. Rumänien und England (als Mandatsmacht für Palästina) blockierten die Ausreise. Die Kapitäne baten Plate, sich bei deutschen Stellen für ihr Anliegen zu verwenden. Er wandte sich nun an den Gesandten in Rumänien, Dr. Georg Martius, der sich nun seinerseits mit Erfolg bei der Europäischen Donaukommission für die Auswanderung einsetzte.

Im ganzen war das Dritte Reich für Plate eine Zeit unerfüllter Hoffnungen. Es war für den dynamischen Wasserbauer bedrückend, daß er nur noch der Konservator bestehender Einrichtungen sein durfte und nichts Neues mehr entwickeln konnte. Zu handfester Kritik oder gar zur Opposition fühlte er sich nicht berufen; sein Pflichtgefühl band ihn an sein Amt, das von ihm im wesentlichen die Bearbeitung technischer Fragen verlangte, die Plate immer unabhängig von der Politik zu sehen suchte. Daneben bestand nur noch ein gleichrangiger Bereich, das Leben für und in der Familie.

Hier gab es immer mehr Licht als Schatten. Aus dem an sich schmerzlichen Verlust eines Kontos beim Zusammenbruch der Beamtenbank in der Wirtschaftskrise 1931 ergaben sich Unternehmungen, die zu den schönsten Erlebnissen der Familie zählten: In diesem und den nächsten Jahren wurden »Ferien mit dem Fahrrad« gemacht; 1931 ging es an die Ostsee. Vater, Mutter und vier Kinder traten in die Pedale, ein dreijähriger Sohn saß im Körbchen an Vaters Fahrrad. Alle übernachteten in

Jugendherbergen und hatten viel gemeinsamen Spaß. Jahr für Jahr wurden nun diese Fahrten mit wechselndem Ziel wiederholt. Im Süden ging es bis in die Alpen, im Osten bis zu den Masuren. Teile des Weges wurden dabei freilich mit Eisenbahn und Schiff zurückgelegt. Beliebte Radfahrziele waren auch das Weserbergland, Hessen und das Sauerland.

Auch in Bremen hatte die Familie enge Berührung mit der Natur: auf der Parzelle auf dem Stadtwerder wurden sogar Obst und Gemüse gezogen und geerntet; in der nahen Weser tummelte sich die Familie an warmen Sommertagen im Wasser; die Eltern und einige Kinder durchschwammen gelegentlich den Fluß. Hinter dem geräumigen Haus in der Vasmerstraße gab es einen großen Blumengarten und eine von wildem Wein umrankte Terrasse.

Eine große Rolle spielte für die Familie auch das Bremer Kulturleben. Abonnements des Theaters und der Philharmonischen Gesellschaft wurden voll ausgenutzt; zudem besuchte Rudolf Plate manchen Vortrag, wobei er eine besondere Vorliebe für technische, astronomische, biologische und auch geschichtliche Themen hatte. Im häuslichen Kreis las der Vater abends oft vor: Er bevorzugte philosophische und historische Werke (Spengler, Eucken, Dietrich Schäfer usw.); doch wurde die etwas schwere Lektüre aufgelockert durch heitere Dichtung wie etwa die Werke Fritz Reuters, die er plattdeutsch las. Vorübergehend hatte zudem das Schachspiel einige Bedeutung. Ludwig Plate war nie ein Freund rauschender Feste und großer Empfänge, obgleich er ein gewandter Stegreifredner in hochdeutscher und plattdeutscher Sprache war. Er liebte die fröhliche Geselligkeit in kleinem vertrautem Kreis.

Es fehlte freilich auch nicht ganz an bitteren Erlebnissen: 1938 starb die seit langem kränkelnde Mutter in der Chemnitzer Straße; 1944 folgte der fast 90jährige Vater, der seine letzte Lebenszeit fernab vom Bombenkrieg in Odesheim bei Otterndorf verbracht hatte. 1945 verlor die Familie das kranke jüngste Kind.

Am Ende des Krieges erhielt Plate als Leiter der Wasserstraßendirektion eine bittere Aufgabe übertragen. Er sollte zur Vorbereitung militärischer Verteidigungsoperationen tiefgreifende

Zerstörungen an den von ihm betreuten Anlagen vorbereiten und dann möglicherweise auch durchführen. Im Rahmen dieser von Hitler geforderten »Verbrannten Erde« wurden an der Fußgängerbrücke des Weserwehrs Bomben angebracht, auch wurde das Versenken von Baggern und Schuten vorbereitet. Die Bomben an der Wehrbrücke wurden zwar wieder ausgebaut, nachdem Plate klar gemacht hatte, daß ihre Detonation auch die Stauanlage gefährden werde – eine Anlage, der am Kriegsende eine besondere Aufgabe zugedacht war. Plate erhielt Ende 1944 vom Wehrmachtkommandanten den Auftrag, bei Kämpfen um Bremen die Niederungen durch Hochdrehen der Staukörper auf +6,00 m über NN und durch Öffnen der Siele in den Deichen an der Oberweser zu überschwemmen, um vor allem das Vordringen von Panzern auf die Stadt Bremen zu verhindern. Als die britischen Truppen dann Anfang April 1945 bis zur Weser vorstießen, wurde die Überschwemmung durchgeführt. Für Plate war es ein Trost, daß dabei nichts zerstört werden mußte. Doch am 22. April 1945 ging dann ein schwerer Bombenangriff auf die östlichen Stadtteile nieder, und dabei wurde auch das Weserwehr mit dem Stau zerstört. Um die Überschwemmungen auch weiterhin aufrechtzuerhalten, mußte der Abfluß des Wassers aus den Niederungen durch das Schließen der Siele in den Deichen verhindert werden. Plate fuhr mit dem Fahrrad an die Ochtum, die in jenen Tagen bereits unter Feindbeschuß lag, um die erforderlichen Maßnahmen durchzuführen. Das gelang auch, so daß die Engländer zur Eroberung Bremens am 25. April Amphibienpanzer einsetzen mußten.

Damit hatte Ludwig Plate als Leiter der Wasserstraßendirektion seine letzte notgedrungene und unerfreuliche Amtspflicht erfüllt. Er zog sich am 27. April mit seiner Familie auf den Bauhof seiner Behörde in Mittelsbüren zurück. Dieses Gebiet lag nach der Eroberung der Stadt noch einige Tage im Niemandsland. Am 1. Mai machte sich Frau Plate mit einer Tochter auf den Weg nach Bremen, um in der Wohnung nach dem Rechten zu sehen. Die beiden wurden unterwegs mehrmals angehalten, passierten dann aber glücklich alle Sperren. Das Haus in der Vasmerstraße, das inmitten einer Trümmerwüste lag, war aufgebrochen. Deutsche Polizei und amerikanische Soldaten suchten in diesen

Tagen vergebens nach dem Leiter der Wasserstraßendirektion, der sich immer noch in Mittelsbüren aufhielt. Erst am 8. Mai, am Tage des endgültigen Waffenstillstandes, kam er nach Bremen zurück.

Plate begann nun in seinem Wohnhaus die im Gebäude an der Tiefer ausgebombte Behörde wieder zu sammeln. Doch stellten die scharfen antifaschistischen Maßnahmen jener Tage seine Bemühungen sehr bald in Frage. Er war seit 1937 Parteimitglied gewesen und hatte während des Dritten Reiches die Wasserstraßendirektion geleitet. Er war also bei den Machthabern – aus welchen Gründen auch immer – in Gnade geblieben und hatte 1945 mit Maßnahmen seiner Behörde – nämlich der Überschwemmung der Niederungen – die Verteidigung Bremens unterstützt. Unbestritten war aber auch das Fehlen jeglicher politischer Aktivität in der NS-Zeit; doch das zählte beim großen Aufräumen nach 1945 nicht sehr viel. Natürlich konnte Plates Sachkenntnis bei der Wiederherstellung des Schiffahrtsweges der Weser, vor allem bei der Räumung von Schiffswracks und Minen, von großem Nutzen sein. Daher legte sowohl der für Schiffahrtsfragen zuständige Senator Hermann Apelt als auch die Militärregierung mit dem Bremen Port Command und der US Navy großen Wert auf Plates Mitarbeit. Und so war er denn trotz mancher politischer Einwände radikaler Kreise zusammen mit dem Hafenbaudirektor Becker an den ersten dringend erforderlichen Arbeiten führend beteiligt.

Schon im Mai 1945 erging der Auftrag, mit der Wiederherstellung der Wehranlage zu beginnen, und im Juni erfolgte die Anweisung, den Schlick aus den Schleusen und Häfen von Bremerhaven auszubaggern – eine Arbeit, die auf sechs Monate veranschlagt war, dann aber in zwei Monaten bewältigt wurde. Schließlich geriet Plate aber doch in die Mühle der Entnazifizierung. Ihm wurde vielfach vorgeworfen, daß er in seiner Behörde zuviel Rücksicht auf die Nazis nehme und ihre Entlassung verhindere. Plate war nicht geneigt, die formale Zugehörigkeit zur Partei und ihren Gliederungen als Entlassungsgrund anzuerkennen; das bezog er natürlich auch auf sich selbst. Entscheidend war für ihn – wie bereits 1933 unter anderem Vorzeichen – die fachliche Eignung. Anders war es nach seiner Auffassung nur, wenn Verbrechen oder andere eindeutige Rechtsbrüche nachgewiesen werden konnten. Schließlich wurde Plate am 6. November 1945 entlassen. Dagegen legte General Vaughan, der Chef des Bremen Port Command, sogleich Berufung ein; doch die Entscheidung ließ lange auf sich warten. US Navy und Port Command ordneten jedoch an, daß Plate im Angestelltenverhältnis weiterbeschäftigt werden solle. Er konnte daher auch nicht – wie vorgesehen – vom Arbeitsamt auf Dauer zur Wiedergutmachung nationalsozialistischen Unrechts zum Bergen von Baumaterial aus den Ruinen eingesetzt werden. Ein höherer amerikanischer Offizier sagte: »What a nonsense, Mr. Plate to clean bricks! What a madhouse!« Und damit war die Sache ein für allemal erledigt.

Plate und seine Familie litten natürlich sehr unter dieser Unsicherheit. Schließlich wurde der Berufung gegen die Entlassung vom Headquarters Office of Military Government for the Bremen Enclave am 6. Januar 1947 stattgegeben. Ludwig Plate konnte seine frühere Stellung wieder voll einnehmen. Es folgte dann das deutsche Entnazifizierungsverfahren, bei dem Plate am 23. April 1948 als »Mitläufer« eingestuft wurde. Damit war nach Erfüllung bestimmter Auflagen (960,– RM Geldsühne) eine berufliche »Rehabilitierung« erfolgt.

In den Jahren nach dem Kriege mußten natürlich zunächst einmal die schlimmsten Schäden beseitigt und das Fahrwasser geräumt werden. Es ist zweifellos ein Verdienst Plates, daß er trotz der schwierigen Verhältnisse, die auch ihm wie allen anderen Deutschen schwere Entsagungen auferlegten, mit großem Erfolg seine ganze Schaffenskraft der Wiederherstellung des Schiffahrtsweges der Weser gewidmet hat. An eine weitere Vertiefung wurde zwar weiterhin gedacht, weil das Regelfrachtschiff im Weltverkehr nicht mehr 8, sondern etwa 9 m Tiefgang hatte. Plate erklärte daher auch immer wieder, daß jeder Stillstand beim Ausbau der Weser ein Rückschritt sei; doch verschlang zunächst einmal die Beseitigung der Kriegsschäden die bescheidenen Mittel, die für den Strombau zur Verfügung standen. Das Weserwehr war 1948 wiederhergestellt. Im September 1949 legte die Wasser- und Schiffahrtsdirektion dann dem Bundesverkehrsministerium einen Plan vor, der eine Vertiefung des

Fahrwassers um einen Meter an den problematischen Stellen gebracht hätte. Plate hat die Verwirklichung nicht mehr im Amt erlebt.

Auch in diesen Jahren ging Ludwig Plate mit großem Pflichtgefühl seinem Tagewerk nach, und er empfand es als bedrückend, daß seine technischen Aufgaben immer mehr von der Verwaltungstätigkeit überwuchert wurden. Auch sonst fehlte es nicht an Ärger, und Ludwig Plate war nicht der Mann, der alles geduldig und mit heiterer Miene hinunterschluckte. Er konnte heftig poltern und unnachgiebig (»stickhaarig«) seine Meinung vertreten, wo vielleicht ein Kompromiß möglich gewesen wäre. Doch nach jedem Gewitter schien recht bald wieder die Sonne; er war niemals nachtragend. In fachlichen Fragen war er im Amt immer der »Chef«, dessen Meinung auch bei Einwänden letzten Endes den Ausschlag gab; im menschlichen Bereich kannte er keine Unterschiede: er war freundlich, mitfühlend und humorvoll gegenüber jedermann. Daher sah man in ihm auch niemals den autoritären Vorgesetzten, sondern eher den Patriarchen, dem man nicht nur Gehorsam, sondern auch Zuneigung entgegenbrachte. In seine Geselligkeit bezog er jeden Menschen ein, den er schätzte; er kannte dabei keine Standesgrenzen. Bei Jubiläen, Geburtstagen, Richtfesten usw. bediente er sich gern der plattdeutschen Sprache. Auch gab es enge Beziehungen zwischen den Mitarbeitern im Amt und der Familie Plate. Das lag ohnehin nahe, da die Wasser- und Schiffahrtsdirektion bis 1948 im Wohnhaus ihres Leiters untergebracht war.

Die Kinder wuchsen auf, erlernten Berufe und heirateten. Die Dienststelle wurde in neue Räume verlegt. Nach und nach wurde es stiller im Haus Vasmerstr. 24. Die sommerlichen Radfahrten wurden nun von den beiden Alten wieder aufgenommen: Hessen, das Sauerland, das Wesergebirge und vor allem die Alpen waren beliebte Ziele. Auch Parzelle und Garten förderten wie eh und je die Naturverbundenheit. Rege war immer noch die Anteilnahme am Kulturleben, an Vorträgen, Konzerten und Theateraufführungen. Auch jetzt gab es für Plate keinen Zwiespalt zwischen Dienst und Privatleben. Beide Bereiche waren gegeneinander ausgewogen.

So beendete denn die Pensionierung im September 1949 zwar

einen langen und wichtigen Lebensabschnitt; sie bedeutete aber keine Katastrophe für den Menschen Ludwig Plate. Die Verabschiedung auf einem Betriebsfest am 28. September 1949 in Blumenthal war daher heiter gestimmt und gab Gelegenheit zu Erinnerung und ehrlich gemeintem Lob. Der greise Senator Apelt sprach Dankesworte und erinnerte noch einmal humorvoll an den alten längst vergessenen Streit um den Wurster und Fedderwarder Arm. Oberbaurat Dormann überreichte mit einigen Scherzworten den »großen Weserstern zum Roten Sande mit Steuerrad und Kompaßrose am blauen Band der Weser«. Plate bedankte sich mit einem vielstrophigen plattdeutschen Gedicht eigener Fabrikation.

Nun, es blieb nicht bei dem Dormannschen Papporden. Es kamen in den nächsten Jahren auch manche offizielle Ehrungen für Plates Verdienste um den Ausbau der Weser. Sie kamen, obgleich er seine Arbeit nie auf äußere Ehren angelegt hatte. Die Technische Hochschule Hannover, an der er sich vor Jahrzehnten seine ersten wasserbautechnischen Kenntnisse angeeignet hatte und an der er jetzt gelegentlich Gastvorlesungen hielt, promovierte ihn am 21. Juli 1950 zum Dr. Ing. E. h.; am 26. August 1953 wurde ihm das Große Verdienstkreuz des Verdienstordens der Bundesrepublik und am 6. September desselben Jahres die Bremer Senatsmedaille für Verdienste um Kunst und Wissenschaft verliehen. Ludwig Plate empfand tiefe Freude über diese Zeichen der Anerkennung.

Er hat nach seiner Pensionierung noch manche wasserbautechnische Anlage entworfen. Stundenlang stand er grübelnd und rechnend am Zeichentisch, den er bei schönem Wetter in den Garten stellte. Zeitweilig war er geradezu besessen von technischen Fragen und vergaß seine Umwelt. Er war maßgeblich beteiligt an Entwürfen für eine Wehranlage in Jugoslawien, Staustufen an der Mosel, einen Hafen in Indien, der auf sehr ungünstigem Boden angelegt werden sollte; auch wirkte er beratend mit bei Strombauanlagen in Australien und am Rio de la Plata in Südamerika. Im allgemeinen handelte es sich um Ausschreibungen für Wasserbauarbeiten, an denen sich mehrere Firmen beteiligten.

Als seine letzten Veröffentlichungen haben einige Lebensabrisse in der »Bremischen Biographie 1912–1962« zu gelten. Sie verraten einen ungebrochenen Geist und gutes Erinnerungsvermögen. Er hat damit einigen tüchtigen Bremer Wasserbauern ein würdiges Denkmal gesetzt.

Auch das Privatleben kam nicht zu kurz; die inzwischen heranwachsenden Enkel hatten ihren allzeit freundlichen und zu Scherzen aufgelegten Großvater herzlich gern; die Geselligkeit im häuslichen Rahmen und in Vereinen (Alpenverein, Turnverein von 1860) ließ kein Gefühl der Einsamkeit aufkommen. Im Alpenverein war er lange Jahre 1. Vorsitzender und dann Ehrenvorsitzender. Es fehlte auch nicht das Plauderstündchen zu Hause und der regelmäßige Mittagsschlaf. Im großen und ganzen fühlte er sich trotz des hohen Alters kerngesund. Er unternahm manche Wanderfahrten, und noch mit 77 Jahren stand er beim Jahrhundertjubiläum des Turnvereins von 1860 in der Sporthalle am Barren. Die Feier des 80. Geburtstages im Rathaus erlebte er mit frischem Geist.

Freilich, ganz gesund war Ludwig Plate längst nicht mehr, obgleich er es sich kaum anmerken ließ. Schon 1952 zeigte sich, daß er zuckerkrank war. Er mußte sich auf eine angemessene Diät einstellen. Schließlich halfen auch Tabletten nicht mehr, und er mußte im Herbst 1966 im Krankenhaus auf Insulinbehandlung umgestellt werden. Ludwig Plate hat all das mit Geduld auf sich genommen. Der Verfall ließ sich nicht aufhalten. Und doch kam das Ende schneller und gnädiger als man erwartet hatte: Am 3. September 1967 hörte das Herz auf zu schlagen.

Ludwig Plates Leben verlief trotz mancher zeitbedingter Widrigkeiten mit einer Gradlinigkeit, die in unserem turbulenten Jahrhundert selten geworden ist. Zweifellos war das zu einem Gutteil in seinem Wesen begründet; denn er war bei aller Aufgeschlossenheit gegenüber technischen Fragen ein konservativer Mensch im guten Sinne; Familie, berufliche Pflichterfüllung, friedlicher Umgang mit gleichgestimmten Menschen waren ihm Lebensinhalt. Gewiß, er war nicht mit allem zufrieden, doch dieses Unbehagen bezog sich immer auf Nebensachen und vorübergehende Erscheinungen. Im großen und ganzen liebte er die Welt und das Leben, wie sie waren. Freilich hat er es auch immer verstanden, sich einen Bereich zu erhalten, den er nach seinem eigenen Geschmack gestalten konnte und aus dem alles Hitzige und Laute verbannt war. Es ist bezeichnend, daß für ihn bis zuletzt das Fahrrad das liebste Verkehrsmittel geblieben ist.

Man kann versucht sein, Ludwig Plate an seinem großen Vorgänger im Amt, Ludwig Franzius, zu messen. Man würde dann feststellen, daß die Verwandtschaft recht groß war. Beide führten ein harmonisches Familienleben und waren Väter einer großen Kinderschar; beide waren als Menschen gesellig, humorvoll und ohne alle Überheblichkeit. Im beruflichen Bereich galten sie vielen als mehr oder weniger eigenwillig. Das aber war genau betrachtet nur eine Folge fester Überzeugungen, die nur bei sachlichen Gegenargumenten, nicht aber schon beim Federstrich einer Verwaltungsbehörde aufgegeben wurden. Beide waren keine »Fürstendiener«, sondern selbstbewußte Persönlichkeiten. Die Lage von Franzius war zumindest im Beginn seiner Tätigkeit sehr viel schwieriger als die Plates, weil er keinen sichtbaren Beweis für die Zweckmäßigkeit seiner Pläne vorweisen konnte. Plate dagegen vermochte sehr viel leichter deutlich zu machen, daß ein weiterer Ausbau der Wasserstraßen aus wirtschaftlichen Gründen nötig sei. Er hatte auch bessere Kontakte zu den Spitzen der bremischen und Reichs-Behörden, obwohl er sie niemals hofierte. So mag uns der Charakter des Franzius unausgeglichener erscheinen als der Plates – wohl zu Unrecht, denn beide hatten ihre Knoten und Ecken und waren dennoch im ganzen liebenswürdige Menschen. In einer Hinsicht unterschieden sie sich aber recht deutlich: Franzius hatte ein tiefes inneres Verhältnis zur bildenden Kunst im Gegensatz zu dem sehr viel »nüchterneren« Plate. Es ist bezeichnend und ergänzt diese Beobachtung, daß Franzius ein »schwacher« Mathematiker war, wogegen Plate zeitlebens seine Berechnungen mit Vorliebe selbst durchführte. Wahrscheinlich hatte der weitgereiste Franzius auch einen größeren Gesichtskreis; denn Plate blieb trotz mancher internationaler Beziehungen doch in starkem Maße in seiner Heimatstadt Bremen verwurzelt.

Sie waren beide als Wasserbauer hervorragende Theoretiker und Verfasser vieler grundlegender Schriften; zugleich aber hatten sie auch ein enges Verhältnis zur praktischen Ausführung ihrer Ent-

würfe. Sie lösten in beiden Bereichen die ihnen in ihrer Zeit ge-
stellten Aufgaben in hervorragender Weise. Wer wollte da noch
fragen, wer von ihnen der größere war?

Ludwig Plate war in seinen Kreisen seit den zwanziger Jahren
unseres Jahrhunderts ganz gewiß einer von den besonders ge-
achteten Bürgern, doch blieb er der Bevölkerung im großen und
ganzen unbekannt. Es gab weder Skandale noch rauschendes Lob
um ihn; für »public relations« im modernen Sinne hatte er kein
Gefühl. Er diente der Sache um ihrer selbst willen. Wer ihn
kennenlernte, schätzte und achtete ihn als Fachmann und als
Mensch. Er hatte ein Wesen, das ihm viele Freunde gewann;
Feinde hatte er nicht, wenn es ihm auch im Laufe seines langen
Lebens nicht ganz an Gegnern gefehlt hat.

Carl Röver

(1889–1942)

Ein Feind Bremens?

Carl Röver war kein Bremer und er wollte auch keiner werden; aber er war auf politischem und staatlichem Gebiet für Bremen zuständig, und viele Bremer hielten ihn für ein Verhängnis der Hansestadt. Die Abneigung beruhte auf Gegenseitigkeit: der Reichsstatthalter erklärte am 6. Januar 1939 auf einer Konferenz in Innsbruck, Bremen sei der »größte politische Sch . . . haufen in Deutschland«, was Hitler mit der Bemerkung bestätigte, die Stadt sei in der Tat »ein Schweineplatz«. Es ging freilich für Carl Röver ein langer mühsamer Weg voraus, bis er solche deftigen Worte mit einigem Gewicht sagen konnte.

Über Rövers Wiege leuchtete kein heller Stern, und niemand wäre auf den Gedanken gekommen, ihm Großes zu prophezeien. Er wurde am 12. Februar 1889 im oldenburgischen Dorf Lemwerder gegenüber von Vegesack geboren. Röver war später stolz auf seine Abstammung aus altem Stedinger Bauerngeschlecht, und er deutete seinen Namen als »Rufer zum Kampf«. Doch »Rufer« müßte niederdeutsch »Roper« heißen. Röver wird man eher von niederdeutsch »Roffer« = Kuppler, Hurenbock oder von »Rover« = Räuber ableiten können. Doch was sagt schon der Name der Vorfahren über den Charakter aus! Stolz war Röver auch darauf, daß schon einer seiner Vorfahren 1679 ein Hakenkreuz als Hausmarke hatte: ein Uralt-Nazi von Lemwerder!

Rövers Vater war kein Bauer, sondern Verkäufer. Einige Jahre nach der Geburt seines Sohnes Carl zog er nach Oldenburg und wurde »Geschäftsführer« in einem Laden an der Langenstraße. Hier soll der junge Röver sich bereits als Führer in Straßenkämpfen der Jugendlichen hervorgetan haben. In den Straßen und auf der Alexanderheide vor der Stadt tobte mit viel Getöse der »Krieg« hin und her; aber »meistens gewannen die Jungens der Langen Straße«. Wie konnte es auch anders sein?! Zu Hause bastelte Carlchen mit Holz und einer Dampfmaschine. Die Schule — er besuchte die auf praktisches Wissen ausgerichtete Mittelschule — spielte im Leben Rövers nur eine kleine Rolle. Schläue und impulsive Rechthaberei erstickten von Anfang an alle Ansätze einer »Bildung« im Sinne eines vergeistigten Grundwissens. Doch bewirkten Minderwertigkeitsgefühle ein gewisses Mißtrauen gegenüber allen »Gebildeten«. Dabei zeigten sich schon früh Ansätze eines emotionalen Klassenhasses.

Sogleich nach der Schulentlassung hatte Röver seinen ersten längeren Kontakt mit Bremen: Er trat dort als Lehrling in eine große Kaffeehandlung ein, fiel weder im guten noch im schlechten besonders auf und wurde nach beendeter Lehre Korrespondent in der gleichen Firma. Der Oldenburger schien zu einem Bremer »Handlungsgehilfen« zu werden. Da ergab sich aber 1911 die Möglichkeit eines Auslandsdienstes auf einer Faktorei in Kamerun. Die nun folgenden beiden Jahre im Schwarzen Erdteil waren für Rövers Leben von großer Bedeutung: sie förderten einen gewissen Rassen-Hochmut, der sich zunächst gegen die Schwarzen richtete, dann aber später in einen primitiven Antisemitismus einmündete. Die Kolonialjahre endeten in einer physischen Katastrophe: 1913 kehrte Röver als schwer Malariakranker mit dem Dampfer »Heinrich Woermann« in die Heimat zurück. Angeblich hatten die Ärzte ihn schon aufgegeben, »aber der junge starke Körper zwang die Krankheit zurück«.

Röver verließ nun den Bremer Im- und Exporthandel und trat in das väterliche Manufakturgeschäft in der Heiliggeiststraße in Oldenburg ein. Unter normalen Umständen hätte sich sein Leben zwischen Tresen und Regalen vollendet; aber kaum hatte er sich an die neue muffige Umgebung einigermaßen gewöhnt, da brach der Erste Weltkrieg aus, und Carl Röver wurde Ersatzreservist beim Regiment 233. Er brachte es 1916 zum Unteroffizier. In dieser Zeit wurde er in eine Propagandaabteilung der Obersten Heeresleitung abkommandiert. Sein Haupttalent war nun entdeckt: Röver konnte reden ohne zu denken.

Nach dem Zusammenbruch 1918 brauchte man seine Dienste nicht mehr, und er kehrte hinter den Ladentisch zurück. Er trug dieses Schicksal mit Haß gegen jene, die nach »gut nationaler« Auffassung die Niederlage verursacht hatten: gegen die »Roten« und gegen »die Juden«. Zunächst artikulierte er diesen Haß nur hinter dem Tresen und am Biertisch; dann aber ließ er primitive antisemitische Anzeigen in die »Oldenburger Nachrichten« einrücken.

Der organisatorische Zusammenschluß einer völkischen Gruppe vollzog sich in Oldenburg – soweit wir wissen – im Krisenjahr 1923. Röver hat diesen Akt später folgendermaßen beschrieben: Im »Waldschlößchen« saß »eine kleine Schar von Männern und einigen wenigen Frauen« zusammen. Einer erzählte über den turbulenten »Deutschen Tag« in Coburg (14. Oktober 1922). Die Oldenburger überlegten nun, wie man selbst eine »Hitlerbewegung« aufziehen könne, kamen aber zu keinem Beschluß. Da trat ein Mann ein, »breitschultrig und in grünem Lodenmantel«, Carl Röver. Seine politische Weisheit war nun: »Adolf Hitler, das ist auch mein Man! ... Auch ich habe mir schon Gedanken über die schlechte Zeit gemacht. Ich bin mit euch der gleichen Meinung: So kann es nicht weitergehen!« Als man aber immer noch nicht sah, wie man die Sache anpacken sollte, sagte Röver: »Reden kann ich auch nicht viel; aber das kann man lernen, und das übrige ist auch weiter nicht so schlimm. Ich bin Carl Röver, hab' den kleinen Plünnenladen in der Heiliggeiststraße. Wenn ihr wollt, will ich für euch die Arbeit tun!« Und ob sie wollten!

Damit begann nun Rövers langer Weg zur »Macht« – zunächst im Agrarländchen Oldenburg. Rövers Beispiel zeigt, daß politische Primitivität durchaus erfolgreich sein kann, wenn sie einen langen Atem hat. Der Oldenburger »Plünnenhändler« hämmerte nun in Hunderten von Versammlungen mit seinen Phrasen auf die Menschen ein; in Sälen und Dorfkneipen sowie auf freien Plätzen trat er als wild gestikulierender Redner auf. 1924 wurde er in den Oldenburger Stadtrat gewählt und 1925 führte er seine deutschvölkische Gruppe in die wiedererstandene NSDAP.

Auch in Bremen trat Röver nun als Propagandaredner auf. Im Wahlkampf vor der Bürgerschaftswahl am 13. November 1927 sprach er in einigen Bierhallen vor 60 bis 100 Zuhörern. Er bedauerte, daß so wenige erschienen seien, »aber geredet wird doch!«. Seine Ideen waren beschränkt und klischeehaft: Er wetterte gegen Parteien und Juden, gegen Reichsbanner und Stahlhelm – praktisch gegen alles, was nicht nationalsozialistisch war. Und das war damals fast alles. Hitler hatte zwar die Losung ausgegeben: Mit legalen Mitteln zur Macht; es fiel Röver jedoch schwer, sich selbst in diesem Sinne zu bremsen, und dabei geriet er in mancherlei Widersprüche. In Wellmans Restaurant vor dem Steintor 181 sagte er einmal: »Der Tag der Revolution wird kommen, und dann sehen wir uns auf der Barrikade wieder. Wir wollen eine Revolution, aber – bitte schön! – nur auf legalem Weg, falls Polizei da sein sollte, genauso eine Revolution wie 1918, die doch auch auf legalem Wege erfolgt ist.« – So waren fast alle Reden Rövers, der Verstand war an ihnen kaum beteiligt.

Als 1928 der NS-Gau Weser-Ems entstand, wurde Röver Gauleiter. Auch Bremen unterstand ihm als Ortsgruppe, später als Kreis. Doch das Ansehen der Partei war hier in dieser Zeit geringer denn je (bei der Reichstagswahl 1928: 1,1 Prozent der Stimmen); es sank noch tiefer, als in den Abendstunden mehrfach »jüdisch« aussehende Passanten und schließlich sogar der brasilianische Konsul von jugendlichen Nazis verprügelt wurden. Um wenigstens den kümmerlichen Rest zu retten, griff Röver zu einer spektakulären Maßnahme: er löste die Bremer NS-Ortsgruppe auf, um sie dann am 4. Dezember 1928 wieder neu zu gründen. Künftig nahm Röver nun die lokale Parteiorganisation härter in den Griff. Sie machte dann den allgemeinen Aufstieg der NSDAP in der Wirtschaftskrise mit.

Zunächst einmal winkte Röver ein politischer Erfolg im Ländchen Oldenburg: Bei der Landtagswahl am 29. Mai 1932 erhielt seine Partei 24 von 46 Sitzen und errang damit die absolute Mehrheit. Einen Monat später war Röver Ministerpräsident. Die erste Etappe des Weges zur Macht war erreicht; doch die »Kampfzeit« war noch nicht zu Ende.

Unermüdlich zog Röver nun weiter durch die Lande. Ohne Jakke, mit offenem Hemd und mit rotem schwitzendem Gesicht stand er gestikulierend da, redete und brüllte, wie es gerade kam. Oftmals entwarf er recht drastische Bilder. Am 22. Juli 1932 sagte er: »Sie [die am 20. 7. 1932 abgesetzten preußischen SPD-Minister] sollen nur nicht glauben, daß man am Ende ist. Es geht erst los. Die Burschen werden noch was erleben, wenn Hitler an der Macht ist. Wir sagen euch, euch wird nichts geschenkt, ihr Lumpen und Volksverräter. Ich garantiere diesen Schweinehunden, daß sie gehenkt werden, und wir werden sie so lange hängen lassen, bis die Krähen sie gefressen haben. Das mag grausam sein, aber der Nächste soll sich überlegen, ob er daneben hängen will.« Zwar wird hier die Brutalität des Dritten Reiches gegen die politische Opposition in Worten vorweggenommen; aber man kann nicht sagen, daß Röver sich später dabei direkt beteiligt hätte. Es bleibt jedoch unwiderlegbar, daß er in der »Kampfzeit« ein Volksverhetzer übelster Sorte war.

Das Verhältnis Rövers zu Bremen wird Jahre hindurch von Mißerfolgen und Enttäuschungen gekennzeichnet. Zunächst einmal gelang es der NSDAP angesichts der besonderen Bevölkerungszusammensetzung und der liberalen Tradition nur sehr schwer voranzukommen. Hinzu kam, daß Röver in der Hansestadt in einen politischen Skandal nach dem anderen verwickelt wurde.

Der große Erfolg der Partei bei der Bürgerschaftswahl im November 1930 (fast 52 000 Stimmen und 32 von 120 Mandaten) führte noch nicht zur »Machtübernahme«, sondern ermöglichte nur eine weitgehende Obstruktion parlamentarischer Arbeit. Am 2. Mai 1932 ernannte Röver den siamesischen Konsul und Tabakkaufmann Otto Bernhard zum Ortsgruppenleiter, kurz darauf zum Kreisleiter von Bremen. Dieser war im Grunde seines Wesens konservativ und durchaus »anständig«. Ihm ging jede Wendigkeit und jenes – für Politiker unerläßliche – Fünkchen Demagogie ab. Früher war er sogar Freimaurer gewesen. Trotzdem nahm ihn die NSDAP 1930 mit offenen Armen auf und stellte ihn 1932 an führende Stelle, denn sie brauchte diesen »ehrbaren Kaufmann« in der Hansestadt als Aushängeschild. Nun kann man sich kaum einen größeren Gegensatz vorstellen als den vornehmen und etwas schwerfälligen Konsul Bernhard und den hemdsärmeligen Gauleiter Röver. So gab es denn auch von Anfang an Reibereien. Sie führten mitten im Aufstieg der Partei zu einem Bruch: Es kam zu einem Streit über die Kandidatenaufstellung für die Reichstagswahl am 31. Juli 1932, und Bernhard schlug nun vor, die Hansestadt aus Rövers Gau Weser-Ems herauszulösen; es sollte ein eigener Gau Bremen gegründet werden. Da Bernhard bei Hitler persona grata war, schien der Plan auch Chancen zu haben. Röver kochte vor Wut und versuchte, alle Argumente niederzubrüllen. Dann betonte er, der Gau Weser-Ems könne ohne die finanzielle Unterstützung durch den Kreis Bremen den politischen Kampf nicht weiterführen. Armes Oldenburg! Im übrigen hatte Röver für die Ziele Bernhards die Ausdrücke »Narrenkram«, »Separatismus« usw. Der siamesische Konsul war eingeschüchtert und wich zurück. Röver wartete auf die erste Gelegenheit, ihn als Kreisleiter abzusetzen.

Bei der Machtergreifung der NSDAP in Bremen am 6. März 1933 hielt Röver sich zurück. Die Hauptakteure waren dabei: Kreisleiter Bernhard, Reichsinnenminister Dr. Frick, die Bremer SA-Führung und dann der von Bernhard vorgeschlagene Polizei-Kommissar Dr. Markert. Röver erschien erst am Nachmittag in Bremen, als die Würfel bereits gefallen waren. Wenige Tage später vollzog sich fast unbeachtet die Rache Rövers an Bernhard: Dieser wurde seines Parteiamtes entkleidet und durch den wendigen jungen SA-Standartenführer Paul Wegener ersetzt.
Der neue Polizei-Kommissar, dann (seit dem 18. März 1933) Bürgermeister Dr. Richard Markert, war noch von Kreisleiter Bernhard vorgeschlagen worden. Er war ein Mann, der als ehemaliger Freimaurer und PG. von 1931 keinen festen Stand in der Parteiorganisation hatte. Doch wurde diese Schwäche teilweise dadurch ausgeglichen, daß er zur Verwirklichung seiner Absichten Energie, Ideen und Intrigen rücksichtslos, bisweilen auch mit Geschick einsetzte. Sein Auftreten war das eines absoluten Landesfürsten. Damit bahnte sich bereits der Bruch mit Röver an.
Das »Zweite Gesetz zur Gleichschaltung der Länder mit dem Reich« vom 4. April 1933 sah für die deutschen Länder außer Preußen Reichsstatthalter mit Befugnissen vor, die auf eine weitgehende Ausschaltung der Länderrechte hinausliefen. Für das

kleine Land Bremen kam nur eine gemeinsame Reichsstatthalterschaft mit einem oder mehreren anderen Ländern in Frage. Lübecks Vorschlag ging dahin, daß die Hansestädte ohne Statthalter bleiben und direkt dem Reichsinnenminister unterstellt werden sollten. In der Reichsregierung und in Hamburg gab es Bestrebungen, die Hansestädte möchten einen gemeinsamen Reichsstatthalter bekommen – etwa den Hamburger Gauleiter Karl Kaufmann. Gegen diese Lösung gab es jedoch in Bremen Bedenken, denn man fürchtete das ohnehin schon drückende Übergewicht Hamburgs. Markert war es dann, der sich zum Sprecher des Vorschlags machte, Röver möge gemeinsamer Reichsstatthalter für Oldenburg und Bremen werden. Am 5. Mai 1933 entschied Hitler in diesem Sinne. In öffentlichen Verlautbarungen – auch in denen Bürgermeisters Markerts – überschlugen sich die Lobeshymnen auf den neuen Herrn. Am 13. Mai erfolgte seine Einholung in die Freie Hansestadt im Rahmen eines pompösen Staatsaktes, dessen Auftakt der Empfang an der Landesgrenze war. Vieles glich der Zeremonie bei der Huldigung absoluter Fürsten in früheren Jahrhunderten. Die Fahrt begann in Varrelgraben und ging überall durch ein Spalier von Menschen. Kinder winkten mit Papierfähnchen, von vielen Häusern wehten Flaggen. In der Rathaushalle fragte Röver zunächst einmal, um die zum Empfang erschienenen »feinen Pinkel« zu provozieren: »Wo is hier dat Schiethus?« Und nachdem er sich erleichtert hatte, begann der Festakt mit langen schwülstigen Reden in der oberen Rathaushalle.

Kaum war Röver wieder in Oldenburg und der bunte Flitter weggeräumt, da begann auch Markert die Lage Bremens kritisch zu überdenken. Soweit wir bisher wissen, war eine gemeinsame Fahrt von Berlin nach Bremen im Mai 1934 der Auftakt zum offenen Kampf. Röver verlangte bei der Diskussion im Eisenbahnabteil, Bremen möge sich mit der Rolle als Stadtgemeinde abfinden und auf direkte Kontakte mit der Reichsregierung verzichten. Sein zorniges Gebrüll übertönte bisweilen das Rattern des Eisenbahnwagens. In der nächsten Zeit erklärte er immer wieder ganz offen, er werde Markert »abschießen«. Dieser begann nun in der Reichskanzlei und beim Reichsinnenminister gegen den Reichsstatthalter zu intrigieren; schließlich ging es für beide um Sein oder Nichtsein. Jeder suchte nach schwachen Stellen des Gegners, um rücksichtslos zuzuschlagen. Schließlich schrieb Markert am 14. Juli 1934 an Hitler: »Mein Führer, Sie haben uns seinerzeit [im Mai 1933] davor bewahrt, daß Bremen unter die Oberleitung Hamburgs kam; wir bitten Sie heute, Bremen vor dem Unterdrückungswillen Oldenburgs zu schützen!« Das Ziel des Bürgermeisters war die Loslösung Bremens von der Reichsstatthalterschaft Rövers und eine direkte Unterstellung unter den Reichsinnenminister Dr. Frick. Am 6. August 1934 beantragte Markert gegen Röver ein Parteigerichtsverfahren wegen Beleidung (er war als »Lügner«, »Schwein« usw. bezeichnet worden). Schließlich setzte Hitler den Reichsminister Kerrl als Schlichter ein, und dieser kam am 23. Oktober nach Bremen. Das Tribunal fand im Sitzungssaal des Senats im Neuen Rathaus statt und dauerte acht Stunden. Gelegentlich sah es so aus, als ob Röver eine Schlägerei entfesseln werde. Er brüllte Markert an: »Wenn ich Ihre Visage schon sehe, möchte ich mit dem nackten A... darüberfahren!« und ging mit erhobener Faust auf ihn los. Nun, von einer »Schlichtung« konnte nicht die Rede sein, denn Kerrl hatte sicher von Hitler vorher Weisung bekommen, wie zu entscheiden war: Markert wurde abgesetzt.

Markerts Nachfolger, Otto Heider, war in seinem Amt völlig überfordert. Seine Unfähigkeit und der Versuch, sich durch den Eintritt in die SS einen politischen Rückhalt zu verschaffen, verärgerten Röver so sehr, daß er Heider sofort wieder absetzte, als bekannt wurde, daß dieser die Gelder einer wohltätigen Stiftung sehr nachlässig verwaltet hatte. Um den Einfluß der SS in Bremen zu dämpfen, ernannte Röver am 16. April 1937 den Führer der SA-Gruppe Nordsee, Heinrich Böhmcker, zum Regierenden Bürgermeister. Gegen diese Einsetzung wandte sich der Senator für die innere Verwaltung, Theodor Laue, mit aller Energie. Er wies darauf hin, daß Böhmcker ein gerichtsnotorischer Fall sei und daß er sich als Auswärtiger für die schwierigen Aufgaben eines Bremer Bürgermeisters nicht eigne. Laue schlug die Ernennung des konservativen Finanzsenators Flohr vor und brachte den Senat zur Erklärung, er werde zurücktreten, wenn es bei der Ernennung Böhmckers bleibe. Da Röver sich hinter diesen stellte, erneuerte sich die alte Frontstellung Laues gegen Röver. Damit drohte nun der dritte Bürgermeisterskandal. Beide Parteien wandten sich an Hitler und andere einflußreiche Stellen in Berlin.

Röver fuhr selbst in die Reichshauptstadt und berichtete Hitler bei einem Spaziergang im Garten der Reichskanzlei über die Lage in Bremen. Er verlangte, daß Böhmcker Bürgermeister werde oder aber Hitler ihn, Röver, als Reichsstatthalter absetzen möge. Hitler war über die Streitigkeiten in Bremen sehr ungehalten und erklärte, daß er sich zum letzten Mal auf Rövers Seite stellen wolle. Damit war Senator Laues Schicksal besiegelt: er mußte zurücktreten; die anderen Senatoren klebten jedoch an ihrem Amt und blieben. Böhmcker erfuhr von der Entscheidung Hitlers und wußte daher, daß Röver keinen neuen Streit riskieren konnte. Er nutzte diesen Vorteil aus, so gut er konnte. Als hoher SA-Führer war seine Stellung ohnehin sehr viel stärker als die seiner Vorgänger im Bürgermeisteramt. Er beherrschte Bremen nunmehr ganz in der Art eines absoluten Landesfürsten, oftmals gegen die Interessen Rövers und Oldenburgs. Des Gauleiters »große Zeit« war ohnehin zu Ende; die Entwicklung ging zumindest seit 1937 über ihn hinweg. Freie Entscheidung blieb ihm eigentlich nur noch bei einigen skurrilen Hobbys.

Sein Dienstsitz in Oldenburg war das »Adolf-Hitler-Haus« in der Ratsherr-Schulze-Straße, das früher der Brandkasse gehört hatte. Hier hatte er einige seiner alten Kampfgefährten um sich versammelt; mit ihnen stand er auf Du und redete er auch in politischen Fragen recht offen. Unter ihnen waren einige, die zu jeder Verwaltungsarbeit unfähig waren und nur am Biertisch etwas leisteten. Nach und nach wurde Röver nun aber Gefangener eines Behördenapparates, den er so sehr verabscheute. Er unternahm manches, um aus ihm auszubrechen: Viel bedeutete ihm der »Sprechtag«, der ihm die oft recht willkürliche Umsetzung seines tatsächlichen und eingebildeten Sozialgefühls in Taten ermöglichte. Oft reiste er im Oldenburger Land umher und fand in seiner derben Art vor allem bei Bauern guten Kontakt. Eine Flucht aus dem Verwaltungsapparat bedeuteten ihm auch die vielen und langen Aufenthalte im Blockhaus bei Ahlhorn, das ihm 1936 vom Reichsarbeitsdienst geschenkt wurde. Hier versammelte er seine alten Gefährten zu geräuschvoller Geselligkeit; hier bastelte er und spielte er auf der Mundharmonika das von ihm so sehr geliebte Seemannslied »La Paloma«, von dem er sagte: »Das riecht so nach Teer, nach fremden Häfen, nach Meer und Heimat.«

Und damit war nun auch der Höhepunkt musischen Gefühls erreicht, das sonst nur noch bei schmissiger Marschmusik angesprochen wurde. »Klassische« Musik, Theater – mit Ausnahme von derben Volksstücken –, Literatur usw. berührten ihn überhaupt nicht. Das war nach seiner Meinung eine Sache der »feinen Leute«, zu denen er selbst auf keinen Fall gehören wollte. Hin und wieder mußte er notgedrungen auf offiziellen Kulturveranstaltungen ein paar Worte sagen. Das geschah auch einmal bei einem festlichen Anlaß in der Bremer »Glocke«. Der Domchor hatte die »Fest- und Gedenksprüche« von Johannes Brahms gesungen, die wegen der patriotisch-markigen Akzente im Text dargeboten worden waren. Röver bemühte sich dann in einer Ansprache, seinen Dank an den Chor so gut es ging zu artikulieren. Er tat es zunächst mit allgemeinen Redensarten. Er sprach von großartiger Musik, die aufrüttelnd und echt deutsch sei, ganz im Gegensatz zu der Musik in der »Systemzeit«, der Weimarer Republik, etwa die von ... Nun wollte er ein abschreckendes Beispiel entarteter Kunst nennen; aber es fiel ihm keins ein. Hilflos sah er zu seinen braunen Kampfgefährten, die in der ersten Reihe unter den Ehrengästen saßen, und von dort kam das Stichwort »Dreigroschenoper!«. Doch damit konnte Röver nichts anfangen, und so sagte er denn recht barsch: »Nee, die meine ich nicht! Du bist auch ein Dussel! Na, ist ja auch egal!«, und dann nahm er wieder seine Zuflucht zu geläufigen Phrasen.

Auch philosophische und religiöse Fragen ließen ihn kalt, oder aber er interpretierte sie sehr spontan aus seiner politischen Überzeugung heraus. Einmal diskutierte er mit einem oldenburgischen Pastor über Luther, den Röver für einen »ganzen Kerl« hielt. Er begründete das mit angeblichen Lutherworten, die sich anhörten, als ob sie aus Hitlers »Mein Kampf« entlehnt worden seien. Als der Pastor Zweifel anmeldete und bescheiden fragte, wo man diese Lutherworte denn nachlesen könne, erwiderte Röver impulsiv, er habe nichts vom Reformator gelesen, er fühle aber, daß er das gesagt haben müsse. Im großen und ganzen hielt der Gauleiter nichts vom Christentum, weil es nach seiner Meinung allzusehr mit jüdischem Geist belastet und daher – wie er sich 1937 gegenüber dem Bremer Landesbischof Weidemann ausdrückte – »aus der Sch . . .« geboren sei.

Röver entwickelte kein persönliches Repräsentationsbedürfnis; er blieb in seiner Lebenshaltung bescheiden, ja sogar in gewissem Sinne primitiv. Seine Baulust konzentrierte er mit unermüdlichem Eifer auf den Bookholzberg. Hier entstand 1934 eine riesige Freilichtbühne, auf der Jahr für Jahr das Spiel vom Kampf und Untergang der Stedinger von August Hinrichs aufgeführt wurde. Nach und nach errichtete man hier zahlreiche Fachwerkgebäude; das Endziel war ein umfangreiches Gauschulungszentrum. Der Krieg unterbrach die Arbeiten; ein Teil der Anlagen hat sich bis heute erhalten.

In der Kriegszeit erschien Röver vielen als ein vorzeitig gealterter und müder Mann. Unter der eingefallenen Brust wölbte sich der Leib weit vor; das früher fleischige und runde Gesicht war schlaff und blaß. Immer wieder überfiel ihn die Malaria und ließ ihn in totale Erschöpfung fallen. Sein Ansehen beruhte nur noch auf dem Eindruck, daß er als Alter Kämpfer ein getreuer Gefolgsmann Hitlers war. Wahrscheinlich überschätzte er auch seine eigene Bedeutung. Er erkannte jedoch, daß der Staat längst von kalten und harten SS-Führern und von einem zentralen Parteiapparat beherrscht wurde.

Rövers Ende ist eines der Staatsgeheimnisse des Dritten Reiches, die wohl niemals mehr voll aufgedeckt werden können.

Der Gauleiter und Reichsstatthalter war ein Mann, dem politisches Mißtrauen trotz seiner impulsiven Art nicht ganz fremd war. Bei allem NS-Fanatismus bewahrte er sich durchaus noch einen Rest von selbständigem Denkvermögen und sogar von Zivilcourage. Das zeigte sich besonders deutlich in den letzten Monaten seines Lebens.

Es hat sich eine undatierte Denkschrift von ihm erhalten, von der die Forschung meint, daß sie im Jahre 1942 entstanden sein müsse. In ihr wird mit großer Schärfe kritisiert, daß der Nationalsozialismus durch die Bildung einer Parteibürokratie verkrustet sei und seinen politischen Schwung verloren habe. Er war dagegen, daß auf dem Verordnungswege alles Mögliche befohlen wurde, ohne daß es zu einem innerparteilichen Meinungsaustausch gekommen sei. Er schlug regelmäßige Gauleitertagungen vor, auf denen nicht nur Vorträge entgegengenommen werden, sondern die auch einem intensiven Meinungsaustausch dienen sollten. Röver hatte seine Gauleitung sehr stark nach dem Kollegialprinzip ausgerichtet, in anderen Gauen hatte sich das »Führerprinzip« zur Diktatur der Gauleiter oder einzelner wichtiger Funktionäre der Partei entwickelt. Da er sein eigenes Prinzip für richtig hielt, befürwortete er Gausenate, von denen die Gauleiter wie die Bischöfe von den Domkapiteln beraten werden sollten.

Seine schärfste Kritik richtete sich – unausgesprochen oder in Einzelheiten auch ganz offen – gegen den Parteibürokraten Martin Bormann, gegen den Herrscher des SS-Apparats Heinrich Himmler und gegen die »phantasielosen und reaktionären Generäle«, die an den Rückschlägen des Krieges schuld seien.

Das Scheitern der Luftoffensive gegen England und die Rückschläge im russischen Winter 1941/42 vertieften bei ihm die Überzeugung, daß der Krieg schleunigst durch einen Waffenstillstand beendet werden sollte. Unter vier Augen sagte er einmal einem guten Bekannten: »Diesen Krieg verlieren wir mit Pauken und Trompeten! Wenn du das weitererzählst, schwöre ich tausend Eide, daß ich das niemals gesagt habe!«. Zur Treue gegenüber dem »Führer« gehörte für Röver, daß er diese seine Auffassung auch Hitler darzustellen habe. Es ist glaubhaft überliefert, daß er zweimal einen Anlauf unternahm, aber auf schroffe Ablehnung Hitlers stieß. Röver beging auch die Unvorsichtigkeit, sein Anliegen Himmler vorzutragen.

Anfang Mai 1942 erkrankte Röver und wurde von seinem Heilpraktiker behandelt. Er hatte Schwellungen am Kopf, die angeblich von einem Auto-Unfall herrührten. Der Patient litt aber auch unter Tobsuchtsanfällen, und er wurde daher von Oldenburg in die Abgeschiedenheit des Blockhauses in Ahlhorn gebracht. Dort zerschlug er eine Zimmereinrichtung, wobei er erklärte, er wolle ins Führerhauptquartier und dann nach England fliegen. Offenbar hatte die Aktion von Rudolf Heß auf ihn großen Eindruck gemacht. Vor dem Flug wollte Röver noch eine große, vier Stunden dauernde Rede auf eine Schallplatte sprechen.

Als ihn am 13. Mai einige Ärzte, darunter ein SS-Arzt, behandeln wollten, sträubte er sich. Ein Bericht über diese Ereignisse ging an Heydrich, Himmler und die Reichsleitung der NSDAP in München, die sich nun mit dem Führerhauptquartier in Verbindung setzte. Dann wurde der Heilpraktiker Rövers mit einem Kraftwagen des Gauleiters am 14. Mai von Magdeburg nach Ahlhorn gebracht, da der Patient jeden anderen Arzt ablehnte. Rövers Äußerungen machten deutlich, daß er Angst vor Himmler hatte. Inzwischen traf der Leibarzt Hitlers, Dr. Karl Brandt, in Ahlhorn ein. Dieser befahl dem Heilpraktiker, Beruhigungsspritzen zu verabreichen, die er selbst mitgebracht hatte. Es soll sich um Gift gehandelt haben, das der Heilpraktiker unbemerkt in die Luft spritzte. Zur Überraschung aller Anwesenden erschien Röver nun in eine Wolldecke gehüllt in der Halle des Blockhauses und hielt eine Rede, in der er die deutsche Politik heftig angriff. Am Vormittag des 15. Mai wurde er mit einem Flugzeug nach Berlin gebracht; nach wenigen Stunden war er tot. Es gibt manche Anzeichen dafür, daß sein Ende in der Charité auf gewaltsame Weise herbeigeführt wurde. Wahrscheinlich ist allerdings auch, daß er an einer Gehirnkrankheit litt, die unheilbar war. Völlige Sicherheit ist nicht zu erlangen, da die Gestapo sogleich alle Spuren verwischte. So wurde etwa auch bei Rövers Heilpraktiker eine Haussuchung veranstaltet, wobei die Krankenkartei beschlagnahmt wurde; außerdem wurde die Auslieferung der Habseligkeiten Rövers in Berlin verweigert.

Die deutsche Morgenpresse brachte zunächst am 16. Mai eine kurze Mitteilung über die Erkrankung Rövers; am Nachmittag wurde der Tod mitgeteilt. Am 23. Mai fand in Oldenburg ein pomphaftes Staatsbegräbnis mit einem langen Trauerzug durch die Stadt zum Friedhof statt.

Ein Jahr nach seinem Ende wurde durch den Reichsminister Alfred Rosenberg am Grabe in einem Festakt eine Gedenkplatte enthüllt.

Es ist sehr schwer, einen Mann wie Röver gerecht zu beurteilen; denn er hat durch sein eigenes Verhalten dazu beigetragen, daß man ihn für einen Rüpel und Trunkenbold, für einen ungebildeten Phrasendrescher und für eine »verkrachte Existenz« hielt. Er rieb sich in seinem Leben mit vielen Menschen, auch mit seinen Kampfgefährten und Mitarbeitern, obgleich diese ihn im allgemeinen als einen offenen kameradschaftlichen Naturburschen mit gesundem Menschenverstand schätzten. Ein Angehöriger seines Stabes lobte seine »offene allzeit fröhliche Art«, seinen »gesunden Mutterwitz« und seine »nur in Niederdeutschland recht verstandene Derbheit«. Er verhehlte nicht, daß es »Augenblicke und Stunden [gab], wo es in jähem Zornausbruch oder plötzlicher Gemütsaufwallung hier und dort für manche von uns mulmig wurde«. Er fügte aber entschuldigend hinzu, Röver habe dann sehr schnell alles wieder vergessen. Doch gerade das geschah nicht in allen Fällen, denn er konnte auch leidenschaftlich und sehr dauerhaft hassen.

Gewiß, bei der Beurteilung eines menschlichen Charakters ist eben vieles Geschmacksache. Doch war das Verhalten eines Mannes wie Röver, der im öffentlichen Leben zeitweilig großen Einfluß hatte, nicht seine Privatsache.

Im politischen Kampf vor 1933 war er ein unermüdlicher und daher für eine so radikale Partei wie die NSDAP unersetzlicher Demagoge. Nach der »Machtergreifung« hatten er und seinesgleichen eigentlich ausgedient; dennoch übertrug der Staat ihm hohe Ämter, für die ihm die Fähigkeiten fehlten. So ging denn die Zeit über ihn hinweg, und er konnte das, was kam, kaum noch wesentlich beeinflussen. Daher waren überall dort, wo er versuchte, eine politische Rolle zu spielen, Fehlschläge und Enttäuschungen die unvermeidliche Folge. Es blieb auch nicht mehr in sein Belieben gestellt, die Freie Hansestadt Bremen so zu schädigen, wie er es auf manchen Gebieten gemocht hätte.

Gewiß gibt es viele Menschen, die wenig Begabung für ihren Beruf mitbringen. Wenn Carl Röver als »Plünnenhändler« in der Heiliggeiststraße zu Oldenburg versagte, so hatte er die Folgen weitgehend selbst zu tragen. Doch da er sich als Politiker und Träger eines hohen Staatsamtes betätigte, ist die Geschichte betroffen und zu einem Urteil aufgerufen. Das aber kann nur lauten: die politischen Verhältnisse spülten ihn zu einer Stellung empor, für die er nicht geeignet war und in der er sehr viel Schaden und nur wenig Nutzen stiftete.

Heinz Weidemann
(geb. 1895)

Irrungen und Wirrungen eines »braunen« Landesbischofs

Schon der bremische Pastor Dulon gab Gelegenheit zum Hinweis, daß aus dem Kreis der Geistlichen seit eh und je Persönlichkeiten mit extremen Auffassungen hervorgegangen sind. Der Grund liegt wohl darin, daß die Theologie bei aller Dogmatisierung immer wieder zu kritischer Auseinandersetzung herausfordert und daß die meisten Theologen auch praktischen Umgang mit brennenden Lebensfragen haben. Die Masse der Geistlichen war freilich eher konservativ als »fortschrittlich«. Im politischen Bereich gruppierten sie sich von der Mitte bis zum rechten Flügel. Extreme Geister überholten ihre Amtskollegen daher im allgemeinen von links. Dabei entwickelten sie demokratische und kommunistische Gedanken. Der rechte Flügel der Pastorenschaft mit seinen Monarchisten, Patrioten und orthodoxen Dogmatikern war kaum noch rechts zu überflügeln. Wenn das dennoch versucht wurde, so geschah es manchmal in skandalöser Form. Mit einem solchen Fall haben wir es bei Lic. theol. Dr. phil Heinz Weidemann zu tun. Er war ein ehrgeiziger Mann mit guten Geistesgaben und großem Fleiß. Er geriet im »Dritten Reich« in politische Versuchungen; dabei wurde er zum theologischen Fantasten, den zugleich auch ein hemmungsloser Machtrausch erfaßte. Nachdem er zunächst hoch emporgestiegen war, stürzte er sehr tief und mußte die schöne Bremer Domkanzel mit einer kahlen Gefängniszelle vertauschen. Der Fall war tragisch; denn hier steuerte ein Mensch durch eigene und fremde Schuld in sein Verderben.

Heinrich (Heinz) Franz Friedrich August Weidemann wurde am 1. März 1895 in Hannover als Sohn des Lehrers und späteren Seminar-Oberlehrers Wilhelm Weidemann geboren. Er wuchs mit drei Geschwistern in einem kultivierten Beamtenhaushalt auf und besuchte das humanistische Goethe-Gymnasium in Hannover. Ostern 1914 bestand er das Abitur gut bis befriedigend und begann ein theologisches Studium in Göttingen. Später hat er behauptet, er sei damit nicht der eigenen Neigung, sondern dem Wunsch der Eltern gefolgt. Es ist bezeichnend, daß er schon im ersten Semester mehrere kirchengeschichtliche Veranstaltungen belegte.

Bei Kriegsausbruch im August 1914 wurde auch er von patriotischer Begeisterung erfaßt und meldete sich als Kriegsfreiwilliger. Er trug den grauen Rock vier Jahre, zuletzt als Leutnant d. Res., und wurde mehrmals verwundet. In Weidemanns Angaben gewinnt diese Zeit ihren besonderen Glanz dadurch, daß er zunächst bei den Königsulanen, dann als Bataillonsadjutant bei einem Infanterieregiment diente und daß er mit dem Eisernen Kreuz I. und II. Klasse ausgezeichnet wurde.

Im September 1917 starb sein Vater an einem Herzschlag. Da alle vier Kinder noch »unversorgt« waren bzw. keinen Beruf hatten, ergab sich für Heinz Weidemann als Zukunftsperspektive für die Nachkriegszeit, daß er seine Ausbildung möglichst schnell abschließen mußte.

Im Februar 1919 nahm er sein Studium in Göttingen wieder auf. Im ganzen umfaßte es kaum mehr als zwei Jahre mit sechs Semestern – darunter einige Kurzsemester für Kriegsteilnehmer. Bereits im September 1920 legte er sein 1. Theologisches Examen beim Landeskonsistorium in Hannover ab. Es ist interessant, daß er seine Hausarbeit über »Das Recht des Privateigentums – eine theologische Untersuchung« schrieb. Der Aufsatz ist stark politisch-antikommunistisch gefärbt und verfehlt nicht, auf die abschreckenden Beispiele der bolschewistischen Revolution und der Spartakusunruhen in Deutschland hinzuweisen. Die »Gemeinwirtschaft« in der Umgebung Christi sei eine praktische Maßnahme für das Herumziehen der Jünger, jedoch kein Religionsprinzip.

Weidemann bestand die Prüfung mit fast gut; nur in Kirchengeschichte (bei Carl Mirbt) war er sehr gut. Dann war er von Ostern 1921 bis Ostern 1922 zur Ausbildung als Vikar am Stephansstift vor Hannover.

Seit dieser Zeit begann er – angeregt durch den Kirchenhistoriker Carl Mirbt –, sich intensiv, aber unter geschickter Wahrung persönlicher Vorteile, mit einem recht komplexen Stoff zu beschäftigen, dem einzigen übrigens, zu dem er jemals wissenschaftlichen Zugang suchte: Es handelte sich um das Leben und Wirken des Abtes Gerard Wolter Molanus von Loccum (1633–1722). Was zunächst noch einigermaßen übersichtlich begann, wurde schließlich ein barockes Rankenwerk von Details, in dem sich der junge Theologe sehr bald umstrickt und gefangen sah.

Doch suchte er sogleich seinen Vorteil, wie er es auch später immer tat: Schon 1921 reichte er eine vorläufige Frucht seiner Arbeit, ein stoffreiches Manuskript über den äußeren Werdegang des Molanus bis 1677 als Lizentiatenarbeit ein, und damit gab es nun einen frischgebackenen Lic. Weidemann.

Eine weitere Zusammenstellung von Molanus-Material reichte er im April 1922 als Hausarbeit für die 2. Theologische Prüfung ein; ihr Titel war: »Molanus' verwaltungstechnische Tätigkeit im Konsistorium«. Die Prüfung selbst fand im September 1922 in Hannover statt; er schnitt dabei gut ab; auch jetzt war er in Kirchengeschichte sehr gut. Es finden sich Urteile der Prüfer, die bereits genau auf die wunde Stelle zeigen: »Reiches und sicheres Wissen, nicht immer vorsichtig genug im Urteil«; »rhetorische Begabung läßt bei psychologischer Vertiefung und stärkerer Ausnutzung des Textes Gutes erhoffen«.

Im Anschluß an die Prüfung wurde Lic. Weidemann am 1. November 1922 als Pastor coll. »ständiger Pfarrkollaborator« an St. Jacobi in Göttingen. Zugleich heiratete er die 25jährige Rentier-Tochter Luise Georgine, genannt Lieschen, Schmidt aus Hannover. Den Pfarrdienst empfand der ehrgeizige junge Theologe sehr bald als lästig, und so bat er bereits am 1. November 1923 um seine Entlassung, um nun als Stiftsinspektor am Theologischen Stift der Universität in Göttingen tätig zu sein. Hier fand er Zeit und Muße, um sich auf die Doktor-Promotion an der Philosophischen Fakultät vorzubereiten. Im April 1925 wurde ihm eine theologische Assistentenstelle an der Universität in Aussicht gestellt, doch hat er sie nicht mehr angetreten.

In dieser Zeit (1925) wurde zunächst einmal seine erweiterte Lizentiaten-Arbeit gedruckt – sie war das erste und beste seiner vielen »Werke«. Es wurde deutlich, daß Weidemann sehr fleißig war und guten Spürsinn hatte, daß es ihm aber nicht gelang, den roten Faden zu finden.

Zugleich mit dieser Drucklegung reichte er bei der Philosophischen Fakultät in Göttingen ein Manuskript von 36 Seiten ein. Es beschäftigte sich mit dem Unionskonvent von 1683, an dem auch Molanus beteiligt war. Das Unglaubliche geschah: dieses Kapitel einer größeren unfertigen Arbeit wurde von einem so bedeutenden Historiker wie Arnold Oskar Meier als Dissertation befürwortet. Die mündliche Doktor-Prüfung fand am 3. August 1925 statt. Aus unbekannten Gründen hat es dann aber fünf Jahre gedauert, bis die Dissertation vorschriftsmäßig gedruckt wurde. Während dieser Zeit bediente sich Weidemann jedoch bereits der akademischen Titel Lic. theol. und Dr. phil.

In dieser Hinsicht war er zunächst saturiert; es gelang ihm aber nicht, in die akademische Laufbahn einzutreten. Sie setzte damals noch eine Habilitierung voraus, die sich aber wohl nicht auch noch aus dem Molanus-Stoff herausholen ließ, an dem Weidemann noch bis 1929, also bis in seine Bremer Zeit hinein, weiterarbeitete.

Es zeigte sich, daß er zwar im Aufspüren und Bewerten von Quellen recht geschickt war, aber unfähig blieb, sie in eine sinnvolle Ordnung und in einen größeren Rahmen einzufügen. Sicher ist auch, daß er über seine kirchengeschichtlichen Forschungen hinweg keine innere Beziehung zur Seelsorge fand, so daß er sich mehrfach mit dem Gedanken trug, die Theologie aufzugeben. Ein Bekannter hat über ihn berichtet, daß er »einer von den Ehrgeizigen [war], die es sich etwas kosten ließen: er hat geradezu wie ein Pferd gearbeitet«.

Noch vor dem Doktor-Examen, am 1. Juli 1925, wurde Weidemann Pastor in Bremke, einem Dorf zwischen Göttingen und Heiligenstadt. Er sah diese Stelle von Anfang an nur als vorübergehenden Broterwerb an.

Politische Probleme gab es für den jungen Weidemann noch

nicht. Später hat er – wohl zutreffend – behauptet, er habe sich in dieser Hinsicht damals völlig neutral verhalten. Auch vertrat er keine extremen theologischen Meinungen; denn er gab sich durchaus als bibeltreuer »positiver« Kirchenmann. Es gelang ihm auch, mit seiner glänzenden Redegabe die Kirche »voll zu predigen«. Aber was man von einem Pastor sonst noch zu fordern pflegte, konnte er den Leuten nicht geben: nämlich ein herzliches, inniges und mitmenschliches Verhältnis. Zum »kleinen Mann« auf dem Lande und in der Stadt hat Weidemann niemals innere Beziehungen gehabt.

Am 13. Mai 1925 starb in Bremen der Dompastor Ludwig Jacobskötter im Alter von 42 Jahren. Er war ein strenger bibelgläubiger Christ gewesen, und sein Nachfolger sollte ähnliche Qualitäten haben; er hatte neben vier »liberalen« Pastoren die »positive« Theologie zu vertreten. Um die Nachfolge bewarb sich auch Lic. Dr. Heinz Weidemann. Man wußte natürlich von seiner geringen Neigung zur Seßhaftigkeit und zu harter seelsorgerischer Arbeit; aber dann gaben doch die akademischen Titel, das brillante Redetalent und die verbale Glaubensfestigkeit den Ausschlag: Am 24. Januar 1926 trat der Konvent der Domgemeinde unter dem Vorsitz des Bauherrn Rechtsanwalt August Lürmann zum Wahlakt zusammen. Heinz Weidemann erhielt 68 von 90 Stimmen und war damit gewählt.

Die Einführung erfolgte im Dom durch den Pastor Primarius Oscar Mauritz am Sonntag, dem 11. April 1926. Das Anrecht auf die gemieteten Plätze wurde für diesen Akt aufgehoben, und für die geladenen Gäste waren Plätze im Mittelschiff reserviert. Pastor Mauritz gedachte zunächst mit »warmherzigen Worten« des so jung verstorbenen Pastors Jacobskötter und wünschte dann dessen Nachfolger Weidemann erfolgreiche Tätigkeit. Der neue »jugendliche Prediger« hielt eine »kurze aber packende Antrittspredigt«, die allgemein recht günstig aufgenommen wurde, zumindest aber nichts Schlimmes ahnen ließ.

Weidemann bezog nun mit seiner Frau das große Giebelhaus Domsheide Nr. 1 (Ecke Violenstraße), das 1808 erbaut worden war und das auch sein Vorgänger Jacobskötter bewohnt hatte. Neben seinen Amtsaufgaben beschäftigte er sich weiterhin mit kirchengeschichtlichen Studien: 1929 erschienen der 2. Band

seiner Arbeit über den Abt Molanus von Loccum und sein kleiner Aufsatz über »Die Entwicklung des Bremer Doms zur Parochialkirche in der Zeit nach der Reformation«; 1931 folgte noch ein Nachruf auf den Göttinger Kirchenhistoriker Karl Mirbt, der Weidemann in seiner Studienzeit gefördert hatte. Als Dompastor fiel er in den Jahren von 1926 bis Anfang 1933 nicht besonders auf, weder politisch noch theologisch. Er war vaterländisch-konservativ eingestellt, ohne daß er einer Partei angehörte; er vertrat ein positives bibeltreues Christentum, wie man es von ihm erwartete, und er war ein glänzender Kanzelredner, so daß seine Gottesdienste immer gut besucht waren. Der Text seiner Predigt zum Reformationsfest 1928 hat sich erhalten. Sie war recht kurz und zeigt eine deutliche Neigung zu pathetischer Überspitzung und Anschaulichkeit. Er betont nachdrücklich, daß es ihm nicht darauf ankomme, »antiquarisches Wesen« aufzufrischen; »Luther einst muß Luther heute werden« – ein Lehrmeister für die gegenwärtige »Volkskirche«. Das deutet schon auf jene Politisierung des Glaubens hin, wie Weidemann sie später in exzessiver Weise betrieben hat.
Bedrückend war offenbar in Weidemanns Leben zu dieser Zeit bereits sein Eheverhältnis. Man mag bezweifeln, was der spätere Landesbischof zur Erklärung des eigenen Ehebruchs behauptete: er habe bereits in der Brautzeit gemerkt, daß die Verlobte nicht zu ihm »paßte«; doch habe er um des guten Rufes willen das Verlöbnis nicht lösen mögen und sich dann mit der Eheschließung abgefunden. Doch hätte er sich am liebsten schon nach kurzer Zeit wieder scheiden lassen. Es ist kaum zu beurteilen, wie schwer die Unstimmigkeiten damals schon wogen; immerhin gingen aus der Ehe drei Kinder hervor – zwei Töchter und ein Sohn, die 1927, 1930 und 1932 geboren wurden. Man wird die Vorwürfe Weidemanns gegen seine Frau jedenfalls nicht als Tatsachen hinnehmen müssen. Soviel aber dürfte richtig sein: das Verhältnis der Ehegatten zueinander erkaltete sehr bald, und es gab auch hin und wieder unerfreuliche »Szenen«. Man könnte alles auf sich beruhen lassen, wenn nicht die Eheprobleme die Katastrophe im Leben Weidemanns vollendet hätten.
Sicher wurde Weidemann, wie die Kirche überhaupt, zunehmend mit der Frage konfrontiert, wie man es in den Gemeinden mit

der Politik halten solle. Die meisten Pastoren waren zwar nicht unpolitisch, sondern mehr oder weniger konservativ, liberal oder auch in Einzelfällen sozialistisch eingestellt. Das war aber im allgemeinen nur eine Gesinnung, die sich nicht in politischer Aktivität niederschlug. Diese Haltung nahm bis 1933 auch Pastor Weidemann ein.

Die vom Berliner Pfarrer Joachim Hossenfelder organisierte Bewegung der »Deutschen Christen« fand in Bremen bis 1933 keinen festen Mitgliederstamm. Die hier am 7. Mai 1931 gegründete »niedersächsische Arbeitsgruppe evangelisch-nationalsozialistischer Pastoren« blieb eine unbedeutende Splittergruppe, die organisatorisch dem ebenfalls noch recht schwachen NS-Lehrerbund angeschlossen war. Bei der Gründungsversammlung waren nur 12 Personen anwesend. Soweit wir bisher wissen, bekannten sich vor der »Machtergreifung« nur zwei Bremer Pastoren offen zum Nationalsozialismus: Pastor Rahm in Hastedt, der als ehemaliger Freimaurer nicht in die NSDAP aufgenommen wurde, und der alte Pastor Thyssen in Wasserhorst (vorher St. Stephani).

Nach der Machtergreifung wurde das anders; da waren es nicht nur einzelne Pastoren, die sich anpaßten, sondern da bemühte sich auch die Kirchenorganisation, durch das Hissen von Fahnen, Glockenläuten, Gottesdiensten bei politischen Anlässen und durch Ergebenheitsadressen öffentliches Wohlverhalten zu zeigen. So wird etwa im Glückwunsch des Kirchenausschusses unter seinem greisen Präsidenten Dr. Emil Quidde an NS-Bürgermeister Markert erklärt, daß die Kirche »voll und ganz hinter den Bestrebungen unserer regierenden Männer, unser Volk zur Einigung zu führen«, stehe. »Wir wollen den kommenden Sonntag Rogate [21. Mai 1933] zu einem Bettag für Volk, Vaterland und Kirche gestalten. Es ist unser ernstes Bestreben, mit allen unseren Kräften mitzuhelfen, daß der Gedanke unseres Reichskanzlers Adolf Hitler verwirklicht und in den werdenden Neubau unseres Staates die Ewigkeitskräfte unseres Glaubens hineingebaut werden.« Und das war von Leuten verfaßt, die keineswegs bereits fanatische Anhänger der Deutschen Christen waren, sondern hier nur ihre deutsch-nationale Gesinnung kundtaten.

Die meisten Pastoren schreckten auch weiterhin davor zurück, sich über solche Deklarationen hinaus parteipolitisch zu engagieren. Es gab aber doch einige, die meinten, die Kirche müsse sich organisatorisch und theologisch nunmehr konsequent ins »Dritte Reich« eingliedern, wenn sie überhaupt noch überleben wolle. Der aktivste und intelligenteste Vertreter dieser Gruppe war Lic. Dr. Heinz Weidemann. Daß er auch der skrupelloseste war, das konnte man 1933 freilich noch nicht wissen. Jedenfalls trat er nun in geradezu hektischer Weise aus seinem gewohnten Kreis heraus und wurde fanatischer Nationalsozialist eigener Prägung.

Man war sich bei der Beurteilung Weidemanns nie im klaren darüber, ob eine ältere zurückgehaltene Überzeugung nunmehr konjunkturbedingt hervorbrach oder ob es sich um eine kalt berechnete opportunistische Anpassung handelte. Fast alle Kenner des »Falles« nahmen später an, daß ihn hemmungsloser Ehrgeiz, Geltungsbedürfnis und Eitelkeit zum NS-Kirchenmann gemacht hätten. Es wurde aber andererseits auch deutlich, daß Weidemann sehr bald von der Richtigkeit seines Tuns überzeugt war und sogar eine Art Idealismus entwickelte. So verfocht er auch dann seine Auffassung weiter, als ihm bei kalter Überlegung ein ganz anderes Verhalten ratsam erscheinen mußte.

Die ersten politischen Schritte Weidemanns 1933 sind nicht ganz klar erkennbar. Sicher ist, daß er genau wußte, welche Pastoren und Kirchenfunktionäre für NS-Aktivität zu gewinnen waren. So bildete er Anfang April 1933 einen Arbeitsausschuß, um die Verbindung zwischen Kirche und NSDAP zu pflegen. Neben Weidemann, Thyssen und Rahm gehörte auch Pastor Mießner (Friedenskirche) zu den Kameraden der ersten Stunde. Es kam zu einer Zusammenkunft im Pastorenhaus von Wasserhorst, auf der Pastor Thyssen aus Altersgründen auf die Führung verzichtete und dafür Pastor Weidemann vorschlug. Dieser zierte sich und bat sich, wie weiland Luther, Bedenkzeit aus.

Weidemann war in dieser Zeit davon überzeugt, die NSDAP sei über die geringe politische Aktivität der Bremischen Evangelischen Kirche enttäuscht. Ein besonderes Ärgernis war damals die Predigt des konservativen Pastors Groscurth (Liebfrauenkirche): Er hatte am »Tag von Potsdam« (21. März 1933) bei einem Staatsakt in der Kirche zwar den Segen Gottes auf Reichspräsident von Hindenburg, die Reichsregierung und den Bremer Senat herabgefleht, doch »kein einziges Mal den Namen unseres Führers, des Volkskanzlers Adolf Hitler« ausgesprochen. Es sei der Eindruck entstanden, so meinte Weidemann, daß die Kirche in Bremen nicht in der Lage sei, eine Gruppe Deutscher Christen zu organisieren und damit engen Kontakt zur Partei zu gewinnen. Es sei zu befürchten, daß ein auswärtiger »Kommissar« geschickt werde, um die ersten Schritte einzuleiten. Dadurch aber werde die Eigenständigkeit der Bremischen Evangelischen Kirche gefährdet.

Weidemann erkannte damals aber auch ganz klar, welche Vorwürfe man gegen ihn erheben konnte, nämlich die, er sei ein Opportunist. Schon am 21. April 1933 versuchte er, in einem Referat im Kirchenausschuß der Bremischen Evangelischen Kirche vorzubeugen: Vor allem sei er von Pastor Thyssen gedrängt worden. Er habe dann auch dem NS-Bürgermeister Markert erklärt, er könne nicht zum Nationalsozialismus übertreten, »um nicht vor mir selbst als Konjunkturritter ausspucken zu müssen«. »Nach 48 oder 60 Stunden« war er dann aber bereit, »diesen Schritt, um der Kirche willen, zu tun« und »in die Lücke« zu springen. Das ist eine Darstellung, die man dem brennend ehrgeizigen Mann nicht so recht glaubt. Man wird eher annehmen dürfen, daß er Morgenluft für eine steile Karriere witterte. Alles andere war Schauspielerei.

Bereits am 19./21. April 1933 konnte er auch den Kirchenausschuß der Bremischen Evangelischen Kirche davon überzeugen, daß es notwendig sei, mit den Deutschen Christen gute Kontakte zu halten, und daß der Schriftführer der Kirche, Pastor Boche, auf der Versammlung der Deutschen Christen am 25. April 1933 im Casino ein Grußwort sprechen sollte. Weidemann wollte sich dafür einsetzen, daß das ermöglicht werde. Zugleich nahm er Verbindung mit der Berliner Führung der Bewegung auf und soll am Ostermontag selbst in der Reichshauptstadt gewesen sein.

Wie weit das Interesse an einer Politisierung der Kirche in der Hansestadt bereits gediehen war, das zeigte vor allem die Kundgebung der Deutschen Christen im Casino am 25. April 1933. Die Dekoration des Saales bestand in einer »großen Kirchenfahne«, die von einer schwarz-weiß-roten und einer Hakenkreuzfahne flankiert war. Das Orchester des Domjugendbundes spielte »schwungvolle Marschweisen«. Als Repräsentanten von Staat und Partei sprachen Senator Otto Heider, zu dessen Amtsbereich die kirchlichen Angelegenheiten gehörten, und NS-Kreisleiter Paul Wegener. Beide hielten rein politische Propagandareden, wobei sie betonten, daß der Nationalsozialismus den Materialismus und die Gottlosigkeit der Marxisten bekämpfe und für eine einheitliche deutsche Reichskirche eintrete. Die Begrüßungsworte sprach der alte Pastor Thyssen von Wasserhorst (früher St. Stephani), das Schlußwort hatte Pastor Hermann Rahm aus Hastedt. Hauptredner dieser Veranstaltung aber war Pastor Weidemann, der als Bremer Führer der Deutschen Christen auftrat. Er entwickelte seine Vorstellungen von einem »artgemäßen Christentum«, das sich von allem Jüdischen befreien müsse, und von einer »deutschen Reichskirche evangelischen Bekenntnisses«. Zugleich warf Weidemann der bisherigen Bremischen Evangelischen Kirche mit scharfen Worten ihre unzeitgemäße politische Neutralität vor. Dem Schriftführer der Kirche wurde es verwehrt, seine Begrüßungsworte zu sprechen; sie hätten angesichts der Angriffe Weidemanns sehr deplaciert gewirkt.

Die Kirche sah sich nun einem harten politischen Druck ausgesetzt. Das erweckte manche Besorgnisse, aber keinen rechten Mut zur Gegenwehr. Darin unterschied sich die Stimmung bei den Pastoren nicht wesentlich von der in den politischen Parteien, die sich in voller Auflösung befanden. Bei aller Verwirrung glaubte man in einem Punkt der neuen Zeit entgegenkommen zu müssen, nämlich im Anschluß an die »Reichskirche«. Der Kirchenausschuß, also das geschäftsführende Organ der bremischen Kirche, bildete am 27. April einen »Aktionsausschuß«, der die Eingliederung vorbereiten sollte. Dabei war freilich zunächst nur an einen Abbau des kirchlichen Föderalismus im organisatorischen Bereich, nicht aber an eine theologische Anpassung an nationalsozialistische Vorstellungen über Rasse, Helden- und Deutschtum gedacht. Dem Aktionsausschuß gehörte Weidemann nicht an; wohl aber gab es darin drei andere Mitglieder der NSDAP. Im übrigen aber wies der Kirchenausschuß die Vorwürfe Weidemanns gegen die Bremische Evangelische Kirche zurück; er beschwerte sich auch darüber, daß der Schriftführer, Pastor Ernst

Boche, auf der Casino-Versammlung daran gehindert wurde, seine Begrüßungsworte zu sprechen. Zudem verfaßten 13 Bremer Pastoren sogleich eine Stellungnahme gegen die Forderungen der Deutschen Christen.

Weidemann machte sich in dieser Zeit aus eigener Machtvollkommenheit unter Anerkennung durch einige Pastoren und Laien zum »Kreisleiter« und später zum »Gauleiter« der Deutschen Christen in Bremen. Er tat sich besonders durch seine Predigten bei »nationalen« Anlässen hervor. Am 28. April 1933 hielt er vor der Eröffnungssitzung der neuen Bremischen Bürgerschaft im Dom eine Predigt. Dieser Staatsakt sollte bekunden, daß der neue Staat sich »zu Gott und den sittlichen Werten des Christentums bekannte«. Weidemann betonte u. a.: »Ein neuer Menschentypus kündigt sich an, der alles mit Gott und nichts ohne ihn tun will. Die Welt des Materialismus ist überwunden«. In einem Schlußgebet flehte er den Segen des Herrn auf Hindenburg, Hitler, die Bremische Bürgerschaft, die Hansestadt und das deutsche Volk herab. Auch am 1. Mai 1933, am »Tag der deutschen Arbeit« also, hielt Weidemann den Festgottesdienst im Dom. Bei allen Gelegenheiten zeigte er sich als fanatischer Verfechter einer national-deutschen, nach dem Führerprinzip geordneten Kirche und einem von jüdischen Elementen befreiten, mit heldischem Geist erfüllten »Christentum«.

Am 1. Mai 1933 wurde der Pastor als Parteigenosse in die NSDAP aufgenommen. Später begründete er diesen Schritt mit Röm. 13, 1: »Jedermann sei untertan der Obrigkeit, die Gewalt über ihn hat, denn es ist keine Obrigkeit ohne von Gott . . .« Eine solche Obrigkeit sei aber der NS-Staat faktisch gewesen. Nun, Weidemann stand in der Kirche mit dieser Auffassung nicht allein da.

Die sehr bald einsetzenden Eingriffe des Staates in die Belange der Bremischen Evangelischen Kirche wurden von Weidemann gesteuert; das war auch deutlich erkennbar, denn dieser war nicht der Mann, der sich bescheiden im Hintergrund halten konnte. Die Einwirkung steigerte sich aus maßvollen Anfängen zu einer schroffen »Bischofsdiktatur«.

Auch vor 1933 hatte es einen senatorischen »Kommissar für kirchliche Angelegenheiten« gegeben; es war der durchaus kirchlich eingestellte Dr. Spitta. Dieser respektierte die Freiheit der einzelnen bremischen Gemeinden, die ohnehin durch die Kirchenverfassung von 1920 verbrieft war. An die Stelle von Dr. Spitta trat dann am 15. März 1933 zunächst kommissarisch, dann als Senator der unkirchlich eingestellte SA- und spätere SS-Führer Dr. Richard von Hoff. Er hatte jedoch andere Sorgen, als sich um die schwierigen kirchlichen Angelegenheiten zu kümmern. Das wurde anders, nachdem am 27. Juni 1933 der SA- und spätere SS-Führer Senator Otto Heider diesen Aufgabenbereich übernommen hatte. Heider, von Beruf Elektromonteur, hatte für kulturelle und vor allem auch für kirchliche Fragen überhaupt kein Interesse. Als Kirchenkommissar sah er es als seine Hauptaufgabe an, die Bremische Evangelische Kirche nach dem Führerprinzip auszurichten und den Anordnungen der Staats- und Parteiorgane zu unterwerfen. Der eigentliche Drahtzieher aber war Weidemann, der über die organisatorische Neuordnung hinaus die Kirche auf die »Theologie« der Deutschen Christen festlegen wollte.

Der erste tiefgreifende »Gleichschaltungsakt« erfolgte am 30. Juni 1933: Senator Heider verkündete die Auflösung der bisherigen Kirchenorgane, des Kirchentages und des Kirchenausschusses, also der Gesamtrepräsentation der Bremischen Evangelischen Kirche. Heider setzte am 7. Juli einen vornehmlich aus Deutschen Christen bestehenden vorläufigen Kirchenausschuß ein. Die neue Reichskirchenverfassung vom 14. Juli machte Neuwahlen für den Kirchentag und den Kirchenausschuß erforderlich.

Die Wahl der Abgeordneten zum Kirchentag fand in den Gemeinden unter dem von Weidemann geschürten Druck der Deutschen Christen statt. Alle Nationalsozialisten wurden aufgefordert, ihre Liste zu wählen; auch wurden in unsicheren Gemeinden Anhänger Weidemanns als Wähler eingeschleust. Für viele dieser Leute war die Teilnahme an der Wahl von Abgeordneten zum Kirchentag die einzige Beteiligung an einem kirchlichen Ereignis.

Die Folge dieser Manipulationen war dann, daß die Gemeinden in der Mehrzahl deutsch-christliche Delegierte auf den Kirchentag schickten. Dort sollten dann der Kirchenpräsident, die Mitglieder für den Kirchenausschuß, die Rechtskammer und andere Gremien gewählt werden. Weidemann gab am 25. August in einem Rundschreiben bekannt, wer zu wählen war. »Jeder Deutsche Christ ist verpflichtet, in der dargelegten Weise abzustimmen. Gegenanträge, welcher Art sie auch seien, sind abzulehnen.«

Die Wahlen fanden dann am 30. August in einer Versammlung des Kirchentages offen durch Zuruf statt. Zum Kirchenpräsidenten schlug der deutsch-christliche Pastor Rahm den NS-Senator Heider vor. Nur ein Bauherr von St. Stephani erhob Einspruch; er wurde schroff zurückgewiesen. Heider bekannte sich in seiner Ansprache zur Freiheit des Bekenntnisses und beanspruchte diese Freiheit auch für die Deutschen Christen. Die Zeit der Intoleranz sei endgültig vorbei. Es komme darauf an, die Arbeiter wieder an die Kirche heranzuführen. Man wird kaum annehmen dürfen, daß es einem Mann wie Heider wirklich ernst damit war. Dann sprach Weidemann ein Gebet, und die Versammlung sang »Ein feste Burg ist unser Gott«. Die Wahlen der einzelnen Mitglieder des Kirchenausschusses wurden mit folgenden Worten Heiders eingeleitet: »Ich bitte Sie . . ., nicht zu versuchen, unsere Arbeit durch parlamentarische Kniffe zu stören. Es ist nicht mehr Zeit für Spiegelfechtereien.« Die Wahl ging nach dieser Ermahnung ganz glatt über die Bühne. Weidemann wurde Schriftführer, also eigentlicher Geschäftsträger der gesamten Bremischen Evangelischen Kirche. Der Kirchentag ermächtigte den Ausschuß sogleich, eine neue bremische Kirchenverfassung vorzubereiten und den Anschluß als Landeskirche an die Deutsche Evangelische Kirche einzuleiten. Weidemann sagte in einem pathetischen Gruß an Adolf Hitler: »Es gilt, Volk und Kirche zu einer Einheit zusammenzuschmieden.«

Einige Gemeinden versuchten zwar, sich dieser Entwicklung entgegenzustemmen und ihre Eigenständigkeit zu wahren. Dabei zeigten manche Pastoren und Laien viel Mut, aber letzten Endes waren diese Versuche zunächst zum Scheitern verurteilt.

Inzwischen war am 14. Juli 1933 die neue Verfassung der Deutschen Evangelischen Kirche verkündet worden; sie sah den organisatorischen Anschluß der Landeskirchen vor. Seit dem 27. September 1933 gab es dann einen einstimmig von einer Reichssynode gewählten Reichsbischof Ludwig Müller. 2000 Pfarrer, die sich vor allem gegen die Bevorzugung der Deutschen Christen in der Reichskirche wandten, vereinigten sich im Pfarrernotbund, aus dem sich die Bekennende Kirche entwickelte. Eine selbständige und zugleich geschlossene bremische Kirchenorganisation hätte sich nur noch durchsetzen lassen, wenn Pastoren und Laien sie einmütig gewollt hätten. Davon aber konnte nicht die Rede sein. Der Zusammenhalt konnte also nur noch bei einem Anschluß an die Reichskirche gewahrt werden. Viele Pastoren hofften, daß er nur recht locker sein und die theologische Freiheit der Gemeinden voll wahren werde. Um angeblich das Gewicht der bremischen Kirche innerhalb der Reichsorganisation zu stärken, wurde vorgeschlagen, dem Schriftführer des Kirchenausschusses, also Weidemann, den Titel eines »Landesbischofs« zu verleihen. Man wird annehmen dürfen, daß dabei auch persönliche Eitelkeit eine Rolle spielte. Am 4. Oktober 1933 wurde ihm der Titel eines bremischen Staatsrats verliehen.

In den folgenden Wochen spielten sich die Deutschen Christen – vor allem durch große Kundgebungen – immer mehr in den Vordergrund. In Bremen deutete alles darauf hin, daß bald eine neue Kirchenverfassung unter ihrem Einfluß entstehen werde.

Besondere Befürchtungen wurden wach, als die turbulenten Vorgänge auf einer Veranstaltung der Deutschen Christen im Berliner Sportpalast Mitte November 1933 bekannt wurden. Dort hatte sich der Gauobmann von Großberlin, Dr. Krause, in einer wilden Propagandarede gegen die biblische Offenbarung gewandt. Einige prominente Deutsche Christen sollen mit Gewalt daran gehindert worden sein, dagegen Stellung zu nehmen. Weidemann zeigte sich gemäßigt und nahm zu den Vorgängen kritisch Stellung. Er deutete aber zugleich auch an, was er in Bremen für unumgänglich hielt: Es müsse eine neue regionale Kirchspieleinteilung geschaffen werden, in der Kirche solle das »Führerprinzip« eingeführt werden, und zwar durch eine starke Stellung des Präsidenten und eines neu zu ernennenden Landesbischofs. Weidemann wolle sich dafür einsetzen, daß Volk und Kirche »im Sinne Adolf Hitlers ... eine untrennbare Einheit eingehen«.

Damit war nun aber auch die religiöse Freiheit gefährdet. Der

Widerstand einiger Gemeinden wurde hartnäckiger: Es wurden kritische Schriften verfaßt, Flugblätter verteilt, Briefe an den Kirchenausschuß und an Weidemann geschrieben, die sich auf Recht, Gesetz und Glaubensfreiheit beriefen. Weidemann ärgerte sich zwar über diese Vorwürfe, doch steuerte er rücksichtslos auf sein Ziel zu: auf die Verwirklichung des Führerprinzips in der bremischen Kirche und die theologische Diktatur der Deutschen Christen. Die Lutherfeier vor dem Dom am 19. November 1933 hatte eine protzige Kulisse mit dem Bild des Reformators, mit Kreuz und Hakenkreuz. Redner waren Senator Heider und Weidemann. Im ganzen war es ein deutsch-christliches Theater, das vielen Pastoren widerwärtig war. St. Stephani setzte zur gleichen Zeit eine Orgelstunde an: Wilhelm Evers spielte Werke von Johann Sebastian Bach, Sweelinck und Georg Böhm.

Zur Rechtfertigung gegen alle Angriffe gab Weidemann am 9. Dezember 1933 eine Denkschrift unter dem Titel »Ein kurzes Wort zur kirchlichen Lage« heraus. Sie enthält in Kürze sein Programm, das in dieser Zeit noch mit dem der Deutschen Christen identisch war. Es wird ein Bekenntnis zu Hitler und zum Nationalsozialismus abgelegt. Weidemann hofft, daß sich nun der »braune Mann . . . aus dem Politischen an das Religiöse« herantaste. Er will die Glaubenslehren dem nationalsozialistischen Geist anpassen und besonders alles Jüdische aus dem Christentum entfernen.
Der größte Teil der Schrift beschäftigt sich dann aber mit den kirchlichen Verhältnissen in Bremen. Er kritisiert die Pfarrerwahl und andere »demokratische« Züge der Gemeinden; der Kirchenausschuß, das eigentliche Führungsorgan, habe zuwenig Einfluß. Die Kirche müsse auf das »Führerprinzip« umgestellt werden, nicht auf ein internationales wie in der katholischen Kirche, sondern ein national-deutsches. Dann beschwert er sich bitter über die Benachteiligung der Deutschen Christen in einigen Gemeinden und versucht Manipulationen bei einigen Pfarrerwahlen aufzudecken. Besonders kritisch äußert er sich auch über feindliche Resolutionen in einzelnen Kirchenkonventen und über oppositionelle Flugblätter, vor allem aber über eine Schrift von Dr. med. Stoevesandt und Pastor Denkhaus (Imma-

nuel) unter dem Titel »Die Wahrheit über die kirchliche Lage«.

Noch versucht Weidemann, die Geister zu beruhigen; er wendet sich sogar gegen die Radikalen unter den Deutschen Christen und will, daß diese Bewegung die »goldene Mitte« sein solle, die Kirche und Staat, Christentum und Volkstum verbinde. Er wolle den kirchlichen Frieden. »Es kommt nicht darauf an, daß irgendeine theologische Gruppe Recht behält, sondern daß der deutsche Mensch im Dritten Reich das Evangelium hört.« Das Mißtrauen aber blieb, und es entstanden weiterhin Proteste, Denkschriften und Briefe, die nun schon sehr deutlich an den moralischen Qualitäten Weidemanns, vor allem an seiner Glaubwürdigkeit, zweifelten. Die Zahl der Deutschen Christen in Bremen war gering: etwa 4000 Laien und 14 Pastoren (von insgesamt 51). Doch die Stärke lag nicht in der Zahl, sondern in der Geschlossenheit und in der staatlichen Protektion.

Am 21. Januar 1934 ermächtigte der Reichsbischof Müller den Präsidenten der Bremischen Evangelischen Kirche, also den NS-Senator Heider, alle Maßnahmen zu treffen, »um den Einbau der Bremischen Evangelischen Kirche in die Reichskirche zu sichern«. Sollte alles nach Recht und Gesetz gehen, war für eine Verfassungsänderung jedoch eine $^3/_4$-Mehrheit des Kirchentages erforderlich.

Es war zunächst einmal vorgesehen, den Kirchenausschuß mit seinen neun Deutschen Christen und zwei anders Eingestellten zu beauftragen, alle Maßnahmen zur Angliederung an die Reichskirche zu treffen, und den Schriftführer, also Weidemann, zum Landesbischof aufzuwerten. Die verfassungsändernde Mehrheit auf dem Kirchentag war jedoch nicht zu erlangen; so löste ihn Heider, der in der Uniform eines SA-Obersturmbannführers den Vorsitz führte, am 24. Januar 1934 kurzerhand auf und übernahm selbst dessen Funktionen. Er ließ nur den Kirchenausschuß mit seiner deutsch-christlichen Mehrheit als beratendes Organ bestehen und setzte in den Gemeinden – mit Ausnahme von St. Stephani und St. Martini – die Verwaltenden Bauherren zur Verwirklichung des Führerprinzips als »Gemeindeführer« ein. Das Ganze war ein vorher mit Weidemann abgekarteter Akt. Ein Pastor und ein Bauherr, die ihre Mißbilligung laut äußerten, wurden von der Gestapo für drei Tage in »Schutzhaft« genommen. Am Abend des 24. Januar setzte Heider die Kirchenverfassung und Gemeindeordnungen außer Kraft. Am 27. Januar verlieh er an Weidemann den Titel »Landesbischof« und ernannte ihn zum »Landeskirchenführer«.

Um nun diesen Maßnahmen den Anschein des Rechts zu verleihen, ließ Heider sich am 8. Februar rückwirkend zum 21. Januar vom Reichsbischof Müller zum Bevollmächtigten für die Bremische Evangelische Kirche ernennen mit der Befugnis, alle notwendig erscheinenden Maßnahmen zu ergreifen.

Es folgten nun zwei Veranstaltungen, die für den politischen Stil der Nationalsozialisten bezeichnend waren: Am 30. Januar 1934 wurden die »Gemeindeführer« durch Heider »vergattert«: Treue zu Christus fordere auch Treue zu Volk und Führer. »Treue, Disziplin und Kameradschaft« müßten auch in der Kirche gelten – Treue gegenüber Hitler, dem Reichsbischof und gegenüber der bremischen Kirchenführung. Die Gemeindeführer wurden einzeln durch Handschlag auf diese Treue verpflichtet. Die bremischen Pastoren gelobten am Tage darauf ebenfalls durch »Handschlag«, bei der Vereinigung der Bremischen Evangelischen Kirche mit der Reichskirche loyal mitzuwirken; viele von ihnen dachten aber nicht daran, sich den Reichs- und Landeskirchenführern bedingungslos unterzuordnen. Pastor Greiffenhagen von St. Stephani erklärte dem Kirchenpräsidenten Heider, er werde die Gemeinde aus Treue zu Bibel und Bekenntnis gegebenenfalls zum Ungehorsam gegen die »kirchliche Obrigkeit« aufrufen; er wolle einen solchen Schritt aber vorher dem Präsidenten Heider mitteilen. In der Presse wurde der »Handschlag« als bedingungslose Gefolgschaftstreue gegenüber dem Reichsbischof und der bremischen Kirchenführung ausgelegt.

Es kamen sogleich Proteste aus elf Gemeinden, die nachzuweisen versuchten, daß sowohl die Verfügung des Reichsbischofs als auch die Maßnahmen des bremischen Kirchenpräsidenten jeglicher Rechtsgrundlage entbehrten. Es ging aber zu dieser Zeit nicht mehr nach dem bisherigen Recht, sondern nach der Macht und dem angeblichen »gesunden Volksempfinden«. Die Proteste verhallten zwar nicht ganz ungehört, wurden aber zurückgewiesen und hatten keine konkrete Wirkung.

Weidemann glaubte nunmehr die absolute Gewalt über die bremische Kirche errungen zu haben. Vom Kirchenpräsidenten Heider waren keine Schwierigkeiten zu erwarten. Hinter dem Landesbischof stand eine Anhängerschar von Deutschen Christen, die zur »Machtergreifung« in den Gemeinden fest entschlossen war. Die Kirchenführung erhob Anspruch auf Weisungsrechte gegenüber den Gemeinden, wobei Bekenntnis und Kultus ausgenommen sein sollten.

In den Gemeinden »regierten« nun die von der Landeskirchenführung eingesetzten Gemeindeführer. Das waren anfangs bis auf zwei Ausnahmen (St. Stephani und St. Martini) die bisherigen Verwaltenden Bauherren; doch beanspruchte Weidemann das Recht, sie jederzeit abzusetzen. Dennoch wurde gerade aus diesem Kreise mancher Widerstand geleistet.

Es stellte sich natürlich auch jetzt schon die Frage, ob und wie sich Partei und Staat in diese Entwicklung einschalten würden. Zunächst hielten sie sich zurück, denn der Kirchenstreit war ihnen lästig. Die Kreisleitung der NSDAP in Bremen ordnete am 30. Mai 1934 an, daß in der Partei jede Diskussion über religiöse und kirchliche Fragen zu unterlassen sei. Disziplinloses Geschwätz auf diesem Gebiet schade der Partei und sei »Wasser auf die Mühlen der Reaktion«. Mit dieser Aufforderung zeigte sich aber bereits, daß die Position Weidemanns nicht sehr stark war und daß er kaum mit einer direkten Hilfe der Partei rechnen konnte.

Die Maßnahmen Heiders im Januar 1934 hatten zwar das Führerprinzip in der Bremischen Evangelischen Kirche konsequent durchgeführt; sie waren aber nur Ausnahmerecht von vorübergehender Dauer. Vor allem mußte man zur Eingliederung in die Reichskirche eine feste Grundlage zurückgewinnen. Am 13. Juli übertrug Kirchenpräsident Heider alle Rechte der Bremischen Evangelischen Kirche auf die Deutsche Evangelische Kirche, deren Geistliches Ministerium dann das »Kirchengesetz über die Leitung der Bremischen Evangelischen Kirche« erließ. Diese wurde von der Deutschen Evangelischen Kirche »unter Führung des Reichsbischofs« übernommen. Bremische Beauftragte mit Führerstellung blieben der Kirchenpräsident und der Landesbischof. Daneben sollte es eine beratende Landessynode geben. Zu ihr gehörten neben den beiden bremischen Kirchenführern 18 Mitglieder, von denen 12 durch die Gemeindeführer gewählt und sechs vom Kirchenpräsidenten im Einvernehmen mit dem Landesbischof ernannt werden sollten. Mindestens die Hälfte der Mitglieder sollten Laien sein.

Am Tage der Verkündung des Kirchengesetzes, am 15. Juni 1934, wurde auch die Eingliederung der Bremischen Evangelischen Kirche in die Reichskirche durch den Reichsbischof Ludwig Müller im Konventsaal der Börse vollzogen. Weidemann eröffnete die Veranstaltung mit einem Gebet, Heider hielt die übliche Propagandarede und Weidemann nahm dann die Gelegenheit zu einem nichtssagenden Schlußwort.

Bereits am 26. Juni traten die Gemeindeführer zur Wahl der von ihnen zu entsendenden »Landessynodalen« zusammen. Nur zwei von ihnen meldeten rechtliche Bedenken an. Einer protestierte schriftlich und durch persönliche Abwesenheit; er wurde sofort abgesetzt. Bei der Wahl gab es Schwierigkeiten, denn mancher angesehene Bremer verzichtete darauf, einem Gremium anzugehören, das letzten Endes nur die Anordnung Weidemanns und den Druck der Deutschen Christen gutheißen sollte und daher keine Entscheidungsbefugnisse hatte.

Am 30. Juni 1934 fand im Dom die feierliche Einführung Weidemanns als Landesbischof statt; sie wurde vom Reichsbischof Müller vollzogen. Das geschah ausgerechnet am Tage des Röhm-Massakers. Der SA war die Teilnahme am kirchlichen Akt verboten worden. Um nun nicht ganz auf Uniformierte verzichten zu müssen, wurden Angehörige der Technischen Nothilfe zur Teilnahme als Statisten abgeordnet.

Doch damit war für Weidemann noch längst nicht alles ausgestanden; denn die Eigenständigkeit der Gemeinden war durch lange Tradition begründet und nicht von heute auf morgen auszulöschen. Zudem gelang es auch nicht, die politisierte »Theologie« der Deutschen Christen in die Köpfe aller Pastoren und kirchlich interessierten Laien hineinzuhämmern. Zur großen Enttäuschung Weidemanns wurden die braunen Genossen nicht näher an die Kirche herangebracht; im Gegenteil: SA und SS zeigten sich zunehmend kirchenfeindlich und unterschieden kaum zwischen Deutschen Christen und anderen Glaubensrichtungen.

So gab es denn manchen Widerstand gegen Weidemann und die Deutschen Christen. Einer der hartnäckigsten Gegner war der Pastor an St. Stephani, Lic. Gustav Greiffenhagen. Schon am 28. Januar 1934 protestierte er von der Kanzel unter Berufung auf die reformatorischen Bekenntnisschriften und die Bibel (Matthäus 20, 25) gegen die Maßnahmen Heiders. Auf Anforderung gab er der Kirchenführung eine schriftliche Begründung; es geschah aber weiter nichts. Der Pastor äußerte sich auch in der nächsten Zeit immer wieder kritisch über die Willkürakte. Am 9. März wurde er noch einmal zu einer dienstlichen Stellungnahme aufgefordert. Er erklärte, daß er sich zu Protesten gegen eine Diffamierung des christlichen Bekenntnisses durch die Deutschen Christen verpflichtet fühle. Wiederum erfolgte weiter nichts.

Am 27. Mai 1934 erklärte Greiffenhagen dann in einem Brief an Heider, daß er sich nicht mehr an die durch »Handschlag« gelobte Loyalität gebunden fühle, da die Gegenseite die gesetzlich festgelegte Freiheit von Bekenntnis und Kultus nicht mehr gewähre. Heider berief die bremischen Pastoren am 4. Juni zu einem Scherbengericht über Greiffenhagen in die Kirchenkanzlei. Dieser weigerte sich zu erscheinen. Daraufhin verfügte Heider auf Vorschlag Weidemanns am 7. Juni, daß Greiffenhagen vorläufig suspendiert sei. Dieser bestritt die Rechtmäßigkeit der Verordnung. Der von Heider eingesetzte »Gemeindeführer« von St. Stephani verbot nun die Benutzung kirchlicher Gebäude für Amtshandlungen Greiffenhagens, der jetzt erklärte, er werde, um es nicht zu Gewaltakten kommen zu lassen, in anderen Räumen amtieren. Das geschah denn auch. Die Gemeinde stellte sich zum größten Teil hinter den Pastor; ein Protestschreiben trug 200 Unterschriften. Am 11. Juni 1934 bekannten sich 12 Pastoren mit ihrem Amtsbruder solidarisch. Heider erklärte die von Greiffenhagen trotz Verbot vorgenommenen Amtshandlungen für ungültig und leitete ein Dienststrafverfahren ein. Greiffenhagen aber ließ sich auch jetzt noch nicht beirren.

Am 27. September 1934 fand in der Kirchenkanzlei ein erregtes Gespräch von $1^1/_2$ Stunden zwischen Weidemann und Greiffenhagen statt, der mutig seinen Standpunkt verteidigte. Das Unrecht – so betonte er – werde nicht gemildert durch die Person, die es begehe. »Ob derjenige, der das Unrecht und die Ge-

walt in der Kirche handhabt, Reichsbischof Ludwig Müller oder
Landesbischof Weidemann oder Reichskanzler Adolf Hitler oder
Meyer oder Schulze heißt, spielt gar keine Rolle.« Weidemann
dagegen verglich den Pastor mit einem Kommunisten, der in
einem Fabrikbetrieb die Ordnung als solche sabotiere. Greiffenhagen konterte mit der Erklärung, daß die Deutschen Christen
es seien, die sich in ihrer rabiaten Art als Spalter der Kirche betätigten. Der Staat möge sich zwar um die Organisation der Kirche kümmern, im Glauben müsse er jedoch Freiheit gewähren.
Greiffenhagen schloß die Aussprache mit den Worten: »Herr
Amtsbruder, ich habe nur ein Gebet für Sie: daß Gott Ihnen die
Augen öffne, solange es noch Tag ist. Damit Gott befohlen!«
Weidemann zog mit Haß von dannen und wagte dennoch zunächst nichts Entscheidendes zu unternehmen, da er bei Staats-
und Parteistellen keine Unterstützung fand. Es ist bezeichnend,
daß sogar das Disziplinarverfahren gegen Greiffenhagen einge-
stellt und die Amtsenthebung aufgehoben wurde. Die offizielle
Mitteilung besagte, daß der Reichsbischof eine allgemeine Überprüfung der Rechtslage vornehmen wolle.
Es ist gelegentlich behauptet worden, Weidemann habe die Gestapo aufgefordert, Greiffenhagens Gottesdienste zu überwachen. Das läßt sich nicht beweisen. Sicher ist freilich, daß bei der
Gestapo Denunziationen gegen den Pastor vorlagen und daß
Weidemann dienstliche Verbindung mit der Gestapo hatte.
Im Frühjahr 1935 hatte Weidemann bei einer turbulenten Aktion gegen Greiffenhagen seine Hand im Spiel. Im März erschien
ein SA-Mann und Mitglied der St.-Stephani-Gemeinde beim Pastor. Er erbat für seine Trauung die Überweisung an einen
deutsch-christlichen Pastor. Greiffenhagen lehnte ab und empfahl dem SA-Mann, die Gemeinde zu wechseln, um damit allen
Schwierigkeiten aus dem Wege zu gehen. Weidemann erfuhr
davon und sprach völlig unsachlich davon, der Pastor habe die
Amtshandlungen deutsch-christlicher Pastoren für ungültig erklärt. Das müsse unterbunden werden. Kirchenpräsident Heider
forderte einen schriftlichen Bericht, Greiffenhagen verweigerte
ihn, weil er die Zuständigkeit der Kirchenführung in dieser Frage grundsätzlich bestritt. Inzwischen war auch die Gestapo aufmerksam geworden; es ergab sich jedoch kein Grund zum Ein-

greifen. Weidemann provozierte nun eine Gewalttat: Er ließ das Gerücht verbreiten, der Pastor von St. Stephani habe einem SA-Mann die kirchliche Trauung verweigert. Das konnte die SA nicht auf sich sitzen lassen, und so erschienen denn am 18. April 40 bis 50 Kameraden des Heiratskandidaten vor dem Pastorenhaus. Sie warfen Fenster ein, randalierten und brüllten im Chor: »Holt den Pfaffen raus!« Greiffenhagen verständigte telefonisch die Polizei, diese wiederum die Gestapo. Greiffenhagen wurde in Schutzhaft genommen. Mitglieder der Gemeinde protestierten gegen diese Maßnahme, die eigentlich gegen die Ruhestörer hätte gerichtet werden müssen. Der von Greiffenhagen zurückgewiesene SA-Mann konnte nach einigem Zureden dazu gebracht werden, daß er das von Weidemann verbreitete Gerücht für unzutreffend erklärte. Am 23. April wurde der Pastor schließlich wieder freigelassen.

Neben Einzelmaßnahmen gegen renitente Pastoren und Gemeindeführer setzte Weidemann eine immer schrillere Propaganda für die Deutschen Christen ein. Doch so forsch und fanatisch er sich auch gab, er wurde keineswegs mit allen Problemen fertig. Bei den Deutschen Christen kriselte es. Was sich vielen Zeitgenossen als homogener staatlich geförderter Block bieten mochte, war innerlich zerrissen. Anfang 1935 gab es eine Führungskrise bei der Reichsleitung, wobei auch Weidemann eine Rolle spielte. Es war in jener Zeit unklar, wer denn nun eigentlich Kirchenführer sein solle: der Reichsbischof Müller, der kommende Reichskirchenminister oder der Reichsleiter der Deutschen Christen, Dr. Kinder. Dieser beabsichtigte zurückzutreten und kam im März nach Bremen, um Weidemann als Nachfolger zu gewinnen. Der war auch geneigt, wollte aber den Reichsbischof und nicht den Reichskirchenminister als »Führer« anerkennen. Bei einer Versammlung der Gauobleute der Deutschen Christen stellten diese sich hinter Dr. Kinder und ersuchten ihn, auf seinem Posten zu bleiben. Einige norddeutsche Gaue machten nun nicht mehr mit und stellten sich hinter den Reichsbischof. Der Drahtzieher war dabei Dr. Weidemann. Er betrieb eine Abspaltung von der »Reichsbewegung Deutsche Christen«. Am 11. September war es dann so weit: Weidemann erklärte im Namen des Gaues Bremen der Deutschen Christen den Austritt und erklärte sich als Anhänger einer Reichskirche unter Reichsbischof Müller.

Unter dem Zeichen dieser Neugruppierung stand dann am 20. September 1935 die großzügig aus Mitteln der Bremischen Evangelischen Kirche finanzierte »1. Reichskirchentagung für Niederdeutschland«. Im Eröffnungsgebet erflehte der Landesbischof von Gott: »Schmiede zusammen die echten Heilandsjünger in unserem Volke.« Als Hauptziel erklärte er die einige deutsche Volkskirche. Für die kirchenpolitische Brisanz der Veranstaltung war es bezeichnend, daß die Gestapo den Eintritt nur gegen Ausweis gestattete. Einige Vorträge wandten sich mit aller Schärfe gegen die Bekennende und die katholische Kirche sowie gegen die Juden. Ebenso war es auf der »Tagung der Bremischen Landeskirche« vom 4. bis 7. Februar 1936, die eigentlich als »2. Reichskirchentagung für Niedersachsen« geplant war, aber nicht unter diesem Titel zugelassen wurde, weil sich die Reichskirche von ihr distanzierte. Bei der Liturgie einer Abendfeier in St. Martini – und wohl auch in anderen Gottesdiensten – wechselten Bibelzitate mit Gedichten des Reichsjugendführers Baldur von Schirach und Auszügen aus einer Hitlerrede. Weidemann sprach über eines seiner Lieblingsthemen: »Das Neue Testament deutsch den Deutschen des Dritten Reiches«. Sein Bestreben war, im Bibeltext alle Formulierungen und Gedanken an die neue Zeit anzupassen. Im Druck erschien später (1937) das »Evangelium Johannes deutsch«: Der Begriff »Sünde« verschwand hier; die »Jünger« wurden zu »Getreuen« und zur »Gefolgschaft«; »Verklärung« wurde zum »Sieg«. Doch blieb wenigstens der Kern der biblischen Offenbarung noch erkennbar. Weidemann wählte gerade dieses Evangelium, weil es angeblich »das schärfste antijüdische Dokument« sei.

Die von der Reichsleitung losgelösten Deutschen Christen vermochte Weidemann trotzdem nicht zu einer geschlossenen Gruppe zusammenzuschweißen. Er unterhielt engen Kontakt mit dem »Bund für Deutsches Christentum«, der sich am 10. November 1936 auf der Wartburg zusammenschloß (Thüringer Deutsche Christen). Er selbst warb vor allem in Norddeutschland und nannte seine Bewegung »die Kommende Kirche«. Er trat auch dann noch für den Reichsbischof ein, als dieser durch den Reichskirchenminister längst entmachtet worden war. Diese Tatsache sollte Weidemann sehr bald schwer zu schaffen machen. Ein Mitteilungsblatt der Deutschen Christen kennzeichnet die Aktivität der Weidemann-Richtung mild-ironisch: Es gehe »ein frischer sympathischer Zug durch die Bremer Tagungen ... Neue Kampflieder, originelle wuchtige Melodien, ein warmes Bekennen zur Person Jesu Christi« seien typisch.

1936 begann Weidemann mit der Herausgabe der »Kommenden Kirche«, einer Wochenschrift, in der das Ideengut der Deutschen Christen dargestellt wurde. Diese Zeitschrift war des Landesbischofs liebstes Kind. Er hat viele seiner dort erschienenen Aufsätze auch in Buchform veröffentlicht, in letzter Auflage noch 1941. Weidemann hat später behauptet, er habe damals Ideen vertreten, die von denen der Deutschen Christen erheblich abgewichen seien. Das ist nicht zutreffend. Alle Artikel sagen in unerträglich schwülstigen Phrasen immer wieder dasselbe. Das gilt durchweg auch für die Beiträge jener Pastoren und Laien, die sich aus Überzeugung oder Opportunismus hinter Weidemann gestellt hatten. Die Geschäftsstelle der »Kommenden Kirche« befand sich im Hause des deutsch-christlichen Dompastors Hermann Rahm, Domsheide Nr. 2. Als Schriftleiter wirkten zunächst zwei auswärtige Pastoren, dann seit dem 1. Mai 1938 ein jüngerer Amtsbruder Weidemanns, den dieser nach Bremen geholt hatte und für einen getreuen Gefolgsmann hielt – sehr zu Unrecht, wie sich bald zeigen sollte. Die Zeitschrift erschien bis zum Sturz Weidemanns 1941.

Zu den Veröffentlichungen des Landesbischofs gehörte weiterhin ein 1938 zusammengestelltes Gesangbuch mit dem Titel »Lieder der Kommenden Kirche«. Die Auswahl nahm einige alte Kirchenlieder auf; zum Teil erhielten aber alte Melodien neue, meist vaterländische Texte. Ein Anhang mit »Liedern der Zeit« enthielt Produkte jüngerer Poeten, darunter auch von deutschchristlichern Amtsbrüdern Weidemanns. Natürlich waren auch hier Christentum, Patriotismus und heldischer Sinn in grotesker Weise gemischt.

Zunehmenden Ärger hatte der Landesbischof nun aber durch die sich immer fester formierende Bekennende Kirche, die bereits 1934 in vielen Bremer Kirchen geschlossene Gemeinden gebildet hatte. Sie stellte eine Bruderkirche gegen die Führerkirche und stand zur biblischen Offenbarung und den reformatorischen Schriften. In Bremen bekannten sich auf dem Höhepunkt des Kirchenkampfes neun (von 53) bremische Pastoren zu dieser Glaubensrichtung; 22 Pastoren hielten sich zu den Deutschen Christen; der Rest verhielt sich neutral oder schwankte hin und her.

Die Religion war nun aber nach Auffassung des Dritten Reiches Privatsache, solange sie nicht den staatlichen Interessen widersprach und rein theologisches Gebiet verließ. Weidemann war immer darum bemüht, den Widerspruch gegen die Deutschen Christen zum politischen Verrat zu stempeln, ohne damit jedoch bei den Führungsorganen in Staat und Partei einhellige Zustimmung zu finden. Zwar wurde etwa dem hannoverschen Landesbischof Marahrens, einem der Führer der Bekennenden Kirche, die Liebfrauenkirche für einen Gottesdienst verweigert; aber zu einem allgemeinen Verbot von Gottesdiensten der kirchlichen Opposition kam es nicht, da Weidemann hierfür nicht die Unterstützung des Staates erhalten konnte. Es gelang ihm nicht einmal, die immer wieder von allen Seiten kritisierten Ermächtigungsmaßnahmen zu legalisieren. Anfang 1935 war eine Bremische Kirchenordnung in einem »Entwurf C« fertiggestellt worden. Danach sollten zwar die früheren Kirchenorgane – Bauherren, Kirchenvorstand, Konvent und Diakonie – in den einzelnen Gemeinden weiterexistieren; aber es war dafür gesorgt, daß Kirchenpräsident und Landesbischof die wichtigsten Personalentscheidungen trafen und damit das Führerprinzip gewahrt blieb. Als Zentrale der Bremischen Evangelischen Kirche sollten der Landeskirchenrat und die Landessynode amtieren, auf deren Zusammensetzung ebenfalls wieder Kirchenpräsident und Landesbischof direkt oder indirekt entscheidenden Einfluß ausüben konnten. Diese waren ohnehin nicht an die Beschlüsse von Kirchenrat und Synode gebunden, denn ihnen wurde freigestellt, bei unterschiedlichen Meinungen die Sachlage nach eigenem Ermessen abzuschätzen und dann zu entscheiden. Die Pfarrerwahl sollte den Konventen genommen und durch den Kirchenvorstand unter maßgeblicher Beteiligung des Landesbischofs vollzogen werden.

Aus vielen Gemeinden kamen Einsprüche. Vor allem die Bekennende Kirche protestierte mit Nachdruck gegen diesen Entwurf. Da die Diskussion über die neue Kirchenverfassung nie zu einem Ende kam, blieb es praktisch bei den umstrittenen Ermächtigungen für den Kirchenpräsidenten und den Landesbischof. Der kirchliche Bereich war eigentlich der einzige im Dritten Reich, in dem die Staatsorgane eine grundsätzliche Kritik nicht mit scharfen Mitteln unterdrückten – eine Tatsache, die Weidemann sehr zu schaffen machte. Seine Bemühungen um die Gunst der politischen Machthaber waren im großen und ganzen ohne sichtbaren Erfolg. Als er Himmler vorschlug, den Bremer Dom – wie etwa den in Quedlinburg und Braunschweig – unter der Schirmherrschaft der SS zu einer deutschen Weihestätte auszugestalten und für SS-Feiern herzurichten, zeigte man ihm die kalte Schulter. Der einzige Akt dieser Art blieb die 1935 erfolgte Niederlegung einer Bronzetafel auf dem vermeintlichen Grabe des Erzbischofs Adalbert (1043–1072) in der Ostkrypta.

1936 verlor Weidemann dann auch die Protektion des Kirchenpräsidenten und Regierenden Bürgermeisters Otto Heider. Dieser legte am 31. November 1936 sein Amt als Kirchenpräsident nieder und trat aus der Kirche aus. Die kirchenfeindliche SS, in der er Oberführer war, dürfte ihn zu diesem Schritt veranlaßt haben. Auch liefen inzwischen Untersuchungen gegen ihn wegen Unregelmäßigkeiten bei der Verwaltung von Stiftungsgeldern, so daß sehr deutlich wurde, daß er vor seinem Sturz stand. In seiner letzten Amtshandlung als Kirchenpräsident übertrug Heider seine Funktionen auf Weidemann, der sie freilich auch bisher schon praktisch ausgeübt hatte. Was zunächst wie ein Machtzuwachs für den Landesbischof aussah, das erwies sich sehr bald als eine zunehmende Abkehr des Staates und der Partei von Weidemann und seiner Gefolgschaft.

Die Bremische Evangelische Kirche war zerfallen, und niemand sah einen Weg zu Frieden und Einheit. Um wenigstens Möglichkeiten zu erkunden, bildete sich Ende 1936 aus vielen angesehenen Bürgern eine neutrale »Kirchliche Arbeitsgemeinschaft Bremen«, die ihrerseits einen kleineren »Vertrauensausschuß« aus Pastoren und Laien einsetzte. Sprecher war der Rechtsanwalt und Notar Dr. Otto Leist. Der Reichskirchenausschuß in Berlin gab am 8. Januar 1937 seine Zustimmung zu diesem Schlichtungsorgan. Weidemann war mißtrauisch und sah seine Führerrolle in Gefahr. Doch brauchte er nichts zu fürchten, denn die Macht des Vertrauensausschusses war gering; es fehlten ihm die institutionellen Rechte. Zwar protestierte er gelegentlich gegen Willkürakte Weidemanns, doch ohne Erfolg. Im Gegenteil: der Landesbischof konnte seine Stellung weiter ausbauen. Am 27. Dezember 1937 erließ er eine »Verordnung zur Wiederherstellung der Ordnung in der Bremer Evangelischen Kirche«. Die Bezeichnung wirkte fast ironisch! Weidemann erklärte, daß die Gemeindeführer, die ja alle Macht in den Gemeinden ausübten, völlig vom Landeskirchenführer, also von Weidemann, abhängig seien (ein- und abgesetzt werden könnten). Im übrigen zog er alle Befugnisse des früheren Kirchentages und des Kirchenausschusses an sich.

Bekennende Gemeinden und Vertrauensausschuß protestierten in Wort und Schrift; sie sprachen der Verordnung Weidemanns den Rechtscharakter rundweg ab. Gleichwohl blieb sie praktisch in Kraft.

Freie Bahn für die Ernennung von Pastoren erhielt Weidemann Anfang 1938 durch eine gerichtliche Entscheidung. Er hatte zum 1. Mai 1937 den deutsch-christlichen Pastor Wilhelm Oberlies aus Düsseldorf an die St.-Michaelis-Kirche berufen. Bauherren und Kirchenvorstand der Gemeinde erklärten die Ernennung als rechtsunwirksam, da sie der Kirchenverfassung widerspreche. Da Weidemann auf seiner Anordnung beharrte, erhob die Gemeinde Klage beim Verwaltungsgericht. Am Ende des langwierigen Verfahrens stand ein Revisionsurteil des Oberverwaltungsgerichts, das Weidemann am 22. Februar 1938 recht gab. So berief er nun in den nächsten Jahren deutsch-christliche Pastoren in mehreren Bremer Gemeinden.

Am 1. Juni 1938 wurden die Pastoren dann gezwungen, vor Weidemann den nach dem Beamtengesetz vorgesehenen Eid auf den Führer zu leisten. Einige Pastoren weigerten sich; Disziplinarverfahren unterblieben jedoch, weil der Reichskirchenminister sie nicht wünschte.

Eine Verordnung Weidemanns vom 18. Oktober sollte die Abhängigkeit der Pastoren von ihm vervollständigen. Der Landesbischof nahm sich das Recht, Pastoren an andere Gemeinden oder gar in den Wartestand zu versetzen. Sieben Pastoren unterschrieben einen Protest, 19 Gemeinden folgten – ohne Ergebnis.

Man wird aber sagen dürfen, daß trotz allem der Landesbischof Ende 1937 den Zenit seiner Macht bereits überschritten hatte. Er geriet nunmehr ins Schleudern. Den Anstoß dafür gab ein geradezu groteskes Ereignis. 1937 wurde in Bremen-Osterholz eine neue Kirche gebaut, die Weidemann »Horst-Wessel-Gedächtnis-Kirche« nennen wollte. Die Mutter dieses »Märtyrers der Bewegung« stimmte zu, und im Grundstein wurden am 22. Oktober entsprechende Dokumente eingemauert. Ein verhängnisvoller Fehler war nun aber, daß Weidemann die Genehmigung der NSDAP nicht eingeholt hatte, wozu er nach der »Verordnung zum Schutz nationaler Symbole« vom 19. Mai 1933 verpflichtet gewesen wäe. Die Partei protestierte nun mit der Begründung, daß sie unbedingt konfessionelle Neutralität wahren müsse. Schließlich könnten die Katholiken auf den Gedanken kommen, eine ihrer Kirchen nach ihrem Glaubensbruder Adolf Hitler zu benennen.

Kreisleiter Blanke drohte, er werde den Gauleiter Röver unterrichten, wenn dieser Unfug nicht unterbunden werde. Weidemann aber bestand auf der Benennung nach Horst Wessel: Dieser stamme aus einem Pfarrhaus, sei ein echter »Christsozialist« gewesen, im übrigen aber hätten der Kirchenminister und sein Staatssekretär zugestimmt – eine Behauptung, die nicht zutraf. Nun griff der Regierende Bürgermeister, SA-Obergruppenführer Böhmcker, ein: Er verfügte im November ein Verbot der Bezeichnung »Horst-Wessel-Gedächtnis-Kirche«. Weidemann aber widersetzte sich immer noch, auch als Gauleiter Röver gegen ihn Stellung genommen hatte.

Es zeigte sich jetzt deutlich, daß bei Weidemann Rechthaberei und Eitelkeit stärker entwickelt waren als kaltes opportunistisches Kalkül. Später hatte er für seine Handlungsweise ein theologisches Motiv: Obgleich Röm. 13, 1 fordere, der Obrigkeit untertan zu sein, gebe es andererseits auch Apost. 5, 29: »Man muß Gott mehr gehorchen als den Menschen.« Weidemann besaß sogar die »Frechheit«, Röver und Böhmcker zur Einweihung am

21. März 1938 einzuladen. Das war der Grund, ihn sogleich aus der Partei und dem bremischen Staatsrat auszuschließen.

Der Landesbischof sah sich zutiefst verkannt in seinem Bemühen, Nationalsozialismus und Kirche zusammenzuführen. Er schrieb nun an den Chef der Reichskanzlei Dr. Lammers in der Hoffnung, daß dieser Hitler unterrichten werde: Er, Weidemann, müsse sich für einen »ehrlosen Lumpen« halten, wenn er nachgebe. Er beschwerte sich bitter über Gauleiter Röver, der ihm in einer Besprechung geraten habe, das neue Gotteshaus doch »Davids- oder Josephskirche« zu nennen, das Christentum sei ohnehin »aus der Sch... geboren«.

Dr. Lammers unterrichtete Röver, der nun erklärte, Weidemanns Äußerungen seien »erstunken und erlogen«. Im übrigen konnte er darauf hinweisen, daß das Vorgehen gegen Weidemann im Einverständnis mit dem Leiter der Parteikanzlei, Martin Bormann, erfolgt sei. Auch habe Weidemann entgegen seiner Behauptung nicht die Zustimmung des Reichskirchenministers gehabt. Schließlich wurde auch die Mutter von Horst Wessel veranlaßt, ihr Einverständnis mit der Namensgebung zurückzuziehen.

Weidemann gab immer noch nicht nach. Ende Mai 1938 wurde die Angelegenheit Hitler vorgetragen. Der erklärte nun, daß er die Verwendung der Namen von Kämpfern der nationalsozialistischen Bewegung zur Benennung von Kirchen grundsätzlich nicht wünsche. Zugleich erkannte Hitler aber doch die nationalsozialistische Gesinnung Weidemanns an und befahl – sicher auf Empfehlung von Dr. Lammers –, daß der Ausschluß aus der Partei und dem Bremischen Staatsrat rückgängig gemacht werden solle. Zudem wünsche er, daß festgestellt werde, ob Röver die ihm zugeschriebenen kirchenfeindlichen Äußerungen tatsächlich getan habe. Sie seien »politisch unerwünscht«.

Damit war Weidemanns Niederlage zwar vollendet, aber doch erheblich gemildert. Am 26. Juni 1938 erklärte er: »Es ist mir selbstverständliche Pflicht, dieser Bitte [Hitlers, die Kirche nicht nach Horst Wessel zu benennen] zu entsprechen.« Röver knurrte noch etwas: Die Parteigenossen würden sich »sehr wundern, daß dieser Herr Dr. Weidemann, der die Frechheit besaß, sich gegen Staat und Partei in so unerhörter Weise aufzulehnen und mit

Lüge und Verdrehung zu arbeiten, als Staatsrat und Parteigenosse wieder in Erscheinung tritt«. Aber auch er mußte sich mit der Entscheidung Hitlers abfinden. Doch die Feindschaft zwischen Röver und Weidemann war damit besiegelt. Freilich war das angesichts der Unbeliebtheit Rövers bei vielen höheren Parteiführern nicht gerade eine Katastrophe. Weidemann war jedenfalls wieder PG. und Bremischer Staatsrat.

Die Kirche in Osterholz wurde am 28. November 1938 als »Dankeskirche« eingeweiht; als Hilfsprediger wurde ein Deutscher Christ und enger Mitarbeiter Weidemanns in der »Kommenden Kirche« eingesetzt. »Dankeskirche« wurde sie genannt »aus Dankbarkeit gegen Gott für die wunderbare Errettung unseres Volkes vom Abgrund des jüdisch-materialistischen Bolschewismus durch die Tat des Führers«. Weidemann ließ diesen Spruch auf eine Tafel meißeln und in der Kirche anbringen. Reichskirchenminister und Reichskanzlei meldeten Bedenken an; Weidemann schlug sie in den Wind. Doch war man diesmal nicht geneigt, etwas dagegen zu unternehmen.

Sehr bald stellte sich für Weidemann ein weiteres hartes Problem: Es gab eine Verordnung vom 25. Juni 1937, in der die Vermögensverwaltung der Deutschen Evangelischen Kirche und der ihr angeschlossenen Landeskirchen festgelegt wurde. Es sollten unabhängige Finanzabteilungen eingesetzt werden, die für die ordnungsgemäße Verwendung der Gelder zuständig sein sollten. In Bremen gab es zwar einen von Weidemann abhängigen Schatzmeister, aber keine selbständige Finanzabteilung. Da Weidemann die ganze Kirchenverwaltung an sich gezogen hatte, verfügte er praktisch auch über die Finanzen. Er setzte sie großzügig für seine deutsch-christliche Propaganda ein: für die Veröffentlichungen der »Kommenden Kirche«, ein Studienhaus in Göttingen und die sogen. Bibelschule in Bremen, deren Kurse wegen der vollständigen Erstattung der Spesen starken Zulauf hatten.

Der Kirchenminister erfuhr von der fehlenden Finanzkontrolle fast zufällig bei einer Besprechung mit einer Abordnung bremischer Gemeinden am 6. Januar 1940. Er hielt die Einsetzung eines unabhängigen Finanzausschusses für geboten. Weidemann versuchte das jedoch zu hintertreiben. Es kam zu einer erregten Unterhaltung mit dem Minister, der dem Landesbischof wegen ungehörigen Benehmens die Tür wies. Der Minister schrieb am 1. März 1940 an den Regierenden Bürgermeister Böhmcker in Bremen: »Weidemann ist nach meiner Auffassung ... Pathologe [!] und leidet an einer üblen Selbstüberschätzung, die ihm vorspiegelt, er sei mindestens ein neuer Luther.« Damit hatte er sich jetzt auch den Kirchenminister zum Feind gemacht. Sein Sturz aber ließ noch auf sich warten. Staat und Partei hatten in dieser Zeit andere Sorgen als die Querelen der evangelischen Kirche in Bremen.

Es türmte sich nun eine ganze Reihe von Hindernissen auf, die Weidemann überspringen mußte, wenn er nicht auf der Strecke bleiben wollte. In keinem Falle ließ sich die Sache mit ein paar Phrasen und Drohungen aus der Welt schaffen. Es begann mit einem Beleidigungsprozeß.

1940 hatte der »Reichsbund der deutschen evangelischen Pfarrervereine« Göring als Beauftragten des Vierjahresplanes gebeten, im Rahmen der »Metallspende« jeder Gemeinde wenigstens eine Kirchenglocke zu lassen. Weidemann reagierte darauf »mit tiefer Empörung«. Er bezeichnete es in einem Brief an Göring als »gröbste Disziplinlosigkeit und vaterlandslose Gesinnung« und beantragte die Auflösung des »Reichsbundes«. Dieser aber verklagte Weidemann wegen Beleidigung; ein Vergleichsvorschlag scheiterte im März 1941. Der Landesbischof ließ den Prozeß in München durch zwei Instanzen gehen und verlor ihn. Er wurde zu 2000 RM Geldstrafe verurteilt (10. April 1942) und versuchte, alle Unkosten auf die Kirchenkasse abzuwälzen – ein Akt, der in letzter Minute durch die inzwischen eingesetzte Finanzabteilung verhindert werden konnte.

Zugleich plagte Weidemann das Problem seiner Ehescheidung. Es ist im allgemeinen nicht die Aufgabe des Historikers, neugierige Blicke in Wohn- und Schlafzimmer zu werfen. Daß es bei einer Biographie Weidemanns anders ist, hat er selbst verschuldet. Er machte seine Eheprobleme zum Gegenstand öffentlicher Diskussion, und daran ist er letzten Endes gescheitert.

Weidemann hatte sich 1922 verheiratet; seine Frau war inzwischen 43 Jahre alt; das Ehepaar hatte drei Kinder im Alter von 8 bis 13 Jahren. Es ist unmöglich, hier die schmutzige Wäsche des späteren Ehescheidungsprozesses auszubreiten. Nur so viel wird einigermaßen deutlich, daß das sexuelle Temperament der Ehegatten unterschiedlich war, daß es zu manchen Streitigkeiten aus nichtigen Anlässen kam. Dabei können wir so manche Einzelheiten offen lassen, so etwa die von mehreren Zeugen vorgebrachte und auch von Stoevesandt erwähnte Behauptung, Weidemann habe gebetet, der Herr möge seine Frau zu sich nehmen. Weidemann hat dieses wie alles, was ihn belasten konnte, hartnäckig bestritten. Sein Verhalten im Ehescheidungsprozeß zeigte aber, daß eine von ihm bestrittene Zeugenaussage nicht unbedingt unwahr sein mußte.

Im Herbst 1940 drängte Weidemann seine Frau ultimativ, sie möge in eine Ehescheidung einwilligen, sonst werde er sie von sich aus betreiben und dabei dann auspacken. Die Frau wandte sich in ihrer Bedrängnis an einige Freunde der Familie, u. a. Pastoren, und an ihren Bruder, den Syndikus Alfred Schmidt. Es kam nun zu zwei Aussprachen, bei denen Weidemann sexuelle Details ausbreitete, die nach seiner Meinung gegen seine Frau und für eine Scheidung sprachen.

Der Landesbischof beschäftigte sich natürlich auch mit der Frage, ob er überhaupt nach einer Ehescheidung im Amt bleiben könne, und das wollte er unbedingt! Er dachte sich selbst eine theologische Theorie aus, die jedem Christen aus Gewissensgründen die Ehescheidung gestattete; doch bedeutete das noch nicht, daß alle Welt sie anerkannte. So lud er denn am 23. November 1940 sechs deutschchristliche Pastoren zu einer Aussprache ein. Er begann wieder seine sexuellen Nöte darzustellen und wollte die Pastoren durch Handschlag zum Schweigen verpflichten. Die aber lehnten ab. Die Meinungen darüber, ob ein geschiedener Landesbischof tragbar sei oder nicht, waren geteilt.

Weidemann unterhielt seit Anfang 1940 ein Verhältnis zu einer ehemaligen Konfirmandin, die jetzt 20 Jahre alt und seine Sekretärin war. Mit ihr unternahm er u. a. Urlaubsfahrten nach Oberbayern. Die Frage für »Kenner« der Materie war eigentlich nur, ob der Ehebruch bereits vollzogen war oder nicht. Da Weidemann auf eine Heirat mit ihr nicht verzichten wollte, reichte er am 4. Februar 1941 die Ehescheidungsklage ein. Selbst bei ungelöster Schuldfrage schadete das dem ohnehin schon angeschlagenen Ansehen des Landesbischofs. Seine Frau ließ sich nun über ihre Rechtslage beraten. Sie mußte notgedrungen eine Chance für sich in der Tatsache sehen, daß ihr Mann intime Schlafzimmergeheimnisse in die Öffentlichkeit getragen hatte. Am 7. Juli 1941 reichte sie mit diesem Argument Widerklage gegen ihren Mann ein.

In diesem Zusammenhang steht nun ein weiteres Ärgernis für Weidemann: Der Bruder seiner Frau, ein alter Parteigenosse und daher im Streit mit einigem Gewicht, hatte Weidemann in einem Brief an einen Bremer Pastor als »lügenhaft, schamlos, feige, gemein und zu vergleichen mit übelstem Schauspielertum« bezeichnet. Der so charakterisierte Landesbischof erhob beim Amtsgericht Braunschweig Klage wegen Beleidigung. Das Verfahren wurde aber am 27. August 1941 eingestellt, weil der Schwager berechtigte Interessen wahrgenommen habe und die von ihm ausgesprochenen Urteile nicht zu widerlegen seien. Es wurde deutlich: Weidemann war für die öffentliche Einschätzung vogelfrei geworden. Es stand also nicht gut um ihn, als nun immer konkretere Vorwürfe wegen finanzieller Manipulationen gegen ihn erhoben wurden.

Am 17. Juli erstattete der Gemeindeführer am Dom, Franz Schütte, beim Oberstaatsanwalt beim Landgericht gegen Weidemann Anzeige wegen Betruges, Vergehens gegen die Kriegswirtschaftsordnung und wegen Untreue. Dabei ging es, wie bereits Karl Stoevesandt nach Einsicht in die entsprechenden Akten dargestellt hat, um folgendes: Weidemann hatte 1937 das »Volkskirchliche Amt« gegründet, das eine Tarnorganisation zur Finanzierung der »Kommenden Kirche« bzw. eine Propagandaabteilung der Deutschen Christen war. Mehr als 200 000 Mark waren in diesen Kanal geflossen, ohne daß der Zweck immer klar zu erkennen war. So wurden etwa auch Darlehen an einige Freunde Weidemanns als »Honorare« verschleiert.

Zudem hatte Weidemann seine Finanzgewalt auch zum eigenen Vorteil genutzt. Nach der Reichsbesoldungsordnung erhielt er jährlich 8400 RM, hinzu kam eine Dompredigerzulage von 2400 RM und eine Aufwandsentschädigung von 600 RM. Das waren zusammen 11 400 RM. Weiterhin hatte er eine freie Dienstwohnung im Pfarrhaus Domsheide Nr. 1. Darüber hinaus beanspruchte er als Schriftführer der Bremischen Evangelischen Kirche einen »Ehrensold« von 3000 RM und einen »Dispositionsfonds« als Landeskirchenführer. 1941 setzte er dann sein Gehalt nach einer Sondergruppe auf 15 000 RM fest. Hinzu kamen Sonderauslagen und Entschädigungen. Diese Gehaltserhöhung im Kriege widersprach der Kriegswirtschaftsordnung, die einen Gehaltsstop vorschrieb. Die Staatsanwaltschaft nahm ihre Voruntersuchung auf.

Der Gegenschlag Weidemanns war schwach: Er setzte den Schatzmeister der Bremischen Evangelischen Kirche am 24. Juli ab; dieser aber gab als Antwort, er, Weidemann, habe das Recht verwirkt, als Landeskirchenführer noch irgendeine Amtshandlung vorzunehmen, »da Sie durch Ihr Verhalten Ihr Amt verwirkt haben«.

Am 8. Oktober 1941 wurde dann von der Deutschen Evangelischen Kirche ein Disziplinarverfahren eröffnet, und zwar wegen Betrug, Untreue und Preisgabe von Amtsgeheimnissen, die dem Pastor Weidemann in der Seelsorge anvertraut worden waren. Es wurde weiterhin berücksichtigt, daß Weidemann in Beleidigungsprozesse und Eheprobleme verwickelt war. Gleichzeitig wurde gegen ihn die »vorläufige Dienstenthebung« ausgesprochen – eine Maßnahme, die am 12. Oktober 1941 in der Presse bekanntgegeben wurde. Am gleichen Tage berief der Landesbischof die »Kirchenregierung«, die aus ihm selbst und von ihm ernannten Männern bestand, zu einer Sitzung. Hier wurden das Disziplinarverfahren und die vorläufige Dienstenthebung als »gesetzlich ungültig« erklärt. Weidemann schrieb auch den Gemeindeführern, »daß er als Präsident und Landesbischof weiter amtiere«, und erklärte den Gemeindeführer am Dom, der gegen ihn Anzeige erstattet hatte, als abgesetzt. Weidemann hatte seit 1933 energisch die Angliederung der Bremischen Evangelischen Kirche an die Reichskirche betrieben und auch durchgesetzt. Als diese nun Maßnahmen ergriff, die ihn selber trafen, da bestritt er die rechtliche Grundlage. Immer wieder stoßen wir bei Weidemann auf solche Inkonsequenz.

Mit der Eröffnung des Disziplinarverfahrens setzte die Deutsche Evangelische Kirche nun endlich eine unabhängige Finanzabteilung bei der bremischen Kirche ein. Sie bestand aus drei angesehenen Bremer Bürgern (darunter war der 1933 abgesetzte Senator Hermann Apelt). Diese erschienen am 13. Oktober 1941 in der Kirchenkanzlei, um die Arbeit aufzunehmen. Weidemann trat ihnen entgegen und erklärte: »Ich verweigere Ihnen den Zutritt zu diesen Räumen. Der Regierende Bürgermeister, die Geheime Staatspolizei und der Sicherheitsdienst des Reichsführers SS sind orientiert.« Er verschwieg, daß sie keineswegs zugestimmt hatten. Da die drei Herren keine Gewalt anwenden wollten, gingen sie wieder fort. Sie richteten ein Büro ohne Akten in der Kanzlei der St.-Ansgarii-Gemeinde in der Ellhornstraße ein. Später übernahm dann der Leiter der Finanzabteilung der Hannoverschen Landeskirche, Dr. Cölle, die Kontrolle der Kirchengelder. Das aber war bereits zu einer Zeit, in der die Gegenwehr Weidemanns aus anderen Gründen schwächer geworden war.

Ähnliche Schwierigkeiten bereitete er im Disziplinarverfahren. Die Deutsche Evangelische Kirche hatte zunächst einen Oberkonsistorialrat aus Berlin, Dr. Gustavus, als Untersuchungsführer eingesetzt; dieser wurde am 7. August 1942 vom Oberkonsistorialrat Dr. Schultz aus Magdeburg abgelöst, der dann seit dem 1. Mai 1943 das Amt des Kommissarischen Präsidenten der Bremischen Evangelischen Kirche bekleidete, also die Funktionen Weidemanns übernahm. Ein detailliertes Rechtsgutachten des 1933 abgesetzten Senators und späteren Bürgermeisters Dr. Spitta erklärte das Disziplinarverfahren für Rechtens. Dennoch verweigerte Weidemann die einschlägigen Akten und behinderte die Untersuchungen, so gut er konnte. Die Taktik des Untersuchungsführers lief dann schließlich darauf hinaus, daß er die Ergebnisse der gerichtlichen Untersuchungen abwartete. So ist das Disziplinarverfahren nie zu einem Abschluß gekommen.

Der Kampf Weidemanns gegen seine Suspendierung wurde von Anfang an mit großer Hartnäckigkeit geführt. Er veranlaßte einige Anhänger am 15. Oktober 1941 zu einem Protesttelegramm an die Reichskanzlei, aber Hitler hatte in dieser Zeit andere Sorgen. Am 17. Oktober richteten 22 bremische Pastoren an Weidemann die Aufforderung, er möge die vorläufige Dienstenthebung anerkennen. Als »Gauleiter« der Deutschen Christen schloß er sogleich einige dieser Pastoren aus den Reihen der Bewegung aus. Die Betroffenen kritisierten nun wiederum, daß Weidemann »Disziplin und Ehre« nicht achte; sie lehnten ihn als deutsch-christlichen Führer ab. Der Landesbischof erhielt auch Briefe seiner ehemaligen Anhänger, die sein Verhalten heftig kritisierten.

Seine letzten Getreuen scharten sich enger um ihn. Darunter waren mehrere ältere Frauen, denen Weidemann als forscher Mann sympathisch war. Am 26. Oktober fand in der St.-Pauli-Kirche eine Versammlung statt, die von 80 bis 100 Personen besucht wurde. Darunter waren viele Neugierige, aber der harte Kern formierte sich hier zu einer »Weidemann-Einung«.

Der Landesbischof versuchte immer wieder den Eindruck zu erwecken, daß er sich mit den Intrigen der »Reaktionäre« auseinandersetzen müsse und daß ihm schließlich seine guten Beziehungen zur Reichskanzlei zum Sieg verhelfen würden. Doch war der Chef der Reichskanzlei, Dr. Lammers, viel zu gut über den Fall Weidemann unterrichtet. Er war nicht bereit, sich voll für den Landesbischof einzusetzen oder gar Hitler zu einem Machtwort zu seinen Gunsten zu veranlassen. So wirkten denn die vielen Schreiben Weidemanns an die Reichskanzlei und an Hitler – darunter waren auch umfangreiche Denkschriften – nach und nach sehr lästig. Zu den Widerwärtigkeiten gehörte es, daß der Landesbischof einige seiner Gegner persönlich als Reaktionäre, Freimaurer und geschiedene Männer denunzierte (ausgerechnet der seine Scheidung anstrebende Weidemann erhob solche Vorwürfe!). Eine besonders gefährliche Denunziation ging am 5. November 1941 an die Reichskanzlei: Angehörige der »Bekenntnisfront« hätten in der Stephanigemeinde eine Abendmahlsfeier mit Juden (es waren getaufte Juden!) inszeniert. Das war ein Ereignis, das dann zu Gestapountersuchungen und Disziplinarverfahren führte.

Inzwischen führte Weidemann nun um seine vermeintlichen gottesdienstlichen Rechte in Bremen einen verzweifelten Kampf, und das ergab unglaubliche Zwischenfälle.

Als er am 12. Oktober 1941 im Dom predigen wollte, fand er die Kirche verschlossen. Diese Maßnahme war vom Gemeindeführer und seinem Stellvertreter veranlaßt, aber mit dem Reichskirchenminister, dem Bremer Polizeipräsidenten und der

Gestapo abgestimmt worden. Weidemann ließ nun durch einen Schlosser eine Nebentür öffnen und forderte die Besucher auf einzutreten. Aber da war die Tür zur Kanzeltreppe verschlossen. Der Landesbischof »sprang« die geschnitzte Brüstung der Treppe an und kletterte an ihr »wie ein Wildgewordener« hoch. Dabei zerbrach er an der Figur des Apostels Matthäus einen Arm. Nach der Predigt, in der er seine Gegner als Reaktionäre und Staatsfeinde beschimpfte, vollzog er den Abstieg ebenfalls an der Außenseite der Brüstung. Die Akrobatik wurde dadurch erleichtert, daß er statt des langen Talars einen blauen deutsch-christlichen Dienstanzug nach dem Schnitt einer SS-Uniform trug.

Am 15. Oktober 1941 hatte Weidemann einen Frauennachmittag im »Bundessaal« der »Glocke« angekündigt. Der Gemeindeführer ließ wiederum die Türen schließen. Weidemann bedrohte nun einen Angestellten der Domverwaltung mit Verhaftung, falls er nicht innerhalb von zwei Minuten aufschließen werde. Dann versuchte er vergebens, die Tür einzutreten, und lief in großer Erregung auf die Straße. Dort stieß er auf zwei Mitglieder des Kirchenvorstandes, die nach dem Rechten sehen wollten. Einen der beiden Herren packte er am Kragen; der erhob nun seinen Schirm zur Gegenwehr. Der Landesbischof schrie gellend nach der Polizei. Ein Beamter nahm die Personalien auf, ein anderer hatte damit zu tun, die Masse der Neugierigen zum Weitergehen aufzufordern.

Am 19. Oktober hatte ein junger deutsch-christlicher Pastor, den Weidemann selbst eingesetzt hatte, planmäßig Gottesdienst. Weidemann wollte aber selbst eine Ansprache halten – ein Ansinnen, das von dem jungen Pastor abgelehnt wurde. Dieser wurde nun von Weidemann und seinen Anhängern festgehalten, konnte dann aber auf die Orgelempore entkommen und von dort aus die Gemeinde bitten, die Kirche zu verlassen. Als Weidemann nun versuchte, seine Rede zu halten, begann der Organist laut zu spielen, so daß der Landesbischof aufgeben mußte.

Zwei Tage später wurde gegen ihn Strafanzeige wegen versuchter Untreue, Beamtennötigung, Freiheitsberaubung, Hausfriedensbruch, Verhinderung und Mißbrauch des Gottesdienstes, Körperverletzung und Beleidigung erstattet. Doch die landesbischöflichen Gewaltakte setzten sich fort. Weidemann sprengte eine

Sitzung des Disziplinarausschusses, der über sein Schicksal entscheiden sollte, und verdrängte am 9. November 1941 in der St.-Michaelis-Kirche einen Pastor mit Gewalt vom Altar. Da sich vor allem im Dom die Ärgernisse häuften, wurden die Gottesdienste eingestellt und nur noch donnerstags Motettenabende veranstaltet. Einige Weidemann-Anhänger schickten am 19. November folgendes Telegramm an die Reichskanzlei: »Reaktionäre, der Bekenntnisfront hörige Kräfte, wollen die Macht an sich reißen und unseren deutsch-christlichen Landesbischof stürzen. Der Kirchenminister durchschaut diese Männer nicht und stützt sie. Wir bitten um sofortiges Eingreifen. Geben Sie zum Totensonntag [23. Nov.] unserem Landesbischof den Dom wieder frei, den der Kirchenminister geschlossen hat.« In der Reichskanzlei nahm man das Telegramm zur Kenntnis und unternahm nichts.

Die Weidemann-Gruppe griff zur Selbsthilfe: Am Motettenabend des 20. November 1941 kündigte der Landesbischof zum nächsten Sonntag (es war der Totensonntag) einen Gottesdienst an. Er und etwa 30 seiner Anhänger blieben im Dom, um sich dort unter der Kanzel und in der Ostkrypta häuslich niederzulassen. Sie hatten Decken, Kissen, Eßpakete und Thermosflaschen mitgebracht; Altarkerzen dienten als Beleuchtung. Die Herren wollten bis zum Sonntag bleiben, und dann gedachte Weidemann zu predigen. Die Polizei wurde benachrichtigt, wagte aber nicht einzugreifen. Die Gestapo übernahm den Fall und telefonierte mit dem Reichssicherheitshauptamt in Berlin. Gegen Mitternacht erhielt die Polizei freie Hand, allerdings mit der unpolitischen Begründung, die Herren im Dom hätten Licht gemacht, ohne zu verdunkeln; das verstoße gegen die Luftschutzvorschriften. Zwei Beamte konnten Weidemann nicht dazu bringen, die Kirche zu verlassen. Erst ein Überfallkommando führte den Landesbischof, der sich heftig sträubte, und einige seiner Anhänger ab. Sie wurden bis in die Morgenstunden in Schutzhaft gehalten, dann jedoch wieder freigelassen.

Wie aber sollte es nun weitergehen? Würde der Staat, der an sich so sehr auf Disziplin und Ordnung sah, dieses Spiel mitten im Krieg weiterhin dulden? Doch gingen die Machthaber offenbar davon aus, daß hier nicht der Staat, sondern die Kirche kompromittiert wurde. Das aber war ihnen gar nicht einmal so unerwünscht. Der in den Ministerien, vor allem auch im Reichsjustizministerium, vertretene Standpunkt ging dahin, daß die gegen Weidemann laufenden Untersuchungen den Beklagten sehr belasteten. Doch hatte man Bedenken, die Strafverfolgung bis zur letzten Konsequenz durchzuführen, weil die Berufung Weidemanns auf »ein ihm als Landesbischof zustehendes Recht und [die] Behauptung einer Unabsetzbarkeit ... staatsrechtliche Fragen« aufwürfen. Die Klärung solcher schwierigen Probleme sei in der Kriegszeit untunlich. So gab der Reichsjustizminister am 16. April 1942 Anweisung, trotz der für Weidemann »ungünstigen Beweislage« das Strafverfahren nicht fortzusetzen. Weidemann hat daraus später zu Unrecht gefolgert, man habe ihm nichts Strafbares nachweisen können. Er sah sich von allen Seiten verkannt und verraten; doch hielt er es für seine Pflicht, aufrecht stehend weiterzukämpfen. Er verschloß seine Augen vor der Tatsache, daß es nicht sein Kirchenkampf, sondern finanzielle Manipulationen, Beleidigungen und das Eheproblem waren, wodurch er belastet war. Weidemann empfand es als schnöden Verrat, daß auch der größte Teil der Deutschen Christen von ihm abfiel. Anfang 1942 entwickelte er Pläne für eine Umformung der Bremischen Evangelischen Kirche zu einer scharf antijüdischen »Deutschen Volkskirche«, an deren Spitze ein »Kirchenführer« (Weidemann !) stehen sollte. Er bat sogar Hitler um Zustimmung zu diesem Plan; aber der »Führer« hatte andere Sorgen.

Weidemann beschimpfte in dieser Zeit die wachsende Zahl seiner Gegner als Reaktionäre, Verschwörer, Gesindel usw. Fast alle bremischen Pastoren schlossen sich nunmehr aus Überzeugung, Enttäuschung oder kluger Berechnung völlig unabhängig von der theologischen Richtung in der »Arbeitsgemeinschaft der bremischen Pastoren« zusammen und forderten den Landesbischof auf, sich bis zum Abschluß des Disziplinarverfahrens aller Amtshandlungen zu enthalten. Schließlich stand nur noch eine kleine Gruppe Deutscher Christen unter der Führung eines kaufmännischen Angestellten hinter dem »Landeskirchenführer«. Ein Aufruf vom März 1942 behauptete, »die übergroße Mehrheit der deutschen Bevölkerung will nichts mehr wissen von dem bisheri

gen Getue in der Kirche«, in der noch viel Jüdisches enthalten
sei. Der Landesbischof habe »fast 10 Jahre als getreuer Gefolgsmann des Führers für die Neugestaltung der Kirche gearbeitet«.
Er sei in »schamloser Weise« verdächtigt und beleidigt worden.
Das dürfe den Kampf der Deutschen Christen für eine antijüdische Kirche nicht erlahmen lassen.

So sehr Weidemann auch durch diese Vorgänge belastet und zermürbt wurde, es war dann schließlich der Eheskandal, der ihm
den entscheidenden Stoß versetzte. Das Scheidungsverfahren lief
mit Klage und Widerklage seit Februar bzw. Juli 1941. Es wurde
– wie in solchen Fällen üblich – viel schmutzige Wäsche gewa-
schen. Schließlich erging am 3. März 1942 das Urteil: Weidemann
wurde wegen sexueller Schamlosigkeit für schuldig erklärt. Entscheidend war die hinreichend durch Zeugenaussagen – u. a.
von drei Pastoren – belegte Tatsache, daß Weidemann sexuelle
Intimitäten in die Öffentlichkeit getragen hatte. Weidemann legte Berufung beim Hanseatischen Oberlandesgericht in Hamburg
ein, und so wurde das Verfahren noch einmal wieder aufge-
rollt.

Die Freundin und Sekretärin Weidemanns, ein junges sympathi-
sches Mädchen, wurde von der kommissarischen Finanzabteilung
der Kirche entlassen. Sie nahm im Frühjahr 1942 eine Stellung in
Neckarsulm an. Auch Weidemann verließ im Mai vorübergehend Bremen, hielt sich in Marburg und Heidelberg auf und traf
sich mehrmals mit ihr. Er forderte sie auf, im Berufungsverfah-
ren des Ehescheidungsprozesses zu beeiden, daß es zwischen ihnen keine ehebrecherischen Beziehungen gegeben habe. Am
30. Oktober 1942 leistete das Mädchen den Eid – einen Meineid,
wie sich später herausstellte. Das Berufungsurteil des Hanseatischen Oberlandesgerichts in Hamburg machte Weidemann daher
auch nicht den Vorwurf des Ehebruchs; es bestätigte aber am
19. November 1942 das Urteil der 1. Instanz: Weidemann wurde
schuldig geschieden.

Das blieb ein sehr gewichtiges Argument für eine Amtsenthebung des Landesbischofs, doch bedeutete es nicht gerade eine Katastrophe. Es war nun aber verhängnisvoll, daß er eine Wieder-
aufnahme des Verfahrens betrieb, anstatt die Sache mit einem
schlechten Gewissen auf sich beruhen zu lassen.

Er verdächtigte die Belastungszeugen als unmoralisch, als Lügner, Freimaurer und kirchenpolitische Gegner. Man wird nicht bestreiten können, daß das Verfahren durch mancherlei Haßgefühle belastet war. Ein Zeuge soll zu Weidemann gesagt haben: »Wenn du auf der Scheidung bestehst, dann sorgen wir dafür, daß du einmal in einer Mansardenkammer endest!« Das mag so gesprochen worden sein, und viele Zeugen mögen Weidemann gehaßt und verachtet haben; aber für das Urteil hat das keine Rolle gespielt, denn es orientierte sich einzig und allein am Verhalten Weidemanns und nicht an der Meinung seiner Gegner.

Weidemanns Spiel war verloren; aber er »kämpfte« verzweifelt weiter. Ende 1942 entstand der zweite Teil der ungedruckten Schrift »Mein Kampf um die Erneuerung des religiösen Lebens in der Kirche – ein Rechenschaftsbericht«. Er attackierte als seine Gegner die »Vertreter des veralteten Gesellschaftschristentums«, politische »Reaktionäre«, »Freimaurer schlimmster Art und selbst geschiedene Pharisäer«. Er bestritt erneut die Rechtsgrundlage seines Disziplinarverfahrens und der Amtsenthebung. Die Ehe wurde als »Volksangelegenheit« erklärt; sie diene dazu, dem Volke gesunde Kinder zu schenken und die Lebenskräfte der Ehegatten zu erhalten. Wo das nicht geschehe, sei eine Ehescheidung nicht nur möglich, sondern auch nötig.

Bei den entscheidenden Ministerien und bei den Staats- und Parteiorganen in Bremen war Weidemann nun »abgeschrieben«. Man erwartete von ihm, daß er sich demnächst ohne viel Aufhebens in den Ruhestand versetzen lasse und aus Bremen verschwinde. Am 16. Januar 1943 findet sich ein Vermerk in den Akten der Reichskanzlei über den Stand der Dinge: Der Staatssekretär Muhs im Reichskirchenministerium und Paul Wegener, der Reichsstatthalter von Oldenburg und Bremen, hatten ein Gespräch über die Sache. »Beide Herren sind sich darüber einig, daß Weidemann untragbar sei und seinen Posten verlassen müsse.« Dem Landesbischof wurde ein Tor für seinen Rückzug weit geöffnet: Er sollte erklären, daß er nunmehr schuldig geschieden sei, die Urteilsgründe jedoch nicht anerkenne. Um für die »Bremische Evangelische Kirche klare Verhältnisse« zu schaffen, lege er seine »Ämter des Landeskirchenführers« nieder. Falls die Erklärung abgegeben werde, sollten das Disziplinarverfahren und die Strafverfahren niedergeschlagen werden. Gewarnt wurde Weidemann auch dadurch, daß er am 12. Dezember 1942 aus dem Bremer Staatsrat ausgeschlossen wurde. Dennoch bat er sich Bedenkzeit aus. Er schrieb am 23. Januar 1943, als die Schlacht von Stalingrad tobte, an Hitler. In dessen Hand legte er seine Sache, die keine persönliche, sondern eine Volksangelegenheit sei. Zugleich übersandte er seine Schrift unter dem Titel: »Mein Wollen und Mühen, das religiöse Leben in der Kirche zu erneuern«. Der Aufbruch der »Deutschen Christen« sei einer religiösen Hoffnung des deutschen Volkes entgegengekommen, und die Bildung einer Reichskirche habe dem allgemeinen Wunsch entsprochen. Die oppositionellen Pastoren seien gegen diesen neuen Geist aufgestanden. Der Staat habe sich von der Kirche zurückgezogen, und nun sei das Parteiwesen in ihr wieder voll zur Blüte gekommen. Eine Spaltung habe auch die Deutschen Christen erfaßt, da ihre Bewegung nicht genügend theologisch fundiert gewesen sei. Diesen Mangel habe er, Weidemann, mit den Veranstaltungen und Veröffentlichungen der »Kommenden Kirche« gutmachen wollen. »Entjudung« und »Eindeutschung« der Kirche seien die Hauptziele gewesen. Für das kirchliche Leben habe er schlichte Gebäude mit Feierraum und Konfirmandensaal bauen wollen, die auch für »Gemeinschaftsveranstaltungen« außerkirchlicher Gruppen brauchbar sein konnten. Hier sollte nicht der leidende, sondern der »heldische« Christus verehrt werden. Weidemann rechtfertigte noch einmal die Benennung der Kirchen nach nationalen »Helden« und beschwerte sich bitter darüber, daß er von Gauleiter Röver und Bürgermeister Böhmcker daran gehindert worden sei, weil diese in der Kirche eine brüchige Ruine und ein jüdisches Gebilde gesehen hätten, dem »man eine deutsche Schabracke nicht überwerfen könne«. All dieser Zank habe die deutsch-christliche Gemeinde dezimiert. Er habe aber nicht locker gelassen und habe eine Neubearbeitung der Zehn Gebote vorgeschlagen, etwa: »Heilig sei mir Volk und Vaterland, ihre Ehre und ihre Freiheit« oder »Heilig sei mir Wahrheit, die Tapferkeit und die Treue«. Doch die Pfarrerschaft habe sich abgewandt. Mit ihr sei der Kampf nicht mehr zu führen gewesen. Er habe nun an die Einrichtungen von »Kirchenburgen« zur Erziehung des theologischen Nachwuchses gedacht. Wiederum nur Ablehnung!

Bitter beschwerte er sich über die Disziplinar- und Gerichtsverfahren, mit denen er überzogen worden sei. Auch den eigenen widerwärtigen Ehekonflikt sah er theologisch: Es dürfe nicht sein, daß nach der nationalen Revolution jemand »in die Ehe wie in einem Gefängnis eingeschlossen ist«, wenn er dadurch geistig und körperlich zermürbt werde.

Brief und Denkschrift gelangten in dieser Zeit (die Kämpfe um Stalingrad gingen gerade zu Ende!) natürlich nicht in die Hand des Adressaten, Adolf Hitler, sondern zunächst in die Hand von Ministerialbeamten. Immerhin sprachen dann am 19. Februar 1943 der Chef der Reichskanzlei, Dr. Lammers, und der Chef der Parteikanzlei, Martin Bormann, im Führerhauptquartier in der Wolfsschanze (Ostpreußen) miteinander über die Sache. Man war sich einig: Es sei ausgeschlossen, »den Führer im gegenwärtigen Zeitpunkt« mit dieser Angelegenheit zu behelligen«.

Weidemann ließ nicht locker: Reichskanzlei und Reichskirchenministerium erhielten einen Brief nach dem anderen. Weidemann bat immer wieder darum, ihn in der Eheangelegenheit zu unterstützen und auf eine Beschleunigung der anderen Verfahren hinzuwirken. In dieser Zeit hielt sich der Landesbischof in Heidelberg (Hotel »Scheffelhaus«) auf, und so hatte man wenigstens in Bremen Ruhe vor ihm. Im Dom wurden sogar die Gottesdienste wieder aufgenommen. Aber im März beschloß Weidemann plötzlich, in die Hansestadt zurückzukehren und seine vollen Amtsrechte wieder in Anspruch zu nehmen. Damit zeigte er an, daß die Bedenkzeit zu Ende war und wie er sich entschieden habe. Der »Kampf« ging also weiter! Ein Kampf in »heldischem Alleinsein«, wie er sagte.

Er begann etwas zögernd: Am 1. Ostertag (25. April) legte er einen Kranz der bremischen Evangelischen Kirche im Wert von 15 RM am Ehrenmal nieder. In dieser Zeit scharte er seine Getreuen, etwa 30 bis 50 Personen, in seinem Haus um sich und berichtete von seinen »Beziehungen« in der Reichskanzlei sowie von seiner festen Überzeugung, daß er bald rehabilitiert werde.

An einige Pastoren schrieb er einen aggressiven Brief nach dem andern. Vor allem wurden jene Pastoren bedacht, die im Ehescheidungsprozeß gegen Weidemann ausgesagt hatten. Er bezeichnete sie als Denunzianten und bedrohte sie wegen Bruchs des »Beichtgeheimnisses« mit Disziplinarverfahren. Alle Schreiben schickte er als Kirchenpräsident und Landesbischof. Der von der Deutschen Evangelischen Kirche eingesetzte Kommissarische Kirchenpräsident Dr. Schultz (Magdeburg) wies ihn in scharfen Worten darauf hin, daß er überhaupt keine Befugnisse mehr habe. Bei Staats- und Parteistellen wurde erwogen, Weidemann aus Bremen auszuweisen.

Nun griff dieser zu seinem alten Mittel, der Störung von Gottesdiensten. Er nahm sich wieder jenen jungen Amtskollegen am Dom vor, der einst sein Mitarbeiter an der »Kommenden Kirche« gewesen war, dann aber 1941 mit ihm gebrochen und auch im Ehescheidungsprozeß gegen ihn ausgesagt hatte. Weidemann erklärte ihm, er sei suspendiert, weil er ein Disziplinarverfahren gegen ihn führen werde. Der Pastor bestritt die Rechtmäßigkeit der Anordnung.

Am 29. Mai 1943 fuhr Weidemann nach Oldenburg, um dem Stellvertretenden Gauleiter Joel seinen Standpunkt darzulegen. Aus Oldenburg schickte er nun ein abstruses Telegramm an Hitler: »Denunziant predigt morgen im Dom. Disziplinarverordnung erlassen. Reichsstatthalter und Reichskirchenminister vorher mitgeteilt. Durchführung infolge Entmachtung des Reichsbischofs nicht gesichert. Will der Staat oder soll ich die Tempelreinigung vornehmen?« Eine Antwort erfolgte natürlich nicht.

Als der Pastor am 30. Mai den Gottesdienst abhalten wollte, erschien Weidemann im Dom und sprach zu der bereits versammelten Gemeinde, während der Pastor sich in der Sakristei den Talar anzog. Als dieser dann auf den Hochaltar trat, kam Weidemann zu ihm herauf, untersagte den Gottesdienst und gestattete nur eine musikalische Feierstunde. Der Pastor kehrte in die Sakristei zurück und beriet sich hier mit dem Organisten und einem deutsch-christlichen Amtskollegen. Man kam zu keinem Schluß. Inzwischen wurde auf der Orgel der Choral gespielt. Weidemann saß vor dem Altar; etwa 200 Gemeindemitglieder warteten gespannt auf ein handfestes Theater. Als die Musik endete, stand Weidemann auf, zugleich aber bestieg der Pastor die Kanzel und bat die Gemeinde, die Kirche zu verlassen. Viele erhoben sich, warteten aber noch ab, weil sie eine Fortsetzung des Schauspiels erhofften. Doch sie kamen nicht auf ihre Kosten. Weidemann blieb zwar mit etwa 20 Anhängern in der Kirche, doch wurde ihm durch lautes Orgelspiel das Wort abgeschnitten. Nach einigem Hin und Her entfernte er sich mit seiner Gefolgschaft. Am 10. Juni 1943 erstattete der Finanzbevollmächtigte am Dom, der Syndikus der Gauwirtschaftskammer, Dr. J. E. Noltenius, Anzeige wegen Amtsanmaßung, Nötigung und Störung des Gottesdienstes.

Erneut stellte man nun an höchsten Stellen Überlegungen an, was man gegen Weidemann unternehmen sollte. Da er zur Einschüchterung seiner Gegner immer so tat, als ob die NSDAP ihn unterstütze, wurde er am 7. Juni aus der Partei ausgeschlossen. Der Landesbischof hielt das für keine endgültige Maßnahme; er wies darauf hin, daß er 1938 schon einmal ausgeschlossen und wieder aufgenommen worden sei. Doch diesmal kam es anders: Der Parteiausschluß wurde am 2. November 1943 von der I. Kammer des Obersten Parteigerichts bestätigt.

Wenn man Weidemann in dieser Zeit auf die Notwendigkeit von Gehorsam und Disziplin hinwies, so berief er sich auf Clausewitz und Yorck. Welch ein absurder Vergleich! Ein Aufruf vom 12. Juni erklärte: »Wir sind jetzt zum Endkampf angetreten; er wird nicht schwerer sein, als es die vergangenen zwei Jahre waren, in denen ich Lug, Trug und Schmutz über mich ergehen lassen mußte.« Einige Weidemann-Anhänger reisten sogar nach Berlin, um dort die »wahren Zustände« in Bremen darzustellen. Der »Reichskirchenminister« soll über Weidemann gesagt haben: »Keiner im ganzen Reich hat es in der Kirche so gut gemacht wie er in Bremen.«

Am 2. Juli 1943 fand eine Besprechung des Finanzbevollmächtigten der Bremischen Evangelischen Kirche, Dr. Cölle, mit dem Bremer Gestapochef, Dr. Dörnte, statt. Dabei war man sich einig darüber, daß Weidemann baldmöglichst aus Bremen entfernt werden müsse. Dazu bedurfte es offenbar noch eines letzten Anstoßes. Den gab Weidemann selbst bereits einen Tag später.

Der immer wieder mit Haß verfolgte junge Kollege am Dom hatte um 18 Uhr Abendgottesdienst. Bereits vor Beginn hatte es in der Pastorenwohnung mit einigen weiblichen Weidemann-

Anhängern heftige Diskussionen gegeben. Am hinteren Domeingang an der Sandstraße stand dann Weidemann mit einer Anhängerschar und verwehrte den Zugang. Wieder kam es zu Debatten. Der Pastor deutete an, er werde in den Dom gehen, so oder so. Weidemann schrie nun, daß man »Gewalt gegen Gewalt« setzen werde. Aber es gelang dem Pastor dann, in den Dom, über den Hochchor, in die Sakristei zu schlüpfen. Weidemann folgte, schloß die Tür zur Sakristei ab und steckte den Schlüssel ein. Der eingeschlossene Pastor klopfte laut gegen die Tür, während die Gemeinde auf dem Hohen Chor auf den Beginn des Gottesdienstes wartete. Nach einer Viertelstunde erschien der Küster mit einem zweiten Schlüssel und öffnete die Tür. Der Pastor wollte nun den Gottesdienst in die Sakristei verlegen und die Weidemann-Anhänger ausschließen. Das gelang jedoch nicht, weil sich die Parteien mischten. Einige Personen drückten laut ihren Unwillen aus, erklärten Weidemann für verrückt und wollten ihn an die Luft setzen. Da erschienen zwei Herren und führten Weidemann ab. Die Gestapo hatte zugegriffen, das Spiel war aus.

Am 9. Juli 1943 wurde Weidemann auf Anordnung der Gestapo zur Untersuchung des Geisteszustandes in die Berliner Charité gebracht. Zwar fand man ihn »geistig nicht völlig in Ordnung«, doch sei es nicht so schlimm mit ihm, daß er »untergebracht« werden müsse. Von Berlin aus fuhr Weidemann nach Heidelberg, wo er sich wieder im Hotel »Scheffelhaus« einquartierte. Am 23. September 1943 erhielt er Aufenthaltsverbot für Bremen, Hamburg, Oldenburg und die Provinz Hannover. Bei Zuwiderhandlungen werde man »staatspolitische Maßnahmen« treffen, d. h. man werde ihn ins Konzentrationslager einweisen.

Inzwischen hatte Weidemann sich weiterhin bemüht, seine Ehescheidungssache erneut aufzurollen und zu einem für ihn guten Ende zu führen. Nur so glaubte er die Voraussetzung für eine Rückkehr auf den Bremer Bischofsstuhl schaffen zu können. Im Frühjahr 1943 versuchte er, seine ehemalige Freundin zu veranlassen, in einer ganz bestimmten Frage, die Weidemann sehr belastet hatte, falsch auszusagen. Das Mädchen bekannte sich aber am 18. Mai 1943 zum wahren Sachverhalt. Sofort setzten Bemühungen Weidemanns ein, die Freundin zu einem Widerruf zu bringen. Er schrieb an sie und ihre Eltern zahlreiche Briefe, Postkarten und Telegramme und machte dabei Andeutungen über Falschaussagen und Meineid. Die Eltern beauftragten einen Rechtsanwalt, und dieser kündigte Weidemann einen Strafantrag wegen Beleidigung und Ehrenkränkung an, falls er die Belästigungen nicht unterlasse. Er war sich wohl darüber im klaren, welche Gefahr darin auch für seine Mandantin lag, die ja tatsächlich einen Meineid geschworen hatte. Das Verhalten Weidemanns gegenüber seiner ehemaligen Freundin verrät einen rücksichtslosen Egoismus, der kaum noch zu überbieten ist. Da die Briefe wegen des privaten Adressaten Persönlichkeitsschutz genießen, kann ihr Text hier nicht abgedruckt werden.

Da Weidemann nicht locker ließ, erstattete das Mädchen, beraten von einem Pastor, ihren Eltern und einem Rechtsanwalt, am 6. Januar 1944 Selbstanzeige wegen Meineid. Sehr bald ergab sich für die Staatsanwaltschaft, daß der eigentliche Schuldige der Landesbischof Weidemann war. Er hatte das Mädchen zum Meineid verleitet. Am 28. Januar 1944 wurde ein Haftbefehl gegen ihn ausgestellt, und er wurde nun von Heidelberg aus ins Untersuchungsgefängnis eingeliefert.

Das Meineidverfahren in Hamburg nahm einen für Weidemann katastrophalen Verlauf. Er leugnete alles, was ihn irgendwie belasten konnte; doch sprachen zu viele Beweise gegen ihn. Die Versuche, das Mädchen zu einer Falschaussage zu veranlassen, wurden als Nötigung angesehen. Ein psychiatrisches Gutachten bescheinigte ihm die Fähigkeit, andere Menschen stark zu beeinflussen und zu überreden, wodurch die ehemalige Freundin als Weidemanns Opfer erschien. Da dieser von den interessierten Staats- und Parteistellen abgeschrieben war, stand einer harten Strafe nichts mehr im Wege. Während die ehemalige Sekretärin und Freundin 4 1/2 Monate Gefängnis mit Bewährungsfrist erhielt und damit sehr milde behandelt wurde, wurde der Landesbischof am 13. Oktober 1944 wegen Anstiftung zum Meineid und Nötigung zu 2 1/2 Jahren Zuchthaus verurteilt. Die bürgerlichen Ehrenrechte wurden ihm auf vier Jahre aberkannt. Das Gericht sprach von »einer kaum vorstellbaren Niedrigkeit der Gesinnung und von einem Gipfel sittlicher Verworfenheit«. Die schlimmsten Auswüchse dieser Charakterlosigkeit traten im Bemühen zutage, das Amt als Landesbischof zu behalten und möglicherweise zur Stellung eines NS-Reformators im Neuen Deutschland auszubauen. Auch das Gericht sah diesen Zusammenhang, ohne ihn als Milderungsgrund anzuerkennen. Die Revision des Urteils wurde noch vor Kriegsschluß am 1. Februar 1945 verworfen. Weidemann wurde in das Zuchthaus Bremen-Oslebshausen eingewiesen, wo er sich im Vollgefühl seiner Unschuld immer noch »Präsident und Landesbischof« nannte. Doch das war unrealistisch wie manches andere in den Vorstellungen Weidemanns.

Schon am 25. Januar 1944 war er vom Kommissarischen Präsidenten der Bremischen Evangelischen Kirche, Dr. Schultz, in den Ruhestand versetzt worden, und am 24. April hatte die Deutsche Evangelische Kirche ihm die Rechte des geistlichen Standes aberkannt. Wenn Stoevesandt jedoch meint, daß »damit ... auch alle Rechte und Ansprüche an die bremische Kirche erloschen« seien, so entspricht das nicht unbedingt der Rechtslage. Weder Weidemann noch seine geschiedene Frau erkannten die Versetzung in den Ruhestand an. Es ist dabei unerheblich, daß sie dabei vor allem finanzielle Erwägungen im Auge gehabt haben mögen (das Ruhegehalt betrug nur 70% des Gehalts). Weidemann selbst hat immer grundsätzliche Einwände geltend gemacht. Um die Unterhaltspflicht Weidemanns prozessierten 1944 Frau und Kinder gegen ihn. Das Urteil wurde von beiden Seiten abgelehnt, da es von der Versetzung in den Ruhestand als gegebener Tatsache ausging. Die Ruhegehaltsbezüge betrugen damals monatlich 947 RM; davon sollte er der Frau und den drei Kindern 400 RM überlassen.

Als nun das Zuchthausurteil am 1. Februar 1945 rechtskräftig geworden war, erhob sich die Frage, ob das Ruhegehalt weiterbezahlt werden solle. Man war in der Bremischen Evangelischen Kirche der Auffassung, daß auf die Pastoren das Beamtenrecht nicht anwendbar sei. Dieses sah bei einer Zuchthausstrafe den Verlust der Ruhegehaltsbezüge vor. Man war der Meinung, daß zur Aberkennung des Ruhegehalts zunächst eine Abberufung durch die Kirchenregierung nach Fühlungnahme mit der Deutschen Evangelischen Kirche erfolgen müsse. Eine endgültige Entscheidung dürfte vor dem Kriegsende nicht mehr gefallen sein. Aber selbst wenn sie erfolgt wäre, hätte die verworrene Rechtslage nach Kriegsende eine Anfechtung durchaus möglich gemacht. Da Weidemann bis heute keine gegen ihn verhängte Maßnahme anerkannt hat, war es nur konsequent, daß er finanzielle Ansprüche an die Bremische Evangelische Kirche stellte. Dem Verfasser standen die Unterlagen zu diesem Problem nicht zur Verfügung, doch gibt es Anhaltspunkte dafür, daß Weidemanns Ansprüche nicht rundweg abgelehnt wurden.

Nach dem Zusammenbruch 1945 erklärte Weidemann sofort, er sei ein Opfer des NS-Regimes. Man kann freilich sagen, daß er es in gewissem Sinne tatsächlich war. Das aber waren beispielsweise Ernst Röhm und seine SA-Genossen auch. Wenn Weidemann damit sagen wollte, daß er ein aktiver Gegner der NSDAP gewesen sei, dann war das – um es mit Worten von Gauleiter Röver auszudrücken – »erstunken und erlogen«. Der Landesbischof stürzte nicht durch politischen Widerstand, sondern durch einen überspannten persönlichen Ehrgeiz, krankhafte Geltungssucht und andere Charakterfehler. Doch war er wohl kaum in der Lage, das einzusehen, denn es gehörte zu seinen Fehlern, daß ihm eigenes Unrecht nicht bewußt wurde – eine Tatsache, die von vielen fälschlich als berechnende Verlogenheit angesehen wurde.

Eine umfangreiche Rechtfertigungsschrift von 1946 leitete das Strafverfahren von 1944 aus einem jahrelangen Konflikt des »Hungerpastors« (= Weidemann) mit dem NS-Kirchenminister ab. Was seinen Ehekonflikt betraf, so habe er im Neuen Testament kein Zeugnis für die Heiligkeit und Unauflöslichkeit der Ehe finden können, und er sei daher gezwungen gewesen, eine eigene Lösung des unerträglichen Zustandes zu suchen.

Die Berechtigung der vielen Anzeigen gegen ihn wies er zurück. Die Verfahren seien ja auch weder durchgeführt noch eingestellt worden. Es habe sich daraus also keine Suspendierung vom Amt ableiten lassen. Diese Maßnahme sei wiederum das Ergebnis einer Verschwörung des Kirchenministers mit »parteihörigen Elementen« der bremischen Kirche gewesen.

Zu Kompromissen sei er nicht bereit gewesen, da es »um das Heiligste im Menschen« gegangen sei. Im ganzen sei er wegen seiner Konsequenz der »begabteste und gefährlichste« Bischof des Dritten Reiches gewesen; seine Rolle sei vergleichbar mit der Trotzkis in der Kommunistischen Partei Rußlands.

Weidemann überstand die sicher sehr schwere Zuchthauszeit in voller Frische. Im großen und ganzen verhielt er sich gegenüber allen Menschen freundlich und rücksichtsvoll, obgleich sein Gemütsleben arm blieb und obwohl er sich über große Worte und egoistische Dialektik hinweg zu keiner Reue durchgerungen hatte. Am 31. Juli 1947 wurde er aus der Strafanstalt Bremen-Oslebshausen entlassen, und nun trat das Problem der »Entnazifizierung« an ihn heran. Er floh im Februar 1948 aus Bremen und »tauchte unter«. In Abwesenheit wurde er am 25. November 1949 als »Hauptschuldiger« eingestuft und zu vier Jahren Arbeitslager verurteilt. Weidemann legte Berufung ein. Er gab zu, daß er als »Gefolgsmann Luthers« gegen die »christenfeindlichen Juden« gewesen sei. Auf politischem Gebiet habe er sich geirrt, da er von diesen Dingen »keine Ahnung« gehabt habe. Die Berufung wurde verworfen, ein Gnadengesuch reichte er zu spät ein, und es wurde daher abgelehnt. Nun wurde ein Haftbefehl ausgestellt; er konnte jedoch nicht vollstreckt werden, da Weidemann flüchtig blieb. Zeitweilig soll er Bürgermeister in einem kleinen thüringischen Ort gewesen sein.

Am 30. Juli 1952 wurde er zum Mitläufer begnadigt. Seither hielt er sich an verschiedenen Orten auf und verdiente sich sein Brot als Versicherungsvertreter. Hin und wieder machte er flüchtige Besuche in Bremen; offenbar bat er kirchliche Stellen um Unterstützung. Es gab für ihn jedoch in der Hansestadt keine Möglichkeit, wieder Fuß zu fassen.

Weidemann war gewiß ein Mensch, der mit Intelligenz und Beredsamkeit reich begnadet war. Was ihm fehlte, waren opferbereite Nächstenliebe und Charakterfestigkeit, so daß sein hemmungsloser Ehrgeiz mit ihm durchgehen konnte, als die politische Lage ihm Chancen zu bieten schien. Aus diesem Holz waren im Laufe der Geschichte manche Diktatoren geschnitzt. Daß Weidemann letzten Endes keinen Erfolg hatte und nicht noch mehr Unheil anrichtete, ergab sich wohl nicht so sehr aus seinen Charakterfehlern, sondern vor allem aus der Tatsache, daß er sein Wirken zu sehr auf kirchliches Gebiet beschränkte, wo ihm zu jener Zeit nur geringe Machtmittel zur Verfügung standen.

Theodor Spitta

(1873–1969)

Bremer Bürger und liberaler Staatsmann oder die Kunst des politisch Möglichen

Es war gar nicht einmal selten, daß Senatoren in Bremen ein biblisches Alter erreichten; doch wäre es müßig, über die Feststellung hinaus, daß es sich um gesunde, lebenstüchtige Menschen gehandelt haben muß, nach besonderen Gründen dafür zu suchen – etwa in der frischen Bremer Luft, der jung erhaltenden Kraft senatorischer Arbeit oder der besonderen Bekömmlichkeit des Ratskellerweins, den Senatoren bei festlichen Anlässen häufiger als andere Bürger zu sich nahmen.

Der große Bürgermeister Daniel von Büren d. Jg. (1512–1593) wurde 81 Jahre alt, Bürgermeister Johann Smidt (1773–1857) übertraf ihn um drei Jahre; dieser wiederum wurde von Bürgermeister Martin Donandt (1852–1937) um ein weiteres Jahr überrundet. Bürgermeister Spitta aber wurde in geistiger und körperlicher Frische 96 Jahre alt – eine Tatsache, die von allen, die den alten Herrn in seinen letzten Lebensjahren kannten, fast als ein Wunder angesehen wurde. Er selbst sprach von einer Gnade, die ihm widerfahren sei.

Seine Senatstätigkeit (1911–1951 mit Unterbrechung der NS-Zeit) umspannt einen Zeitraum von vier Jahrzehnten. In dieser Zeit war er Gestalter zweier Bremer Verfassungen, bewirkte im Senat die Lösung vieler schwerer Probleme und drückte vor allem dem Bildungs- und Rechtswesen der Stadt seinen Stempel auf. Ein Mann in dieser Stellung hatte natürlich seine Gegner; doch selbst diese würdigten in Hochachtung die Lauterkeit seines Denkens und Handelns. So blieb es ihm erspart, sich mit Feinden herumzuschlagen – ein seltener Fall in der politischen Arena unserer Tage.

Die Spittas verschlug es in den Glaubenskämpfen des 16. Jahrhunderts als Calvinisten aus Flandern zunächst in die glaubensverwandte Pfalz. Es entwickelten sich einige Familienzweige, von denen einer im Raum Hannover – Braunschweig ansässig wurde. Dieser war es auch, der im 19. Jahrhundert einige bedeutsame Männer hervorbrachte, so den Verfasser der geistlichen Liedsammlung »Psalter und Harfe«, Philipp Spitta (1801–1859).
Theodor Spitta stammte aus dieser Familie, die am Ende des 18. Jahrhunderts in Hannover in recht bescheidenen Verhältnissen lebte. Der Großvater, ein Bruder des Liederdichters Philipp Spitta, hatte dann als junger Kaufmann im spanischen Kolonialamerika ein ansehnliches Vermögen erworben, als er 1822 nach Bremen kam und sich hier als Überseekaufmann und Segelschiffreeder niederließ. Auch der Vater, Wilhelm Spitta, war Kaufmann – aber einer von jener Art, die neben den Geschäften ihre geistigen Neigungen pflegten. Er liebte die Musik und interessierte sich für Geschichte. Er war verheiratet mit einer Tochter des bremischen Kaufmanns und Bürgermeisters Arnold Duckwitz (1802–1881), der 1848/49 Handelsminister des kurzlebigen Deutschen Reiches war. Damit war jene damals für die Bekleidung höherer bremischer Staatsämter so wichtige Verknüpfung mit den »großen Familien« der Stadt gegeben.
Arnold *Theodor* Spitta wurde am 5. Januar 1873 in Bremen geboren und erlebte in den ersten Jahren noch den letzten Abglanz der altväterlichen Idylle Bremens. Viele Familien der Oberschicht hatten die engen Häuser der Altstadt verlassen und sich im Grün der Umgebung in großen Gebäuden mit hohen Räumen angesiedelt. Wilhelm Spitta, der Vater Theodors, war diesem Zuge der Zeit gefolgt und wohnte vor dem Herdentor in der Nähe des Stadtgrabens in einem geräumigen Haus mit großem Garten (Schillerstraße Nr. 5), während er in der Altstadt in einem mehrstöckigen Geschäftshaus in der Nähe der Ansgariikirche (Hutfilterstraße Nr. 40) ein Kontor unterhielt.
Der kleine Theodor wuchs wohlbehütet in einem Milieu auf, in

dem sich bürgerliche Schlichtheit mit kultivierter Lebensfreude mischte. Vor allem verstand man es, geschäftlich-nüchternes Denken vom Familienleben fernzuhalten. Selbstverständlich war es, daß der Junge mit sechs Jahren nicht in eine staatliche Volksschule, sondern in eine von 160 Kindern besuchte Private Vorbereitungsschule für die Hauptschule – so hieß die einzige »höhere Schule« in Bremen – eintrat; es war die von F. W A. Grobe, An der Brake Nr. 6 A. So wichtig diese Schule als Vermittlerin der Anfangsgründe des Wissens gewesen sein mag, entscheidender war in dieser Zeit doch wohl das kultivierte Familienleben im Elternhaus, bei dem die Mutter eine große Rolle spielte. Das änderte sich auch nicht, nachdem der Vater 1881 gestorben war.

Von prägendem Einfluß war für den jungen Spitta das Alte Gymnasium. Er besuchte es von 1883 bis 1892. Es ist heute zur Mode geworden, die Schule – und vor allem das Gymnasium – des 19. Jahrhunderts als »Lernschule« abzutun. Man mag aus heutiger Sicht manches kritisieren, vor allem die Tatsache, daß die »höhere Schule« nur den gehobenen Ständen vorbehalten war, wodurch wertvolle Anlagen in der Unterschicht verschüttet wurden. Doch was den Schulbetrieb und den Bildungserfolg des Alten Gymnasiums in Bremen betraf, so braucht er ganz gewiß einen Vergleich mit unseren heutigen Schulen nicht zu scheuen, wobei man gerechterweise bedenken muß, daß die fachlichen Schwerpunkte damals noch anders gesetzt wurden. Theodor Spitta hat in späteren Jahren immer wieder Worte des anerkennenden Dankes für das Alte Gymnasium und seine Lehrer gefunden. Mag sich auch manches in der Rückschau verklärt haben, im Kern ist das von ihm entworfene Bild doch zutreffend: An der Schule waren einige bedeutende Persönlichkeiten tätig, die vielseitiges Wissen, pädagogisches Geschick und warme Menschlichkeit in sich vereinigten. Sie ließen die Schüler nicht etwa durch Zwang verkümmern, sondern gewährten ihnen einen weiten Freiraum, dem freilich eine als selbstverständlich hingenommene Autorität der Schule als staatliche Einrichtung und der Lehrer als Beamte eine Grenze setzte.

Das lateinische und griechische Sprachverständnis gedieh bis zur selbstverständlichen Lektüre antiker Klassiker, so daß auch der

Geist der Werke mitempfunden werden konnte. Der Geschichtsunterricht war nicht nur epochal, sondern bildete vor allem in der Antike und in der neueren Nationalgeschichte deutliche Schwerpunkte. Freilich kam vor allem die jüngste wirtschaftliche und soziale Entwicklung zu kurz, ebenso wie im Deutschunterricht der damals viel diskutierte Naturalismus.

Spittas Verhältnis zur Religion wurde durch die Schule kaum beeinflußt. Er übernahm aus dem Elternhaus eine undogmatische innere Religiosität, die nur vorübergehend mit einer rationalen Philosophie in Kollision geriet. Auf den Jugendlichen hinterließen nach eigenem Bekenntnis zwei Pastoren einen tiefen Eindruck: der vielseitig gebildete und tolerante Johann Jacob Kradolfer an St. Remberti und der mitreißende liberale Prediger Moritz Schwalb an St. Martini.

Das Turnen wurde am Alten Gymnasium zwar nicht besonders gefördert, wurde aber doch von einigen Jungen – so auch von Theodor Spitta – gern betrieben. Für einen guten Geräteturner fehlte Spitta wohl die dazu erforderliche Kraft, doch im Springen und vor allem im Laufen brachte er es zu viel bewunderten Leistungen. Auch war er ein begeisterter Schwimmer.

Natürlich war die Schule auch der Ort, an dem sich gesellschaftliche Bindungen, und vor allem Freundschaften, knüpften. Spitta gehörte 1890–1892 dem »Primaverein« an, der recht exklusiv war, weil man in ihn nur durch einstimmige Entscheidung der Mitglieder aufgenommen werden konnte. Durch Vorträge, Rezitationen und Diskussionen wurde eine kultivierte Geselligkeit gefördert, bei der der Biergenuß nicht ganz fehlte. Die aktuellen Zeitereignisse – etwa die Abdankung Bismarcks und die Aufhebung der Sozialistengesetze – brachten es mit sich, daß neben die vor allem gepflegten literarischen, geschichtlichen und philosophischen Themen in verstärktem Maße politische Probleme traten; auch die soziale Frage war Gesprächsstoff, ohne daß freilich sozialistische Strömungen in diesem Kreise befürwortet wurden.

Immer wieder fanden zudem technische und wirtschaftliche Fragen wie die Zollpolitik, die Weserkorrektion und der Bau des Freihafens Beachtung. Spitta nahm als 15jähriger Junge im Oktober 1888 an der Eröffnung des ersten Hafenbeckens teil.

Man darf wohl sagen, daß Theodor Spitta bei aller Jugendlich-
keit seines Wesens schon auf dem Gymnasium zu einer fest
gefügten Persönlichkeit reifte, und damit war eine feste Grundlage für seine spätere Entwicklung gegeben.

Spitta studierte 1892 bis 1895 Rechtswissenschaft und Volkswirt-
schaft an den Universitäten Freiburg, München und Berlin. Bezeichnend ist, daß er nicht nur Veranstaltungen seines engeren
Fachgebietes, sondern auch solche in Geschichte, Philosophie,
Kunstgeschichte und Theologie besuchte. Selbst die Sehenswürdigkeiten der Universitätsstädte und ihrer Umgebung wurden in
das Studium einbezogen: In München genoß er in vollen Zügen
das künstlerische Leben, wobei er sich sowohl für Mozart als
auch für Wagner begeisterte, Denkmäler bewunderte und Kunst-
galerien besichtigte. Dabei wurden moderne Strömungen zwar
nicht ganz ausgeschlossen, standen aber nicht im Vordergrund
des Interesses. In Berlin hatten Theater- und Museumsbesuche
großes Gewicht. Der Versuch, in einer studentischen Verbindung
Fuß zu fassen, wurde bald aufgegeben, da Spitta die Exklusivität
der Studentenzirkel, die strengen Gehorsamsregeln und die oftmals geistlosen Saufgelage ablehnte.

1893 und 1894 unternahm Spitta mit seinem Bremer Freund
Heinrich Kippenberg zwei Italienreisen. Sie dienten natürlich
zum Teil der Besichtigung historischer Stätten; doch kam es
trotz mangelhafter Sprachkenntnisse auch zu engen Kontakten
mit dem italienischen Volksleben, das zwar den Stempel der Armut trug, aber in der südlichen Sonne doch bunt und fast heiter
wirkte. Der Weg führte von Norditalien über Rom bis in den
Süden. Selbst der Vesuv wurde bestiegen.

Ebenfalls 1893 – im Sommer – zog Spitta mit Rucksack und
Wanderstab am Rhein entlang von Bingen bis Bonn. Der junge
Mann war genug Deutscher, um auch hier ins Schwärmen zu geraten. Die Straßen am Rhein waren damals noch keine Renn-
strecke für Auto-Touristen.

Was nun die von Spitta besuchten Universitäten betrifft, so findet er nicht nur schmeichelhafte Worte für sie; vor allem spricht
er recht abschätzig über den antiquierten Betrieb in den juristischen Fakultäten. Aber man hört von ihm doch auch Worte der

Hochachtung für einige Professoren, die ihn weniger durch die von ihnen vertretene Wissenschaft als vielmehr durch ihre Persönlichkeit beeindruckten: Karl von Amira und Lujo Brentano in München, der junge Max Weber, Adolf von Harnack und der alte Heinrich von Treitschke in Berlin – Männer, die auch an den Lebensfragen ihrer Zeit lebhaft Anteil nahmen. Vor allem war es der Kathedersozialismus, durch den Spitta damals seine Kenntnisse über die soziale Frage vertiefte. Was er kennenlernte, war die Universität alten Schlages; sie war getragen von der aus überragendem Sachwissen abgeleiteten Autorität der Professoren, die auch Spitta bei aller Einzelkritik grundsätzlich anerkannte.

Spitta hat ausführlich dargelegt, wie er als Student in Berlin mit den brennenden politischen Problemen und vor allem mit der sozialen Frage konfrontiert wurde. Er gewann die Überzeugung, daß die materielle Lage und die Rechtsstellung der Arbeiter unbedingt verbessert werden müsse; er war aber auch der festen Überzeugung, daß das im konstitutionellen Rahmen durch Förderung politischer Einsichten, nicht aber durch einen Umsturz geschehen müsse. So hoffte er, daß sich der gemäßigte revisionistische Flügel der Sozialdemokratie durchsetzen und den künftigen sozialen Rechtsstaat mittragen werde.

Ostern 1895 unternahm Spitta mit seinem Schulkameraden Julius Papendieck eine Reise nach Palästina. Die beiden waren Mitreisende auf Frachtschiffen und gingen zunächst in Ägypten an Land. Zwei Wochen erlebten sie in Kairo orientalisches Leben, dann reisten sie weiter ins Heilige Land, wo Jerusalem als Standquartier gewählt wurde. Die deutschen Touristen bekamen hier den Eindruck, daß nur eine eiserne Disziplinierung durch die Türken den Aufruhr in diesem Gemisch der Religionen und Nationalitäten verhindern konnte. Das Gebiet war damals schon ein Pulverfaß.

Unmittelbar auf diese Reise folgte dann im Sommer in Berlin die juristische Referendarprüfung. Anschließend suchte Spitta sich eine Universität, in der er sogleich die mündliche Doktorprüfung ablegen konnte, um dann die Dissertation abzuschließen. Diese bestand in einer Untersuchung, die die schriftliche Arbeit des Referendarexamens weiterführte und sich mit der geschichtlichen Entwicklung des Foenus nauticum, des Seedarlehens, beschäftigte.

1896 hatte der junge Spitta die Prüfung in Erlangen hinter sich: Er war nun Dr. jur. und Referendar. In Bremen durchlief er verschiedene Abteilungen des Gerichts und kam bereits mit dem späteren Bürgermeister Dr. Martin Donandt, damals Richter in der Civilkammer 1 des Landgerichts, in Verbindung. Spitta wohnte in dieser Zeit zusammen mit seiner Mutter im Hause Schillerstraße Nr. 5.

1896 und 1897 machte er zwei Reisen nach England, wo er vor allem auch Einblick in das Gerichts- und Verfassungswesen nahm; aber auch Besichtigungen in London und kleinere Reisen in Südengland standen auf dem Programm. Zurückgekehrt nach Bremen, inspirierte Spitta die regelmäßige Abhaltung »englischer Abende«, zu denen junge Herren und Damen der bremischen Gesellschaft zusammenkamen.

1899 ging die Referendarzeit zu Ende. Was sollte nun werden? Richter oder Anwalt, das war hier die Frage. Für beide Laufbahnen eröffneten sich gute Chancen. Spitta entschied sich für den Eintritt in die florierende Anwaltssozietät Stachow, Bulling und Schulze-Smidt, Domsheide Nr. 10/12. Vor allem die hier anfallenden Seerechtssachen und Gutachten für Staat und Verwaltung boten ein reiches Arbeitsfeld.

Doch bevor der junge Rechtsanwalt seine Tätigkeit aufnahm, machte er eine fünfmonatige Reise nach Nordamerika, ein Ziel, das angesichts der regen bremischen Handelsbeziehungen nahelag. Spitta durchquerte den ganzen Kontinent zwischen Atlantik und Pazifik, besuchte einige befreundete Familien und machte eine Unzahl von Beobachtungen in diesem aufblühenden Lande.

Kaum hatte er sich Anfang 1900 im Anwaltsbüro etabliert, da bot der Generaldirektor des Norddeutschen Lloyd, Dr. Heinrich Wiegand, dem jungen Juristen die Stelle eines Syndikus der weltberühmten Reederei an. Spitta lehnte ab und blieb Rechtsanwalt. Ebenso schlug er das Angebot aus, in den Ausschuß der drei Hansestädte zur Bearbeitung eines neuen deutschen Strafgesetzbuches einzutreten.

Glatt und erfolgreich wie die berufliche Entwicklung verlief zunächst auch das persönliche Leben. Freilich hatte Spitta bereits als Kind den Vater verloren, doch wäre das Leben nicht wesentlich anders verlaufen, wenn der Vater ihm länger erhalten geblieben wäre. 1900 tat der wohlbestallte junge Rechtsanwalt den Schritt in die Ehe: Er heiratete die 19jährige Tochter eines Berliner Rechtsanwalts, Paula Lisco, eine für jene Zeit recht gebildete junge Frau. Sie hatte das Lyzeum und gymnasiale Kurse bei Helene Lange und Gertrud Bäumer in Berlin besucht (zu beiden Frauen unterhielten die Spittas auch später noch Beziehungen); sie unterbrach aber bei ihrer Heirat den Schulbesuch vor dem Abitur. In Bremen legte sie später, als sie bereits Mutter mehrerer Kinder war, die Prüfung als Volksschullehrerin ab und unterhielt im eigenen Hause einige Jahre hindurch einen kleinen Privatschulbetrieb. Doch nach und nach wurden neun Kinder – sechs Jungen und drei Mädchen – geboren, so daß die Hausfrauenpflichten sie voll in Anspruch nahmen. Sie mußte den Unterricht für fremde Kinder aufgeben.

Im Zusammenhang mit der Heirat war auch die Wohnungsfrage zu lösen: Bisher hatte Theodor Spitta bei seiner Mutter gewohnt. Das junge Paar aber wünschte sich ein Einfamilienhaus am Stadtrand und fand es in der Uhlandstraße, die damals von vielen prominenten Bremer Bürgern bewohnt war. In den Sommermonaten aber bezog man, um der Natur noch näher zu sein, eine Wohnung außerhalb der Stadt, zunächst in Vegesack und Blumenthal, dann seit 1903 in Oberneuland. Gewiß, Theodor Spitta war an sich ein Stadtmensch, der die bürgerliche Kultur nicht für längere Zeit entbehren konnte. Zeit seines Lebens hatte er aber zugleich ein enges Verhältnis zur Natur und erfreute sich an ihren vielen, oft unscheinbaren Wundern. Die gemeinsame Liebe zu Oberneuland und seiner Parklandschaft führte Spitta in diesen Jahren mit dem wesensverwandten Thüringer und Neubremer Hermann Apelt zusammen, der seit 1904 Rechtsanwalt, dann Syndikus der Handelskammer und schließlich seit 1917 Senator war.

Spitta war 32 Jahre alt, als er aktiv ins politische Leben seiner Vaterstadt eintrat: Im Rahmen des damals in Bremen herrschenden Achtklassenwahlrechts wurde er 1905 von den stimmberechtigten Akademikern in die erste Klasse der Bürgerschaft gewählt.

Ein Wahlkampf war nicht vorausgegangen; Spitta hatte sich nur als angesehener Rechtsanwalt, nicht aber als Vertreter einer politischen Partei empfohlen. Übrigens stellte die erste Klasse 14 Abgeordnete. Von 393 stimmberechtigten Akademikern gingen aber nur 155 (39,4 Prozent) zur Wahlurne! Spitta arbeitete mit Gewissenhaftigkeit in der Juristischen Kommission der Bürgerschaft mit, die den Text der Vorlage und Anträge auf ihre rechtliche und sprachliche Zuverlässigkeit zu prüfen hatte. Weiterhin gehörte er zur »Kommission wegen des Arbeitsnachweises«, zur »Behörde für Krankenversicherung« und zur »Deputation zur Verwaltung der öffentlichen Grundstücke«.

Vor allem die Arbeit in der Juristischen Kommission gab ihm häufig Veranlassung, im Plenum zu Gesetzesvorlagen Stellung zu nehmen. Dabei wurde ein bunter Strauß von Themen berührt: von der Hebammenordnung bis zu Regulierungs- und Enteignungsgesetzen, von der Arbeitslosenunterstützung bis zur Industrieansiedlung im Holz- und Fabrikhafen. Bisweilen beschränkte sich Spitta auf Formulierungsfragen, oft aber nahm er auch zur sachlichen Zweckmäßigkeit Stellung, wobei in der Regel die SPD-Abgeordneten gegen ihn standen.

Es gab auch einige brisante Themen, bei deren Behandlung sich Spitta mit Leidenschaft engagierte, und dabei zeigte sich immer wieder, daß ihm nicht etwa ein »liberaler Nachtwächterstaat« vorschwebte, sondern eine staatliche Ordnungsmacht, die zwar Reformen, aber keine radikalen Veränderungen zuließ. Für ihn gab es keine Freiheit *vom* Staat, sondern nur eine »Freiheit *im* [bestehenden!] Staat«.

In der Diskussion über das Achtklassenwahlrecht (in Bremen) verteidigte er dieses 1908, weil es das Gewicht der im Staatswesen vertretenen Standesgruppen in geeigneter Weise repräsentiere. Die Anwendung des gleichen Wahlrechts auf Bremen lehnte er ab, weil es an die Stelle der sachgerechten Repräsentation die Herrschaft der reinen Zahl setze. Nach Spittas Auffassung war der Wille der Mehrheit nicht immer vernünftig. Ihm stand »das Wohl des Staates« höher als ein »demokratisches Dogma«.

Im März 1910 gab dann ein vom Senat bewirktes Disziplinarverfahren gegen Lehrer, die, staatliche Maßregelungen kritisierend und mit einem Bekenntnis zum Klassenkampf, dem Vorsitzenden der SPD, August Bebel, ein Geburtstagstelegramm geschickt hatten, den Anlaß zu einer grundsätzlichen Debatte in der Bürgerschaft über das zulässige Maß politischer Betätigung und Äußerung von Beamten. Spitta entwarf die übliche Konstruktion liberaler Politiker: Ein Beamter dürfe sich als Privatmann im Rahmen der bestehenden Gesetze politisch äußern und betätigen wie er wolle; in amtlicher Stellung aber müsse er sich Zurückhaltung auferlegen, dürfe die staatlichen Organe nicht »provokativ« angreifen und insbesondere nicht den »Klassenkampf« propagieren (die SPD sprach von »Wortklauberei«). Spitta betonte: »Der Klassenkampf zerreißt und verhetzt die Volksgemeinschaft«; Lehrer, die ihn vertreten, »können nicht in den Schulen unsere Jugend unterrichten«. Ein Zuruf des Abgeordneten Wilhelm Pieck bezeichnete das als »Blödsinn«. Vom Präsidenten zur Ordnung gerufen, erklärte Pieck ironisch, er habe es als Blödsinn bezeichnen wollen, »in die Herzen der Kinder den Klassenkampf einzuführen«, womit er doch eigentlich Spittas Auffassung unterstützt habe.

Zum Staat als Ordnungmacht bekannte sich Spitta auch im März 1911, als die SPD eine Polizeiaktion bei Streikkrawallen im Oktober 1910 heftig kritisierte. Er betonte, die Polizei müsse in solchen Fällen »sofort mit ganzer Energie und mit allen ihr zu Gebote stehenden Machtmitteln vorgehen ... Ein solches Verfahren ist keineswegs inhuman [wie die SPD behauptet hatte], ein solches Verfahren ist human!« Ein schnelles, energisches Eingreifen verhindere es, daß Krawalle mit Gefahren für Gut und Blut sich ausbreiteten.

In diese Zeit fällt auch Spittas Interesse an Problemen der Bodenreform. Er wurde Anhänger Adolf Damaschkes, der unermüdlich den Gedanken vertrat, daß der ohne eigenes Zutun des Eigentümers entstandene Mehrwert an Grund und Boden vom Staat abgeschöpft werden müsse – eine Maßnahme, die natürlich vor allem gegen die Bodenspekulation gerichtet war. Später hat die Weimarer Verfassung (in Art. 155) den Gedanken aufgenommen, während das Bonner Grundgesetz ihn wieder fallenließ. Die Diskussion über dieses Problem hat bis heute zu keinem konkreten Ergebnis geführt.

1909 vollzog sich eine Veränderung in den äußeren Lebensverhältnissen Theodor Spittas. Der jährliche Wohnungswechsel zwischen der Winterwohnung in der Uhlandstraße und der Sommerwohnung im ländlichen Oberneuland erwies sich angesichts der wachsenden Kinderzahl als unpraktisch. Die Familie hielt Ausschau nach einem großen Baugrundstück in Stadtnähe und fand es in der Kirchbachstraße. Es war etwa 5000 qm groß und hatte einen schönen alten Baumbestand. Damals waren ringsherum noch Weiden und Kornfelder. Den Entwurf für das neue Haus lieferte der Bremer Architekt Hugo Wagner. Es entstand ein ausgedehntes Gebäude, in dem alle Wohn-, Schlaf- und Wirtschaftsräume zu ebener Erde lagen. Hier war auch die eichengetäfelte und mit einer Kaminecke ausgestattete Bibliothek mit etwa 4000 Bänden aus allen Wissensgebieten, darunter einige bibliophile Kostbarkeiten. Es ist bezeichnend für die häusliche Kultur der Spittas, daß hier beim flackernden Kaminfeuer sonnabends literarische und musikalische Stunden unter Beteiligung der größeren Kinder abgehalten wurden. Im Obergeschoß des Hauses unter dem weit ausladenden Dach hatte der Herr des Hauses ein Arbeitszimmer; auch gab es hier Gästezimmer und die »Kunstkammer« mit Literatur und Sammlungen aus dem weiten Bereich der bildenden Kunst.

Eine große Rolle spielten im Haushalt der Spittas die Tiere. Ein Sohn züchtete in einem Zimmer Singvögel verschiedener Arten; ein anderer hatte auf dem Dachboden einen Taubenschlag. Im Garten befanden sich Bienenkörbe, Verschläge für Hühner und Kaninchen; in den Notzeiten des Ersten Weltkrieges wurden sogar Schafe und Schweine gehalten. Außer gepflegten Blumenbeeten gab es auch dichtes Gebüsch, in denen die Kinder Verstecken spielten und Höhlen bauten. Vater und Mutter mischten sich oft unter die spielenden Kinder. Wer meint, daß das gehobene Bürgertum früher seine Sprößlinge bereits im Kindesalter auf kleine Erwachsene getrimmt habe, der irrt sich. Rousseaus Erziehungsideale fanden hier in verschiedenen Varianten immer ihre Anhänger. Freilich kam es selten zu einem antiautoritären Wirrwar; denn hinter allem stand eine lange humanitäre Tradition, in der Eltern und Kinder ihren festen Platz hatten.

Es ist nicht zu ermitteln, ob Spitta sich damals bereits mit dem

Gedanken trug, daß er einmal dem Senat angehören werde. Fraglos mußte es jedem Bremer, der dafür überhaupt in Frage kam, erstrebenswert erscheinen, Senator zu werden. Es war die angesehenste Stellung, die in der Hansestadt überhaupt zu vergeben war, wenn auch die SPD bereits die autoritäre Haltung und die exklusive Zusammensetzung des Senats kritisierte. Diese Kritik bestritt nicht etwa die Korrektheit und den Sachverstand des Senats oder einzelner Senatoren; es gab keine Skandale und auch keine Anzeichen dafür, daß die Senatoren ihre Stellung zum persönlichen Vorteil ausnutzten.

Die Exklusivität des Senats wurde durch ein kompliziertes Wahlverfahren sichergestellt; es sorgte dafür, daß neue Senatoren nicht nur der Bürgerschaftsmehrheit genehm waren, sondern daß sie auch vom amtierenden Senat als Kollegen aufgenommen wurden. Die Senatoren bekleideten zudem ihr Amt, bis sie es niederlegten oder bis sie starben. Sie hatten also eigentlich Beamtenstatus. Von den 18 Senatoren mußten nach der Verfassung wenigstens 10 Juristen und mindestens fünf Kaufleute sein. Für andere Berufe war also wenig Raum. So wie die Dinge lagen, hatte Theodor Spitta große Chancen, früher oder später Senator zu werden: Er war von Beruf Jurist, dazu noch Dr. jur., und zeichnete sich durch guten Sachverstand aus; er war mit der angesehenen Familie Duckwitz versippt, führte einen standesgemäßen Haushalt, war eine integre Persönlichkeit und vertrat keine radikalen politischen Auffassungen, im Gegenteil: als Anfang 1911 in Bremen eine Ortsgruppe des Nationalliberalen Vereins gegründet wurde, trat Spitta diesem bei und wurde am 17. Januar zum Stellvertretenden Vorsitzenden gewählt. Die Nationalliberalen standen damals hinter der Politik der Stärke Deutschlands, hinter Heeresvorlagen, Flottengesetzen und Kolonialpolitik. Die Bremer Mitglieder waren zum größten Teil patriotische Honoratioren. Mit dem Eintritt in diesen »Verein« war Spitta sozusagen auch Mitglied der »Senatspartei« geworden.

1911 wurde nun durch den Tod des Bürgermeisters Dr. Victor Marcus ein Senatssessel frei. Bei der Wahl mußten sich je fünf Wahlmänner aus der Bürgerschaft und dem Senat auf drei Kandidaten einigen, von denen dann die Bürgerschaft einen zum Se-

nator kürte. Bei der Wahl 1911 aber waren neben Dr. Spitta nur
zwei Scheinkandidaten aufgestellt, so daß am 6. Dezember alles
glatt über die Bühne ging.
Nach der Wahl im Bürgerschaftssaal der Börse am Markt wurde
Theodor Spitta mit der pferdebespannten Senatskutsche zu seinem Hause gefahren. Neben ihm saß ein Ratsdiener in rot-wei-
ßer Tracht. Im Hause war ein großer Empfang mit Ratskeller-
wein und Senatskringeln. Ein Senatsbote erschien und fragte fei-
erlich, ob Dr. Spitta die Wahl annehme. Dieser antwortete mit
einem ebenso feierlichen Schreiben, das der Bote ins Rathaus zu-
rückbrachte. Dann fuhren die Herren Senatoren mit ihren Kutschen vor, um Spitta als neuen Kollegen zu beglückwünschen.
Es folgte ein Galaabend im »Museum« am Domshof. Man nannte diese Gasterei das »Isen« – eine Bezeichnung, die sich aus der
alten Gepflogenheit des Feierns nach dem winterlichen Aufschla-
gen des Eises auf dem Stadtgraben ableitete. Es wurde Kükenra-
gout gegessen und Wein getrunken; Zigarrenqualm erfüllte den
großen Saal. Selbstverständlich wurden auch große und kleine
Reden gehalten – gut gemeint, aber ohne Ewigkeitswert.
In den nächsten Tagen mußte Dr. Spitta Abschiedsvisiten bei seinen bisherigen Bürgerschaftskollegen machen. Von der
gesamten Bürgerschaft wurde er im Börsensaal am 9. Dezember verabschiedet und von dort zum Rathaus geleitet, wo Spitta
in der ehrwürdigen oberen Halle vom Senat empfangen wurde.
Der Präsident, Dr. Barkhausen, hielt eine feierliche Rede, in der
er des verstorbenen Bürgermeisters Marcus gedachte und Spitta
als neuen Senator begrüßte. Die Feier schloß mit seiner Vereidi-
gung.
Sehr viel alte Tradition war in diese langwierige und etwas steife
Prozedur der Einsetzung eines neuen Senators verwoben. Mit
ihr aber war es bald vorbei, denn bereits der Erste Weltkrieg
brachte eine Vereinfachung, und die Revolution wischte 1918
fast alles als alten Plunder hinweg.
1912 war Spitta mit seiner Frau einige Wochen in Paris, wo die
Schwester des Vaters seit Jahrzehnten lebte. Natürlich war das
deutsch-französische Verhältnis ein wichtiges Unterhaltungsthe-
ma. Die Marokkokrisen ließen einen Krieg als möglich erscheinen, obgleich niemand so recht glaubte, daß er wirklich kommen

werde. Im übrigen nahm Spitta von der französischen Hauptstadt einen tiefen Eindruck mit nach Hause.

Im Frühjahr 1914 folgte eine Reise nach Griechenland – ein Unternehmen, das für den humanistisch gebildeten Senator fast selbstverständlich war. Die Eindrücke, die von der mittelmeerischen Natur und von den antiken Ruinen ausstrahlten, waren überwältigend; man spürt, wie er nach angemessenen Worten sucht und ihm gewöhnliche Superlative nicht genügen. Die Betrachtung der Antike gewann zeitweilig auch wissenschaftliches Niveau, denn die Spittas lebten einige Tage im Hause des berühmten Archäologen Dörpfeld auf der Insel Leukas. Mit aufgeschlagener Odyssee ging man auf Wanderung und verglich die Schilderung Homers mit der Landschaft, wie man sie vor sich liegen sah.

Die Pflege geistiger Neigungen stand bei Spitta zunächst gleichwertig neben der Erfüllung seiner Pflichten als Senator; doch änderte sich das mit dem Ausbruch des Ersten Weltkrieges. Spitta hat diesen Krieg später als eine bedauernswerte Verirrung beklagt. Doch überwogen bei ihm wie bei den meisten Deutschen im August 1914 und in den Kriegsjahren die vaterländischen Gefühle. Er sah es als seine Pflicht an, alles zu tun, was Deutschland instand setzte, trotz einer Welt von Feinden den Sieg zu erringen. In Bremen wurde aus Mitgliedern der Bürgerschaft und des Senats eine Kriegsdeputation geschaffen, in der auch Dr. Spitta mitwirkte. Er gehörte in diesem Rahmen zur »Lebensmittelkommission«, die angesichts der Notlage besonders undankbare Aufgaben zu bewältigen hatte.

Im Herbst 1915 war Senator Dr. Spitta dann eine schwierige Aufgabe zugedacht, die eine Wende in seinem Leben bedeuten konnte. Er sollte im Auftrag der Reichsregierung in Riga eine deutsche Stadtverwaltung aufbauen und leiten. Die baltischen Staaten sollten im Falle des Sieges – und wer zweifelte schon an ihm? – unter deutscher Verwaltung bleiben. Spitta als Oberbürgermeister von Riga – ein Gedanke, der aus der Rückschau absurd erscheinen mag, damals aber ernsthaft erwogen wurde, zumal das deutsche Element und die deutsche Tradition in jener Stadt noch keineswegs erloschen waren. Riga wäre mit Spitta sicher nicht schlecht gefahren. Dieser hat später dargestellt, wie er seine Aufgabe anpacken wollte; als Hauptziel sah er ein friedliches Nebeneinander von Deutschen und Letten. Doch wurde Riga 1915 von den deutschen Truppen noch nicht erobert, und als es dann 1917 fiel, wollte Ludendorff nichts mehr von einer Zivilverwaltung wissen; Zivilisten sollten der Militärverwaltung nur noch als Berater dienen. Diese Aufgabe aber lehnte Spitta ab, und so blieb er denn in Bremen.

Hier bekleidete er im Senat nicht gerade Schlüsselstellungen, sondern er wirkte durch sein abgewogenes Urteil in juristischen Fragen. Ihm unterstand als Landherr die Verwaltung des Landgebietes. Im übrigen war er Mitglied in Kommissionen und Deputationen, die sich mit Justiz- und Finanzangelegenheiten zu befassen hatten.

Senator Dr. Spitta gehörte zu jenen Deutschen, die durch den Zusammenbruch 1918 tief erschüttert wurden, die auch das anschließende revolutionäre Chaos verabscheuten. Er war nicht nur in seiner Bildungsgrundlage, sondern auch in seiner politischen Auffassung ein Mann des Bürgertums. Sicher bewirkten aber die Erfahrungen des Krieges, in dem alle Schichten des Volkes schwere Opfer bringen mußten, daß Spitta noch stärker als bisher den Ausgleich der sozialen Gegensätze anstrebte. Das gehobene Bürgertum sollte in der Zukunft mehr auf Staat und Volk als Ganzes verpflichtet werden, aber nicht durch revolutionäre Gewalt, sondern durch Vermittlung von Einsichten. Nur so sah er auf lange Sicht die Möglichkeit eines Ausgleichs mit dem zur Kooperation bereiten Flügel der SPD und dem legitimen Streben der Lohnabhängigen nach einer freieren Entfaltung und besseren Lebensbedingungen.

Mit dieser Überzeugung näherte sich Spitta den Ideen Friedrich Naumanns und der im November 1918 gegründeten Deutschen Demokratischen Partei. Den Linksradikalismus lehnte er ab, weil er sich nach seiner Meinung allzu pauschal gegen überlieferte Strukturen wandte, sich nicht am rechtsstaatlichen Denken orientierte und weder eine Verbesserung der Lebensverhältnisse noch eine Befreiung des Menschen bewirken konnte. Spitta wurde Mitglied der Deutschen Demokratischen Partei. Es ist bezeichnend, daß er dieser Partei auch treu blieb, als sie unter dem Namen Deutsche Staatspartei zur Bedeutungslosigkeit abgesunken war. Mit dieser Entscheidung für eine bürgerliche Partei mit starken sozialen Akzenten vollzog er zumindest im parteipolitischen Bereich eine Trennung von alten nationalliberalen Mitarbeitern und Freunden, für die der nationale Gedanke wichtiger war als der soziale, die sich daher der Deutschen Volkspartei oder den Deutschnationalen anschlossen.

Zunächst aber war die Stellung aller bürgerlichen Parteien hoffnungslos. Sie waren unfähig, gegen die sozialistische Strömung einen Damm zu errichten. Neben beredten Radikalen wie Henke, Knief und Frasunkiewicz wirkten die korrekten Bürgermeister und Senatoren wie politische Stümper. Hin und wieder mußten die Senioren Hildebrand, Dr. Donandt und Dr. Buff sich die Forderungen von Delegationen anhören, im übrigen aber blieben die Herren in ihren Amts- und Sitzungszimmern. Sie taten ihre Pflicht wie eh und je. Auch in Dr. Spitta steckte kein Politiker, der auf die unruhigen Massen einwirken konnte; er hat es daher nicht versucht.

Schon in der ersten Phase der Revolution im November 1918 wurde der Senat seines politischen Einflusses beraubt und auf die reine Verwaltungstätigkeit beschränkt. Anfang Januar 1919 wurden sechs Senatoren, darunter Dr. Spitta, von Linksradikalen in Geiselhaft genommen, nachdem sich das Gerücht verbreitet hatte, in Delmenhorst seien einige Genossen vom Militär gefangengesetzt worden. Den Bremer Senatoren wurde Erschießung angedroht, falls den Delmenhorster Revolutionären ein Haar gekrümmt werde. Als sich die Haltlosigkeit des Gerüchtes herausstellte, ließ man die Geiseln wieder laufen, freilich mit der Mahnung, nichts gegen die Revolution zu unternehmen. Arbeiter- und Soldatenräte, Volksbeauftragte und Volkskommissare übernahmen das Regiment am 10. Januar 1919.

Sehr bald aber wurde nun deutlich, daß den Bremer Revolutionären von außen Gefahr drohte: Die Reichsregierung unter Ebert trug sich mit dem Gedanken, Militär einzusetzen, um die Räterepublik zu beseitigen. In dieser Zeit wurden die Senatoren Spitta und Apelt sowie der Major Caspari (vom Infanterie-Regiment 75) gewarnt, daß sie von den Spartakisten als Geiseln verhaftet werden sollten. So packten die drei am Abend ihre Rucksäcke und wanderten im Schutz der Dunkelheit aus der

Stadt hinaus. Sie fanden zusammen mit dem aus Frankreich zurückgekehrten Obersten von Engelbrechten für einige Tage Unterkunft im Hause der Töpfermeisterin Auguste Papendieck (Achterdiek Nr. 21). Dort wurde Dr. Spitta von seinen beiden ältesten Söhnen über die Begebenheiten in Bremen unterrichtet. Als alles ruhig blieb, gingen die Flüchtlinge wieder nach Hause.

Caspari sammelte in den nächsten Tagen in Bremen Freiwillige, die sich den Reichswehrtruppen in Verden anschließen wollten. Auch die Senatoren Apelt und Spitta begaben sich im Auftrag der Senatskollegen dorthin und trafen sich an der Aller mit fünf Mehrheitssozialisten, die von der Reichsregierung als Provisorische Regierung in Bremen vorgesehen waren. Sie alle zogen am 4. Februar 1919 mit der Brigade Gerstenberg und dem Freikorps Caspari nach Bremen. An den Kämpfen selbst nahmen sie nicht teil.

Die Provisorische Regierung bestand nun zunächst aus fünf Mehrheitssozialisten. Diese arbeiteten aber mit dem alten Senat zusammen; Dr. Spitta residierte wieder im Landherrnamt in der Dechanatstraße. Am 9. März 1919 fanden Wahlen zur Verfassunggebenden Bremischen Nationalversammlung statt. Dr. Spitta kandidierte auf dem sicheren Platz Nr. 7 der Liste der Deutschen Demokratischen Partei. Er wurde jedoch nicht als Mitglied der Nationalversammlung tätig, denn schon am 9. April wurde ein neuer Senat gewählt; er bestand aus 10 Mehrheitssozialisten und acht von den Deutschen Demokraten vorgeschlagenen Personen. In diesen Senat trat auch Dr. Spitta ein. Er wurde sogleich beauftragt, die neue Verfassung zu entwerfen – ein Unternehmen, das in jener unruhigen Zeit eine harte Aufgabe war. Am schwierigsten war es, die Deputationen aus Vertretern des Senats und der Bürgerschaft durchzusetzen, weil insbesondere von linken Sozialisten angestrebt wurde, an ihre Stelle Bürgerschaftsausschüsse zu setzen. Dr. Spitta sah in den gemischten Deputationen den großen Vorteil, daß hier in sachverständigem Kreise die Interessen der Exekutive (und damit der Verwaltung) und der Legislative aufeinander abgestimmt werden konnten, ohne daß die gesetzgeberische Funktion in irgendeiner Weise beschnitten wurde. Die Bürgerschaft konnte sogar über die Deputationen die Tätigkeit der Exekutive kontrollieren und auch praktisch steuern. Schwierig war es weiterhin, für den Fall einer Kollision der Auffassungen von Senats- und Bürgerschaftsmehrheit eine Volksabstimmung durchzusetzen. Abgesehen von einigen bremischen Spezialitäten orientierte sich die Bremische Verfassung vom 18. Mai 1920 an den Grundgedanken der Weimarer Verfassung vom 11. August 1919. Sie hat sich bis 1933 voll bewährt. Die fast chronische Krise der parlamentarischen Demokratie, die auch an Bremen nicht vorüberging, war nicht in Verfassungsmängeln, sondern vor allem in einer durch Partei- und Wirtschaftsegoismus brüchigen Staatsgesinnung begründet. Spittas Mahnungen verhallten im Hader des politischen Alltags; doch verdient es festgehalten zu werden, was er am 7. Mai 1920 in der Bremischen Bürgerschaft zur Demokratiegesinnung sagte: »Diese Idee echter Demokratie besteht nicht darin, daß äußerlich alles ausgeglichen und gleichgemacht wird [das war gegen die Kommunisten gerichtet], sondern in einer Gesinnung, die jeden Menschen nicht nur als Arbeitskraft und Nutzwert, sondern auch als Menschen mit Persönlichkeit wertet [das ging an die Adresse vieler Unternehmer]. Echte demokratische Gesinnung bedeutet Achtung haben vor dem Mitbürger, einerlei, ob er höhere Schulbildung hat oder die gesunde Bildung des praktischen Lebens. Sie bedeutet Achtung jedes Arbeitgebers vor seinem Arbeiter, aber auch Achtung jedes Arbeiters vor seinem Arbeitgeber.« Es ist bemerkenswert, daß Bürgermeister Wilhelm Kaisen bei der Verabschiedung Spittas am 15. Mai 1956 in der oberen Halle des Alten Rathauses diese Worte zitierte und ihre Gültigkeit auch für unsere Zeit unterstrich. Doch heute wie damals mag mancher bezweifeln, daß diese für eine stabile parlamentarische Demokratie unerläßliche Gesinnung Gemeingut geworden ist.

Dr. Spitta galt seit 1919 als bremischer Verfassungsexperte und bekam auch immer wieder Gelegenheit, sich als solcher auszuweisen. 1922 und 1923 hielt er auf der Verfassungsfeier am 11. August (zur Erinnerung an die Weimarer Verfassung) in der oberen Rathaushalle vielbeachtete Festvorträge.

Zugleich mit der Arbeit an der neuen bremischen Landesverfas-

sung nahm Spitta lebhaften Anteil an der Neugestaltung der
Bremischen Evangelischen Kirche. Sie wurde nötig, weil die Weimarer Verfassung und demgemäß auch die bremische Verfassung
Staat und Kirche getrennt hatten. Die neue Kirchenverfassung
vom 4. Juni 1920 bewahrte ein Minimum an zentraler Organisation der Landeskirche, ließ aber im übrigen den Gemeinden
völlig freie Hand. Auch dieser Zustand bewährte sich, bis die
Nationalsozialisten 1933 begannen, auch in der Kirche das
Führerprinzip durchzusetzen und den Einfluß der Gemeinden
zu schwächen.

Fast hätte Spittas Tätigkeit in Bremen zu dieser Zeit eine Unterbrechung erfahren. Nach der Annahme der Weimarer Verfassung mußte in Berlin im Oktober 1919 eine Reichsregierung gebildet werden. Die Koalition bestand aus SPD, Zentrum und
DDP. Die Deutschen Demokraten sollten u. a. einen Reichsminister für den Wiederaufbau benennen und entschieden sich für das
Bremer Parteimitglied Dr. Theodor Spitta. Dieser war völlig
überrascht und fuhr nach Berlin, um sich dort über die Angelegenheit zu orientieren. Es kamen ihm sogleich Bedenken: Ein
wesentlicher Teil der Aufgaben hätte in Reparationsverhand-
lungen mit französischen Stellen bestanden; dabei wäre es hin-
derlich gewesen, daß Spitta die französische Sprache nicht ausreichend beherrschte. Zudem mußte befürchtet werden, daß ein
Wiederaufbau-Ministerium gegenüber dem von Matthias Erzberger geführten Finanzministerium kaum zu unabhängiger Tätigkeit kommen werde. Es waren ständige Reibereien mit diesem
impulsiven Zentrumspolitiker zu befürchten. Die Bedenken waren so groß, daß der Bremer Senator die Übernahme des Mini-
steriums ablehnte. Stattdessen wurde es von dem späteren Reichswehrminister Otto Geßler übernommen.

Das bremische Staatswesen blieb auch nach Beseitigung der Räterepublik nicht vor schweren Belastungen bewahrt. Vor allem die
Jahre bis 1923 waren sehr turbulent. Doch war das keine Entwicklung, die sich auf Bremen beschränkte. Im März 1920 erlebte
Theodor Spitta während eines dienstlichen Aufenthalts in Berlin
den Kapp-Putsch mit der völligen Hilflosigkeit der verfassungs-
mäßigen Staatsorgane.

Der Kapp-Putsch stärkte in Bremen wie im Reich die Stellung

der linken Sozialisten, besonders der USPD, die in den Bürgerschaftswahlen am 6. Juni 1920 die gemäßigte MSPD weit überflügelte und die stärkste Fraktion wurde. Da sich die sozialistischen Parteien nicht einigen konnten, kam auch ein »linker Senat« nicht zustande. So wurde am 9. Juli 1920 mit Hilfe der MSPD ein rein bürgerlicher Senat gewählt. Bürgermeister wurden Dr. Martin Donandt und Dr. Theodor Spitta. Dieser Senat sah sich immer wieder heftigen Angriffen von den linken Sozialisten ausgesetzt. Schließlich konzentrierte sich die Auseinandersetzung auf die Stadtwehr, die nach der Beseitigung des Rätesystems im Februar 1919 zur Abwehr revolutionärer Akte gebildet worden war. Sie galt als Garde des Bürgertums. Die sozialistischen Parteien in der Bürgerschaft waren sich Ende 1920 in einem Mißtrauen gegen den Senat einig; die bürgerlichen Parteien konterten mit einem Volksentscheid, bei dem die Sozialisten eine Schlappe erlitten. In den Bürgerschaftswahlen vom 20. Februar 1921 blieben sie ebenfalls in der Minderheit, so daß der bürgerliche Senat nunmehr eine tragfähige Mehrheit hatte. Seine Arbeit wurde aber weiterhin durch die Radikalisierung sehr erschwert. Die Senatoren hielten sich zwar in unparteiischer Korrektheit aus dem politischen Alltag heraus; das aber bewahrte sie nicht vor heftigen und oft auch verletzenden Angriffen, denen sie in vornehmer Haltung fast hilflos gegenüberstanden. Der Senat wurde zum Sündenbock für vieles gemacht, auf das er überhaupt keinen Einfluß hatte. Trotz all dieser Anfechtungen konnte er sich bis 1927 im Amt halten.

Unbestreitbar waren Dr. Spitta und Dr. Apelt die sachverständigsten Mitglieder des Senats; in ihrer Besonnenheit bildeten sie den festen Pol. Spittas Urteil in Fragen des Rechts, der Verfassung, der Kulturpflege und der Beziehungen Bremens zum Reich war in dieser Zeit von entscheidendem Gewicht. Er nahm auch an vielen Besprechungen in Berlin und anderen Orten teil, wo die Interessen Bremens zu vertreten waren. Überall schätzte man das abgewogene Urteil des Bremer Bürgermeisters.

Dr. Spitta war ein gewissenhafter und fleißiger Arbeiter, der Tag für Tag ein großes Pensum zu erledigen hatte. Dennoch nahm er sich immer noch Zeit für die Familie und für die Beschäftigung mit Fragen der Wissenschaft und Kunst. Soweit wie möglich versuchte er auch, vor allem auf theologischem Gebiet, auf dem laufenden zu bleiben, zumal er der Senatskommission für kirchliche Angelegenheiten angehörte und sein Sohn Walter Theologie studierte. Mit Adolf von Harnack, Rudolf Otto, Karl Barth, Friedrich Gogarten, Rudolf Bultmann und Paul Tillich hatte er sogar persönliche Beziehungen. Spitta ließ sich nie auf eine bestimmte Richtung festlegen. Er hing einer Theologie an, die weder »liberal« noch »orthodox« war, sondern eher auf eine Verinnerlichung und Humanisierung hinauslief, weitgehend ohne Rücksicht auf die Buchstaben der Bekenntnisschriften. Sehr gemischt war ein Kreis, der sich in Bremen unter aktiver Beteiligung Dr. Spittas zur Diskussion theologischer und philosophischer Probleme zusammenfand. Zu ihm gehörten der Philosoph und Bibliotheksdirektor Dr. Knittermeyer, der Arzt Prof. Dr. Karl Stoevesandt, die Pastoren Karl Refer, Fritz Bultmann (in Ganderkesee in Oldenburg) und Walter Spitta (ein Sohn des Bürgermeisters).

In einem anderen Bereich setzte die Tätigkeit Bürgermeister Spittas mehr organisatorische Akzente, nämlich im Bildungswesen. Seine dienstlichen Beziehungen ergaben sich aus dem Vorsitz in der Senatskommission für das Unterrichtswesen und der Schuldeputation. Die höheren Mädchenschulen wurden verstaatlicht, eine soziale Schulgeldregelung ermöglichte auch den Kindern der »Minderbemittelten« den Besuch der Höheren Schule, die Aufbauschule gab den Spätentwicklern eine gute Chance. Neuere Sprachen und Naturwissenschaften wurden besonders gefördert, in Versuchsschulen konnten neue Unterrichtsformen erprobt werden. Das pädagogische Leben wurde in diesen Jahren von vielen Ideen befruchtet. Für ihre Erprobung hielt Theodor Spitta einen weiten Freiraum offen. Grundgedanke war ihm, allen Schichten der Bevölkerung vielseitige Bildungsmöglichkeiten bereitzustellen, das Altbewährte zu erhalten, zugleich aber neue pädagogische Strömungen sich entfalten zu lassen. Man darf wohl sagen, daß die Bremer Schule vor 1933 ihre damaligen Möglichkeiten voll ausschöpfte – ein Urteil, das für die Zeit vorher und nachher nicht in gleichem Maße anwendbar ist. Spitta bedauerte, daß Bremen nicht die finanziellen Mittel aufbringen konnte, um – wie Hamburg 1919 – eine Universität zu errichten. So mußte er sich damit begnügen, daß die Universität Göttingen, deren Ehrenbürger Spitta war, einige Male (zuerst im Oktober 1921) in Bremen Hochschulwochen abhielt. Ihr Leiter war der mit dem Bürgermeister befreundete große Historiker Karl Brandi. Man war sich einig in dem Gedanken, daß man versuchen müsse, auch dem Nichtakademiker die Ergebnisse der Wissenschaft näherzubringen, und damit den allgemeinen Bildungshorizont zu erweitern.

In dieselbe Richtung ging die lockere und gerade dadurch förderliche Zusammenfassung des wissenschaftlichen und künstlerischen Vorlesungs- und Veröffentlichungswesen in der »Bremer Wissenschaftlichen Gesellschaft« (1925), die später »Wittheit« genannt wurde. Auch dafür schuf Spitta als zuständiger Senator nicht nur die organisatorischen Veraussetzungen, sondern er war auch bereit, persönliche Impulse zu geben. So hielt er in der Smidtsitzung am 5. November 1925 in der oberen Rathaushalle den Festvortrag über den großen Bürgermeister, der ihm selbst in einigen Zügen wesensverwandt war.

Hervorragend war zudem Spittas Anteil an der Entwicklung des bremischen Theaterwesens. In der allgemeinen Not der Nachkriegszeit kam der Gedanke auf, man solle das Theater für einige Jahre schließen. Spitta gehörte zu jenen Bürgern, die für eine Erhaltung des Theaters als Bildungsanstalt waren. Diese Frage war an sich bereits entschieden, als er selbst 1925 Vorsitzender der für Theaterfragen zuständigen Deputation wurde. Doch geht die stark auf den Intendanten zurechtgeschnittene Organisationsform weitgehend auf Dr. Spitta zurück.

Die Verdienste Bürgermeister Spittas um das Bildungswesen Bremens sind gelegentlich falsch eingeschätzt worden. Neben überschwenglichem, aber pauschalem Lob stehen Bemerkungen, Spitta habe sich nur mit juristischen Fragen beschäftigt, alles andere aber seinen Sachbearbeitern überlassen. Im Rahmen der kollegialen Struktur des Senats wurde es Spitta, wie auch den anderen Senatoren, unmöglich gemacht, einer Art Residenzpflicht im Amtszimmer eines bestimmten Verwaltungszweiges nachzukommen. Dr. Spitta hatte einen Dienstraum in der Unterrichtskanzlei, Georgstr. 5; er konnte aber nicht immer dort sein und mußte daher die Erledigung der laufenden Geschäfte den

Sachbearbeitern überlassen, auf deren Auswahl er aber bestimmenden Einfluß ausübte.

Natürlich war Spitta auch nicht der Mann, der die pädagogischen Grundgedanken von Schulreformen entwickelte oder neue Wege im Theaterwesen öffnete. Doch ist unbestritten, daß er für manche Verbesserung im Bildungswesen die organisatorische und rechtliche Grundlage schuf, daß er mit großer Toleranz Bemühungen ermöglichte, denen er persönlich oft ablehnend gegenüberstand. Das ist sein Anteil an der Vielfalt des kulturellen Lebens in Bremen – einer Vielfalt, die ungemein furchtbar war und nicht zum lähmenden Chaos wurde.

Spittas politische Bekenntnisse sind zurückhaltend und selten, weil er glaubte, ein bremischer Senator müsse sich aus dem Streit der Parteien heraushalten. Diese Auffassung übertrug er auch auf andere Staatsämter. So war er der Meinung, daß grundsätzlich weder ein Parteipolitiker noch ein Militär, sondern eine allgemein und international anerkannte Persönlichkeit des kulturellen Lebens Reichspräsident werden solle. Spitta äußerte sich darüber auch öffentlich, fand aber sogar in seiner eigenen Partei nur taube Ohren. Er selbst gab 1925 einen weißen Zettel ab; Hindenburg aber, den Spitta, wie viele andere Deutsche es taten, erheblich überschätzte, wurde gewählt. Im Oktober 1926 saß der Bürgermeister im Auftrage des Senats bei Hindenburgs Staatsbesuch mit diesem bei seiner Rundfahrt durch Bremen im gleichen Auto. Spitta versuchte mit dem Gast in ein Gespräch zu kommen, doch waren die Interessengebiete zu verschieden, als daß daraus etwas werden konnte. Auch an den Sehenswürdigkeiten der Stadt zeigte Hindenburg kein erkennbares Interesse.

Am 13. November 1927 waren Bürgerschaftswahlen. Ihr Ergebnis entzog dem seit 1920 regierenden bürgerlichen Senat die tragfähige Grundlage. Noch waren die Radikalen der Linken und Rechten sehr schwach, doch die SPD errang mit 40,1% der Stimmen einen großen Erfolg, aber nicht die absolute Mehrheit. Es war ein Gebot der Vernunft, daß die bürgerlichen Parteien mit der SPD am 17. April 1928 einen Koalitionssenat bildeten. Ihm trat damals auch Wilhelm Kaisen bei. Da die SPD mit Karl Deichmann den stellvertretenden Präsidenten und damit den zweiten Bürgermeister stellte, mußte Dr. Spitta auf diese Stellung verzichten. Als Deichmann dann aber bei einer Verkleinerung des Senats 1931 aus diesem wieder austrat, erhielt Dr. Spitta seine alte Stellung zurück.

In dieser Zeit blieb der Einfluß Spittas und Apelts im Senat erhalten, zumal die Leistungsfähigkeit Bürgermeister Donandts durch Altersbeschwerden abnahm. Über Spitta sagte Wilhelm Kaisen in der Rückerinnerung: »Im Rathaus geschah in seiner Amtszeit nichts ohne ihn. Er hatte seine Gegenspieler, aber er wußte sie zu überreden oder zu überlisten. Manchmal schwieg er beharrlich, wenn er es für richtig hielt. Er vertrat so etwas wie einen gemäßigten Liberalismus, der es sich zum Ziel setzte, für jede kritische Situation eine Kompromißformel bereitzuhalten.« Es wäre aber wohl falsch, in Spitta eine Art »graue Eminenz« zu sehen; denn es ging ihm nie darum, hinter dem Rücken anderer Macht auszuüben, sondern unter Einsatz rechtlich vertretbarer Mittel das bremische Staatswesen mit allen seinen Verwaltungszweigen leistungsfähig zu erhalten. Dazu gehörte oft die Abwehr parteipolitischer Interessen und die Anbahnung von Kompromissen.

Die Zeit seit 1925 brachte Bremen einige »gute Jahre«. 1929 nahmen Spitta und seine Frau an der Probefahrt der »Bremen« nach England teil. Bei dieser Gelegenheit lernte er den sozialdemokratischen Ministerpräsidenten von Preußen, Otto Braun, näher kennen. Zu freundschaftlichen Beziehungen kam es nicht, da beide Männer in Lebensart und politischer Auffassung zu unterschiedlich waren und zu jener Zeit das Verhältnis Bremen-Preußen durch ständige Reibereien zwischen dem bremischen Bremerhaven und dem preußischen Wesermünde belastet war. 1930 wurde dann aber auf beiden Seiten versucht, unter Wahrung der gegenseitigen Interessen zu einem friedlichen Nebeneinander zu kommen. An der Vorbereitung des preußisch-bremischen Staatsvertrages, der am 21. Juni 1930 im Bremer Rathaus unterzeichnet wurde, war Spitta maßgeblich beteiligt.

Es sollte nun nicht mehr lange dauern, bis der Senat und das ganze Land Bremen sehr schweren Belastungsproben ausgesetzt wurden. Der Ursprung der Zuspitzung lag in der ungünstigen wirtschaftlichen Lage, die sich bereits 1929 anbahnte und 1931 zu einem kritischen Höhepunkt führte. Der Senat hatte genügend tüchtige Männer, um den Schwierigkeiten zu begegnen, soweit er auf sie überhaupt noch Einfluß hatte. Doch im Rahmen der allgemeinen Radikalisierung wurde er von links und rechts zum Sündenbock gestempelt. Die SPD tat ihr möglichstes, die Arbeit des Senats zu unterstützen, denn die Partei war seit 1928 in ihm vertreten – eine Tatsache, die vor allem von den Kommunisten als Verrat an der Arbeiterklasse bezeichnet wurde.

Dr. Spitta war zunächst nicht die Hauptfigur bei der Bewältigung der brennenden Wirtschaftsprobleme. Senator Bömers handhabte in souveräner, manchmal wohl auch etwas eigenwilliger Weise die Finanzen, und Senator Apelt war der Mann, der ebenso souverän, aber besonnener seinen Einfluß im Bereich von Handel, Häfen und Schiffahrt geltend machte. Der vergebliche Versuch, die Nordwolle und die Schröderbank zu stützen, führte zu schweren Verlusten für das ohnehin schmal gewordene bremische Staatssäckel. Senator Bömers nahm die politische Verantwortung auf sich und trat am 12. August 1931 vom Senatorenamt zurück. Bürgermeister Dr. Donandt war zwar Vorsitzender der Finanzdeputation und über alle Maßnahmen unterrichtet worden; doch fehlte ihm wohl die Übersicht über die vielfältigen finanziellen Maßnahmen zur Überwindung der Krise.

Bürgermeister Spitta wurde nun Vorsitzender eines Prüfungsausschusses zur Untersuchung der finanziellen Verhältnisse Bremens. Das war eine Aufgabe, bei der nur Undank und Vorwürfe zu ernten waren. Es war nicht leicht, das Ergebnis der Prüfung – nämlich, daß die bremischen Staatsfinanzen im Kern gesund seien – gegenüber demagogischen Angriffen zu vertreten. Die Radikalen links und rechts waren enttäuscht darüber, daß die finanziellen Schwierigkeiten nicht zu einer Staatskrise führten. Daß sie verhindert wurde, war weitgehend das Verdienst von Bürgermeister Dr. Spitta.

Doch ließ sich der Aufstieg der nationalsozialistischen Bewegung nicht aufhalten. Spitta war von Anfang an ihr Gegner, denn ihm waren Radikalismus, demagogisches Geschrei und Diktatur zuwider. Es widerstrebte ihm aber auch, öffentlich gegen die NSDAP in der politischen Arena aufzutreten. Er blieb weiterhin

der Auffassung, daß sich die Senatoren von der Parteipolitik fernzuhalten hatten. Die Beschränkung auf Rechts- und Verfassungsargumente wurde vielfach als Ratlosigkeit angesehen.

Im Februar 1931 wurde Spitta im Zusammenhang mit einem
Mißtrauensantrag gegen den Senat ungewollt in Koalitionsge-
spräche zwischen NSDAP und bürgerlichen Parteien einbezo-
gen. Um die Stimmen der zwölf Abgeordneten der Deutschen
Staatspartei zu gewinnen, wollten die Nationalsozialisten
Dr. Spitta im neu zu bildenden Senat belassen; doch lehnte die
Staatspartei, deren Mitglied Spitta war, das Ansinnen eindeutig
ab. So zerschlugen sich die Pläne, und der von NSDAP und
Deutschnationalen eingebrachte Mißtrauensantrag gegen den Senat scheiterte. Dr. Spitta blieb es dadurch erspart, mit Braun-
hemden zusammen im Senat zu sitzen. Im Juli 1932 war er
Zeuge der Großveranstaltung im Weserstadion, auf der Hitler
sprach. Er beobachtete die Wirkung des demagogischen Massen-
theaters einigermaßen fassungslos und schrieb in der Rückschau:
»Jedenfalls war es in Deutschland eine bis dahin unbekannte Erscheinung, daß ein Mann ohne Schulbildung, ohne wirtschaftliche und militärische Erfolge, ohne äußere Stellung, nur durch
Rede und Geste, scheinbar gegen alle Gesetze der Erfahrung und
Wirklichkeit, Millionen des Volkes gewinnen konnte.« Nun, es
kam auch sonst in der Vergangenheit vor, daß Demagogen in
Deutschland erfolgreich waren, nur waren die katastrophalen
Folgen der NS-Politik einmalig; doch das konnte Spitta 1933
ebensowenig im voraus übersehen wie andere Zeitgenossen.

Die Schwierigkeiten für den Senat nahmen zu, als Hitler am
30. Januar 1933 Reichskanzler geworden war. Zum Druck der
Straße kamen nun die Eingriffe der Reichsregierung in die Länderrechte unter Mißbrauch des Artikels 48 der Weimarer Verfas-
fassung. Bürgermeister Spittas Stellung im politischen Leben
Bremens konnte nicht mehr aus seiner Mitgliedschaft in der
Deutschen Staatspartei abgeleitet werden, denn diese erhielt bei
der Reichstagswahl am 6. November 1932 im Lande Bremen nur
noch 1,2% der Stimmen! Spittas Ansehen gründete sich lediglich
auf seine Redlichkeit und Tüchtigkeit.

Im Senat fehlte es in dieser Zeit nicht ganz an Hoffnungen, daß
sich im Reichskabinett die drei Nationalsozialisten von ihren

konservativen Kollegen zügeln ließen und daß man in Bremen vor radikalen Eingriffen bewahrt bleibe, wenn man die neuen Machthaber nicht reize und in kleinen Dingen nachgebe. Das war auch die Vorstellung Bürgermeister Spittas in diesen Tagen. Doch es wurde immer deutlicher, daß die NSDAP Bremens in der Frage der Bannmeile – der Sperrzone für Veranstaltungen in der Altstadt – die Machtprobe mit dem Senat suchte. Würde dieser über wirkungslose Rechts- und Verfassungsargumente hinaus die Polizei einsetzen? Das war hier die Frage. Bürgermeister Spitta zweifelte selbst daran, daß man es noch konnte, und so sah er denn eigentlich nur noch in der Verfassungsposition einen Damm gegen die braune Flut.

Am 6. März 1933, am Tage nach der Reichstagswahl, wurde der Senat unter massiven Druck gesetzt. Die Nationalsozialisten verlangten, daß ihnen die Polizeigewalt überlassen und die Bannmeile freigegeben werde. Zudem solle die Hakenkreuzfahne am Rathaus gehißt werden. Während sich auf dem Marktplatz immer mehr Menschen versammelten, machten sich die SA-Kolonnen zum Marsch auf das Rathaus bereit. Im Senat bestand offensichtlich Uneinigkeit über den Einsatz der Polizei. Der Kommandeur der Schutzpolizei, Oberst Caspari, erklärte, er sei nicht sicher, daß die Polizei die Bannmeile mit der Schußwaffe verteidigen werde. Senator Wilhelm Kaisen und seine sozialdemokratischen Kollegen hielten das für ein Versagen, ja für Verrat. Bürgermeister Spitta gehörte zu jenen Senatoren, die dem Schußwaffengebrauch der Polizei in keinem Fall zustimmen wollten, da er Menschenleben gefordert hätte, ohne zum Erfolg zu führen.

Eine zweite Frage war an sich harmloser: Die Nationalsozialisten forderten das Hissen der Hakenkreuzfahne am Rathaus. Der Senat lehnte das einmütig ab; aber die bürgerlichen Senatoren, darunter Dr. Spitta, meinten, man dürfe den Nationalsozialisten in der Flaggenfrage keinen Anlaß zum Sturm auf das Rathaus geben. Sie entschieden sich für einen Kompromiß: Man war bereit, die schwarz-weiß-rote Fahne zu hissen. Die drei sozialdemokratischen Senatoren, darunter Wilhelm Kaisen, sahen darin einen Verfassungsbruch, den sie nun zum Anlaß nahmen, ihren Rücktritt zu erklären. Auch ein Gesamtrücktritt des Senats wurde er-

wogen, doch Bürgermeister Spitta hielt ihn aus verfassungs-
mäßigen Gründen für unmöglich. Auch glaubten die bürgerlichen Senatoren, sie müßten noch ausharren, bis nach einer baldigen Bürgerschaftswahl ein neuer Senat sein Amt antreten
werde.

Am Abend des 6. März mußte man sich im Rathaus mit einem
NS-Polizeikommissar und schließlich auch mit dem Hissen der
Hakenkreuzfahne abfinden. Als die Senatoren im Schutz der
Dunkelheit durch eine rückwärtige Tür das Rathaus verließen,
um zu ihren besorgten Familien zurückzukehren, da waren sie
deprimiert, hatten aber noch einen leisen Hoffnungsschimmer,
daß sich die Entwicklung in legale Bahnen lenken lasse.

Doch schon am 11. März wurden weitere NS-Kommissare eingesetzt, die nun die Arbeit der Senatoren kontrollierten. In den
Amtsräumen Spittas in der Unterrichtskanzlei, Georgstraße 5,
etablierte sich Dr. Richard von Hoff, ein Studienrat und SA-
Führer. Die neuen Machthaber warteten für die Senatsbildung
die Bürgerschaftswahl nicht ab (sie fand überhaupt nicht mehr
statt), sondern setzten am 18. März einen kommissarischen Senat
ein. Auch die bürgerlichen Senatoren, darunter Dr. Theodor
Spitta, mußten nun – wie einige Tage vorher die sozialdemokratischen – ins Privatleben zurückkehren. Es war nicht gelungen, einen durch die bisherige Landesverfassung einigermaßen legitimierten Übergang zu erreichen.

Natürlich erkannte der NS-Senat trotz seines zur Schau getra-
genen Selbstbewußtseins, daß es nicht leicht sein werde, die wei-
terbestehenden Schwierigkeiten zu bewältigen. Soweit wir wissen, wurde dem Senator Apelt, der der Deutschen Volkspartei
angehörte und ein hervorragender Wirtschaftsfachmann war,
angetragen, er möge nach seinem Eintritt in die NSDAP Senator
bleiben. Er weigerte sich aus politischen und sittlichen Gründen.
An Theodor Spitta erging ein solcher Antrag nicht; er brauchte
ihn daher auch nicht abzulehnen.

Dr. Spittas aktive politische Tätigkeit hatte damit zunächst ein
Ende gefunden; die Deutsche Staatspartei, deren Mitglied er
war, löste sich sehr bald auf. Nur auf kirchlichem Gebiet hielt
seine Tätigkeit an. Schon im Juni 1933 erschien sein »Bericht
über Kirchspielrecht und Pfarrzwang in Deutschland sowie über

die Frage einer Änderung der zurzeit in Bremen bestehenden Kirchspielverhältnisse«. Dr. Spitta leitete die Zustände in Bremen aus den historischen Bedingungen ab und trat selbst für eine (regionale) Kirchspielgemeinde ein, weil sie die Versorgung der Mitglieder erleichterte. Als Liberaler aber wollte er zulassen, daß jeder auch für eine andere als die an sich zuständige Parochie optieren konnte. In der Schrift wurde bezeichnenderweise jeder politische Bezug vermieden. Die Ziele der sich immer radikaler gebärdenden Deutschen Christen lehnte er aus theologischen und politischen Gründen ab. Eine Zusammenkunft von Mitgliedern der Bekennenden Kirche fand unter Teilnahme des hannoverschen Landesbischofs Marahrens im Hause Spittas statt. Dieser war vor allem immer dann zur Stelle, wenn es sich darum handelte, juristische Argumente gegen die Ansprüche der Deutschen Christen und des ehrgeizigen bremischen Landesbischofs Lic. Dr. Heinz Weidemann zu formulieren.

Soweit bekannt ist, haben die Nationalsozialisten Dr. Theodor Spitta für keinen gefährlichen Gegner gehalten, und sie haben ihn daher auch weitgehend zufriedengelassen. Nur zweimal hatte er unbedeutende Schwierigkeiten: Einmal wurde er verwarnt, als er die Hakenkreuzfahne einer vorbeimarschierenden NS-Kolonne nicht gegrüßt hatte. Ein anderes Mal forschte die Gestapo nach einer jüdischen Großmutter, die Spitta jedoch nicht besaß (die jüdische Urgroßmutter verschwieg er; nach ihr war nicht gefragt worden). Die erzwungene Muße ermöglichte es ihm, seinen geistigen Interessen noch mehr als bisher nachzugehen. Vor allem zu den Werken Rilkes fand er jetzt ein enges Verhältnis. Doch spielten auch mitmenschliche Beziehungen eine große Rolle; in ihrem Rahmen wurden Unterhaltungen über politische Tagesfragen keineswegs vermieden. Jeden Freitag kamen sogar einige alte Senatskollegen zusammen. Durch ein Ruhegeld war Dr. Spittas Leben wirtschaftlich gesichert. In das Jahr 1937 fällt die Niederschrift eines der bedeutendsten Bücher über die neuere bremische Geschichte, nämlich der Biographie des Bürgermeisters Dr. Martin Donandt (1852–1937). Das Werk konnte damals nur im Privatdruck erscheinen. Es enthält nicht nur eine ehrfürchtige Verneigung vor dem Patriarchen des alten Senats, sondern es entwickelt auch ein Gesamtbild des öffentlichen Lebens in Bremen seit dem Ende des 19. Jahrhunderts. Das Urteil Spittas orientiert sich an seiner besonderen Auffassung von Recht, Bildung und sozialer Verpflichtung des Bürgertums. Es wird in dieser Schrift besonders deutlich, daß er dem konservativen Donandt sehr viel näher stand als den Sozialisten aller Schattierungen, ohne daß es von ihm so direkt gesagt wird. Überall ist das Urteil Spittas so vorsichtig wie in seiner Amtszeit als Senator. Die Darstellung der Begegnung mit dem Nationalsozialismus hütet sich vor einer Apotheose ebenso wie vor einer Kritik. Sie beschränkt sich auf die Feststellung von Fakten. Auf die wissenschaftliche Schwäche des Werkes hat Dr. Spitta selbst hingewiesen: Amtsverschwiegenheit und Verzicht auf Akteneinsicht haben manches wichtige Problem in einen Schleier gehüllt.

Bei Beginn des Zweiten Weltkrieges wurde der nunmehr sechsundsechzigjährige Dr. Theodor Spitta »dienstverpflichtet«. Er war zunächst in der Bezugscheinstelle für Textilien eingesetzt. Im Scherz wurde erzählt, daß eine Lehrerin einmal gejubelt habe: »Mir ist von Bürgermeister Spitta ein neuer Schlüpfer bewilligt worden!« Als man schließlich den Eindruck gewann, daß seine Fähigkeiten an dieser Stelle nicht voll ausgeschöpft wurden, versetzte man ihn in die Rechtsabteilung des Regierenden Bürgermeisters Böhmcker. Praktisch war er der Leiter dieses Ressorts, das keine Gerichtsbarkeit zu pflegen, sondern den Bürgermeister juristisch zu beraten hatte. Der Umgang mit dem polternden und selbstbewußten SA-Gruppenführer und Bürgermeister Böhmcker mitsamt seinen engeren Gehilfen blieb Spitta nicht ganz erspart. Da seine Tätigkeit sich jedoch auf das verwaltungsjuristische Gebiet beschränkte – etwa auf den Entwurf einer neuen Bauordnung und auf Vorschläge zur Sanierung der Ruhelohnkasse der Staatsarbeiter –, bekam er keinen Grund, zur oftmals willkürlichen Rechtsauffassung Böhmckers in Opposition zu geraten. Im großen und ganzen verlief der Dienst Spittas ohne Zwischenfälle.

Bemerkenswert ist ein Gutachten Spittas über »Die Neubildung einer bremischen Kirchenregierung« vom 4. Dezember 1941. Er deckt Widersprüche und Unklarheiten der NS-Kirchenpolitik jener Zeit auf. Er tut es in vorsichtiger Juristensprache und schlägt eine »Notverordnung« für die Bremische Evangelische Kirche vor, nach der der Reichskirchenminister der Unordnung unter Ausschaltung des Landesbischofs Weidemann durch Ernennung eines Vorläufigen Kirchenausschusses ein Ende setzen solle. Vorsichtshalber wird die Rückkehr zur Verfassung von 1920 nicht empfohlen; dafür gab es in jener Zeit keine Chance. Auch Spittas Gutachten zur Rechtfertigung eines Disziplinarverfahrens gegen den Landesbischof geht in die gleiche Richtung. Immer wieder zeigt sich, daß zwar sein Glaube an Rechtsnormen ungebrochen ist, daß er aber der Praktizierung des Rechts eine gewisse Toleranz gestattet, die sich am jeweils Möglichen orientiert.

Der Zweite Weltkrieg brachte dem alten Bürgermeister schweres menschliches Leid. Am 5. September 1942 trafen einige der mehr als 15 000 Brandbomben eines britischen Flächenangriffes auf Bremen auch das Haus an der Kirchbachstraße. Es ging in Flammen auf. Dabei verlor Spitta seinen gesamten Hausrat mit Büchern, Kunstgegenständen, Familienarchiv usw. Er mußte nun für mehr als ein Jahrzehnt bescheidene und provisorisch eingerichtete Mietwohnungen beziehen. Eine große Anzahl von Mitgliedern der Familie trug im Kriege den grauen Rock der Soldaten. Drei Söhne fielen an den Fronten in Ost und West: Hermann 1942 vor Leningrad, Friedrich 1944 in Frankreich; der älteste Sohn Walter, Pastor in Jade/Oldenburg, fiel 1945 bei Posen. Auch die Schwiegersöhne blieben nicht verschont: Einer starb 1945 in russischer Gefangenschaft, einem anderen mußte ein Bein amputiert werden (er starb 1956 an den Folgen der Verwundung). War schon die NS-Zeit mit der Mißachtung rechtsstaatlichen Denkens ein bitteres Erlebnis für Theodor Spitta, so machten ihn die persönlichen Schicksalsschläge fast mutlos und ließen ihn am Sinn eines Neubeginns zweifeln.

Der Krieg war für die Stadt Bremen am 27. April 1945 durch die Kapitulation des Kampfkommandanten im Bürgerpark beendet. Der bisherige Bürgermeister Dr. Richard Duckwitz, ein Vetter Dr. Spittas, wurde abgesetzt, und an seiner Stelle der bisherige Polizeipräsident Schroers, am 2. Mai dann Erich Vagts zum Regierenden Bürgermeister ernannt. Vagts war 1933 als Deutschnationaler in den Senat eingetreten und hatte – ohne Mitglied der NSDAP zu werden – bis 1945 das Land Bremen bei der Reichsregierung in Berlin vertreten. Als Bürgermeister zog er nun zunächst einige Fachleute der bisherigen Verwaltung heran, um die notwendigsten Maßnahmen durchzuführen. Spitta war nicht darunter.

In Zusammenarbeit mit Vagts sondierten Vertreter der amerikanischen Militärregierung die Möglichkeit der Bildung eines Senats aus Vertretern der verschiedenen politischen und gewerkschaftlichen Gruppen, wobei nach dem Willen der Amerikaner auch die Kommunisten vertreten sein sollten. Dabei wurden vor allem auch jene Politiker berücksichtigt, die im Senat und in den demokratischen Parteien vor 1933 eine führende Rolle gespielt hatten, darunter auch Theodor Spitta, sein Freund Hermann Apelt und der Sozialdemokrat Wilhelm Kaisen. Der Schock des totalen Zusammenbruchs war inzwischen gemildert durch die Hoffnung auf halbwegs erträgliche Lebenschancen, und es setzte sich nun langsam die Meinung durch, daß sich der Versuch eines Wiederaufbaus doch lohnen könnte; man mußte ihn wagen! Der nunmehr durch Anordnung der Militärregierung am 5. Juni bestimmte Senat war von Anfang an voller Gegensätze, obgleich er eigentlich in der Linderung der Not und in der Auseinandersetzung mit der autoritären Militärregierung gemeinsame Aufgaben hatte. Die politischen Reibereien führten nicht zum Bruch, weil die Militärregierung ihn nicht wollte. Schließlich wurde aber der als ehemaliger Deutschnationaler und NS-Kollaborateur angegriffene Bürgermeister Vagts abgesetzt, und an seine Stelle trat am 1. August 1945 als Präsident des Senats Bürgermeister Wilhelm Kaisen.

Der Senat behielt das im Dritten Reich eingeführte Ressortsystem bei. Dr. Spitta übernahm den Bereich Justiz und Verfassung, zu dem später die kirchlichen Angelegenheiten hinzukamen. Der Aufbau des Gerichtswesens wurde durch die Tatsache erschwert, daß ein großer Teil der Richter und Staatsanwälte wegen formaler Zugehörigkeit zur NSDAP und wegen Beteiligung an politischen Prozessen suspendiert wurde, andererseits aber »unbelastete« Juristen nicht in genügender Zahl zur Verfügung standen. Ein Problem bildete auch die Verfolgung politischer Verbrechen der NS-Zeit, die nach der Auffassung vieler Antifaschisten nicht scharf genug gehandhabt wurde. Es war für Dr. Spitta nicht immer ganz leicht, die von ihm vertretenen Rechtsnormen gegen den Vorwurf der Schonung von Nazis durch eine »reaktionäre Justiz« zu verteidigen.

Spitta gehörte zwar im Dezember 1945 zu den Mitbegründern der Bremer Demokratischen Volkspartei (BDV), in der sich bürgerliche Kreise organisierten; aber er selbst bemühte sich wie vor 1933 um eine parteipolitische Abstinenz, weil er weiterhin den Standpunkt vertrat, daß ein Senator unparteiisch die Interessen des ganzen Gemeinwesens zu vertreten habe.

Sehr viel Kraft verwandte der inzwischen über siebzigjährige Senator auf die Gestaltung der neuen Landesverfassung. Die Einsetzung der ersten staatlichen Organe – des Senats und der Bürgerschaft – erfolgte ohne Verfassung durch Dekret der Militärregierung: Seit dem 6. Juni amtierte der Senat, im April 1946 wurde eine Bürgerschaft ernannt, der unter britischer Kontrolle legislative Aufgaben zugedacht waren. Die Eröffnungssitzung fand am 17. April unter dem Vorsitz von Bürgermeister Kaisen statt, und zwar im Schwurgerichtssaal des Landgerichts an der Domsheide. Am 13. Oktober 1946 ließ die Militärregierung Bürgerschaftswahlen zu.

Die Bremer Demokratische Volkspartei (BDV), in der Spitta organisiert war, erwies sich mit 18,3% der Stimmen als drittstärkste Partei. Doch wurden nicht Listen, sondern Personen gewählt. Dr. Spitta war Kandidat im Wahlkreis V; dort erhielt er die höchste Stimmenzahl aller Bürgerschaftskandidaten, nämlich 8262. Damit wurde deutlich, daß viele Bremer die gewissenhafte, unparteiische und geräuschlose Arbeit des alten Bürgermeisters zu würdigen wußten. Spitta war mit dreiundsiebzig Jahren der älteste gewählte Bürgerschaftsabgeordnete. Doch nahm er seine Abgeordnetentätigkeit nicht auf, da er schon am 29. November 1946 wieder in den Senat gewählt wurde. Dieser bestimmte Wilhelm Kaisen als Bürgermeister zu seinem Präsidenten, Dr. Spitta aber zum Stellvertreter und zweiten Bürgermeister. Der Senat war getragen von einer Großen Koalition aus SPD, BDV und KPD.

Alle diese Vorgänge vollzogen sich noch ohne eine Verfassung,

die zwar längst in Entwürfen existierte, aber noch nicht rechtskräftig geworden war. Es war Bürgermeister Spittas Aufgabe als Senator für Justiz und Verfassung, die Arbeit zu einem Ende zu bringen. Der erste Entwurf wurde von Oberregierungsrat Philipp Behrens bereits im Mai 1946 hergestellt; er lehnte sich an die Verfassung von 1920 an, trug aber auf britischen Wunsch starke Züge einer Kommunalverfassung. Der mit der Militärregierung abgestimmte Entwurf wurde von Dr. Spitta als zuständigem Senator an die damalige ernannte Bürgerschaft überwiesen. Diese äußerte einige Änderungswünsche.
Als dann am 21. Januar 1947 die amerikanische »Enklave« Bremen geschaffen wurde, mußten die veränderten Verhältnisse berücksichtigt werden. Die Amerikaner verlangten nicht die Verfassung einer Kommune, sondern die eines Landes. Zudem erwarteten sie, daß ihre eigenen Vorstellungen von Demokratie berücksichtigt würden. Man muß bedenken, daß – im Unterschied zu 1920 – keine bereits gültige deutsche Verfassung Richtlinien setzen konnte, weil es keine gab.
Spitta wurde nun beauftragt, einen neuen Verfassungsentwurf auszuarbeiten. Dieser wurde schon am 28. März 1947 im Senat beraten und am gleichen Tag an die Verfassungsdeputation überwiesen. Spitta war durch Senatsauftrag Vorsitzender dieser Deputation, ohne freilich Stimmrecht zu besitzen. Neben dem Senatsentwurf lagen noch Fassungen der SPD, der CDU und der KPD vor. Der endgültige Text mußte also auf dem Wege des Kompromisses gefunden werden. Heftige Auseinandersetzungen gab es vor allem über das Schulwesen (Religionsunterricht und Privatschule) und über die Rechte der Betriebsräte. Für den schließlich erarbeiteten Text gab es weder in der Deputation noch im Plenum der Bürgerschaft Einstimmigkeit. Schließlich ergaben sich bei Verhandlungen mit den Amerikanern Änderungswünsche. Dr. Spitta unternahm nun in der Bürgerschaft einen letzten Versuch, zu einem allgemein anerkannten Kompromiß in den strittigen Fragen (Schule und Betriebsräte) zu kommen. Das gelang ihm auch weitgehend; nur die KPD verhielt sich ablehnend. Für die Schulfrage wurde eine auch später noch umstrittene Formel gefunden; das Problem der Betriebsräte sollte ebenso wie die Annahme der Gesamtverfassung durch Volksab-

stimmung entschieden werden. Das geschah am 12. Oktober 1947; am 21. Oktober wurde die Verfassung im Gesetzblatt verkündet.

Wenn man Dr. Spitta gelegentlich etwas pauschal als den Vater der Verfassungen von 1920 und 1947 bezeichnet hat, so ist das gewiß nicht zutreffend. Zwar kamen von ihm sehr wesentliche Gedanken, auch hatte er hervorragenden Anteil am Zustandekommen der Texte durch das Aushandeln von Kompromissen. Doch entsprachen die Verfassungen keineswegs in allen Einzelheiten seinen Wünschen. Oft genug mußte er vor der Stimmenmehrheit der Gegner zurückweichen. Was Spitta vorschwebte, war ein sozialer Rechtsstaat bürgerlicher Prägung, in dem etwa für sozialistische Maßnahmen nur wenig Raum war. Wenn dann verfassungsmäßig festgelegte Sozialisierungs- und Mitbestimmungsmöglichkeiten in der politischen Praxis nur zurückhaltend genutzt wurden, so war das sicher im Sinne von Bürgermeister Spitta.

Als sich 1948 die Entwicklung zu einem staatlichen Zusammenschluß der westlichen Besatzungszonen abzuzeichnen begann, war Bürgermeister Spitta wieder zu Stelle. Im August nahm er als Abgesandter des Bremer Senats an den Vorverhandlungen über eine neue Verfassung auf Herrenchiemsee teil und konnte hier sowohl in den Kommissions- als auch in den Plenumssitzungen seine reichen Erfahrungen in fruchtbarer Weise einbringen. Er blieb auch in dieser Zeit seiner Auffassung vom überparteilichen Fachsenator alter Tradition treu. Bürgermeister Kaisen kennzeichnete das aus der Rückschau mit folgenden Worten: »Er vermied es tunlichst, in der Öffentlichkeit aufzutreten. Auch zu Wahlzeiten hielt er sich mehr zurück, als es seinen demokratischen Parteifreunden lieb war. Ihm lag mehr an einem unmittelbaren Einfluß im Senat, nicht etwa aus ehrgeizigen Motiven, sondern allein aus dem Wunsch, zu einer kontinuierlichen Politik des Senats beizutragen. Er verstand es meisterlich, Meinungsverschiedenheiten mit Fairneß zu überwinden. Er führte etliche schwierige Verhandlungen zwischen Bremen und dem Reich, er war bei Senatsbildungen der Mittler zwischen den Parteien und setzte der Bremer Politik Akzente, die dem Gesamtwohl dieser alten Hansestadt nützlich waren.« In der Tat forderte er für den größeren Sachverstand ein höheres Recht bei allen politischen Entscheidungen. Doch diese Auffassung ließ sich immer weniger durchsetzen, denn sie widersprach dem Demokratiebegriff, wie er von den meisten politischen Gruppen verstanden wurde.

Am 80. Geburtstag (5. Januar 1953) wurde Bürgermeister Dr. Spitta durch die Universität Hamburg die Würde eines Ehrendoktors verliehen, vor allem wegen seiner Verdienste um die Bremer Landesverfassung und das Bonner Grundgesetz, aber auch wegen der allgemeinen Förderung rechtsstaatlichen Denkens. Der feierliche und etwas steife Festakt fand im Bremer Rathaus statt.

Bis 1955 versah Theodor Spitta seine Amtsgeschäfte gewissenhaft wie immer; er war inzwischen 82 Jahre alt geworden. Der nunmehr auf eigenen Wunsch vollzogene Abschied fiel zusammen mit der Bürgerschaftswahl und der Senatsbildung im Oktober/Dezember 1955. Das beständige Absinken der FDP-Stimmen seit 1947 hatte das politische Gewicht dieser Partei, in der auch die bisherige BDV aufgegangen war, immer mehr geschwächt. Zwar trat sie 1955 mit SPD und CDU in eine große Koalition ein, konnte aber bei der Senatsbildung die durch das Ausscheiden Dr. Spittas freiwerdenden Ämter nicht übernehmen. Diese gingen an die stärkere CDU: Zweiter Bürgermeister wurde Dr. Jules Eberhard Noltenius; der Bereich Justiz und Verfassung wurde von Dr. Erich Zander übernommen.

Am 15. Mai 1956 fand die Verabschiedung Bürgermeister Spittas und der Senatoren Apelt und Theil in einem eindrucksvollen Festakt in der oberen Halle des Alten Rathauses statt. Die Feier war umrahmt durch zwei Sätze aus Joseph Haydns Sinfonie Nr. 16 in G-dur. Bürgermeister Kaisen hielt eine Ansprache, der man anmerkte, daß sie über alle politischen Gegensätze hinweg in den an Dr. Spitta gerichteten Worten einem Freunde galt. Dieser und sein langjähriger Senatskollege Hermann Apelt erhielten die Goldene Senatsmedaille. Der verabschiedete dreiundachtzigjährige Bürgermeister dankte auch im Namen seiner beiden Amtskollegen und bekannte sich mit Nachdruck zu einer eigenständigen und von Ressortegoismus freien Rolle des Senats. Bezeichnend für Spitta war auch, daß er bei dieser Gelegenheit einen historischen Rückblick auf Bürgermeister Johann Smidt richtete.

Es ist eigenartig und kaum erklärbar, daß Dr. Spitta nach dem Kriege zunächst keine Anstrengungen unternahm, sich wieder ein eigenes Haus einzurichten. Er wußte, daß das 1942 zerstörte Heim in seiner Qualität auch nicht annähernd wieder zu beschaffen war. Auch das Familienleben jener alten Tage war vergangen. Die Kinder waren längst erwachsen und hatten ihre eigenen Familien gegründet. Großvater Spitta hatte zu seinen Enkeln ein herzliches Verhältnis, doch weilten diese nur zu gelegentlichen Besuchen bei ihm. Ein Sohn lebte mit Frau und Kindern im Ausland, einer in Hannover. Sein Sohn Arnold hatte 1948 auf dem Grundstück an der Kirchbachstraße ein Einfamilienhaus gebaut, verließ es aber, als er 1955 nach Argentinien übersiedelte. Hier zog nun 1955 Dr. Spitta ein, der soeben seinen Abschied vom Bürgermeisteramt genommen hatte. Er richtete sich – so gut es ging – nach seinem Geschmack ein. (Das Haus wurde 1971 abgerissen, als auf dem Grundstück große Wohnblöcke gebaut werden sollten.)

Wie seit eh und je war das Leben durch eine heitere und kultivierte Geselligkeit geprägt. Noch häufiger als früher besuchte Dr. Spitta Theatervorstellungen, Konzerte und wissenschaftliche Vorträge. Man sah ihn dort oft, etwas vorgebeugt, in der ersten Reihe sitzen. Aufmerksam blickte er durch die Brillengläser und hielt bisweilen die rechte Hand hinter das Ohr, um besser hören zu können.

Im ganzen waren es schöne und fast sonnige Jahre; doch es fehlte auch nicht der Schatten. Die Lebenskraft seiner Frau nahm zusehends ab, und sie starb 1961 im Alter von 80 Jahren. Der alte Bürgermeister aber wurde vor allem von seinen Töchtern umsorgt, die sich neben seinem Haus in eigenen Einfamilienhäusern angesiedelt hatten.

Oft traf man Dr. Spitta, die Zeitung lesend, in der Straßenbahn auf dem Wege zum und vom Rathaus, wo ihm ein Arbeitszimmer im ersten Stock zur Verfügung stand. Sein Rat war im Senat immer wieder gefragt. Im Rathaus arbeitete er auch am Kommentar zur bremischen Verfassung von 1947, den er 1960 fertigstellte. Das Buch ist sein wissenschaftlichstes und sorgfältigstes. Die Genesis der Verfassung ist recht kurz gefaßt; dabei tritt der eigene Anteil des Bürgermeisters allzusehr zurück. Die Kommentierung der einzelnen Artikel schlägt durch historische Rückblicke und Vergleiche mit anderen Verfassungen einen weiten Bogen. Das Werk ist, im Gegensatz zu anderen, oft mit Details überladenen Rechts- und Verfassungskommentaren für den Laien verständlich, und das war auch die Absicht des Verfassers.

Die zweite Veröffentlichung, die der Altbürgermeister in diesen Jahren in Angriff nahm, sollte seinen am 11. November 1960 verstorbenen langjährigen Freund und Senatskollegen Hermann Apelt würdigen. Spitta erfüllte seine Absicht dadurch, daß er Artikel, Denkschriften, Reden und Ansprachen Apelts zusammenstellte; er tat es wohl nicht nur, um damit die Gedankenwelt ihres Verfassers klarzulegen, sondern sicher auch zur beispielhaften Darstellung der Leistungen und Gedanken bürgerlicher Politiker im staatlichen, wirtschaftlichen und kulturellen Leben zwischen 1910 und 1960. Vieles von dem, was Apelt gesagt und geschrieben hatte, entsprach auch dem Wollen Spittas. Man mag zum bürgerlichen Liberalismus stehen wie man will, man wird zugeben müssen, daß er in Bremen ein hohes und humanitäres Niveau erreichte und frei von rabiatem Manchestertum war. Man wird beim Apelt-Buch Spittas von 1962 zweierlei bedauern: Es verzichtet auf einen biographischen Abriß und übersieht sehr wichtige Quellengruppen – etwa private Aufzeichnungen sowie Reden und Darlegungen, wie sie sich in Senatsprotokollen und stenografischen Aufzeichnungen der Bürgerschaft finden.

Das letzte Werk, das Spitta in Angriff nahm, waren seine Lebenserinnerungen, die er nach mehrfachem Drängen aus dem Freundeskreis, besonders auch von Bürgermeister Wilhelm Kaisen, 1965, also im Alter von zweiundneunzig Jahren, begann. Die Arbeit wurde durch den Verlust seiner Aufzeichnungen bis 1942 erschwert. Spitta glaubte, seine Aufgabe am besten durch die Anfertigung einer Reihe von »Skizzen« zu erfüllen. Diese geben sowohl kontinuierliche Überblicke über bestimmte Lebensabschnitte als auch ausführliche Stellungnahmen zu einzelnen Problemen. Dabei stehen Fragen der Kultur stark im Vordergrund. Stellenweise weitet sich die Darstellung zu einer Art Geistesgeschichte des gehobenen Bürgertums. Über die engere Familie Spitta – über Frau und Kinder, auch über den Ablauf des Alltags – erfährt man wenig. Bei der Schilderung des politischen Lebens stehen bremische Verfassungsfragen und die Probleme der allgemeinen deutschen Politik stark im Vordergrund. Über parteipolitische Vorgänge in Bremen, über Senatsbildungen und Senatsarbeit sowie über die von Spitta geleiteten Dienststellen wird fast nichts mitgeteilt. Bezeichnend ist, daß er viele bedeutende Männer und Frauen nennt; er schildert die Begegnung mit ihnen und hebt ihre Verdienste hervor. Für den Liberalen war die große Persönlichkeit ein wichtiger geschichtsbildender Faktor. Überraschen mag aber, daß Spitta – mit der Ausnahme von Matthias Erzberger – keine Person erwähnt, über die Negatives gesagt werden könnte oder müßte. Der Grund dafür bleibt unklar: Wollte er inzwischen erloschene Diskussionen nicht wieder beleben? Hatte er selbst verziehen oder vergessen? Auffällig ist auch, daß der »kleine Mann« nur in der Gruppe oder anonym, nicht aber als Einzelperson mit Namen und Charakter in Erscheinung tritt (doch ist das eine Eigentümlichkeit fast aller Memoiren). Chronologisch gesehen endet das Werk 1933; die folgende Zeit ist nur noch bruchstückhaft gezeichnet, die Periode nach 1945 fehlt fast ganz.

Die Lebenserinnerungen blieben nur Fragment, weil der plötzliche Tod dem Verfasser die Feder aus der Hand nahm. Wie fast an allen Arbeitstagen befand sich der sechsundneunzigjährige Altbürgermeister am Morgen des 8. Januar 1969 im Rathaus. Er hatte ein längeres Gespräch mit Bürgermeister Hans Koschnick. Am nächsten Tag kam er beim Betreten des Rathauses in der Eingangstür zu Fall, verletzte sich und mußte ins Krankenhaus eingeliefert werden. Zunächst hatte man den Eindruck, daß keine Lebensgefahr bestehe, obgleich er wegen eines feinen Knochenrisses heftige Schmerzen hatte. Doch dann verschlechterte sich sein Befinden sehr schnell, und er sah mit vollem Bewußtsein das Ende kommen. Am 24. Januar entschlief Bürgermeister Dr. Dr. h. c. Theodor Spitta.

Am 28. Januar 1969 fand im Rathaus, an der Stätte seines jahrzehntelangen Wirkens, ein Staatsakt statt, bei dem der Präsident des Senats, Bürgermeister Hans Koschnick, die Gedenkrede hielt. Er tat es in tiefer Erschütterung, hatte er doch noch vor wenigen Tagen ein angeregtes Gespräch mit dem Verstorbenen über manche Zeitfragen geführt.

Der Senat beschloß, die Straße In der Vahr von der Kurfürstenallee bis zur Schwachhauser Heerstraße »Bürgermeister-Spitta-Allee« zu nennen.

Im gleichen Jahr 1969 gelang es einer Tochter Dr. Spittas, Frau Eva Bücking, das Fragment der Lebenserinnerungen druckfertig zu machen. Sie ergänzte es durch einige Ansprachen des Bürgermeisters aus den Jahren 1950–1955 und einen Aufsatz von 1960 (über »Die griechische Antike«). So unfertig das Werk auch sein mag, es erleichtert eine gerechte historische Einschätzung der Persönlichkeit – des Denkens und Handelns – von Bürgermeister Spitta, der ein langes und erfolgreiches Leben seiner Vaterstadt gewidmet hatte. Das Buch fördert aber auch eine angemessene Einschätzung des Bürgertums und des Liberalismus in Bremen, dessen hervorragender Vertreter Theodor Spitta war.

Im Leben Spittas fehlte es gewiß nicht an dramatischen Ereignissen, doch war er selbst nie der Mittelpunkt eines Spektakels, und er hat auch nie danach gestrebt, ein strahlender Held zu sein. In übergroßer Bescheidenheit trat er hinter seinem Werk zurück. Er war ein hervorragender Redner, der seine Gedanken klar, allgemeinverständlich und lebendig darstellen konnte; doch vermied er alle demagogischen Kniffe. Sein Ansehen und sein politisches Gewicht beruhten nicht auf der Führerstellung in einer Partei oder der lauten Akklamation der Massen, sondern nur auf seiner allerseits anerkannten Tätigkeit im Senat. So gehört Dr. Spitta nicht zu jenen Bremer Köpfen, denen die Mit- und Nachwelt in theatralischer Geste Lorbeerkränze wand; er mußte sich mit ehrlicher Hochachtung begnügen, die von jenen kam, die Sachkenntnis und praktizierten Gerechtigkeitssinn zu würdigen wußten.

Politische Gegner konnten seiner Toleranz sicher sein, solange sie selbst tolerant waren, solange auch ihre Motive des Denkens und Handelns lauter waren, aus einer humanitären Grundhaltung erwuchsen. In Spittas weitverzweigter Familie waren seit eh und je viele politische Strömungen vertreten; es gab unter den Verwandten auch einige Nationalsozialisten und Kommunisten. Gewiß, extreme Auffassungen hat Spitta nie gutgeheißen; er versuchte aber auch nicht, sie jemandem mit missionarischem Eifer auszureden. In seiner letzten Lebenszeit erlebte der Altbürgermeister noch, daß eine gärende Jugend die Ideen von Seneca, Wilhelm von Humboldt und Friedrich Naumann mitsamt dem ganzen humanitären Liberalismus zum nutzlosen Plunder warf. Schulterlange Haare umflatterten blasse Gesichter, in den Köpfen mischten sich Gedanken von Marx und Mao, Lenin und Fidel Castro, Marcuse und Ulrike Meinhof. Spitta sah, daß auch das Jung-Volk seiner Familie davon nicht ganz verschont blieb. Er hatte dafür ein gütiges Lächeln. Er bekundete immer wieder Verständnis für manches Anliegen ungeduldiger Jugendlicher und suchte selbst nach Lösungen. Wo Zeichen der Intoleranz und Gewalt deutlich wurden, verabscheute er sie, doch beurteilte er sie mit der Abgeklärtheit eines Weisen, der immer wieder erlebt hatte, daß jugendliche Wirrköpfe mit der Zeit zur Besonnenheit gelangten.

So steht der »kleine Mann mit der großen Stimme« vor uns: liebenswürdig und beherrscht, klug und bei Gelegenheit zum Scherzen aufgelegt, bescheiden und doch zu großem Werk jederzeit bereit, ein Mann der festen Freundschaften und der Mittelpunkt einer großen Familie, aber auch der »Kopf« in Sitzungen und Konferenzen. Wenn künftige Historiker nicht vor der Hülle der Ereignisse stehenbleiben, sondern an das Triebwerk der bremischen Geschichte der ersten Hälfte des 20. Jahrhunderts vordringen, dann werden sie immer wieder auf das Wirken des Senators und Bürgermeisters Theodor Spitta stoßen.

Literaturverzeichnis

Zu Willehad

Text der Lebensbeschreibung:
Vita S. Willehadi ed. Pertz, in: Mon. Germ. Hist., Scriptores II, 378 ff;
deutsche Übersetzung von Laurent in: Geschichtsschreiber der deutschen
Vorzeit, 8. Jahrhundert, 3. Band, Berlin 1856
Über die Lebensbeschreibung:
Gerlinde Niemeyer: Die Vita des ersten Bremer Bischofs Willehad und
seine kirchliche Verehrung, Diss. Münster 1953; dieselbe: Die Herkunft
der Vita Willehadi, in: Deutsches Archiv für Erforschung des Mittelalters
12, 1956, 17–35
Die beste Darstellung der Leistung Willehads:
Georg Dehio: Geschichte des Erzbistums Hamburg-Bremen bis zum Aus-
gang der Mission, Berlin 1877

Zu Gerd Rinesberch

Die Bremer Chronik von Rinesberch, Schene und Hemeling, bearb. von
Hermann Meinert = Die Chroniken der deutschen Städte vom 14. bis
ins 16. Jh., Bd. 37, Bremen 1968
Über die Chronisten vgl.:
Wilhelm von Bippen: Die Verfasser der ältesten Bremer Stadtchronik, in:
Brem. Jahrb. 12, 1883, 108–131

Zu Gredje von Essen

Wilko de Boer: Eine Bremer Hexe aus dem Jahre 1565, im Brem. Jahrb. 33,
1931, 368–375

Zum Zauberer- und Hexenwesen in Bremen allgemein:
Herbert Schwarzwälder: Die Geschichte des Zauber- und Hexenglaubens
in Bremen, im Brem. Jahrb. 46, 1959, 156–233 und Brem. Jahrb. 47, 1961,
99–142
Derselbe: Die Formen des Zauber- und Hexenglaubens in Bremen und
seiner weiteren Umgebung, vor allem während des 16. und 17. Jahrhunderts, in: Heimat und Volkstum 1958, 3–68

Zu Johann von Erwich

Biographische Skizzen verstorbener Bremischer Ärzte und Naturforscher,
Bremen 1844, S. 36–59

Zu Johann Renner

Johann Georg Kohl: Johann Renners äußere Lebensumstände, Riga 1872

Zu Anna Lühring:

Lebens-Beschreibung und militairische Laufbahn der berühmten Heldinn
Anna Lüring (!) aus Bremen und ihrer feyerlichen Rückkehr in ihre Vaterstadt, ohne Ort und Jahr (wohl 1815)
H. A. Schumacher: Zur Erinnerung an den Lützower Jäger A. Lühring, in:
Brem. Jahrb. 5, 1870, 157–173

Zu Rudolf Dulon

Die wichtigsten Darstellungen über Dulon:
Heinrich Tidemann: Pastor Rudolf Dulon; ein Beitrag zur Geschichte der
Märzrevolution in Bremen. 1. Teil im Brem. Jahrb. 33, 1931, 376–445;
2. Teil im Brem. Jahrb. 34, 1933, 162–261.
J. Fr. Iken: Wirksamkeit von Pastor Dulon in Bremen 1848 bis 1852,
Bremen 1894

Zu Ludwig Knoop

Adele Wolde: Ludwig Knoop, Erinnerungsbilder aus seinem Leben. Privatdruck 1928 (Dieses Buch einer Tochter Knoops enthält sehr viele persönliche
Erinnerungen)

Friedrich Prüser: Ludwig Knoop, in: Nieders. Lebensbilder I, 1939, 244–255

Zu Ottilie Hoffmann

Als Biographie: Mathilde Planck, Ottilie Hoffmann, Bremen 1930
Kurzbiographie mit Werkeverzeichnis:
Bremische Biographie 1912–1962, Bremen 1969 (S. 240–242) Verf.: Elsa Ahlers

Zu Ludwig Roselius

Ein Teil des für diese Biographie verwandten Materials ist ungedruckt. Manches wurde Presseartikeln entnommen.
Bücher, die herangezogen wurden (Auswahl):
Ludwig Roselius: Briefe, Bremen 1919
Ludwig Roselius: Briefe und Schriften zu Deutschlands Erneuerung, Oldenburg i. O. 1933
Ludwig Roselius: Reden und Schriften zur Böttcherstraße, Bremen 1932
Heinrich Vogeler: Erinnerungen, Berlin (Ost) 1952
(über Roselius als Mäzen und Politiker)
Biographien:
Hildegard Roselius: Ludwig Roselius und sein kulturelles Werk, Braunschweig 1965
Kurt Roselius: Ludwig Roselius, in: Nieders. Lebensbilder, Bd. 5, Hildesheim 1962
Kurt Roselius: Ludwig Roselius, in: Bremische Biographie 1912–1962, Bremen 1969

Zu Johann Knief:

Zahlreiche Hinweise verdankt der Verfasser der einstigen Lebensgefährtin Kniefs, Lotte Kornfeld; für die Charakteristik ist von großer Bedeutung:
Johann Knief: Briefe aus dem Gefängnis, Berlin 1920
Eine Würdigung vom leninistischen Standpunkt:
Gerhard Engel: Die politisch-ideologische Entwicklung Johann Kniefs (1880–1919). Untersuchungen zur Geschichte der Bremer Linksradikalen. Phil. Diss. Berlin (Humboldt-Univers.) 1967. Masch. schr. vervielfältigt.

Zu vergleichen sind:
Karl-Ernst Moring: Die Sozialdemokratische Partei in Bremen 1890–1914,
Hannover 1968
Erhard Lucas: Die Sozialdemokratie in Bremen während des Ersten Welt-
krieges, Bremen 1969
Peter Kuckuk: Bremer Linksradikale bzw. Kommunisten von der Militär-
revolte im November 1918 bis zum Kapp-Putsch im März 1920. Phil. Diss.
Hamburg 1970. Masch. schr. vervielfältigt.

Zu Carl Röver

Der Darstellung liegt vornehmlich ungedrucktes Material zugrunde.
Lebensabrisse Rövers, die von seinen Mitarbeitern verfaßt wurden:
Unser Gauleiter Carl Röver, zusammengestellt von Werner Lauw, in:
Heimatlese 7, 1939, 103–128
Heinrich Walkenhorst: Carl Röver, Mensch und Persönlichkeit, in: Der
Oldenburgische Hauskalender oder Hausfreund auf das Jahr 1943. Olden-
burg

Zu Heinz Weidemann

Karl Stoevesandt: Bekennende Gemeinden und deutschgläubige Bischofsdiktatur = Arbeiten zur Geschichte des Kirchenkampfes, Bd. 10, Göttingen
1961
Für die Darstellung wurde eine Fülle von ungedrucktem Material herangezogen.

Zu Theodor Spitta

Freundliche Unterstützung erhielt der Verfasser durch die Tochter Dr. Spittas, Frau Eva Bücking. Die Erinnerungen des Bürgermeisters erschienen
unter dem Titel: Theodor Spitta: Aus meinem Leben, München 1969.

Bildverzeichnis mit Bildquellennachweis

Der Marktplatz in Bremen um 1880, Holzschnitt von Heinrich Braun, im Focke-Museum
Willehad am Bremer Ratsgestühl um 1410, im Focke-Museum. Foto Herbert Schwarzwälder 1965
St. Emma von Lesum, Glasfenster in St. Johannis in Bremen. Foto Herbert Schwarzwälder 1971
Der »Krüppel« zu Rolands Füßen 1404. Foto Herbert Schwarzwälder 1966
Chronik von Rinesberch und Schene, Handschrift um 1450, in der Staats- und Universitätsbibliothek Hamburg
Bremen um 1300. Lithographie von 1846 nach dem Kupferstich von Dilich 1604, in Duntze, Geschichte der freien Stadt Bremen, Bremen 1846
Eine Hexe buttert mit Hilfe des Teufels. Fresko im Chor der Kirche in Schönemoor bei Bremen um 1500. Foto Herbert Schwarzwälder 1971
Epitaph Johann von Ewichs, bis 1944 in der Ansgariikirche. Foto im Besitz des Focke-Museums
Titelblatt der Renner-Chronik 1583, Autograph in der Universitätsbibliothek Bremen
Anna Lühring 1815. Ölbild auf Holz im Focke-Museum
Anna Lühring 1863. Druck nach Federzeichnung im Focke-Museum
Pastor Dulon im Gefängnis zu Hoya. Lithographie 1851 in der Universitätsbibliothek Bremen
Ludwig Knoop um 1850, Gemälde von Lasch. Druck in Adele Wolde, L. Knoop, 1928
Schloß Mühlenthal um 1880, Foto in Adele Wolde, L. Knoop, 1928
Ottilie Hoffmann 1915, Gemälde von K. J. Böhringer. Druck in Mathilde Planck, Ottilie Hoffmann, Bremen 1930
Ludwig Roselius 1932, nach einem signierten Foto, gedruckt in Reden und Schriften zur Böttcherstraße in Bremen, 1932
Paula-Becker-Modersohn-Haus von Hoetger, Foto, gedruckt in Reden und Schriften zur Böttcherstraße in Bremen, 1932
Johann Knief, einziges bekanntes Porträt. Foto, gedruckt in Johann Knief, Briefe aus dem Gefängnis, Berlin 1920
Massenversammlung auf der AG »Weser«-Werft am 28. November 1918. Zeichnung, gedruckt in der Ill. Geschichte der Revolution, Berlin 1929
Ludwig Plate 1949. Foto im Besitz von Käthe Plate
Triumph der Wasserstraßendirektion: Die Fahrt der »Bremen« 1929. Foto Mackeben
Röver 1936. Foto der NS-Kreisbildstelle Bremen
Lic. Dr. Weidemann als Dompastor um 1930. Ausschnitt aus Foto von L. Burkhardt
Familie Spitta 1919 vor dem Hause Kirchbachstraße 107. Foto im Besitz von Frau Eva Bücking
Bürgermeister Dr. Theodor Spitta, Altersbild. Foto Hans Saebens
Willehad und Karl der Große auf dem ältesten Bremer Stadtsiegel um 1230. Lithographie 1862 von G. Hunckel nach Zeichnung von Theodor Krone, in Denkmale der Geschichte und Kunst der Freien Hansestadt Bremen, I, Bremen 1862

Autor und Verlag danken den Privatsammlern, den Archiven und Museen für die bereitwillige Unterstützung bei der Beschaffung der Bildvorlagen.